U0511234

"当代地理科学译丛"编委会

（按汉语拼音音序排列）

蔡运龙　柴彦威　樊　杰　顾朝林
胡天新　李　平　李小建　李秀彬
梁进社　刘宝元　刘卫东　孟　锴
唐晓峰　田文祝　王　铮　周尚意

当代地理科学译丛·大学教材系列

科技部创新方法工作(2007FY140800)资助

人文地理学方法

〔美〕斯图尔特·艾特肯
〔英〕吉尔·瓦伦丁 　主编

柴彦威　周尚意　等译

商务印书馆
创于1897
The Commercial Press

2016年·北京

Stuart Aitken and Gill Valentine

Approaches to Human Geography

Editorial arrangement，part introductions，Chapters 1 and 29 © Stuart Aitken and Gill Valentine 2006

Chapter 2 © Rob Kitchin 2006

Chapter 3 © J. Nicholas Entrikin and
John H. Tepple 2006

Chapter4 © Deborah P. Dixon and
John Paul Jones Ⅲ 2006

Chapter5 © George Henderson and
Eric Sheppard 2006

Chapter 6 © Reginald G. Golledge 2006

Chapter 7 © Isabel Dyck and Robin
A. Kearns 2006

Chapter 8 © Andrew Sayer 2006

Chapter 9 © David B. Clarke 2006

Chapter 10 © Paul Harrison 2006

Chapter 11 © Fernando J. Bosco 2006

Chapter 12 © Clive Barnett 2006

Chapter 13 © Gerald Rushton 2006

Chapter 14 © David Ley 2006

Chapter 15 © David Harvey 2006

Chapter 16 © Robin A. Kearns 2006

Chapter 17 © Vera Chouinard 2006

Chapter 18 © Linda McDowell 2006

Chapter 19 © Richa Nagar 2006

Chapter 20 © Lawrence Knopp 2006

Chapter 21 © Janice Monk 2006

Chapter 22 © A. Steward Fotheringham 2006

Chapter 23 © Michael F. Goodchild 2006

Chapter 24 © Paul Rodaway 2006

Chapter 25 © Michael Samers 2006

Chapter 26 © Kim England 2006

Chapter 27 © John W. Wylie 2006

Chapter 28 © Paul Robbins 2006

（中文版经作者授权，根据英国塞奇出版公司 2006 年版译出）

内 容 简 介

　　本书的目的是简要介绍当代人文地理学多样化的研究方法,并论证哲学、理论、方法和实践的重要联系。作为哲学读物,它尝试揭开掩盖着哲学与理论问题的厚重面纱,进而显示这些问题如何与方法论和实践问题发生直接的关联。本书强调广泛多样的哲学与理论基础中最为有用的方面,即我们理解事物的方式。本书是城市地理学、城市社会学、社会地理学、行为地理学、城市规划学等多学科重要的参考书。

　　作者斯图尔特·艾特肯是圣地亚哥州立大学地理系教授,吉尔·瓦伦丁是利兹大学地理学院人文地理学教授。

本书翻译人员

（按汉语拼音音序排列）

柴彦威　戴俊骋　冯　健　黄　茜　李志刚
刘云刚　刘志林　马修军　孙智群　翁桂兰
吴莉萍　颜亚宁　袁　洋　张景秋　张文佳
张　艳　赵　莹　甄　峰　志　丞　周尚意

"当代地理科学译丛"
序　言

对国外学术名著的移译无疑是中国现代学术的源泉之一,说此事是为学的一种基本途径当不为过。地理学界也不例外,中国现代地理学直接就是通过译介西方地理学著作而发轫的,其发展也离不开国外地理学不断涌现的思想财富和学术营养。感谢商务印书馆,她有全国唯一的地理学专门编辑室,义不容辞地担当着这一重要任务,翻译出版的国外地理学名著已蔚为大观,并将继续弘扬这一光荣传统。但鉴于已往译本多以单行本印行,或纳入"汉译世界学术名著丛书"之类,难以自成体系,地理学界同仁呼吁建立一套相对独立的丛书,以便相得益彰,集其大成,利于全面、完整地研读查考;而商务印书馆也早就希望搭建一个这样的平台,双方一拍即合,这就成为这套丛书的缘起。

为什么定位在"当代"呢? 可以说出很多理由,例如,当代著作与我们现在面临的问题关联最紧,当代地理学思想和实践既传承历史又日新月异,中国地理学者最需要了解国外最新学术动态,如此等等。至于如何界定"当代",我们则无意陷入史学断代的严格考证中,只是想尽量介绍"新颖"、"重要"者而已。编委会很郑重地讨论过这套丛书的宗旨和侧重点,当然不可避免见仁见智,主要有以下基本想法:兼顾人文地理学和自然地理学,优先介绍最重要的学科和流派,理论和应用皆得而兼,借助此丛书为搭建和完善中国地理学的理论体系助一臂之力。比较认同的宗旨是:选取有代表性的、高层次的、理论性强的学术著作,兼顾各分支学科的最新学术进展和实践应用,组成"学术专著系列";同时,推出若干在国外大学地理教学中影响较大、经久不衰且不断更新的教材,组成"大学教材系列",以为国内地理学界提供参考。

由于诸多限制,本译丛当然不可能把符合上述宗旨的国外地理学名著包揽无遗,也难于把已翻译出版者再版纳入。所以,真要做到"集其大成"、"自成体系",还必须触类旁通,与已有的中文版本和将有的其他译本联系起来。对此,这里很难有一个完整的清单,姑且择其大端聊作"引得"(index)。商务印书馆已出版的哈特向著《地理学性质的透视》、哈维著《地理学中的解释》、詹姆斯著《地理学思想史》、哈特向著《地理学的性质》、阿努钦著《地理学的理论问题》、邦奇著《理论地理学》、约翰斯顿著《地理学与地理学家》和《哲学与人文地理学》、威尔逊著《地理学与环境》、伊萨钦柯著《今日地理学》、索恰瓦著《地理系统学说导论》、阿尔曼德著《景观科学》、丽丝著《自然资源：分配、经济学与政策》、萨乌什金著《经济地理学》、约翰斯顿主编的《人文地理学辞典》等，都可算"当代地理学"名著；国内其他出版社在这方面也颇有贡献，特别值得一提的是学苑出版社出版的《重新发现地理学：与科学和社会的新关联》。

当然，此类译著也会良莠不齐，还需读者判断。更重要的是国情不同，区域性最强的地理学最忌食洋不化，把龙种搞成跳蚤，学界同仁当知需"去粗取精，去伪存真，由此及彼，由表及里"。

说到这里，作为一套丛书的序言可以打住了，但还有些相关的话无处可说又不得不说，不妨借机一吐。

时下浮躁之风如瘟疫蔓延，学界亦概不能免。其表现之一是夜郎自大，"国际领先"、"世界一流"、"首先发现"、"独特创造"、"重大突破"之类的溢美之词过多，往往言过其实；如有一个参照系，此类评价当可以客观一些、适度一些，本译丛或许就提供了医治这种自闭症和自恋狂的一个参照。表现之二是狐假虎威，捡得一星半点儿洋货，自诩国际大师真传，于是"言必称希腊"，以致经常搞出一些不中不洋、不伦不类的概念来，正所谓"创新不够，新词来凑"；大家识别这种把戏的最好办法之一，也是此种食洋不化症患者自治的最好药方之一，就是多读国外名著，尤其是新著，本译丛无疑为此提供了方便。

时下搞翻译是一件苦差事，需要语言和专业的学养自不待言，那实在是要面寒窗坐冷板凳才行的。而且，既然浮躁风行，急功近利者众多，凡稍微有点儿地位的学术机构，都不看重译事，既不看作科研成果，也不视为教学成果。译者的收获，看得见的大概只有一点儿稿费了，但以实惠的观点看，挣这种钱实在是捡了芝麻丢了西瓜。然而，依然有真学者愿付出这种牺牲，一个很简单的想法是：戒除浮躁之风，从我做起。为此，我们向参与本丛书的所有译者致敬。

蔡运龙

2003 年 8 月 27 日

于北大蓝旗营寓所

译者前言

作为一门学科,地理学是一种历史悠久的学术研究,先于希腊的古典主义和理性思考的观念。但是,关于学科由什么构成、应该研究什么、和如何从事研究的问题,却一直很难达成共识。的确,关于地理学到底是什么的问题在过去一千年中已经发生巨大变化。尤其在最近的半个世纪里,有关学科如何建立和实践的问题,已经形成了充斥着激化冲突和矛盾的争辩。

与西方国家比较起来,我国人文地理学的发展具有明显的实证主义色彩,强调任务带学科式的发展,注重解决我国当前社会经济发展中的现实问题。相对而言,对哲学基础、方法论方面的思考则相对欠缺。西方哲学思潮的解读将有助于发展我们的地理学思想和推动人文地理学的发展。

本书是一本简要介绍当代地理学多样化的研究方法,并论证哲学、理论、方法和实践的重要联系,从而指导初学者认识地理学的认知方式与研究方式的复杂关联的著作。作为哲学读物,它尝试揭开掩盖着哲学与理论问题的厚重面纱,进而显示这些问题如何与方法论和实践问题发生直接的关联。本书强调在广泛多样的哲学与理论基础中最为有用的方面,即我们理解事物的方式。它强调了一些实例来说明认知方式是如何为方法与实践提供相应信息的。

本书内容可分为三部分:哲学、学者和实践。第一部分对重要的哲学流派进行了专门的和部分的专题研究,并用简短的例子说明其观点。在第二部分中,一些杰出的地理学者详述了影响他们个人思考方式的人、地方和事件。第三部分概述了这些关系并运用相关的地理研究实例进行了说明。在章节安排方面,本书是想展示每种地理学方法(实证地理学、人本地理学、马克思主义、女性主义等)如何容纳多重的思想轨迹,如何持续地演进。

本书的译校工作由北京大学的柴彦威教授和北京师范大学的周尚意教授主持,具体的参与人员包括柴彦威(第 1 章)、张文佳(第 2 章)、黄茜(第 3、8、13、24 章,第 15 章部分)、翁桂兰(第 4 章)、李志刚(第 5 章)、颜亚宁(第 6 章)、张艳(第 7 章)、吴莉萍(第 9、15、25 章)、冯健(第 11 章)、袁洋(第 13、16、22 章)、刘云刚(第 17 章)、赵莹(第 18 掌)、孙智群(第 19 章)、张景秋(第 20 章)、甄峰(第 21 章)、志丞(第 10、27 章)、马修军(第 23 章)、刘志林(第 26 章)、戴俊骋

（第 12、28、29 章）。刘志林、李志刚对翻译初稿进行了校对，柴彦威、周尚意对全书进行了最后统稿与校对。刘天宝、桂晶晶参与了后期编辑与校对工作。

在翻译出版的过程中，商务印书馆的李平博士与地理编辑室的田文祝博士、孟锴博士给予了诸多帮助，在此深表感谢！

柴彦威　周尚意
2010 年冬于北京

目　录

第一章 地理学的认知方式与研究方式

斯图尔特·艾特肯 吉尔·瓦伦丁(Stuart Aitken and Gill Valentine)

本书的目的是简要介绍当代地理学多样化的研究方法,并论证哲学、理论、方法和实践之间的重要联系。因此,本书的写作基于其他著作:《核心概念》(Holloway, Rice and Valentine, 2003)、《核心方法》(Clifford and Valentine, 2003)以及《核心思想家》(Hubbard, Kitchin and Valentine, 2004)。我们的目的是指导初学者认识地理学的认知方式与研究方式的复杂关联。作为哲学读物,本书旨在为研究项目和学位论文中哲学基础的建立提供实用而有益的帮助。它尝试揭开掩盖着哲学与理论问题的厚重面纱,并进而显示这些问题如何与方法论和实践问题发生直接的关联。本书强调广泛多样的哲学与理论基础中最为有用的方面,即我们理解事物的方式。它列举实例来说明认知方式是如何为方法与实践提供相应的信息的。我们认为,认知方式不仅可以推动个人的研究设计,而且可以加强学科的创造潜力。作为认知方式,哲学与理论不能只顾学术追求而忽略了我们如何工作和生活。

本书在保证地理学知识和方法的严谨性和复杂性的基础上,尽量避免过多地使用行话、晦涩的语言和概念。它主要用于指导缺乏哲学或理论基础的学生,因此,我们认为本书是地理学研究和实践的入门指引。我们相信哲学和理论作为基础对人文地理学研究至关重要,因为它为经验研究提供了手段,为文献综述提供了背景,为学科的发展提供了知识架构,激发了新观点,并且承认了社会和政治行动主义(activism)研究的地位。同样重要的是,哲学和理论可以从概念上和实践上来指导地理学科朝有利的社会变革方向发展,即通过对空间世界复杂性的深入理解来透视现代社会的变革。

本书分为三个部分:哲学、学者和实践。第一部分专门对重要的哲学流派进行了专题研究,并用简短的例子说明其观点。尽管不能面面俱到,仍然涉及了大量的哲学流派并强调了不同观点之间的矛盾与对立。虽然它的目的不是为学生提供地理学中所有哲学思想的指南(这在更专门的课本中会更好地实现,如:Johnston, 1991;Cloke et al., 1991;Unwin, 1992),但是它提供了一种实践的视角,即如何将哲学思想运用于实际工作、研究问题为何总是基于不同范式的假设和不同研究方法的选择而被提出。各章节并非要解决哲学上的争论,而是要引导学生思考当开始研究设计和方法选择的时候,需要作出怎样的选择和假设。第二部分将地理学思想置于人在地方/空间的复杂性和抗争背景中来考察。现代人文地理学强调研究问题的背景或关联,这源于"个人的就是政治的"这一女性主义的思想,以及批判女性科学对于"科学研究是客观的且无实体的"这一传统观念的批判(Haraway,1991;Rose,1997)。因此,个人化写作被看作是挑战先前学术作品无实体性和无情感性的重要策略(Moss,2001)。在第二部分中,一些杰出的地理学者详述了影响他们个人认知方式的人、地方和事件。最后,由于哲学常常被与方法论割裂开来讲述,导致学生很难认识理论与实践的关系。因此,第三部分概述了这些关系,并运用相关的地理研究实例进行说明。

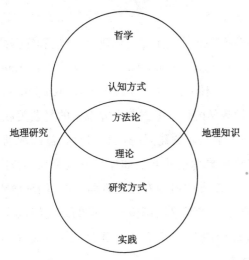

图 1.1　认知方式与研究方式

学生刚开始进行地理学研究的时候,常常陷入方法论与实践的泥潭。这些方法论和实践与哲学和理论有着复杂的关联。地理研究包含着一个方法论、理论、哲学与实践的复杂网络,最终构成地理知识。如图 1.1 所示,我们尝试展现这种复杂性,当然,图表只能简单地构建和表述我们的观点。

地理学的研究方式并非与静态的认知方式相互绑定,尤其是一套思想常常会受到其他观点的挑战而变化。我们的认知方式,即通过理论和哲学来理解世界的方式是不断被改进、挑战和拒绝的。理论传统(实证主义、人文主义、马克思主义、女性主义,等等)通常是在某一特定时期形成并统治地理学思想的。换言之,它们已经成为库恩(Kuhn,1962)所说的"主流范式"(dominant paradigms)。同样地,一些作者已经描绘出地理学中不同哲学方法的发展和应用的过程(Johnston,1991;Unwin,1992),他们强调范式转型,即新哲学方法形成并挑战先前的范式。约翰斯顿(Johnston,1996)认为范式转变是代际之间传递的结果。因此,新的思考方式常常为年轻学者所采用,而当这一代取得学术地位并占据学术期刊和教科书的编撰者的地位时,他们的学术思想就流行起来。地理学的一种范式转型始于 1950 年代,实证的空间科学形成了对传统区域研究的挑战和取代。同样地,实证的研究范式又于 1970 年代被行为地理学、人文主义地理学和包括马克思主义和女性主义在内的激进地理学所颠覆。1990 年代,范式转变为后结构主义,以此作为取代原本研究方式的新思想。

　　然而,尽管一种范式作为整体因为存在不足和缺陷
而被放弃,但是其中的部分理论思想仍以某种形式存
在,如图 1.2 所示。地理学的制度框架,即专门的机构、
期刊和部门的文化,可能加强一些特别流行的范式,但
是总会存在不同的声音。事实上,大多数认知方式是局
部的和流动的。随着地理学者反复分析自身的优势和
劣势,新思想出现并形成了对旧思想的挑战,这些认知
方式不断地发生变化。一个学科常常包括几代人构成
的学者群体(其中的一些十分年轻)。因而,很少能形成
完全的或稳定的共识,对范式发展的线性描述错误地给

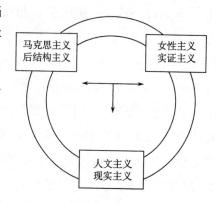

图 1.2　冲撞、联系与变化的认知方式

人造成次序发展的感觉。本书的章节安排考虑了研究范式出现的谱系,但是我们不想暗示
它们之间存在某种替代的关系。更确切地说,我们是想展示每一种地理学方法(实证主义、
人文主义、马克思主义、女性主义,等等)如何容纳了多重的思想轨迹,并且如何持续地演
进。进行地理学研究实践的激动人心之处在于,可以充分地理解变化中的研究视角以及它
们之间的关系。

　　在撰写研究设计时,首先一定要确定合适的认知方式和研究方式。学生必须了解特定
认知方式的假设前提、它们如何有助于提出合适的研究问题,以及解决这些问题的充分性。
最后,所有的研究者都必须证明研究结论的合理性,而在证明的过程中不可缺少哲学的和
理论的认知。从这一层面来讲,哲学是一种沟通方式,不仅揭示我们认识什么,而且表明我
们如何认识。理解作为沟通方式的哲学过程,使人想到一条重要的教学隐喻:格雷厄母(El-
speth Graham)认为"哲学之于研究就好像语法之于语言……没有语法规则我们就无法学好
语言,所以不可能在不选择哲学指导思想的情况下就成功地完成一项研究"(Graham,1997:
8)。哲学帮助我们设定和回答研究问题,从而实现知识的沟通——虽然我们在说和写的时
候,可能不曾意识到语法规则的存在。要理解哲学对于研究设计所起的作用,语法规则是
一个有效的比喻,因为它暗示我们越多地了解哲学基础,就能越充分地认识其对研究工作
的重要作用。正如格雷厄母(Graham, 1997)所指出的,如果说从事科学研究就好像为语言
学习建立语法基础,那么可以将这一比喻深化——初学者一定要学习适当的词汇和术语,
包括阅读和学习你希望加入的语言社区的词汇、语法和句法。正像墨西哥的西班牙语与墨
西哥的文化是紧密结合的,而与苏格兰英语和苏格兰文化有着很大的差别,哲学之间的差
异也是如此。马克思主义地理学者使用生产(production)、社会再生产(social reproduction)、
阶级(class)、上层建筑(superstructure)、辩证法(dialectics)等术语;实证主义地理学者使用范
式(paradigms)、假设(hypotheses)、法则(laws)、可证性(verifiability);女性主义地理学和酷

儿理论(queer theory)使用父权制(patriarchy)、身体(bodies)、性取向(sexualities)、实践性(performativity)等术语；人文主义和体验主义地理学者使用本质(essences)、想当然(taken-for-grantedness)、虚无主义(nihilism)等术语(这些术语的定义和解释可参见：Johnston et al,2000；McDowell and Sharp,1999)。围绕着这些语言差别的是含义系统，所有初学者不仅要掌握这些术语，而且要了解相关的文化和惯例。例如，实证研究遵循证伪原则和假设检验的规则；女性主义关注立场性实践，总是想要完全地了解她个人的政治背景和立场。就像苏格兰文化与墨西哥文化及惯例存在相互的碰撞与融合，人文主义、马克思主义、女性主义、酷儿理论和实证主义也是如此。联系与冲突必定令人既兴奋又沮丧。之所以兴奋，是因为这是富有创造性的争论和具有意义的实践，之所以沮丧，是因为阅读本书的学生被要求同时学习多种语言中的知识。

当然，认知方式与语法大不相同，它更基础并且更容易令人费解。哲学作为一种认知方式详细地阐述了我们存在的结构和本质，被称为本体论(ontology)。本体论包括理论或理论体系，它试图回答"世界应该是什么？"的问题。哲学也研究关于存在(existence)的知识起源、方法和局限。换句话说，作为有效的知识，它回答了什么是可被接受的知识，这就是认识论(epistemology)。

在古希腊文明的启蒙传统中，逻辑和推理被吹捧为所有认识论的基础。这一西方观点认为人类的思考从根本上是理性的，对世界有着相似的体验(Peet，1998：5)。它还认为，可以从物质世界中抽象出观点，哲学的目的是将这些观点组织成一致的模式进而对这些源于认知的知识进行评价。一旦这些模式被提及和发表，它们就可能被当作公理，关于存在的方方面面围绕它得以理解，或者它们被批判或被拒绝。最严格的假设则是人类都采用同样的方式思考和研究，这意味着哲学是一个单一的、包含一切的学科。另一个哲学传统则认为，我们的认知方式是一种社会建构，而不是源于一些先天的、普适的逻辑。从社会建构主义(social constructivist)的视角来看，不同哲学流派的差别源于不同的政治文化环境，从而对不同背景下的思想家产生影响。这一立场认为本体论是基于认识论的，而所有的认识论都嵌入于社会的实践。

本书的大部分作者不认为哲学是从生活环境中完全抽象出来的基本原则或原理。相反，他们认为哲学是我们与他人相互联系的驱动力，能够情境化"我们是谁？"、"我们了解什么？"、"我们应该做什么？"的问题。大部分作者也不认为哲学和理论只需要使用逻辑和推理来将知识组织成正式的理解系统。一部分作者认为知识也来源于非理性的和非表征性的途径，如愤怒、热情、情爱、喜悦和恐惧。认知方式至少部分地源于这些很难用逻辑形式描述和展现的情感。本书各章节所略述的哲学被看作是一种社会的、政治的和文化的建构，包含有理性的和非理性的元素。因此，一部分作者认为非理性的观点与内涵源于我们的身体和情感,也源于我们工作和生活环境的文化内涵和地方性,它影响着古希腊启蒙思想家所信奉的理性观点。

作为认知和存在方式的理论

理论可能不如哲学那样令人振奋,但是作为认知的方式,它与哲学同等重要。如果说哲学包括更广阔的思考,将我们与其他人的信仰、价值和意义联系起来,并将我们的知识系统化的话,那么理论将其扩展至我们的日常生活经验。正如皮特(Peet,1998:5)所指出的:理论比哲学与实际生活中的事件、活动、惯例有着更直接的联系。他认为,理论产生于对经验资料(直接来源于经验)的处理与归纳(从特殊到一般的过程)。他接着提出,理论是在寻找"一般性或相似性,也可以说是差异的规律性,或许就是差异"。理论也是演绎的(从一般到特殊的过程),因为它们常常将差异性和独特性从一个方面推及其他方面。

哲学包括着广阔的内涵体系,理论则包括一个认识和理解世界的专门领域。在经验科学领域,可以通过建立假设而构建起理论体系,并能够通过观察和实验的经验知识来验证假设。在人文和社会科学领域,社会理论或批判理论直接被用于理解社会、政治、文化的观点和特征,因为他们涉及社会体系和日常生活的转型与变革。

作为认知、存在与研究方式的实践

实践是通过行动认识事物。学者参与到知识的生产与扩散中去。哲学有助于清楚地表达知识生产的本体论和认识论基础,理论则有助于将从经验与实验中得到的知识进行更详尽的阐释,它们有时会对传统的思想或知识提出质疑。理论并不是中立的,而是有经验支持的说服手段。对某些人来说,这意味着行动。这种实践可以在日常生活中开展,或者采用社会和政治行动主义的形式。教学和研究也采用行动的方式,它们受到一些外在的和隐藏的政治意图的影响。对于一些学者来说,实践不仅涉及教学和著述,也涉及他们试图改造世界的价值观和信仰、哲学和理论。

如同社会和政治行动主义,研究也常常带有强烈的政治色彩,能对社会危机、不公正、社会福利等宏观背景作出反应。在这一领域,学科与子学科相互碰撞和竞争,以便对社会危机和不公正作出反应。资源和资金水平的有限,使得这种学术界的内部争斗变得激烈。在追求真理或美好世界的同时,学术论争也涉及地位、权利和资源控制力。这些论争有时为不同的话语划定界限,有时又逾越这些界限,使得看似对立的认知方式相互撞击,燃起思维的火花。总之,地理学的讲授、研究、著述和实践为众多的认知方式敞开大门。

　　我们认为,地理学研究和实践的多种途径是这门学科的基础。当它们卷入矛盾冲突时,会产生一种具有创造性的活力。这种活力质疑原有的假设,并推动思想不断创新,充满激情地向前发展。

　　多年前,美国地理学会年会的分会场安排了一场由看似对立的哲学观点——人文主义和实证主义——的拥护者之间进行的正式辩论。礼堂里座无虚席,人们渴望看到睿智的地理学泰斗们的激烈争论。但争论并不是大会组织者的目的,正如会议摘要所述,他们更重视人文主义和实证主义之间有可能的共同立场。辩论开始于斯文而和睦的气氛,组织者清楚地说明她想利用这个论坛来推进双方共同立场的建立。在接受了讨论的根本出发点之后,双方的领导者以特有的方式展示了代表各自哲学取向的实例。在此过程中,演讲人有时礼貌地接受了具有不同立场的观点,但认为对方立场只能从属于特定哲学取向下的研究实践;有时则抨击对方的假设站不住脚。例如,人文主义思想被认为是关于存在和意识的基础,而计量分析和逻辑演绎仅仅是源于人本哲学中对认识过程的简化;与此相对应的另一方则认为,实证主义和科学主义是人文主义评价的逻辑终点,而人文主义只能提供建立数量分类的定性数据基础。陈述之后的辩论迅速进入白热化。基于特定哲学体系的学者们不愿意承认他们的认知方式存在附属于其他体系的可能性,他们也明确地否认其体系可能存有缺陷。在过去的数年中,这种不同思想间的冲突也发生在世界各地重要的地理学会议或出版物中。与此相似的还有,结构主义对应于后结构主义、马克思主义对应于后结构主义或女性主义、特殊性对应于普遍性、后殖民主义对应于环境主义、环境主义对应于女性主义、可能论对应于或然论、关系主义对应于结构化理论。有时争辩显得过于狭隘甚至有一些不可理解,例如酷儿理论(同性恋研究)挑战女性主义,行为理论挑战行为主义。但是这种思想与实践的交锋,将会产生引导变革的创造性潜能。

　　尽管言辞有所改变,但所有观点都围绕着怎样的哲学和理论构成地理学知识的基础,或者哪些思想和理论在创造地理学知识时更具有实践性。在前面的论述中,我们有目的地列出一些“主义”而没有给予明确的定义,因为我们认为这些定义仍然在辩论的过程中,而那恰恰也是激情之所在! 这并不意味着特别具有实践性的理论体系奠定了后续研究的基调,也不表明哲学和“主义”时代的兴起。例如,1950 年代风靡一时的对于特殊性与一般性的争论已在最近半个世纪转变为对元叙事(meta-narrative)的批判,以及对于人文主义、后结构主义和相对论方法优点的讨论,等等。这种论争的背景在不同的时间、不同的地点发生着变化,其核心不局限于论争的内容,更是要将其创造性地应用于地理学的认知方式中去。

地理学的认知方式

初学者在首次面对关于人文地理学者如何在知识上构建世界的探讨时,会对各种各样的不同思潮产生困惑。作为一门学科,地理学是一种历史悠久的学术研究,先于希腊的古典主义和理性思考的观念。但是,关于学科由什么构成、应该研究什么,以及如何从事研究这些问题,却一直很难达成共识。的确,关于"地理学到底是什么?"的问题,在过去一千年中已经发生巨大变化。尤其是在最近的半个世纪里,有关学科如何建立和实践的问题,已经充满了相互冲突和矛盾的辩论。

本书尝试揭示地理学思潮(它是如何思考的)和研究实践(思想如何表现在行动中),同时将人与地方作为研究实践的重要组成部分。本书认为,当代地理学作为一门知名的、实践性的学科,在其内部存在着差异和争论。知识常常是片面的,实践也充满了激情。本书并不想详细阐述当代人文地理学的所有思想,而是展示不同认知方式之间相互竞争和激烈论争的性质。

学科的界线不是一成不变的,随着我们关注的深入,这些分界开始变得模糊和富有变化。分支学科的界线更难以限定,但是每个分支学科都包含公认的、适于实践的知识体系。可以采用一种特定的认知方式将一篇论文与其他研究区别开来,并使其符合某种分类体系。哲学思想正是考察者和评论家对研究进行定位时所关注的。一项研究工作的成败常常取决于它将自身置于大的知识背景中的能力。例如,论文或其摘要可能声称对棚户区住宅建设采用后殖民主义方法进行研究、对归属感和依恋感进行人文主义评价、对区域住房需求进行经济学评估,或者针对郊区空间滞留进行女性主义视角的批判,表明了建立学术价值的多样方式。后殖民主义、人文主义、经济计量学和女性主义是针对他们各自的假设、用途和行动方式的不同方法体系。每一种都是合理的地理学认知方式,可以使初学者努力建立它与更多方法的比较,并理解它们之间的关系,进而建立与自己学术兴趣的联系。没有任何一种认知方式是绝对正确或者神圣的,每一种都被详细地阐述并被不断地置疑,学术界不存在将某种认知方式凌驾于其他之上的标准。知识的碰撞、界线和绝对性的缺乏、不同认知方式之间的竞争与矛盾,令人既困惑又兴奋。困惑是因为每种哲学思想都有能够证明其存在价值的理由,使学生很难选择到底哪一种适于他们的研究;兴奋是因为不同认知方式之间具有创造性的矛盾,能够激发拥护者的研究热情,并且这种热情极具鞭策性。

建构地理学的知识与实践

学术辩论的激情有时被忽略,因为地理知识的综合者们总是通过简化那些争辩和论述来处理问题,而其实正是那无数的论争构成了这个学科。传统上,地理知识是通过五种方式建构的。

第一,提出地理学首先是地理学者要做的事,以此来简单地回避疑惑及潜在的哲学思想(Gould,1985;Johnston,1991)。这种观点依赖于地理学者的自我定义,并表现出对学科惯例的重视;关注行动和活动而非知识的基本结构,强调的是产出、生产力、效用,认为解决问题高于一切。从这一视角出发,地理学者通过讲授看起来有用并且有趣的内容来吸引学生。也有人指出,他们也倾向于研究那些有趣且能够争取到资助的题目和领域(Unwin,1992:6)。甚至可以说,通过这种方式来建构的地理知识体系可以更有效地与社会需求相联系。但是这种观点假设了通过解决问题而形成的研究和生产力总是有用的,并且可以与更广泛的思潮割裂开。它忽视了问题的解决和效用的形成是"如何被建构"和"为谁而建构"的本质问题。

第二种对地理学认知方式所进行的综合是方法论层面的(Clifford and Valentine,2003:人文地理学和自然地理学方法指南)。许多地理学院系设立了方法论和技术的专业课程甚至是学位项目。一套独特的工具体系——如空间分析以及环境建模方法——划定和论证了学科的界线(第三部分)。这些工具能够被掌握和应用于对不同的空间和环境现象的分析中。可以说,地理学最新的技术成就应当在很大程度上归功于地理信息系统,它通过成熟的计算机程序管理和分析空间关系数据(第23章)。最近,地理信息系统在名称和定位上转向地理信息科学,这表明人们认识到了没有知识概念和框架的指导,技术系统无法保持其自身的活力。

第三个确立人文地理学地位的尝试是确定学科"研究什么"和"如何研究"的问题。这些定义划定了哪些是合适的研究对象,哪些则不是。例如,在一篇著名的论文中,芬内曼(Fenneman,1919)将地理环境描述和定义为区域,讨论了它的用途是使学科集中化,以避免被其他学科所吞噬。同时,美国文化地理学者卡尔·索尔简单地将之表述为"在地理学中,我们关心的不是人类的精神、风俗和信仰,而是景观中人类活动的记录"(Carl Sauer,1928:342)。一些核心的概念和术语(Holloway et al.,2003)如景观、区域、环境、空间、地方、文化、尺度等,常常附属于不同的知识分类体系。不同哲学倾向引导与这些概念相关的思想向不同的方向发展,从而引起它们不断地变化和转换(Earle et al.,1996)。这些地理分析的对象常常作为特定的具有统一分类的认知方式的一部分被不加批判地接受,有时作为一种特定思想的指示物被提及。面向特定受众提出的地理知识组成了这些分类。正如芬内曼和索尔所提出的观点,语言通过表征和话语的实践来建立社会和自然的世界,这些表征和话语的实践将符号和语言组织为特定的地理知识或理解方式。在试图解决复杂性这一问题的尝试中,这一框架提供了一个地理研究的似乎中立的方式。

第四个策略是承认其他的认知方式,但是将它们置于相对次要的位置,或作为主流认知方式的前身。例如,基于实证主义的和定量的视角,贝里(Berry,1964)认为所有的地理模式和过程都要通过建立变量和时间序列的庞大矩阵来获取。而在1980年代,福特(Ford,1984)认为地理学的源头在于对景观的观察方式,然后才有所谓其他的方法与实践。古德柴尔德和贾内尔(Goodchild and Janelle,1988)运用多维测量技术,对从美国地理学家协会各专业团体那里获得的数据进行分析,以论证地理学中联系最为密切的那些专业团体中存在一个实践的动态核心。后来,迪尔(Dear,1988)从社会理论发展的角度阐述了人文地理学的核心。他认为,地理学对时空中三个关键过程即政治的、经济的和社会的过程——的研究对于社会科学具有重要贡献。这些策略很重要,至少受到地理学者的欢迎,并且它们都提出了研究议程。上述的大部分学者都承认那些议程,但是通过具有说服力的论证,他们也提出了可以缓解紧张或消除矛盾的独特路径。

第五种应对复杂而分歧的认知方式的方法也倾向于消除矛盾。这种策略基于随时间而变化的理解,提出一种综合的方法(Johnston,1991;Livingston,1992)。这种地理学思想方法试图提供线性的、客观的、公平的评价,来研究知识是如何建立和变革的,被认为是关于地理学者应当如何认识世界的模式化顺序。通过这种明确的表达,学科所谓的范式或"主义"将随着时间而伸展,并且被用于阐释未来的情况。这种建构知识的方式实质上是将重大思想进行归类的过程。例如,它们可能首先开始于20世纪早期的环境决定论,随后出现了或然论、区域主义、计量革命、结构主义、实在论、人文主义、马克思主义、女性主义、酷儿理论,直到最后的后殖民主义,也可能终结于后结构主义或最近的思潮。教科书著者的一种常见的做法是忽视和淡化不同思想之间的联系,因为初学者很难掌握和明白这些争论。讲述地理学思想的课本常常忽略了世界及我们对于世界的理解的复杂性,而是提供一套相对线性地阐述各种思想的方法,并且以教授所偏好的思想而结束。不足为奇,过多的"主义"和所面临的挑战使学生厌恶。

"主义"表示从人、地方和思想进步的复杂的相互作用中抽象和简化出来的知识(第二部分)。现在的学生提出的建构知识的方法很难与当前的研究相联系,这反映出地理学思潮与现实世界相距甚远。现实的情况是,大部分关于哲学与人文地理学的书籍和文章,要么只由一位作者完成,要么只发出一种声音。这使得对每一种哲学思想的论述都是平衡的、中立的,这也使得学生常常难以掌握学科的辩论性,并认为这些思想是可以随意选择组合的,从而认识不到不同的哲学立场之间的紧张关系,或者不同认知方式之间相互协作的可能性。这种紧张常常来源于地理学者应用与阐述的文献。在特定地方、特定时间里写作的特定的人也可能激发起这些矛盾（Moss，2001；Gould and Pitts，2002：对于地理学者思想发展的自传体说明；Hubbard et al.，2004：对于时空间核心思想理解的传记式方法）。社会活动的或个人思想的活力，或者特定学术机构的文化，将会加强某一种思想方法的影响。例如，通过追溯史密斯（David Smith）的职业路径——他所建立的关系网络，以及他从空间分析传统向其他范式转变时的决策过程的影响——约翰斯顿（Johnston，2004）强调了地理学发展中个人网络和职业发展路径的重要性。那么，假设我们不是围绕观点的时间顺序进行自我组织，而是按照人、地方和思想背景来梳理地理学思想，将会发生什么？如果我们公开承认政治与道德的联系、个人与社会的经历将给予思想以生命力，将会发生什么？如果我们探索由矛盾、批判和职业发展所激发的哲学思想，将会发生什么？我们会从研究与实践的碰撞中得到怎样的启示？我们的生活方式、我们与社会和政治斗争联系的方式以及我们遇到的看似很少的机会是怎样影响我们的地理学思想的？这些问题推动着本书中各章节的发展。各章节的作者们并非试图解释或消除他们所偏好的认知方式与其他认知方式之间的紧张关系。

本书提供了认识不同思想与理论相互碰撞与交融的可能方式。我们并非是要建立共同立场，而是承认知识是竞争的、辩论的和局部的：它关注权力与职业发展，它认同德操也认识到需要理解社会和空间不公正问题，它也承认特定地方、特定时间的学术文化。进一步讲，这本书提供了学习地理学思想的新方法，因为它将方法论和实践紧密结合。我们放弃了过去从人、地方和实践中总结思想的教育方法。我们没有回避不同思想和派别为争夺地理学的控制权而进行的斗争。相反，我们将知识上的冲突和紧张视为变革的前奏和通过实践达成的社会交往。最后，与其他学术追求一样，地理学是要将世界变得更好，因此，本书同样不是一个成熟的和完备的实践。

参考文献

Berry，B.（1964）'Approaches to regional analysis：a synthesis'，*Annals of the Association of American Geographers*，March：2-11.

Clifford，N. and Valentine，G.（eds）(2003) *Key Methods in Geography*. London：Sage. Cloke，P.，Philo，C. and Sadler，D.（eds）(1991) *Approaching Human Geography*. London：Chapman.

Clike，P.，Philo，C. and Sadler，D.（eds）(1991)*Approaching Human Geograhy*. London：Chapman.

Earle，C.，Mathewson，K. and Kenzer，M. S.（eds）(1996) *Concepts in Human Geography*. Lanham，MD：Rowman and Littlefield.

Fenneman，N.（1919）'The circumference of geography'，*Annals of the Association of American Geographers*，9：3-11.

Ford，L.（1984）'A core of geography：what geographers do best'，*Journal of Geography*，2：102-6.

Goodchild，M. F. and Janelle，D. G.（1988）'Specialization in the structure and organization of geography'，

Annals of the Association of American Geographers, 78 (1): 1-28.

Gould, P. R. (1985) The *Geographer at Work*. London: Routledge.

Gould, P. R. and Pitts, F. R. (eds) (2002) *Geographical Voices: Fourteen Autobiographical Essays*. Syracuse, NY: Syracuse University Press.

Graham, E. (1997) 'Philosophies underlying human geography research', in Robin Flowerdew and David Martin (eds), *Methods in Human Geography: A Guide for Students Doing Research Projects*. Edinburgh: Longman, pp. 6-30.

Haraway, D. J. (1991) *Simians, Cyborgs, and Women: The Reinvention of Nature*. New York: Routledge.

Holloway, S. L. , Rice, S. and Valentine, G. (eds) (2003) *Key Concepts in Geography*. London: Sage.

Hubbard, P. J. , Kitchin, R. and Valentine, G. (eds) (2004) *Key Thinkers on Space and Place*. London: Sage.

Johnston, R. J. (1991). *Geography and Geography: Anglo-American Human Geography Since* 1945, 4th edn. London: Arnold.

Johnston, R. J. (1996)'Paradigms and revolution or evolution?', in J. Agnew, D. Livingstone and A. Rogers (eds), *Human Geography*. Oxford: Blackwell.

Johnston, R. J. (2004) 'Disciplinary change and career paths', in R. Lee and D. M. Smith (eds), *Geographies and Moralities*. Oxford: Blackwell.

Johnston, R. J. , Gregory, D. , Pratt, G. and Watts, M. (eds) (2000) *The Dictionary of Human Geography*. Oxford: Blackwell.

Kuhn, T. S. (1962) *The Structure of Scientific Revolutions*, 1st edn (2nd edn 1970). Chicago: Chicago University Press.

Livingston, D. (1992) *The Geographical Tradition*. Oxford: Blackwell.

McDowell, L. and Sharp, J. (eds) (1999) *A Feminist Glossary of Human Geography*. London: Arnold.

Moss, P. (2001) *Placing Autobiography*. Syracuse, NY: Syracuse University Press.

Peet, R. (1998) *Modern Geographical Thought*. Oxford: Blackwell.

Rose, G. (1997)'Situating knowledges: positionality, reflexivities and other tactics', *Progress in Human Geography*, 21:305-20.

Sauer, C. (1928) 'The morphology of landscape', in John Leighly (ed.) (1963), *Land and Life: A Selection from the Writings of Carl Otwin Sauer*. Berkeley, CA: University of California Press.

Unwin, T. (1992) *The Place of Geography*. New York: Longman.

第一部分　哲学原理

在第一部分,不同地理研究方法的主要拥护者们将对其哲学及理论倾向各抒己见。一些人用简短的例子阐明他们的观点,另一些人则通过逻辑去论证他们的观点。尽管这一部分远不够全面,但它覆盖了大部分的哲学及理论观点。它并不试图给学生提供一个了解地理学哲学原理的向导,而是要强调各种认知方式之间的矛盾和冲突。

我们并非想要提出不同认知方式之间存在一种线性顺序,我们也并非想要消除它们之间的差异。尽管每一种认知方式都在某一特定的时间、因一系列特定的原因进入了这个学科,并且它们之间有着很重要的联系;但是它们背后的哲学原理都以不同的、甚至是冲突的方式持续地影响着地理研究。其中一些影响保持着相对稳定的趋势,而另一些则转变为不同的认知方式。本书的这一部分将从实践的视角去研究不同认知方式的哲学原理是如何影响研究工作的,以及研究问题是如何根植于不同认知方式之间的假设与选择的。

这些章节不是严格地按照时间顺序来安排的。作为一种教学试验,我们以一个宽泛的框架从三个方面来安排这些章节。我们把那些有关实证主义、人文主义、女性主义以及马克思主义的章节安排在一起,因为尽管这些作者要表达的意图不同,但却非常集中。我们把这些称为"单一目的"(singular intentions)。那些有关行为研究、结构化理论以及唯实论(第 6、7、8 章)的章节并不是出于一个单一的目的,它们基于一些建构知识的方法来理解我们的地理世界,我们把这些称为"建构与世界有关的地理知识"。最后,后现代主义地理学、后结构主义理论、行动者网络理论以及后殖民主义地理学(第 9、10、11、12 章)对于知识为何难以模式化提出了各自的观点,我们把这些称为"超越结构"(beyond structure)。

显而易见,所有这些章节之间存在着很重要的联系与冲突,它们可从多个方面来进行分组。学生可以自己去寻找将这些章节联系起来的其他方式。

单一目的

在这一部分最初的章节里,罗布·基钦(Rob Kitchin)(第 2 章)提到了多种实证主义哲学,因为它们详细地解释了多种地理学认知方式。实证主义认知方式并不是一个单一方法,而是多样方法的组合。同实证主义一样,下面三章根据各自特定的目的描述了一套哲学方法。实证主义紧紧围绕感知的需要去运用科学准则,进行严谨的分析和推理。因此,实证主义地理学家的唯一目的就是要把科学准则运用于地理研究之中。

实证主义最普通的两种形式基于证实(verification)(逻辑实证主义)和证伪(falsification)(批判理性主义)。前者运用演绎推理形成理论,然后设置并验证假设条件;后者尝试用特例去推翻原来的理论。

自 20 世纪 50 年代起,那些认为地理学正趋向于非系统化的、单纯的调查分析的拥护者们推动了对空间科学的共同关注。然而,除了一些行为地理学家之外(第 6 章),那些想要树立科学的人文地理学的人却很少对哲学进行有意义的研究。福瑟灵厄姆(Fotheringham)在第 22 章对这一思想作了进一步说明。罗布·基钦认为,适用于大量数据的科学准则从性质上来说应该被认为是真实的、客观的以及普遍的。但他认为这导致了女性主义地理学家对一些空间科学的批判,认为这些空间科学隐藏着一些所谓的男权主义的理论基础。今天,很少有空间科学家宣称自己只效忠于实证主义核心原则,但他们也把其方法看作是理性的、健全的、重要的和科学的。这对当代计量学(第 22 章)、地理信息系统(第 23 章)以及个别地理学家的研究实践(第 13、15、18 章)都产生了深远的影响。

第 3 章中 J. 尼古拉斯·恩特里金(J. Nicholas Entrikin)和约翰·特普尔(John H. Tepple)把人文主义地理学的出现看作是一种不太严谨的结构运动。这种运动是从对实证主义人文地理学的批判中发展起来的。实证主义人文地理学把人类决策者看作是理性经济人,即认为其行为是可以被预测和模拟的,这种观点被批判为过度狭隘。尼古拉斯·恩特里金和约翰·特普尔展示了人文主义地理学家的单一目的在于阐释个人的经历、信仰以及态度在塑造我们所作出的决定以及与世界相处的方式等方面的重要性。这里,他们阐明了人文主义地理学所关注的重点如何说明意义、价值以及解释,从而把一个对人类现实的更为复杂的理解融入地理学中。为了达到这个目的,他们强调了人文主义者从人文学科(例如现象学、存在主义)中引用一系列哲学原理的方式,以及从像人类学这样的学科中引用实地调查的解释传统的方式。保罗·罗德威(Paul Rodaway)在第 24 章中对这些研究方式在地理实践中的意义进行了探索。在这一章中,罗德威反思了以人为中心的方法论在地理学中的发展。人文主义哲学原理对那些有可能不认为自己是人文主义者的个别地理学家的影响在理查·纳格(Richa Nagar)(第 19 章)、薇拉·乔纳德(Vera Chouinard)(第 17 章)、劳伦斯·诺普(Lawrence Knopp)(第 20 章)的工作中有所反映,在戴维·利(David Ley)(第 14 章)和罗宾·卡恩斯(Robin Kearns)(第 16 章)的工作中反映得更为明显。

人文主义地理学对意图行动者(intentional agent)的异常关注是它与其他方法之间的矛盾所在。其他方法或者试图强调个人的选择是如何被社会结构——例如家长制(第 4 章)及资本主义(第 5 章)——所限制的,或者试图消除能动性(agency)与结构之间的复杂关系(第 7 章)。最后,后结构主义(第 10 章)和后殖民主义(第 12 章)对人文主义的意图行动者这一概念及由此而引出的一般主张提出了挑战。

在第 4 章中,德博拉·P. 狄克逊和约翰·保罗·琼斯(Deborah P. Dixon and John Paul Jones)集中关注女性主义者揭示各种不同的性别地理学的方式,即首先对男权主义的认知方式进行批判和质疑,然后详细说明自己的认识论主张。就实践和改革而言,最重要的是他们指出了女性主义者的目的是产生能够改善女性生活的认知方式。女性主义地理学家使用多种理论和方法以便更好地理解女性抑郁的原因、动力机制及空间性,并对此提出了抵抗策略。那么,女性主义者的唯一目的就是改善女性的生活。为了这一事业,他(她)们关注的重点就是每天的社会和空间活动。

在 19 世纪和 20 世纪的英美地理学中,女性地理学家及其认知方式一直处于边缘地位。狄克逊和琼斯(Dixon and Jones)对女性主义如何挑战并且持续挑战以男权主义为基础的学科进行了充分的分析。他(她)们认为,地理学早期摒弃女性知识的做法绝大部分来源于这样一些准则——父权制、厌恶女人、性别歧视、性别编码,以及地理学家在研究各种事物的过程中重男轻女。女性主义地理学家不仅批判了这种准则的基础,并且提供了一种改造地理学认知方式的认识论。例如,对传统的分析对象如区域、景观以及地方的研究常常是伴随着调查劳动力性别差异的空间维度问题而进行的,女性主义引入了一些新的分析对象如家庭和身体。女性主义者将性别作为一种社会联系和社会建构,通过运用注重差异的新方法论将地理学推到了一个具有变革能力的新方向上。同时,这对方法论、实践、生活经历以及话语的含义产生了影响。从后面这一点来讲,该章节与金·英格兰(Kim England)(第 26 章)对女性主义方法、方法论及其如何产生女性主义地理学的讨论存在重要联系。认知方式与行为方式之间的意义网络是循环的,并且通常是相互加强的。

在许多方面,类似于实证主义,马克思主义也是对缺乏理论指导、以经验为基础的地理学研究的一种回应。与女性主义和实证主义一样,起源于古典马克思主义的地理学思想也存在许多变种。的确如此,其中一些人认为女性主义对女性研究的关注绝大部分来自于马克思主义的感受力。亨德森和谢波德(Henderson and Sheppard)在第 5 章中讨论到,同女性主义关注女性生活方式的改善一样,马克思主义的根本是要在更为公正的环境中促进人类的整体繁荣。马克思主义在很大程度上关注对于资本主义地理学的理解,并且它的唯一目的就是要建立空间公正。

亨德森和谢波德认为马克思主义理论虽然建立得比较早，但它并不过时。他们认为，许多学者更愿意把自己称为后马克思主义者。亨德森和谢波德认为古典马克思主义的许多原则现已被包容到其他的认知方式当中，例如唯实论、结构化理论以及结构主义（第 8、7、10 章）。此外，他们认为所谓的"后"并不指代马克思主义的灭亡，而是指代承认这种重要的认知方式的持续性影响。

在他们试图解释世界的过程中，马克思主义者认为自然科学和社会科学的实证主义基础将世界予以简化，即认为世界是通过偶然联系连接在一起的一系列稳定的、明确定义的实体。而作为马克思主义的一种认识论基础，辩证推理探寻事物之间的相互联系是如何持续不断地变化并引起实体本身的改变的。亨德森和谢波德注意到，对所有尺度——从人类社会到世界经济——的分析对象，其内部都是复杂多样的，并且总是处于被分裂的危险中；而要将它们分裂的正是把它们连为一体的那些联系。他们进一步指出，这种辩证推理在科学中并不陌生。然而，马克思主义关注的焦点主要放在生产、消费、价值与剥削、资本积累、资本循环以及阶级矛盾上，并且它非常关注政治身份及文化产业。由于马克思关心物质变化以及人的改变[参见第 25 章，在这一章里，萨默斯（Samers）在地理学范围内评判了马克思主义的政治激进主义的传统]，他强调的重点是个人的社会方面，亨德森和谢波德认为他是一个当代思想家。他们担心地理学家过分关心性别、种族以及性别特征等而忽视了马克思对资本形成及阶级分析的关注。因此，这一章与第 4 章之间产生了冲突。亨德森和谢波德认为，地理学家首先需要理解社会过程之间的交叉性，这些社会过程通过资本循环及商品生产与分配的社会建构而相互联系起来。

建构与世界有关的地理知识

行为研究与实证主义相关联，但是，正如雷金纳德·戈里奇（Reginald Golledge）在第 6 章所指出的那样，行为研究把自己与一系列更广泛的哲学理论基础联系起来，包括现象学、符号互动论、后现代主义以及相互影响论（transactionalism）。作为一门空间科学，行为研究的目的是对特定的空间行为进行过程性解释。例如，"感兴趣"这一行为过程包括感知、学习、形成态度以及记忆。行为地理学家批判了早期计量学家所使用的一些模型和数据，通过使用定性数据以及对考察和实验数据的分析技术，他们把普通科学的有限视野扩展开来。他们关注个人数据及原始数据，胜过对二手数据作进一步的分析。

地理学中的行为研究集中关注一些精炼的哲学问题，例如"现实是什么?"以及"什么样的现实事物之间具有联系?"，戈里奇认为这对空间科学的一些主要概念提出了挑战。例如，在对个人的空间活动进行研究时通过引入一个时间维度，可使得对于行为的更加细致入微的研究成为可能。实际上,这种研究并没有抛弃科学和实证主义,因为它利用严格的实验设计去阐明人们的认识、感知以及行为。行为研究与第 2 章所表述的实证主义基础联系在一起,并且与第 22、23 章所表述的科学实践也联系在一起。戈里奇认为,行为研究处理了一些老生常谈的问题,如"地理学知识是什么?"以及"知识如何建构?"等。尽管他承认人与知识之间的联系,但他认为通过系统的研究我们能够了解一些有关知识被阐述的过程。

根据伊莎贝尔·戴克(Isabel Dyck)和罗宾·A. 卡恩斯(Robin Kearns)(第 7 章)的观点,由安东尼·吉登斯(Anthony Giddens)所创建的结构化理论在人文主义和马克思主义之间建立起了一个连接点,同时,它与通过时间地理学而得以详述的行为主义研究也有联系。吉登斯的目的是要揭示人类能动性(参考第 24 章)与马克思主义(第 5 章)所提出的结构性制约之间的复杂关联。时间地理学为更大的社会结构(即所谓的制约性)研究提供了可能性,在这种社会结构里,个人行为能够被详细表述。结构化理论认为,社会既不独立于人类活动而存在,同时它也不是人类活动的产物。此外,结构和能动性的相互依赖是通过时间和空间之间的联系而存在的。结构可以被认为是规则与资源,正如那些可以通过制度来详细解释的东西一样。人类能动性则是基于这样一个观点,即个人是事件的发起者,并且总是有所选择。人类与制度之间的相互作用总是发生在时空环境之中,因此总是可以用时间维度和空间维度来解释社会系统是如何改变的。戴克和卡恩斯用相对直观的例子详细解释了结构化理论,这些例子涉及育儿工作和健康地理学。他们认为,后结构主义对差异和身份的关注,造成注意力从那些有助于理解结构的规则与资源上转移。谈到这里,需要把结构化理论作为一种能够解释各种力量之间相互关系的方式来对待,而这些关系已向全球化的时空中伸展开来。

在第 8 章里,对于知识是如何建构的这一问题,安德鲁·赛耶(Andrew Sayer)采用一种稍微不同的方法进行了关注。他认为,唯实论的哲学原理不是要构建一些现实的基础,而是假定世界总在那里,并且总是区别于哲学家及理论家试图认识它的方式。总之,这可能就是唯实论与第 6 章所详细阐述的行为研究之间的最大区别。赛耶认为通过系统地研究知识形成的过程并不能完整地认识世界。他进一步指出,第 2 章及第 6 章所表述的内容将无法支持"知识可能存在错误"这一观点。如在第 5 章里所阐述的那样,赛耶把社会建构看作痴心妄想,除非我们愿意接受这样一种观点,即它们可能说明不了什么或并不重要。而唯实论首要的是要理解世界很可能是独立于我们的思维过程的,尽管这些思维过程以及它们是怎样建构这个世界的都是非常重要的,但它们却不是万能的。

超越结构

后现代主义地理学家认为,在并不遥远的过去的某个时期,现代主义的那些著名的结构性的基础开始瓦解。西奥多·阿多诺(Theodor Adorno)认为这可能开始于奥斯威辛*,而大卫·哈维(David Harvey)认为这可能开始于普鲁伊特-艾格(Pruitt-Igoe)(圣易路斯种族分异的公共住房实验)的拆毁。在第9章,戴维·B. 克拉克(David Clarke)认为,后现代主义对于把理性作为西方社会的一个整体性的、推动性的概念提出质疑。原因、事实和科学并不是理解的支柱,而是一种信仰,与其他信仰一样。故事仅仅是帮助我们行走世界的故事,并不是宣称真理与绝对现实(例如现代医学)的元叙事(大故事)。一些后现代主义者认为,元叙事仅仅是为科学穿上了合法性的外衣,而这种合法性是基于这样一种信仰,即对普适性知识的追求是可能的,并可以赋真相以优先权。相反,后现代主义认为,世界本来就是复杂的、迷惑的、相互矛盾的、具有讽刺意味的,等等;并且他们希望顺其自然。

地理学家关于后现代空间可以谈论很多。的确,克拉克声称我们应该为我们已融入一场有关时空联系的更大的学术讨论而感到自豪。大卫·哈维、埃德加·索加(Ed Soja)和迈克·迪尔(Mike Dear)在使人们对城市空间的传统理解变得混乱方面相当成功。克拉克进一步指出,大卫·哈维的《后现代的状况》(*The Condition of Postmodernity*)(1989)是有关后现代性的最著名的书之一。具有讽刺意味的是,一个马克思主义的元叙事竟然非常适用于哈维的分析,正如亨德森、谢波德以及克拉克所指出的那样,因为这种认知方式可以避开那些寻求破坏其可信度的更现代的话语。

克拉克认为后现代主义的问题在于,比起新自由资本主义和新保守主义,它更趋向于使社会批判和进步的政治活动非法化。因此,事实上,后现代主义更有可能进一步融入资本主义而非推动激进的变革。后者或许放在后结构主义的框架内更为合适。

保罗·哈里森和约翰·怀利(Paul Harrison and John W. Wylie)分别在第10章和第27章中认为,我们需要把自己从任何一种形式的结构化理解的制约中摆脱出来。后现代主义的问题在于它缺少一些重要的、进步的观点,而支持一些奇异的想法,由此显得肤浅。后结构主义理论,尤其是那些源于一个更广泛的大陆传统的理论(如福柯和德里达的理论),推动了人文地理学向前发展。这是由于它们使用一些重要的方法,具体一点来讲,就是考古的方法(archaedogical ways),去评价镶嵌入制度、信仰以及政治安排之中的内在力量关系。哈里森进一步指出,后结构主义比起那些已知的基于马克思主义的认知方法(例如女性主义、唯实论及结

---

* Auschwitz,纳粹德国在第二次世界大战期间修建的1000多座集中营中营最大的一座。——译者注

构化理论)更为激进,因为它不是提供一个基础或一个焦点,并且它不把激进主义定位成一种元叙事。

后结构主义与以前的认知方法还存在许多有趣的差异。在这个引言中,我们认为第2、3、4、5章提出了一个单一的目的,而第6、7、8章提供了一种单一的基础。根据哈里森的观点,后结构主义对世界是如何组织的既没有提供一种特别的分析,也没有提供一种系统的选择。后结构主义是一种反本质主义(anti-essentialist)的理论,正因为如此,它特别关注激进的他者及差异。此外,虽然后结构主义以无尽的批判为特点,导致其过度悲观的气质,但哈里森竭力强调后结构主义的积极性和它深刻的道德性。这里,他对德里达有关"解构"(deconstruction)的著作给予了特别关注(在第27章中怀利阐明了德里达的"解构"这一概念的重要性,以及福柯将"话语分析"(discourse analysis)作为地理实践的论断的重要性)。

行动者—网络理论(ANT)共享了后结构主义理论的反本质主义的方法。与后结构主义一样,它试图去理解这个世界的复杂性。在第11章里,费尔南多·博斯科(Fernando J. Bosco)展示了行动者—网络理论如何提供一种探寻多种行动者——人类与非人类(话语的与物质的)——之间关系的框架,在这个框架中,地理学被认为起源于这些关系或是这些关系所造成的结果。这里,行动者—网络理论对能动性提出了一种激进的看法,认为它不是有目的的人类行动者的特有性质(与第3章形成对比),而是事物连接在一起的产物;因此,非人类行动者(如一个篱笆桩或一支钢笔)也可能会被理解为具有能动性。博斯科关注行动者—网络理论使用术语"施动者"(actant),而非"行动者"(actor)的方式,以区别于这样一个事实,即它没有把任何特殊的动机归于作为个体的人类行动者。同其他相关方法一样,行动者—网络理论试图避开二元论,例如结构能动性。在第7章中,戴克和卡恩斯(Dyck and Kearns)对行动者—网络理论不受欧几里得空间理解的限制一直非常关注,而这种空间理解构成了实证主义方法的基础(第2章)。

后殖民主义与后结构主义(第10章)一样,关注身份、差异与表征的复杂性。在第12章里,巴尼特(Barnett)对20世纪中期知识分子著作中有关后殖民主义起源地的描述表示认同。在那个时候,反殖民主义者正与欧洲统治者进行着斗争。巴尼特认为,殖民从属关系是镶嵌于身份并再现于这一系统中的。与哈里森(第10章)及怀利(第27章)一样,巴尼特在这里引用福柯的"话语"这一概念去解释文化所代表的力量。从福柯式的观点来看,后殖民主义并不固守于认知结构方法的任何单一方面。

巴尼特竭力强调西方的和非西方的历史及社会的错综复杂的性质。他通过详细叙述赛义德(Said)《东方主义》(Orientalism)这本书来说明"表征"(representation)及"身份"(identification)之间的建构关系,这本书阐释了西方身份、文化及文明这些概念如何吸引"他者化"过程中的非西方的或东方人的想象。然后,他反思了一些由后殖民主义所提出的更广泛的道德和哲学忧虑。这些忧虑与普遍主义、文化相关主义及跨文化的理解相关联。与后结构主义一样，后殖民主义将文本实践——例如读、写、解释以及文本含义产生的方式——问题化了。

　　从许多方面来说，第9章、10章、11章、12章可以被认为阐述了哲学之死，至少它们带来观点的混杂，并对本部分每一章对知识进行剖析的方式予以嘲弄。不管您阅读至此感觉如何，显而易见，没有一种认知方式或多或少要比另外一种更具合法性，许多方法在相互联系的同时又相互攻击。每一种方式都在学术和社会方面提出一些有价值的东西以便相互竞争，并且它们之间存在严重的紧张关系和冲突，而这些，并不仅仅是基于哲学论争的逻辑推理。

第二章 实证主义地理学与空间科学

罗布·基钦(Rob Kitchin)

引言

实证主义是一组寻求把科学原理与方法应用到对社会现象解释的哲学思想。这些科学原理和方法均来自于自然科学和硬科学。奥古斯特·孔德(Auguste Comte,1798—1857)是公认的实证主义的鼻祖。他认为 19 世纪前的社会研究是猜测性的、带有感情色彩的和空想的,因此缺乏严密的和分析性的推理。昂温(Unwin,1992)更详细地指出,孔德在对术语的使用上,"实证的"依次优于确实的、确定的、准确的、有用的、系统的和相对的。换句话说,他认为,关注事实和真相以及反映真实的、可凭实验观察到的现象及其之间的相互联系,比关注虚构的、推测的、不确定的、不严密的东西更有用处。孔德所要求的是通过普遍的(可以重复的)观察方法对数据进行客观的收集,以及建立可检验的理论(而不是像经验主义者那样把所观察到的都认为是事实)。这些检验应该是系统的和严密的,而且需要发展出能够解释和预测人类行为的法则。同样地,孔德拒绝形而上的(有关意义、信仰和体验)和规范的(有关伦理和道德)问题,认为这些问题难以给出科学的答复。如同许多其他的"主义"和"学说",实证主义有多种不同的形式。讨论最多的有两种,分别是基于证实的逻辑实证主义,以及基于证伪的批判理性主义。

逻辑实证主义是由维也纳学派(一个松散的社会科学家和哲学家组织)在 1920 年代和 1930 年代发展起来的。与孔德类似,维也纳学派也断定用在传统自然科学的科学方法同样可以直接适用于社会研究,即利用检验自然现象的方法,通过科学的法则,可以对社会行为进行测量、建模和解释。这种观点被称为自然主义(naturalism),如约翰斯顿(Johnston,1986:27-28)所述,自然主义以六条假设为基础:

1. 发生在社会中的事件,或者人类决策制定的事件,都有一个确定的原因,并且这个原因是可以被辨认和证实的。

2. 决策制定的过程是一系列人人遵守的法则运作的结果。

3. 存在一个由个人行为组成的客观世界，这些行为的结果可以通过普遍承认的标准，被客观地观察到和记录下来。

4. 科学家是无偏好的观察者，能够置身于被观察对象之外，以一种中立的方式观察和记录事件的特征，而且不会因为他们的观察和记录改变这些特征，因而可以得到不带感情色彩的结论，并可以被其他观察者所证实。

5. 适用于对无生命的事物进行的研究。例如，人类社会（整个有机体）存在着一个结构，它根据可观察的法则以确定的方式发生变化。

6. 可以应用实证主义科学的法则和理论，通过确定的方式来改造社会。同样地，可以通过改变在特定环境下运作的法则，或者改变法则在其中运作的环境来实现这种改造。

通过建立基于证实的一套严格分析程序，维也纳学派大大发展了孔德的工作。同时，他们还尝试对科学原理和方法进行精确定义，以此来测量社会行为和证实社会法则（即科学理论解释客观现实的程度）。他们所提倡的测量方法集中在对事实进行精确的定量化测量（例如高度、宽度、时间、距离、工资等）。这些测量使得对变量相互关系进行检测的统计检验成为验证（证实）解释性法则的方法。因为这种方法集中在已知的事实上，容易通过大样本人口调查（例如人口普查）收集到数据，从而使得在大规模样本基础上检验和证实规律成为可能。这主要采用演绎的方法，首先阐述理论，提出假设，然后进行检验。如果数据不支持假设，理论便要修改，然后提出新的假设，对数据进行重新分析。这就形成了一种积累的过程，通过引入新发现、拒绝和重新设定一些假设，以一种结构性的和系统的方式扩展和建立理论。由于样本常常是不完美的，不可能完全证实理论，因此逻辑实证主义通过概率（事件发生的统计可能性）去处理"弱证实"的陈述，旨在加强陈述的证实程度（Johnston，1986）。通过增加某种不是随机发生而是有潜在因果联系的关系的概率强度，假说便得到了检验，理论也随之演绎地建构起来。通过这些过程，逻辑实证主义提供了一种获得这个世界客观知识的方法。而独立工作的科学家们要维持这种客观性，需要符合以下五个前提：

1. 创造性（originality）——他们的目标是通过发现新知识来推动知识体系的发展。

2. 集体性（communality）——所有的知识都是共享的，其来源完全被承认。

3. 无私性（disinterestedness）——科学家们对知识的兴趣来自于知识本身，而他们唯一的报酬来自于从推动对世界的理解中所获得的满足。

4. 普适性（universalism）——任何判断只基于学术领域，不含有对科学家个人的判断。

5. 有组织的怀疑主义（organized skepticism）——通过建设性的批判来提高知识水平。

区别于孔德,维也纳学派承认某些陈述可以不求助于经验而得到证实,从而区分了分析性陈述(analytical statements)与综合性陈述(synthetic statements)。分析性陈述是演绎的陈述,其真实性得到它们内在定义的保证(Gregory,1986a)。这种分析性陈述在自然科学和数学里十分普遍,问题经常在远未被实证检验时,便通过纯粹的理论形式得以解决。事实上,理论物理学几乎就是专门寻求给那些仍然无法检验的问题提供解答的(凭借已知的规律和属性,如史蒂芬·霍金的《时间简史》)。综合性陈述的真实性需要通过经验检验才能建立起来,因为它们缺乏内在的定义而且比较复杂。此外,维也纳学派还推进了科学主义(也就是宣称实证主义方法是获得知识的唯一有效且可靠的方法,而其他方法则是毫无意义的,因为它们不能产生可证实的知识),而且促进了一种严格定义的科学政治学,断言实证主义是获得所有问题的合理解答的唯一方法(Johnston,1986)。

批判理性主义是对应于逻辑实证主义发展起来的,并挑战后者对证实的关注。由卡尔·波普尔(Karl Popper)发展的批判理性主义,主张法则的真实性并非依赖于通过实验观察到或被证实的次数,而是它是否被证伪(Chalmers,1982)。批判理性主义强调,相对于尝试提供大量确认性证据,科学验证更应该通过识别削弱某一理论的特例的过程来进行。如果没有找到例外,那么一个理论可以称得上被确证了。对这种方法的批判是:一个理论不可能被完全地确证,因为尚未识别的例外可能一直等待着被发现(Gregory,1986b)。许多地理学家宣称采用基于证伪的批判理性主义方法时,但实际上他们更多地是使用证实,通过基于概率的统计寻求排除例外的情况,而不是彻底拒绝一个假设。许多其他形式的实证主义已经被提出来,当代的实证主义哲学也明显地扩展了维也纳学派的工作。尽管如此,地理学中的辩论仍然集中于传统形式的实证主义,这主要是因为实证主义地理学本身很少与哲学领域进行深入的或有意义的对话,以至于未能从新形式的实证主义中提升自己的理论基础。

实证主义在人文地理学中的发展和应用

> 实证主义是一种未被意识到的、"隐藏的"哲学视角,指引着许多地理学家的工作……(仍然是被隐藏的)。从某种意义上来说,许多坚持实证主义中核心信条的学者,很少会把自己当作实证主义者……当许多人大胆地高举他们所拣选的哲学旗帜时,实证主义的名字极少在赞成其基本原理的地理学者的工作中看到或者听到。
> (Hill,1981:43)

直到1950年代,地理学基本上是一门描述性学科,为了尝试理解特定的地方,通常以一个区域为基础考察其模式和过程。从1950年代早期开始,一些地理学家开始声称地理学研究需要在方法上更科学化,寻求本质的规律,以解释空间的模式和过程。例如,舍费尔在一篇被认为是推动了人文地理学科学化的文章中,指出"地理学应该被设想为一门科学,这门科学寻求建立关于地球表面某种特征的空间分布的规律"(Schaefer,1953:227)。实际上,舍费尔利用逻辑实证主义的论点,主张地理学应该寻求一致的规律,挑战哈特向等地理学家的例外论声明,即认为地理学及其方法在社会科学中是唯一的。换句话说,地理学应该从关注区域和地方的独特性学科(事实收集)转移到关注空间安排的通则性学科(规律生产)上来。

早期倡导地理学作为一门空间科学的学者认为,地理学研究在很大程度上是不系统的,而且在分析上也不成熟。地理学者过去一直在发展对世界的经验主义叙述,将简单的事实累加作为一般理论的证据。问题是这种经验主义的努力不能区分因果联系和偶然联系或者虚假(非因果的)联系。例如,环境决定论的叙述认为环境的状况会因某一种因果关系而突出地影响社会(例如,周边高气温的环境会使当地居民变得懒惰,从而在热带地区容易产生不发达的国家)(Hubbard et al.,2002)。但是,这些叙述犯下了人类生态谬论的错误,把汇总得到的观察结果归因于区域内的所有国家。然而,仅凭在同一时间、同一地方观察到的两种现象,并不能说明一种现象产生另一种现象,或者它们普遍存在。这些模式需要进行科学的检验。事实上,大部分人现在承认周边环境的温度可能影响到人类的行为,但并非起到决定作用,而且它对发展水平所起的作用更小,或者根本不起作用。对于像舍费尔这样的地理学家来说,地理学作为一门科学,只有当它变得更加科学时,才会真正地有用起来,并在学术界获得尊重。科学的方法能为地理学研究提供有效性和可信性,以及提供一种共同的"语言",来统一人文地理学和自然地理学。

计量革命

接下来出现的就是所谓的计量革命,在这个过程中,地理学根本的原理和实践都发生了转变(Burton,1963),由描述转变为解释、由个人理解转变为追求一般法则,以及带有预测性的阐述(Unwin,1992)。为了使用科学的方法,把人文地理学转变为一门科学的、关注地理学规律的学科,一些地理学家开始利用统计技术(特别是推断性统计,尤其关注对某种关系随机发生概率的测量)来分析定量数据。定量数据被认为是事实的、客观的和被综合地测量过的。因此它们本质上是普遍的,没有测量者和分析者引起的主观误差。通过对这些数据进行统计分析和建模,地理学家希望能够识别普适性的规律,从而解释空间模式和过程,同时为预测未来以及建设性地改造世界提供基础(例如通过改变政策而产生变化)。因此,正像物理学家和化学家尝试去测定自然世界的一般性规律,地理学者采用一种自然主义者的身份(把社会科学的方法与自然科学的方法等同起来的一种信仰),尝试去测定人类活动的空间规律。

专栏 2.1　空间模型和规律

　　1950 年代末和 1960 年代,利用假说演绎的方法,发展出许许多多过剩的地理学模型和规律,它们均基于对定量数据的科学分析,以及采用数学公式的形式。例如,早期计量地理尝试找到一个合理的公式,去对不同地方的人之间的相互作用进行建模。其中之一是艾萨德等(Isard,1960;详细参见 Haggett,1965:40)的反距离重力模型:

$$M_{ij} = (P_j/d_{ij})f(Z_i)$$

　　其中,M_{ij} 是指中心 i 和 j 之间的相互作用;P_j 是中心 j 的量的测度;d_{ij} 是指 i 到 j 的距离;以及 $f(Z_i)$ 是关于 Z_i 的一个函数;而 Z_i 测量目的地 i 的吸引力。但是这个高级的早期模型并没有考虑每个区位的"吸引力"可能跟其他因素有关(例如气候或者基础设施等)。

　　这种理论和实践的转变导致许多不同类型的规律的出现,但正如许多批判家所描述的,大部分没有表现为普适性的规律。例如,戈里奇和 阿梅代奥(Golledge and Amedeo,1968;Johnston,1991:76)详细阐述了人文地理学发展起来的四个规律:截面规律(cross-sectional laws)描述功能性关系(例如两幅地图之间),但不能发现因果联系,尽管可能作出一些推论。均衡规律(equilibrium laws)指出当特定标准得到满足时所能观察到的东西……动态规律(dynamic laws)结合变化的概念,通过改变一个变量,跟着(可能是导致)改变另一个变量……最后是统计规律(statistical laws)……是在给定 A 存在时,B 有可能发生的概率陈述(前面的三个规律可能是确定性的或者统计性的)。

　　简而言之,目标是建立一种科学的地理学,遵循与其他科学相当一致的精准、严密、确切等标准(Wilson,1972)。然而,正如希尔(Hill,1981)所述,空间科学在借用科学方法的思想时,未能有意识地反思其哲学基础,在这种情况下,可能称其为"实证主义者的"(positivistic)比"实证主义的"(positivist)更为恰当。当然,许多作为实证主义者的地理学家(他们大多数更喜欢标榜为计量地理学家或者统计地理学家)会回避逻辑实证主义的科学政治学和科学主义,虽然他们会把科学的方法看作是对地理学问题最明智和最稳健的解答方法(第 22 章)。

　　正如所有的革命一样,某些关键的场所和人物对于推动和发展新兴的计量地理起到了重要的作用。在美国,地理学家如华盛顿州立大学的威廉·加里森(William Garrison)、艾奥瓦州立大学的哈罗德·麦卡蒂(Harold McCarty),以及威斯康星大学的鲁滨逊(A. H. Robinson),培养了一代研究生成为其他各地的教员,并依次在这些地方传播他们的思想(Johnston,1991)。在英国,皮特·哈格特先是在布里斯托大学,后来在剑桥大学都产生了至关重要的影响(与自然地理学家理查德·乔利一道)。事实上,哈格特的《人文地理中的区位分析》(Haggett,1965)是一本重要的著作,帮助了计量地理学地位的巩固。在这种快速发展的形势下,伯顿于 1963 年宣称革命已经完成,而且计量地理学已成为主流的一部分。尽管如此,需要重点指出,并非所有地理学家都热衷于向呼声愈来愈高的空间科学转变,还是有一部分地理学者继续实践和讲授其他形式的地理学研究。不过,地理学的计量转向,以及把空间定义为人类关系在其中得以组织和展开的几何表面的概念,确实改变了许多地理学家对空间和地方概念的想象。

哈维的《地理学中的解释》

尽管计量地理学的快速发展贯穿整个 1960 年代,但正如前面所提及的,它广泛运作在一个哲学真空中:它仅关注方法论的形式,而疏于对知识生产的认识结构进行深入探讨(Gregory,1978)。哈维的《地理学中的解释》(*Explanation in Geography*)(Harvey,1969)是这一领域的一本里程碑式的著作。哈维的一个关键洞察是,直到那个时候地理学者们仍然很少去探究地理学知识是怎样生产的,以及为什么生产地理学知识。而且,没有人尝试为这门学科提出一个稳健的和理论上严密的方法论(而不是哲学的)基础。哈维的著作通过明确承认哲学对于地理学研究的重要性,来寻求地理学研究的哲学基础。特别是,他利用科学哲学(也可以被称为实证主义)来建构一个理论上合理的本体论和认识论——提出了一种连贯的科学方法论。然而,正如哈维(Harvey,1973)后来所承认的(第 9 章),他回避了更广泛的哲学问题,因为他关注的目标不是哲学本身而是利用哲学来将方法论正式化。

作为隐含的实证主义的空间科学

虽然哈维的著作产生了广泛的影响,为空间科学提供了一种初始的、在理论上稳健的本体论和认识论基础,但是应当说,大多数地理学家在使用科学方法时仍很少关注其哲学基础。正如希尔(Hill,1981:43)所述,实证主义是许多空间科学研究的隐含的基础,因为当寻求通过空间分析和地理学建模来决定因果关系和空间规律时,很少会正面涉及实证主义或者其哲学基础。同样地,当采用一种科学方法或使用一些如规律、模型、理论和假设等术语时,通常对其实际含义和由什么组成的缺乏认识(Hill,1981;Johnston,1986)。尽管对这样研究的实证主义基础有很多批判,但它们构成了当今这门学科的主要部分。例如,差不多所有的 GIS 和地理学计量研究都被当成了空间科学的一部分,尽管它们中的大部分实际上沿袭了经验主义传统,因为事实被认为是可以“自我证明”的,而不用遵循通过统计检验进行严密的空间分析的道路(譬如在大部分的制图工作中,地图被认为可以代表自己说明事实)。此外,还越来越难以见到先进行假设陈述,然后再对此进行检验的研究。并非所有的计量地理学都是隐含的实证主义的(或者经验主义的)。实际上,很多都不是。事实上,计量地理学指的是利用定量的数据进行地理学研究,而这些数据可以经受本体论和认识论立场的质问(重要的是,不要将哲学方法与数据类型相混淆)。

对实证主义地理学的批判和挑战

这一时期地理学方法的转型为 1960 年代以来对地理学研究的本体论、认识论和意识形态问题的持续的反思奠定了基础。这一时期也是许多西方国家社会动荡不安的时期,许多地理学家开始反思这个学科在应对社会问题并提供实用的和政治的解决办法中的相关性和实用性。因此,许多地理学家开始质疑科学方法的用处及适用性,并从不同视角质疑这种新的实证主义的哲学基础。需要强调的是,许多批评并非针对所使用和分析的定量数据,而是批判分析这些数据所使用的实证主义理论,更多的是对其本体论、认识论和意识形态进行批判,而不是数据类型。

对实证主义地理学的批判来自许多方面。例如,萨克(Sack,1980)认为实证主义地理学是对空间的盲目崇拜,仅仅关注空间而忽略了其他要素。空间科学代表一种空间分离主义的立场,把空间从时间和物质中抽离。他认为这样的研究具有很少的分析价值——决定空间的模式并不能告诉我们为什么存在这种模式或者为什么它们随时间而发生变化,因为这种方法并未考虑社会和政治的过程。

马克思主义和激进主义的批判发展了后一种观点。激进主义批判学者指出,由于忽略了政治和宗教等问题,以及尝试通过观察到的事实来解释整个世界,空间科学只局限于某种类型的问题,更受其解答这些问题的能力的制约。它把人类看作理性人,没有非理性的思考、意识形态和历史,并且能作出明智的和符合逻辑的决策。由此可以看出,空间科学对世界的建模是基于人们的居住和工厂选址等活动,以便最小化或最大化某些经济的或社会的利益。批评家认为个人和社会都是异常复杂的,而简单的模型和规律是不可能把握这些复杂性的。因此,哈维在完成其"地理学圣经"之作(指《地理学中的解释》)后仅几年,就在一个著名的转向中对实证主义地理学予以批判:"在我们所使用的复杂的理论和方法论框架,与我们对我们周围所展开的事件进行有意义的解释的能力之间存在着明显的不一致。"(Harvey,1973:128)在哈维看来,空间科学对于诸如阶级分割、第三世界债务、地缘政治紧张和生态问题等可以作出的解释很少,因为它没有能力去提出和回答这些问题,尽管这些问题都需要进行质问。此外,实证主义地理学缺乏价值取向,它可以详细研究"现状是什么"以及"未来将是什么",但是无法深入了解"应该是什么"(Chisholm,1971)。对于哈维和其他学者来说,解决这些问题的唯一方法是转向激进主义理论,例如马克思主义理论,寻求揭示社会和经济不平等的基础和控制日常生活的资本主义结构,并将这种结构转变为一个更具解放性的系统。

伴随着激进主义的这些批判,从 1970 年代早期开始,人文主义地理学家(第 3 章)也开始同样地攻击实证主义,特别是针对其把人简化为抽象的、理性的主体的倾向,以及对形而上问题的拒绝(Buttimer,1976;Guelke,1974;Tuan,1976)。人文主义认为空间科学实际上都是无人的,因为它不考虑人的信念、价值、意见、感觉等,及其在塑造日常地理学中所起的作用。当然,个人是复杂的生命体,未必都按照容易建模的方式行动。于是,人文主义地理学家提出了能够通过深入的定性研究来抓住人们复杂生活的地理学研究。

此外,激进主义的和人文主义的批判都质问空间科学在多大程度上是客观的,以及对世界的观察在多大程度上是中立的,并且指出它是不可能(在激进主义者看来也不应当)站在这样的立场上的。地理学家被认为是世界的参与者,带有他们的个人观点和政见,在进行研究时无法完全抛弃自己的价值观(Gregory,1978)。至少,研究者要对他们研究什么和他们希望提出什么问题作出决策,而这些并非是没有价值观的选择。

这个论点由女性主义地理学家如多姆斯(Domosh,1991)、罗斯(Rose,1993)和麦克道尔(McDowell,1992)加以补充,他/她们认为空间科学是以男权主义理性为基础的(第4章)。也就是说,实证主义是以男性视角的对于世界本真的追求来定义的,这种见解认为世界是普适性的、"有秩序的、理性的、可计量的、可预测的、抽象的和理论的"(Stanley and Wise,1993:66)。并且,身在其中的研究者"可以把自身从其身体、感情、价值观、过去中分离出来,因此其思想可以是独立的、没有关联的和客观的"(Rose,1993:7)。他/她们强调地理学研究应该拒绝这些唯理性,同时应该意识到研究过程中的权力关系,地理学家更应该对他们的立场性、所谓的专家意见,以及对知识生产的影响进行自我反省。换句话说,地理学家必须放弃他们可以必然地创造出一种完整的、普遍的关于这个世界的知识的伪装,而且应该承认知识总是局部的和具有某种立场的(从一个特定的视角出发)。这意味着女性主义地理学家在女性主义研究实践中很大程度上抛弃了计量地理学的方法。

这些女性主义批判导致《职业地理学家》(*Professional Geographer*)杂志发起了一期关于女权主义、认识论和空间科学的更广泛的讨论(1994:"女性重要吗")。这反过来激励了1990年代末至21世纪初的GIS批判性方法的发展。批判的GIS抛开女权主义、后现代主义和后结构主义理论,重新思考空间科学(Curry,1998;Kwan,2002;Harvey,2003)。从某种意义上说,它尝试通过提供一种明显区别于实证主义的哲学基础来重新定位计量地理学,它也更加适应时代,并且更能够应对那些对空间科学的传统批判,这使它能够研究某些以前回避和不能解决的问题。

今天的实证主义地理学

尽管存在对基于实证主义的地理学研究的批判,隐含的实证主义在人文地理学中仍然非常强势。许许多多的地理学者认为他们是科学家,在使用科学的原理和论证方式,寻求规律或者数学模型,旨在解释地理学的世界。然而,很少有人充分思考其科学方法的哲学基础或一般的哲学争论。这使得大多数空间科学(可以联想到计量地理学)的哲学基础相对薄弱和不稳定(许多甚至倒退回经验主义)。而且因为很少作出回应,所以容易受到理论上的批判和挑战。这并不是说空间科学缺乏所有的理论。相反,它仅缺乏一个基础的和稳健的本体论、认识论和意识形态基础。同样,这也不是说空间科学在特定的有限范围内是没有用的或者没有价值的。空间科学家的工作确实对回答基础的科学问题和"真实世界"的实际问题有用处,因此具有学术价值(在政策决策者和商人眼中,它具有决定性的作用)。然而,由于忽略了更广泛的哲学讨论,空间科学家通常很难向同行的地理学家提供其方法的充分论证。因此,在对实证主义和计量化的更广泛的批判的诱导下,更多的学者变得对这种研究游移不定了。空间科学越来越趋于依赖 GIS 在商业和政策领域的流行来维持隐含的实证主义地理学,而不是积极解决这些批判的问题。然而,GIS 科学内部的讨论则表明,以 GIS 使用为基础的隐含的实证主义地理学正在接受挑战,应当承认科学方法可以基于更加具有批判性的视角。从长远来看,空间科学可能会通过修正或者放弃隐含的实证主义,发展出更加激进的基础。尽管如此,在公共部门和私人部门存在对 GIS 和计量地理学需求的情况下,未经重构的实证主义地理学在可预见的未来,仍然可能是高枕无忧。

参考文献

Burton, I. (1963) 'The quantitative revolution and theoretical geography', *The Canadian Geographer*, 7: 151-62.

Buttimer, A. (1976) 'Grasping the dynamism of lifeworld', *Annals of the Association of American Geographers*, 66: 277-92.

Chalmers, A. F. (1982) *What Is This Thing Called Science*? St Lucia: University of Queensland Press.

Chisholm, M. (1971) 'In search of a basis of location theory: micro-economics or welfare economics', *Progress in Geography*, 3: 111-33.

Curry, M. (1998) *Digital Places: Living with Geographic Information Technologies*. New York: Routledge.

Domosh, M. (1991) 'Towards a feminist historiography of geography', *Transactions, Institute of British Geographers*, 16: 95-115.

Golledge, R. and Amedeo, D. (1968) 'On laws in geography', *Annals of the Association of American Geographers*, 58: 760-74.

Gregory, D. (1978) *Ideology, Science and Human Geography*. London: Hutchinson.

Gregory, D. (1986a) 'Positivism', in R. J. Johnston, D. Gregory and D. M. Smith (eds), *The Dictionary of Human Geography*, 2nd edn. Oxford: Blackwell.

Gregory, D. (1986b) 'Critical rationalism', in R. J. Johnston, D. Gregory and D. M. Smith (eds), *The Dictionary of Human Geography*, 2nd edn. Oxford: Blackwell.

Guelke, L. (1974) 'An idealist alternative to human geography', *Annals of the Association of American Ge-ographers*, 64: 193-202.

Haggett, P. (1965) *Locational Analysis in Human Geography*. London: Arnold.

Hartshorne, R. (1939) *The Nature of Geography*. Lancaster, PA: Association of American Geographers.

Harvey, D. (1969) *Explanation in Geography*. Oxford: Blackwell.

Harvey, D. (1973) *Social Justice and the City*. London: Arnold.

Harvey, R. (2003) 'Knowledge and geography's technology: politics, ontologies, repre-sentations in the changing ways we know', in K. Anderson, M. Domosh, S. Pile and N. Thrift (eds), *Handbook of Cultural Geography*. London: Sage, pp. 532-43.

Hill, M. R. (1981) 'Positivism: a "hidden" philosophy in geography', in M. E. Harvey and B. P. Holly (eds), *Themes in Geographic Thought*. London: Croom Helm, pp. 38-60.

Hubbard, P. , Kitchin, R. , Bartley, B. and Fuller, D. (2002) *Thinking Geographically: Space, Theory and Contemporary Human Geography*. London: Continuum.

Isard, E. , Bramhall, R. D. , Carrothers, G. A. P. , Cumberland, J. H. , Moses, L. N. , Prices, D. O. and Schooler, E. W. (1960) *Methods of Regional Analysis: An Introduction to Regional Science*. Cambridge, MA: MIT Press.

Johnston, R. J. (1986) *Philosophy and Human Geography: An Introduction to Contemporary Approaches*, 2nd edn. London: Arnold.

Johnston, R. J. (1991) *Geography and Geographers: Anglo-American Geography since 1945*, 4th edn. London: Arnold.

Kwan, M. -P. (2002) 'Feminist visualization: re-envisioning GIS as a method in feminist geographic research', *Annals of the Association of American Geographers*, 92:645-61.

McDowell, L. (1992) 'Doing gender: feminism, feminists and research methods in human geography', *Transactions, Institute of British Geographers*, 17:399-416.

Mulkay, M. J. (1975) 'Three models of scientific development', *Sociological Review*, 23: 509-26.

Pickles, J. (ed.) (1995) *Ground Truth: The Social Implications of Geographic Information Systems*. New York: Guilford.

Rose, G. (1993) *Feminism and Geography*. Cambridge: Cambridge University Press.

Sack, R. (1980) *Conceptions of Space in Social Thought*. London: Macmillan.

Schaefer, EK. (1953) 'Exceptionalism in geography: a methodological examination', *Annals of the Association of American Geographers*, 43: 226-49.

Stanley, L. and Wise, S. (1993) *Breaking Out Again: Feminist Ontology and Epistemology*. London: Routledge.

Tuan, Y. -F. (1976) 'Humanistic geography', *Annals of the Association of American Geographers*, 66: 266-76.

Unwin, T. (1992) *The Place of Geography*. Harlow: Longman.

Wilson, A. G. (1972) 'Theoretical geography', *Transactions, Institute of British Geographers*, 57:31-44.

第三章　人文主义与民主主义的地方营造

J. 尼古拉斯·恩特里金(J. Nicholas Entrikin)
约翰·H. 特普尔(John H. Tepple)

引言

　　人文主义地理学的研究主题包括地方和景观的文化构建、日常生活地图的描绘、创造和改变环境的语言权力与意义、地方与认同、宗教符号学与景观、关于地理的传说与叙事等等(Ley and Samuels,1978;Adams et al.,2001a)。所有这些研究都有一个共同点,就是对充满意义的、为人类所主宰的世界的理解(Tuan,1976)。初学地理的学生也许将这些主题当作他们课程作业和阅读的一部分,却不知道为什么他们从未被正式教授过有关人文主义地理学的东西。这一地理学源流与当今很多研究主题相联系,怎么会在这一领域近期的讨论中被放逐了呢?比如说,在当代地理学中,关于所谓"文化转向"的论文那么多,为何却鲜少提及人文主义?想要得到令人满意的答案,我们必须进行历史回顾,这似乎与本文的前瞻性目标不相符合。但是,围绕地理主体或地理要素的本质这一主题的讨论,可以帮助我们洞悉学科近来遗忘人文主义地理学的原因,同时也认识其现状。在开始这个主题之前,首先提供一些背景是十分有帮助的。

缘起

　　"人文主义地理学"是一个容易令人产生混淆的术语,因为它兼有概括与具体两层含义。如果讲到它在现代的用法,它在 1970 年代和 1980 年代是与特定的学术立场联系在一起的。然而如果宽泛地理解它,这个词也指当代人文地理学中涉及人文主义研究的内容,而这些内容根基尚浅。这样一种联系可以认为自亚历山大·洪堡(Alexander von Humboldt)时代就已存在了(Tuan,2003;Bunkse,1981)。而它最近的出现主要源于段义孚(Tuan,1976)、巴蒂默

(Buttimer,1974;1976)和雷尔夫(Relph,1970;1977)的一系列有影响力的文章以及利和赛明思(Ley and Samuels,1978)合著的《人文主义地理学:前景与问题》(*Humanistic Geography: Prospect and Problem*)一书。从这些著作可以看出,人文主义地理学是 20 世纪末期地理学中发生的一场高度多样化而又组织松散的运动。它的形成更多地是由于它对某些事物持有强烈的反对意见,而不是由于它所主张的东西。人文主义地理学的支持者们对于这一时期实证主义人文地理学的狭隘有着共同的看法。在 1960 年代,即所谓的"计量革命"后,空间分析传统成为了一股强大的力量;而它仅存的对手不过是逐渐萎缩、鲜有新意的描述性景观地理和区域地理学。这两种研究方向对于个体能动性普遍缺乏一个坚实的概念,或者说对地理学将如何理解"在世界之中存在"缺乏兴趣(Entrikin,1976)。

在空间分析的数学模型中,理性行动者基于完备的信息,在均质的、各向同性的、无特色的平原上作出抉择。在这个无特色的均质空间中,它仅有的一个变量是两点之间的距离或在平原上的位置。区域与景观研究不关注个体行动者,而是通过社会或文化群体的生活方式来寻找地理差异的来源。在 1970 年代的社会学术环境中,人文主义地理学家认为自己的工作开辟了一个新领域,使得把人作为地理动因这一研究方向更具现实性。抱着这样的观点,人文主义者将其努力视为知识上的解放。他们认为,个体依据自己的经验、态度、信念以及自身的道德标准和审美标准作出决定,从而塑造环境。地理环境中的行动者不仅仅是追求物质上的幸福感的经济主体,同时也是一种道德存在和文化存在。换句话说,人文主义地理学家们抵制人文地理学中的化约论①倾向。他们对其提出了异议,认为过分强调分析的简化会使人文地理学远离富有创造性而又纷杂的日常生活。然而,这一美好目标却会带来一些挑战,他们必须处理一个复杂的地理主体的概念。就像戴维·利所写的:

> 人文主义视角所追求的是运用人类经验的语言,赋予城市和人们以活力,从而在其与营造、再造和占有地方的相互作用过程中呈现出主流的价值观。(Ley,1989:227)

为了实现这一目标,需要强调人类主体作为意义的创造者和解释者的作用。这一强调是显而易见的,人文主义地理学家们已经将地方、区域、空间、景观和自然这些传统概念在语义深度上进行了扩充,并将这些概念延伸到文学和艺术的研究中。以往这些概念指的是一个潜在的物质与文化要素的世界,而人文主义者将它们和人类主观意愿及其创造主体的联系彰显出来。意义并不是在客体中寻找出来的,而是必须与主体联系起来理解的。因而地方、区域和景观不是为了梳理世间的物体和事件而简单划分出的空间类型,而是人类安家于地球并在自然

---

①　reductionist,又称化约主义或还原论。把表面上较为错综复杂的东西还原为较简单明了的东西的任何一种学说。或者企图将复杂的事象经分析简化,由最基本元素的性质去了解整体事象变化原理的理念。在社会科学方面,指相信人类行为可以还原为低等动物的行为或用后者来解释;而且归根结底本可以还原为支配无生物运动的物理规律。——译者注

的基础上创造世界的一个不断持续的动态过程(Tuan,1991b)。正是由于这个原因,意义、想象和人类能动性与人文主义地理学如此紧密地联系起来。也正是由于这个原因,人文主义研究以及相关著作经常被视为比较主观的东西。按照丹尼斯·科斯科罗夫的另一种说法,地理学中的人文主义课题可以被理解为"非主流的地理学传统"中的一部分,它与"一项更具反思性的道德课题相联系,其主要目标就是对有自知之明的世界的追求;在那里,各种行为源自生活经验,而不是各种驱动力的博弈"(Cosgrove 2003:867)。

人文主义地理学是 1970 年代两个主要的学术运动之一。这两个运动的出现源于对空间分析的不满。另一个运动则是对于社会关系和政治的关注,它与结构主义的新马克思主义有着较大的一致性(Harvey,1973;Duncun and Ley,1982)。这些对人文地理学中占统治地位的正统流派的挑战均是在争取引入一种人类实体(human reality),它显然比空间分析模型中的人类实体要更为复杂。人文主义地理学被看成是这两个学术运动中理论性与政治性较弱的一支,这种说法算不上是谬误,但是却经常被夸大,以至于误传为人文主义地理学毫无理论性和政治性。这两种立场都被实证主义地理学家所攻击,因为它们明显远离了客观的研究方法论,转向了更主观的、似乎涉及价值承载的研究,从而削弱了人文地理学的科学可信度(参见第 2章)。数据收集、测量、假说验证以及模型建立的严密精准似乎都让步于哲学判断和关于解释和意义的"软"研究,以及对意识形态驱动的分析。

其中的一些批评是有理有据的,而其他的批评反映了潜在的科学主义①,即科学从一种探索的形式被操纵从而转变成为修辞性的武器。不过这些非难几乎是无的放矢,因为人们逐渐发现,人文主义地理学在很大程度上没有直接对空间分析进行挑战,而是扩展了人文地理学的领域(Bunkse,1990)。人文主义学者提出了不同类型的问题,即强调意义、价值和解释。比如说,人文主义学者认为在城市中人们选择走哪条路不只是出于距离、时间或是经济成本最小化的考虑,同时也是出于一种对危险的感知、一种归属感或者是审美的敏感性。地域不仅仅是经济活动的集聚、就业机会的根源、供人居住的空间,或是人类活动的空间类别,它也是个人或集体认同的一部分,以此看出他们是如何看待自己与他人的联系,以及他们是如何给自己从或远或近的空间中得到的经验赋予有意义的指令的。对迁移的地理学研究不只是简单的起止点处的引力—斥力因素研究;它们也包括依附、错位、疏离、流亡的经历,这一切构成了与某人离开家园相联系的经验现实。所以,人类在空间上的流动也可以从地方经验这一角度来理解。

批评家们发现,人文主义地理学是一个让他们无法集中火力的靶子。举个例子来说,段义

---

① Scientism,也称唯科学论。一种主张以自然科学技术为整个哲学的基础,并确信它能解决一切问题的哲学观点。这种观点盛行于现代西方,它把自然科学奉为哲学的标准,自觉或不自觉地把自然科学的方法论和研究成果简单地推论到社会生活中来。——译者注

孚所描述的人文主义地理学强调相对而言被忽视的地理与人性的固有联系以及自由教育的理想(Entrikin,2001)。他对这一运动的贡献是开阔地理学的学术视野,而非对主流的空间模型的直接挑战。他致力于向地理学家们揭示各种不同的经验模式以及各种"美好生活"观念及理想化环境,希望这种揭示能让我们对自身的经验与信仰有更深入的理解。他的这种地理学方法不是对邻近学科的实质性领域进行殖民的帝国主义做法,而是为传统的地理学主题和概念增加维度与深度。要完全理解人类改造环境的途径,地理学家们不能不去探究文化带给自然的意义,也不能不探究在营建地方与景观时,或者对其他可能的环境进行创造性的探索时,塑造人们行为的价值与目标。

其他地理学家们,比如利(Ley,1977)和雷尔夫(Relph,1977),他们支持人文主义地理学作为社会科学中盛行的自然主义模式的一种改观,但也提出了些许不同的观点。他们认为这种模式强调自然科学和社会科学方法论的结合。在将地理学表达为一门阐释性的社会科学的观点之上,这些人文主义者尝试开拓一个新领域来探讨人的因素,因为人具有主观能动性这一特点,所以他们在这个世界上的行为是有目的的。支持者们考虑到了各种各样强调主体间性(inter-subjectivity)①的哲学理论,包括现象学、存在主义、结构主义和阐释学。

我们注意到一件十分有趣的事,在同一个时期,像地理学这样具有人文主义倾向的人文学科,例如社会学和人类学,却没有被人打上"人文主义"的标签。毫无疑问,这种现象与地理学中唯物主义倾向势力的强大有关,它阻碍了地理学领域中阐述性传统的发展(Lowenthal,1961)。在其他学科中,例如民族志学、现象学、符号互动论②、人种学等,这一传统的发展程度都已超越了它在地理学中的状况。地理学在意义研究上起步较晚,因此所有这些各种形式的阐述性研究都被一并归入人文主义地理学这一广泛的概念性保护伞之下,这一点也就不足为奇了。"人文主义地理学"这一术语成为地理学中的一种标签,它关注于意义和经历的研究,超越了传统的对于指示对象的相关概念的关注,而转向对主体相关意义的兴趣。

关于此倾向,有一种相对影响较小的第三方观点,强调人文主义与地理学中历史观点的紧密联系。这种联系在哈里斯(Harris,1978)关于历史思想的论述中尤为明显,并在此后得到了丹尼斯·科斯科罗夫(Cosgrove,1989)和斯特芬·丹尼尔斯(Daniels,1985)的支持。丹尼尔

---

①　一般翻译作主体间性。主要包括两方面的涵义:其一为主体间的互识,即在交往过程中两个或两个以上的主体间是如何相互认识、相互理解的;其二为主体间的共识,即在交往过程中两个或两个以上的主体如何对同一事物达到相同理解,也即主体间的共同性和共通性。——译者注

②　一种主张从人们互动着的个体的日常自然环境去研究人类群体生活的社会学和社会心理学理论派别。又称象征相互作用论或符号互动主义。符号是指在一定程度上具有象征意义的事物。——译者注

斯这样写道：

> 如果人文主义地理学不仅是作为对实证主义地理学的批判，那么就需要一个论述更加完备详尽的哲学基础，需要对表达人类意义的习俗做出更周密的解释，需要（展示出）人文主义方法究竟是什么、会走向何方，以及最重要的，需要一种更绝妙的历史的观点。(Daniels,1985:155)

科斯科罗夫这样写道：

> 任何人文主义的尝试不可避免地都是历史的，并且从某种程度上说也是反思的，因为它关注自觉的人类主体以及他们个人和集体传记的本质与目的。(Cosgrove,1989:189)

这些不同的观点表明，人文主义地理学与其说是一种一致的策略，倒不如说是一种共享的精神，它开阔了这一领域，引入了其他分析形式。它的诞生有解放性的意义。在这些纷繁芜杂之中，一个共同的主题凸现出来，强调了个体主观能动性的重要意义，即人们的行为不仅仅被物质需求所塑造，同时也被包括道德和美学理想的地理意象所塑造。这种完全空间化的地理能动体是 1970 年代人文主义运动中最重要的遗产。它将很快成为那些试图超越这一理论取向最为明确的目标。

超越

人文主义地理学的社会科学方法中带有个人主义和唯意志论色彩，这在其早期引发了质疑。批评家们无疑会说，人类在这个世界里并不是自由的能动者，他们会受到经济、政治以及文化结构的制约，这些制约限制了他们抉择和行动的潜力。一个居住在洛杉矶的美国学者的人生选择显然与居住在市中心从事服装行业的墨西哥新移民有着很大的不同。一种介于约束与选择之间的平衡是十分必要的，这正是人文主义地理学家和他们的批判者们争夺的中间地带(Gregory,1981;Duncun and Ley,1982)。这一争论汇入了 1980 年代的所谓"结构-能动性"的讨论之中，其他一些理论，如结构化理论(第 7 章)和批判实在论(第 8 章)都认为它们能将人文主义对能动性的关注和一系列理论化的结构性约束结合起来。

结构化理论强调的是行动和实践与结构性约束的相互影响，这种约束是对社会结构进行改造和再生产的约束。每日的例行常规——诸如上班或上学，选择与自己身份和品味相似的人住在一起，呆在家里或是抚养孩子——这些都再生和强化了现存社会关系的结构。然而，结构主义者所研究的行为往往是一些不问其行为意义或行为意图的常规和习惯。因此，更广泛的结构主义社会理论构思看似是将人文主义所关注的能动性包括了进去,但实际上在很大程度上忽视了核心的人文主义主题。作为一种关于什么是实在的观点(本体论),批判的实在论在关于世界如何运行的问题上建立了一种分析上的优先性(理论),同时也是强调结构而在很大程度上忽略了能动性。

结构-能动性之争以这样的一种方式呈现出来:两者都在努力争取获得中间地带,但是随着原本有意义的能动者退化成一个越发苍白的理论性概念,两者都渐渐地变得越来越片面。因此,尽管它名为所谓的结构-能动性之争,但它与其说是加强,倒不如说是削弱了地理研究中人类能动性的地位。许多讨论者促成了这个平滑的转变,他们转而支持实践理论。这些理论无论是来自于安东尼·吉登斯、皮埃尔·布迪厄的著作,还是来自于布鲁诺·拉图尔最近提出的行动者-网络理论,都进一步加速了地理学中主观能动体和情感研究的消亡。主观能动性,作为地理学中人文主义观念的核心,已经在通往实践论研究的道路上被掩埋和遗忘了。

人文主义、前人文主义、后人文主义和反人文主义

在实践理论中,行动者-网络理论是比较特别的,它反对进行"人力"与"非人力"的划分(第11章)。拉图尔抛弃了人文主义的遗产,他认为人文主义留下来的不过是"自由动因、建立独裁国家的公民、人的丑陋面孔、双方关系的另一方、观念意识、自我感觉、文本解释、内在自我、无谓的口舌之争、自我呈现和互识性"。对拉图尔来说,这些与能动性相关的概念都一边倒地把价值、重要性、驱动力等主动性赋予了人,而把非人的事物降格为惰性的物品和客体。他认为,世界本来就是一种网络,一种联系,它是一种混合物,超越了文化与自然、人类世界和事物世界之间的人为界限;我们必须超越这样的划分,才能清楚地、以原本呈现给我们的方式来认识这个世界。全球变暖、基因工程、砍伐森林就提供了这样的例证,局限在人文主义倾向中就不能很好地理解这些联系。他认为学术上只有前人文主义或者后人文主义,因为在他(Latour,1993)看来,人文主义是现代主义的元素之一,而他既反对现代主义,也反对后现代主义,他的理由是我们从未现代过。

从后结构主义(第10章)开始,对人文主义产生了一种更为实质性的抨击并形成了反人文主义的纲领。在这个时代,地理学家们都在关注后结构主义、后殖民主义、生态中心论和激进女性主义。人文主义运动中有意识的能动体或者说有意识的主体这一概念受到抨击,它被看成是一种虚构物,是表达错误的人类统一性诉求而使用的一种解释。这些关于人类境况统一性的诉求被看成是有特权的文化精英分子的片面观点,这些文化实体可以从各个方面来定义,比如性、性别、种族、民族以及其他一些差异性特征(Bondi,1993;Rose,1993)。还有很多其他

观点,有些在本书的其他部分有详细介绍,它们形形色色,但是都关注于一个重要的主题,那就是对主体的解释。它们认为,人文主义中描述的各种各样的如欧洲中心论、男权主义、种族主义等等观念,都与一些特权有关,从而掩蔽了差异,将文化上处于弱势和压迫地位的(群体的)意见压制下去了,而它们不同意人文主义的说法。去中心内容的主体或主体地位取代了反身的有中心内容的主体和主观能动性。社会力量塑造了取代者的形式,也构成了现代社会竞争性话语的基础。我们获得的是由社会塑造的自我形成的大潮流,失去的是独立存在的有意识的能动体。

这一转变在地方与空间的讨论中体现得尤为突出。例如,罗伯特·萨克(Robert Sack)在他的《人类地理学》(*Homo Geograghicus*)一书中为人文主义中自我与地方的概念提出了一种理论框架。他认为地方与自我是相互构成的,它们都受到自然、社会以及文化力量的影响。但是作为自主能动体的自我是地方营造的核心机制,反过来,地方也促进或限制着能动体的发展。个人和集体的地方营造活动改变着环境,从简单的消费行为到有更大潜能的大规模行为,例如社区、企业和政府行为。人文主义地理学家承认,社会化构建和人类化构建产生出了地方特性,但是他们认为,塑造世界的不是超脱于个人的自然力量或社会力量,也不是某些群体控制另一些群体的力量。不管是作为个人,还是作为集体,人类能动体都是地方营造的主要力量。就个人方面来说,个体意识到自己作为地方营造者的角色和责任,这一自主能动体便会对与人类活动相关的地方价值作出道德选择。这一能动性既不是完全不受限制的自主性行为,也不是权力博弈或矛盾冲突妥协的结果。

后结构主义地理学将个人主体的概念从有中心的转换为无中心的(Pile and Thrift,1995;Pile,1996)。实际上,行为主体和主体性都变成了主体地位,这来源于时常相冲突的多重话语的偶然交叉。地方就是类似这样一种复合的、时有冲突的社会进程的偶然交叉(Massey,1994)。当学者们试图向地理学中引入更加详尽的有关种族、社会性别或是自然性别的内容时,或者认为人文主义地理学很容易忽视差异性时,就经常表达这样的观点。后殖民主义也采用相同的反统一性观点来反驳欧洲中心主义论。人文主义中道德自主的能动体变成了社会建构的主体,在权力关系的交织中漫无目的地漂游。批评者认为人文主义及其主体已经被政治上更为进步的理论超越了。然而,这样的政治进步很难想象,它缺乏道德主体和一种道德升华感,也就失去了人文主义领域里最核心的东西,对此我们也就不必去评判或证实了。

当今对于人文主义的批评都是针对权力研究的,人们认为人文主义地理学家们在这个问题上经常显得很幼稚。然而,人文地理学并没有忽视对权力的研究(Tuan,1984)。在对文艺复兴时期的人文主义进行评价时,科斯格罗夫注意到人文主义(也连带指人文主义地理学)介于其解放论及其主要特征之间的最根本的歧义之处:

人文主义和权力之间有着直接的联系,人文主义一直都与行使权力的活动联系紧密,无论是对于人类还是自然世界的权力。在很大程度上,地理学已经发展成为这种权力工具之一。同时,这一悖论的微妙之处在于,人文主义和地理学都为颠覆现有的权力关系提供了可能性。(Cosgrove,1989:190)

这种可能性部分地依赖于道德和政治能动体的复苏。

可能性

如今人文主义与地理学的联系又是怎样的呢?如前面所提到的那样,对地理学中人文主义的理解与这一学科某一特定的历史时期相关。以前,人文主义反对狭隘地理解本学科的范围,并提出了将人类看成一种复杂的有目的性的能动体的见解。随着其他领域发展对地理学的影响逐步加深,这一解放性的视角理所当然地成为地理学研究中的一个方面。这些批判性的、解放论的声音在其他冠以"批判地理学"名号的言论下变得沉默了(Adams et al.,2001b)。在这一群体看来,人文主义不够激进,甚至于可以说是保守。许多以人文主义地理学为名义的非理论性和非政治性的著作支持了这种观点(Barnes and Gregory,1997)。

新马克思主义的结构框架曾经与人文主义地理学中的唯心主义和主体论在深层次上是截然对立的,但在人文主义地理学受到各种批评者挑战的同时,新马克思主义正在经历向文化马克思主义的转变。尽管仍然对唯心主义和主体性充满着敌意,但是许多学者已经在他们的研究中增加了对于地方和认同、符号景观、日常生活中的地理这些问题的人文关注(Harvey,1996;2000)。雷蒙·威廉斯(Raymond Williams)和亨利·列斐伏尔(Henri Lefebvre)被认为是脱离早期经济主义和结构主义分析模式的学术先行者。人们也许会渴望在这场所谓的文化转向中为人文主义地理学寻找到一席之地,但是从文献资料上基本看不出来这一点。

当今地理研究中与人文主义传统联系最为紧密、也最为明确的便是道德地理学和伦理学(Sack,2003;Proctor and Smith,1999;Smith,2000)。事实上,人文主义长期以来就表现出了对道德问题研究的兴趣。最近对伦理学的研究兴趣也可以从文章、书籍、期刊的专栏和一些相对年轻的杂志中看出来,比如《伦理学》、《地方与环境》和《哲学与地理学》。正是在这些新涌现出的子领域中,人文主义关注了有自主意识的能动体以及作为意义的创造者和翻译者的人类。像人文主义地理学一样,道德地理学也是一个组织松散的宽泛的领域,它包括诸多主题,例如社会与环境公正、环境伦理学、职业道德以及道德判断的地理视角。这里有两位必须提及的贡献者,大卫·史密斯和罗伯特·萨克,他们尝试将地理学作为现代伦理分析的根本原则。

史密斯(Smith,2000)提出了一种环境伦理,来考察关怀伦理学中邻近性、距离和界限的影响。萨克(Sack,2003)把地方营造看作是"善意"的内在性和实用性的体现。他们两者的道德地理学观点都需要一个很强的自主能动体的概念,它们因社会和文化而异,但是都能作出独立的道德判断。如萨克所说的,"道德理论不能强迫我们守规矩"(Sack,2003:31);它只能提供一种工具,帮助人们更好地选择,而地理分析正是这样的一种工具。史密斯、萨克和此领域内的其他学者们看起来似乎回击了批评家们所声称的人文主义地理学有些反理论的观点。

实际上,也正是通过与道德理论的这种联系,人们可以重新证明人文主义地理学显然具有政治性。更具体地来看,人文主义,也可以连带着说,人文主义地理学,与自由主义民主这个概念有着更紧密的联系。茨维坦·图多罗夫(Tzvetan Todorov)在他对法国人文主义起源研究的《不完美的花园:人文主义的遗产》(*Imperfect Garden:The Legacy of Humanism*)一书中强有力地提出了这一观点,他写道:

> 在自由民主主义逐渐形成的两百多年里,其具体的政治制度与人文主义的信条最为一致,因为它采纳了集体自治(人民主权),个人自主性(个体的解放)以及同一性(全民平等权利)的观点。(Todorov,2002:31)

但是,他提醒道:

> 即使如此,人文主义和民主并非完全一致:首先,真正的民主远非人文主义信条里的那般完美(人们可以不停地以各自理想的名义来批判民主现实);其次,人文主义和民主之间的这种类似并不是一种具有排他性的相互联系。(Todorov,2002:31)

个人自治是人文主义的核心,但它不像被批评者们经常暗指的那样,是忽视其他人的一种自治。在图多罗夫对人文主义三个不可或缺的"支柱"的论述中,这个观点是显而易见的:

> 一、承认所有人种的平等的尊严;二、将提升他人而不是自我作为我行动的最终目标;三、倾向于那些可以自由选择的行为而不是执行起来有所限制的行为。(Todorov,2002:232)

如果我们把自由主义民主当作一种生活方式来理解,而不是一套社会规章制度,那么自由主义民主和其他人类工程一样,可以被描述成一项正在进行的项目。这种生活方式中的政治张力来自于个人与社会,来自于个人自治和社会利益。民主社会面临这样一种持续的挑战,即为了创造一个可实现的文明社会,它必须在私人领域与公共领域之间维持一种健康的平衡。地方的规则可以保持这种差别以获得这样的平衡(Sack,2003;Creswell,1996;2004)。集体不断受到挑战,要防止个体退缩至私人领域从而使群体分崩离析。同样地,一个健康的民主也要有这样的警惕性:要防止私人领域缺失,防止以人民一体化为特征的集权主义体制。因此,支持民主的这些道德理论更关注一种个体的他向性(other-directedness),因为人们的认同不仅仅来自于家庭、个性形成那些私人领域,而且与公共领域中的他者有关。人文主义作为一种道德教育形式的贡献在于,通过使人们体验到其他的生活方式、不同的经历以及对经验的不同解读从而实现民主社会的目标。人们的道德境界提高了,他们的道德地理学也就相互融合了。

这种融合使道德与地理想象联系起来。地方往往是先于我们的认识而存在的(Tuan,1990)。使想象的世界物化,这便是一个不断改造环境的过程。我们可以这样来刻画这个世界:它是一个不同尺度的地方组成的动态综合体,这些地方随着人类的活动在不停地被营造、破坏,又重新营造。这种地方营造有可能是无意识的,比如通过习惯和风俗,也有可能是通过计划和深谋远虑的有目的性的行为。也许它们是通过绝对权力下的法令和课税营造起来的,这并不民主。它们也可能是民主地通过集体讨论、计划和实施,以及所有受到影响的参与者的一致决议营造起来的。它们也许是由国家官方语言营造出来的,也许是由流离失所的人用非正统的语言营造出来的——这种语言不会出现在地图上,但是却为那些被边缘化的人群塑造出了日常生活中的地理。人们在营造地方上拥有的最有力的工具是语言和想象,这正是地理学中的人文主义核心的一部分(Lowenthal,1961;Tuan,1991a;Wright,1947)。

当前,对非中心化主体的痴迷强调的是通过社会力量和话语相互作用交叉而成的主体地位。权力关系是它们共同的起点,控制、压迫、逾越、差异这些主题都交织进了地理学的地方、空间和景观这些传统主题中。政治学被描绘得很民主,但从一种辩证的形式来看,民主被看成是一种持续的没有终点的冲突过程,舆论和社会也被怀疑成隐秘的控制形式,一种有权力者对无权力者的专制(Entrikin,2002a)。

人文主义也同样涉及一个问题,即用中心化的主体来建构地理学。这一主体充当一个相对自主的能动体的角色,其力量主要来自于语言,因为语言拥有创造意义的能力以及与他人交流协作的能力。地方是社会生产的而非社会进程的偶然交织,但是相当地依赖于社会中个体的协作行为。人文主义者最为关注是有目的性的行为所创造出的地理学,但是它却明显地在当今的地理实践中缺失了。

在与生俱来的偶然性中,地方作为人类活动的工具,是给经验流以秩序和稳定性的一种方法。地方是社会存在的必要条件,这种存在是否有具体的形式取决于地方的营造和非营造。地方是辨别差异和建立人性同盟的场所。他们是善也是恶的场所。人文主义地理学家感兴趣的神秘之处不在于参与竞争的个人和群体,或是一些试图将自己的意愿强加于他人之上的群体。他们对这样一种认同感兴趣:地方营造也可能来自于有意义的协作,甚至为了实现一些道德进步的形式,一些活动建立于共同的承诺之上(Entrikin,2002b)。图多罗夫对人文项目的描述也被形容成民主的地方营造的地理学项目,它

> 从来都不会把自己引入终结。它拒绝人间天堂这样的梦想,因为这会建立一种限定的秩序。它设想人类处于一种缺陷中,而且这种状态不会改变;它认同蒙田[①](Montaigne)的理念:他们的花园永远不会完美。(Todorov,2002:236)

人文主义地理学并不会具体地设计一个能实现世界大同的地方,但它能为发现个人或社会道德进步的可能性提供一种方法,这是通过创造更人性化、更民主的环境来实现的。

参考文献

Adams, EC. , Hoelscher, S. and Till, K. (eds)(2001a) *Textures of Place*: *Exploring Humanist Geographies*. Minneapolis: University of Minnesota Press.

Adams, P.C. , Hoelscher, S. and Till, K. (2001 b) 'Place in context: rethinking humanist geographies', in P. C. Adams, S. Hoelscher and K. Till (eds), *Textures of Place*: *Exploring Humanist Geographies*. Minneapolis: University of Minnesota Press, pp. xii-xxxiii.

Barnes, T. and Gregory, D. (1997)'Agents, subjects and human geography', in *Readings in Human Geography*: *The Poetics and Pofitics of Inquiry*. London: Arnold, pp. 356-63.

Bondi, L. (1993)'Locating identity politics', in M. Keith and S. Pile (eds), *Place and the Politics of Identity*. London: Routledge, pp. 84-101.

Bunkse, E. (1981)'Humboldt and an aesthetic tradition in geography', *Geographical Review*, 71 : 127-46.

Bunkse, E. (1990)'Saint-Exupery's geography lesson: art and science in the cultivation of landscape values', *Annals of the Association of American Geographers*, 80:96-108.

Buttimer, A. (1974) *Values in Human Geography*. Commission on College Geography 24. Washington: Association of American Geographers.

Buttimer, A. (1976) 'Grasping the dynamism of lifeworld', *Annals of the Association of American Geographers*, 66: 277-92.

Cosgrove, D. (1989)'Historical considerations on humanism, historical materialism, and geography', in A. Kobayashi and S. Mackenzie (eds), *Remaking Human Geography*. Boston: Unwin, pp. 189-205.

Cosgrove, D. (2003) 'Globalism and tolerance in early modern geography', *Annals of the Association of American Geographers*, 93: 852-70.

Cresswell, T. (1996) In *Place-Out of Place*: *Geography*, *Ideology*, *and Transgression*: Minneapolis: University of Minnesota Press.

Cresswell, T. (2004) *Place*: *A Short Introduction*. Oxford: Blackwell.

Daniels, S. (1985) 'Arguments for a humanistic geography', in R. Johnston (ed.), *The Future of Geography*. London: Methuen, pp. 143-58.

---

① 蒙田是十六世纪法国哲学家。—译者注

Duncan, J. and Ley, D. (1982)'Structural Marxism and human geography: a critical assessment', *Annals of the Association of American Geographers*, 72: 30-59.

Entrikin, J. N. (1976) 'Contemporary humanism in geography', *Annals of the Association of American Geographers*, 66: 615-32.

Entrikin, J. N. (2001)'Geographer as humanist', in P. C. Adams, S. Hoelscher and K. Till (eds), *Textures of Place: Exploring Humanist Geographies*. Minneapolis: University of Minnesota Press, pp. 426-40.

Entrikin, J. N. (2002a)'Democratic place-making and multiculturalism', *Geografiska Annaler*, 84B: 19-25.

Entrikin, J. N. (2002b)'Perfectibility and democratic place-making', in R. Sack (ed.), *Progress: Geographical Essays*. Baltimore: Johns Hopkins University Press, pp. 97-112.

Gregory, D. (1981)'Human agency and human geography', *Transactions of the Institute of British Geographers*, n. s. 6:1-18.

Harris, C. (1978) 'The historical mind and the practice of geography', in D. Ley and M. Samuels (eds), *Humanistic Geography: Progress and Problems*. Chicago: Maroufa, pp. 123-37.

Harvey, D. (1973) *Social Justice and the City*. London: Arnold.

Harvey, D. (1996) *Justice, Nature, and the Geography of Difference*. Oxford: Blackwell.

Harvey, D. (2000) *Spaces of Hope. Berkeley*, CA: University of California Press.

Latour, B. (1993) *We Have Never Been Modern*, *trans*. C. Porter. Cambridge: Harvard University Press.

Ley, D. (1977) 'Social geography and the taken-for-granted world', *Transactions of the Institute of British Geographers*, n. s. 2:498-512.

Ley, D. (1989)'Fragmentation, coherence, and limits to theory in human geography', in A. Kobayashi and S. Mackenzie (eds), *Remaking Human Geography*. Boston: Unwin and Hyman, pp. 227-44.

Ley, D. and Samuels, M. (eds) (1978) *Humanistic Geography: Prospects and Problems*. Chicago: Maroufa.

Lowenthal, D. (1961) 'Geography, experience, and imagination: towards a geographical epistemology', *Annals of the Association of American Geographers*, 51:241-60.

Massey, D. (1994) *Space, Place, and Gender*. Minneapolis: University of Minnesota Press.

Pile, S. (1996) *The Body and the City: Psychoanalysis, Space, and Subjectivity*. London: Routledge.

Pile, S. and Thrift, N. (1995) 'Introduction', in S. Pile and N. Thrift (eds), *Mapping the Subject: Geographies of Cultural Transformation*. London: Routledge, pp. 1-12.

Proctor, J. and Smith, D. (eds) (1999) *Geography and Ethics: Journeys in a Moral Terrain*. London: Routledge.

Relph, E. (1970)'An inquiry into the relations between phenomenology and geography', *Canadian Geographer*, 14:193-201.

Relph, E. (1977)'Humanism, phenomenology, and geography', *Annals of the Association of American Geographers*, 67:177-83.

Rose, G. (1993) *Feminism and Geography: The Limits of Geographical Knowledge*. Minneapolis: University of Minnesota Press.

Sack, R. (1997) *Homo Geographicus: A Framework for Action, Awareness, and Moral Concern*. Baltimore: Johns Hopkins University Press.

Sack, R. (2003) *A Geographical Guide to the Real and the Good*. London: Routledge.

Smith, D. (2000) *Moral Geographies: Ethics in a World of Difference*. Edinburgh: Edinburgh University Press.

Todorov, T. (2002) *Imperfect Garden: The Legacy of Humanism*. Princeton, NJ: Princeton University Press.

Tuan, Y.-F. (1976) 'Humanistic geography', *Annals of the Association of American Geographers*, 66: 266-76.

Tuan, Y.-E (1984) *Dominance and Affection: The Making of Pets*. New Haven, CT: Yale University Press.

Tuan, Y.-F. (1986) *The Good Life*. Madison, WI: University of Wisconsin Press.

Tuan, Y.-F. (1989) *Morafity and Imagination: Paradoxes of Progress*. Madison, WI: University of Wisconsin Press.

Tuan, Y.-E (1990) 'Realism and fantasy in art, history, and geography', *Annals of the Association of American Geographers*, 80: 435-46.

Tuan, Y.-E (1991a) 'Language and the making of place: a narrative-descriptive approach', *Annals of the Association of American Geographers*, 81: 684-96.

Tuan, Y.-F. (1991b) 'A view of geography', *Geographical Review*, 81: 99-107.

Tuan, Y.-F. (2003) 'On human geography', *Daedalus*, 132:134-7.

Wright, J. (1947) 'Terrae incognitae: the place of imagination in geography', *Annals of the Association of American Geographers*, 37: 1-15.

第四章　关于差异、社会关系和建构的女性主义地理学

德博拉·P. 狄克逊(Deborah P. Dixon)

约翰·保罗·琼斯(John Paul Jones)

导论

　　女性主义地理学首要的和最根本的任务是通过研究女性受压迫的根源、动力和空间性，以及记录女性反抗的策略来改进女性的生活。为了达到这个目标，女性主义地理学一再证明它是作为所有地理学分支思想和实践创新的源泉。女性主义地理学者推动地理学研究转向关注日常的社会活动，例如工资收入、通勤、持家(不管是如何定义的)、休闲，以及生命中的重大事件如迁移、生育、疾病等。这些研究推动了诸如住所、教育、食物和医疗等人类基本需求领域争论的变化，对全球化和经济转型、政府政策、居住格局也有了新的认识。这些研究也产生了深刻的理论性影响，即地理学家如何从事社会和自然过程的研究，如何认识理论和实践的区分，以及如何看待地理学研究的目的和地理学家在这个过程中的作用。最后，女性主义地理学也促进了地理学研究方法的改进。

　　然而，女性主义地理学研究的领域、理论框架及其所使用的方法论却又不能归于一套统一的系统。因此，为了便于我们梳理女性主义地理学，本章的标题采用了地理学的复数形式(Geographies，而不是 Geography)。这里我们划出三条主线。每一条主线都将性别作为分析的核心，但是在理解性别这个概念时又存在差异。在"作为差异的性别"这条主线中，我们关注那些分析不同文化、经济、政治和环境中男性和女性生活经历差异的空间维度的研究。其次，我们也关注将性别作为一种社会关系的研究。这里，研究重点从分别研究男性和女性转向了理解男性和女性社会关系的各种复杂联系。从等级形式看，这些关系体现为父权制——特定空间和历史时期中用于支配女性和儿童的一种社会结构。第三条主线研究性别作为一种社会建构而具有特定的正面或负面的意义。不仅个体被"性别化"为有区别的男性或者女性，从景

观到民族国家的无数现象也都被"性别化"了。在实践中,这几条主线是相互重叠的。但是,划分出这样几条主线还是十分有益的,因为沿着不同主线的研究有各自不同的研究问题,并且采用了不同的数据和方法。

再发现性别地理学

在开始我们的讨论之前,有必要概要地介绍一下这三个理论视角的背景。我们将学科传统的男性中心主义概括为三个方面:制度歧视、大量的漠视以及"男性"方式的思考与写作。我们知道,美国和欧洲的地理学形成于 19 世纪末到 20 世纪初的学术环境,这一环境高度排斥阶级、种族(民族)和性别等问题。早期的大学是上层阶级白人男性的舞台。在英美体系中,学术界的女性为数不多,她们主要从事教学以及照料(如护理)方面的职业。很少有女性从事地质学和地图学等现代地理学学科。从 19 世纪到 20 世纪中期,源于生物学的一些偏见让人们对于女性能在学术上取得什么样的成果以及她们的能力一直持怀疑态度。尽管在生物学发展的早期,很多女性——如玛丽·金斯利(Mary Kingsley)作为一个成功的典范——从事学术工作,并且也研究她们自身的能力。此外,女性在地理教师培训机构中发挥了重要的作用。

正是在这个大的学术氛围中,一些将地理学作为专业的学术领域的"专家"社团逐渐形成了。这些社团的目标是通过探讨理论、研究对象及恰当的研究方法,以及在大学中建立本科和研究生专业,将地理学定义为科学(而不是传统知识)。其中,最具影响力的两个团体是美国地理学家协会和英国皇家地理学会,而它们在建立之初并非像现在这样对所有希望推动地理学研究的人开放。相反,成员首先需要被提名,然后进行选举。通过一系列的规矩来审核谁有资格成为科学家,从而起到筛选作用。例如,美国地理学家协会最初的章程为曾经发表过原创性学术论文的学者预留成员资格。但是,由于很少有女性接受过地理学研究生教育,大多数女性地理研究者发表的文章很少被认为是学术论文。因此,在 1904 年成立美国地理学家协会的时候,最初的 48 位成员中,仅有两位是女性也就不足为奇了。这两位女地理学家就是埃伦·丘吉尔·森普尔(Ellen Churchill Semple)和马莎·克鲁格·杰斯(Martha Krug Genthe)(后者也是所有初始成员中唯一获得博士学位的成员)。

总之,学术界和大学中以男性为主导文化,对女性在这一学科中的数量和地位产生了负面影响。很多女性都声称遇到过各种各样的障碍和困难,诸如善意的家长制或明显的排斥女性参与,从敷衍了事到明显的性别歧视,等等。男性地理学者对女性地理学者从事独立调研的抵制一直持续到 1950 年代。地理学早期的探险性传统使得一些地理学者坚信,只有"意志坚强的男性"才能从事这样的(有时被称作"泥皮靴"的地理学)研究。总而言之,与人文学科及其相关学科(如人类学、社会学)中有大量女性从事研究相比,地理学很少为大量受过大学教育的女性提供参与学科建设的机会。

了解了这些制度歧视之后,对于男性主导的学术活动成为地理学学术研究的标准就不足为奇了。这可以从地理学者在研究中所使用的性别化的语言中得到验证。在 1970 年代及以前的地理学文献中,所谓用词上的小过失——如"(男)人—地关系传统"(Man-Land tradition),或者"经济(男)人"假设(economic man)——实际上反映了关于什么是人类活动,谁是经济的、政治的、文化的和环境的行为主体的根本假设(例如《(男)人在改变地球中的作用》(*Man's Role in Changing the Face of the Earth?*)一书中所讨论的谁创造了历史和地理等问题)。这种明显的性别主义使得一些当代地理学者在引用前人文献时,常常自行加上"[sic]",以表明该词之前的内容是完全按照原著引用的,从而使自己能够与性别主义(或种族主义等)划清界限,尽管有人认为这种做法比较书生气。

比用以"男人"(man)来代替"人类"(human)更加明显的,是在所有传统地理学的各种研究目标中都将男性活动认定为研究重点,不管是研究景观、区域、空间差异还是环境。正如很多女性地理学者所指出的,地理学传统上研究男性的生产活动,而以某种方式将对于女性生活的研究边缘化了。这意味着地理学对于钢铁加工的研究远远多于对于儿童抚育的研究。这种偏向在许多重大研究领域中屡见不鲜。例如,传统的文化地理学关注各种不同的文化在生活和物质环境建设过程中是如何利用地球及其资源的;传统的区域地理学则关注更加复杂的相互关系,这些关系赋予了不同地域以不同的特征。而这些关系只是反映了前面提到的各种生产活动——最重要的是物质环境、人口分布(通常是以种族划分的不同人群)以及(基本是男性主导的)正式的政治领域。空间科学在发展出社会性视角之前,其区位理论将社会生产活动的抽象推向了极致,利用经济人假设以及理想化的空间假设来研究其对经济活动分布的影响(例如在冯·杜能、韦伯、廖什、阿隆索、克里斯泰勒的著作以及各种重力模型中)。

结果,那些对研究某些活动,如养育孩子、教育、邻里组织和社会福利感兴趣的学者几乎是处在真空中(与生产活动相对应,这些活动被称为"社会再生产")。因此,尽管在欧美地理学中存在研究交通、工业、经济发展和土地利用的专业小组,而研究性别、儿童、教育和性取向的专业小组直到最近才出现。从跨学科的层面上看,地理学更加关注生产活动(而非再生产活动),使得那些希望研究家庭、健康照料或社会福利的社会学者们,尽管具有空间意识,却必须在其他更具同情心的学科(例如社会学、社会工作)中获得研究生教育,这也制约了其研究的范围,并最终影响到地理学的学术影响力。

要讨论性别在学术研究中的缺失,应当认识到在女性主义地理学出现之前,地理学是在所谓的男性认识论基础上进行研究的。通过这个认识论(通过普遍主义)来认识世界、(通过区分)来概括世界、(通过客观化)来表现世界。普世主义相信存在一种"上帝之眼"一样的立场,它能够从整体上来研究世界。这样的立场将人从阶级、种族/民族、国籍、政见、当然还有性别和性取向等纷繁复杂的事实中脱离出来，因为这些事实被认为会使研究出现偏向。然而，女性主义研究者指出，超脱这些事实的努力本质上是基于他们能够并且也需要被超脱的认知。这样的目标带有无所不在以及无所不能的意味，这也强化了科学研究者的地位以及"他"们的权威性。

区分（compartmentalization）是指基于严格并且固定的边界来理解各种现象的本质和特性，例如文化、男性和女性、植物和动物的本质。这种研究认为任何事物都有其位置，这一信念的基础在于立场严格，即防止出现任何可能损害对因果的科学分析的模糊性。女性主义者在对过度区分的批评中指出分类法的均质化作用，它会导致忽视研究目标内部及外部差异的倾向。为了强调差异性，女性主义者更少关注既定类别下的事物，而是研究各种类别是如何形成的。这导致了女性主义者发展出理解事物的关联性而非离散性的视角，这一视角认为各种研究对象不是由所谓的内在特征定义的（例如生物性），而是取决于其在社会中的关系（例如劳动的性别分异）。

与普世主义和区分相关的是作为中立观察者来描述世界的男性主义策略。为了达到这个目标，研究者有意识地采用排除自我指涉、犹疑不定、感情化句式或者过多修辞的第三人称、被动语态等形式，从而消除自身思想和情感的印记。这样的写作试图在即使必须使用专业术语时，也能通过清晰而单纯的文风被所有人理解。这种形式的交流使其他学者相信，这些学术报告没有受到任何个人或者社会的影响。此外，他们相信这样的写作风格能够使研究者系统地比较研究成果而不受个人表达风格的影响，以此让人相信客观性有助于科学知识的增长。然而，其内在假设是坚信存在一个"一般"的框架使人们能够清楚地理解所阐述的事物。这样的风格也使得作者可以逃避她/他的工作所带来的责任：即使他们意识到他们的某些研究可能会带来某些不希望看到的社会效果，接受了这种观点的研究者最终还是会宣称科学是非政治化的。

不仅是女性主义者对于这些男性主义认识论予以批判，其他很多学者也对没有价值取向的研究的指导意义以及可能性进行了长期的辩论。例如，解释学研究最初起源于对圣经的解释，就必须明确地处理研究者与研究背景之间的复杂关系。女性主义理论的贡献在于，让人们认识到普遍主义、区分以及客观化在传统上与男性的理性和推理能力相联系，而它们的反面——特殊主义、相对主义和主观主义——被认为是由感性驱动的不理性的女性研究者的特征。因此，女性主义研究的一个主要领域就是要刻画出这种认识论的性别化是怎么形成的，以及它在学术界之内和学术界之外将女性边缘化的作用。

颇具讽刺意味的是，学科忽视性别的传统为女性主义地理学研究者提供了很好的研究素材，但也提出了学术挑战。在批判之外，女性主义地理学者还提出了女性主义认识论，它不仅改变了地理学对传统研究对象——区域、景观、地方,等等——的研究方法,并且提出了新的研究对象,例如身体。现在,女性主义的研究方法与地理学所有分支都有交叉。女性主义地理学研究涵盖了传统地理学的区域发展、景观以及环境这些焦点,并且对于那些被标榜为"新"区域、文化和经济地理的研究也作出了贡献。此外,它还实现了与很多其他领域的联系,特别是哲学、英语、文化研究、人类学、后殖民主义研究、经济学和社会学等学科。通过这些进展,女性主义地理学目前已经成为了一个发展完善的分支及交叉学科,并且有自己的独立刊物,如《性别、地方和文化》(*Gender, Place and Culture*)。在下一节中,我们将划出过去 30 年中关于性别研究的三条主线,并且讨论每一条主线是如何在地理学研究中发挥作用的。

作为差异的性别

区位、距离、连通性、空间差异、地方、背景以及尺度,这些地理学概念已经被女性主义理论极大地丰富了。它关注由于性别而在社会过程中产生的差异。例如,女性主义地理学者将"工作在哪里发生?"改为一个更具目标指向的问题"谁在哪里工作?"。这个更加具体化的问题能够帮助研究者更好地了解劳动力性别分工的空间维度,以及它对女性经济状况的影响。类似地,对连通性的研究(例如迁移、通勤、交通)也因增加了从事这些活动的不同性别主体而被丰富了。

作为研究设计的一部分,研究者通常是通过收集多个地理单元的数据,来分别测度男性和女性变量,例如失业率、收入以及受教育程度。接着,研究者会分析男性和女性不同的空间经历。例如,对比男性和女性失业率的空间差异能增加对导致经济活动中女性边缘化的特定过程的理解。此外,因为这些过程对于不同空间中的女性的作用不尽相同,研究者对地域背景——指赋予特定地域以一定特征的文化、经济、政治和环境的综合体——也进行了研究。研究关注特定的环境是如何影响女性的生活的,并且这样的研究也能够用于不同背景下女性研究的比较基础。例如,研究可能会发现不同地域女性的参政差别是由于特定的地域因素,例如地方经济、地方教育质量或者地方严重的环境问题造成的。

对于性别差异的关注也增进了对于不同尺度的研究。这里的关键是女性生活空间模式可能在多个空间尺度受到影响,有些过程发生在地方尺度,而有些则发生在更大的空间尺度上。例如,在研究女性经济能力时,研究者可能会发现对影响工作机会的地方社会网络进行调查非常有用。同时,他们不应忽视女性在寻找工作时所处的地方环境与国际资本流动存在的正相关关系,而资本流动将会影响工作类型、机会以及性别分工。

女性地理学者研究差异的另一个渠道是地方感的研究。它是人们对特定地方以及更广泛的自然和社会环境的认知。对于地方感的研究强调心理因素对于人们形成对地方或以某种介质表征的地方的解释、评价和偏好的影响。这样的研究通常基于对第一手数据的收集，因此特别适合有关差异的问题，研究者可以刻意地在被调查者中既选择男性又选择女性。例如，研究者可以通过使用他们对于区域危险和安全认知的详细信息来比较男性和女性对于邻里的认知地图的差异。可以预计，男性和女性被调查者对于从教室到野外、到家、到运动场所、到餐饮设施、再到购物中心的区域感知存在很大的差异。这样的认识对于确定女性的可达区域以及建设女性认知的安全场所提供了具有实际意义的指导。

通过在地理学所有领域引入性别差异，女性主义地理学者已经在地理学中开辟了一个新的研究路线，从而改变了本章先前提到的早期研究中的不平衡。前面提到过，这些领域的理论中一贯假设男性主导生产活动，而女性则主导再生产活动。关注差异的女性主义地理学者有两点突出贡献。第一，女性主义地理学研究使得女性在经济活动中的作用得到了关注，例如在第一世界郊区后方办公处理信用卡申请的女性职员，以及在第三世界工厂加工低收入消费品（如电子产品）的女性工人。第二，女性主义地理学者将研究领域扩展至包括女性在邻里组织中的作用、第三世界国家中的家庭生存策略、儿童抚育服务设施的不均等供应，以及通过草根组织消除环境污染和有毒废弃物等过程中女性所起作用等问题。为了解这些问题，女性主义地理学者已经成为了收集第一手的、基于调研的数据的倡导者，因为这样的数据是研究女性日常生活空间经验所必需的。访谈、焦点讨论、民族志、参与式观察以及问卷调查等研究方法，可能比简单的如人口普查这样的二手数据的取得要费时得多，但是这样的方法能够提供空间经验复杂性研究的更多信息。

作为社会关系的性别

在转向对性别关系的研究时，女性主义地理学者从把男性和女性作为独立的研究对象转向了研究影响其生活经历的结构化的联系。正如我们前文所述，独立研究男性和女性本身是一种男性主义的表达方式。父权制是女性主义地理学者研究的重点结构之一。"父权主义"这个词描述了通过性别关系对女性和儿童施加的系统的剥削、支配和压制——简而言之，即压迫她们。这个结构通过语言（例如男性说话通常更响亮、更长而且说在最后）、行为规范及法律条文，对哪些行为是应该的、合适的、符合期望的或者被批准的打上了性别印记，同时正式或者非正式地确定了谁能获得物质资源。因此，父权制被特定的社会准则或者道德标准所合法化并且固化——例如女性通常被认为应当承担抚养小孩的主要责任。联系男性和女性生活的各种关系在特定场所之内或者之间产生，例如家庭、学校、教堂都与父权制紧密相连，这些场所无论从家长权威到直接暴力都发挥着广泛的作用。

对于父权制关系实例的研究非常复杂,因为这个社会结构对于不同的社会、历史和地理背景具有不同表现。换言之,并不存在一个父权制,而是无数父权制的变体。这些父权制的变体使得父权制能够在很大程度上与其他社会结构相交叉。女性主义地理学研究很重要的一条主线就是研究父权制与资本主义社会关系的交叉。对于马克思主义或者社会主义的女性主义者而言,资本主义是现代生活的关键结构,即人们可以通过资本主义了解资本家剥削工人劳动的方式。这些女性主义者研究资本主义社会关系与父权制性别关系之间的关联,这种关联的结果造成了女性经济地位的不同。他们还指出,资本主义已经将其影响力延伸到家庭中,从而导致在家庭中没有收入的女性的劳动被有收入的配偶所剥削,并且延伸到他们的雇主。对这些女性主义者而言,资本主义决定了父权制所采取的形式。正是这些错综复杂而又千差万别的关系,使得对女性的剥削在不同的地区表现不尽相同。

与之相反,激进派女性主义首先考虑父权制。这些学者认为,从历史的角度看,父权制先于资本主义,并且在特定的社会历史背景中促进了资本主义的发展。这些女性主义者对父权制的优先考虑不是基于对劳动力的控制,而是基于男性对女性身体的控制——这个控制存在于性关系和抚养小孩的活动中,并且通过父权制的观点以及暴力而得以延续。其他一些学者尝试协调这些不同的观点,他们认为这两种制度尽管在分析中是相互独立的,实际上在日常活动中是共存的。因此,他们可以在大的背景中作为相互促进的结构来研究。

就在社会主义和激进派女权主义对父权制和资本主义在理论上的优先性争论不休的时候,黑人、拉丁美洲以及第三世界女性主义者对欧洲中心主义进行了广泛的批判。他们认为女性的生活被种族化和殖民化了。这些女性主义者指出了世界范围内的父权制和阶级关系的多样性,以及它们与其他全球-地方结构的相关关系。此外,作为父权制背景的其他结构还有异性恋正统制(heteronormativity),这个概念是从酷儿理论中发展出来的,它指的是异性恋是正常性别关系而同性恋是非常态的这一普遍假设。与父权制和其他制度一样,异性恋正统制是一种有自己的语言、标准和行为的社会关系。这些讨论的结果导致了当今对于父权制的变化以及其在不同区域内的特殊表现形式的研究,它们不仅需要考虑资本主义制度下的阶级关系,而且需要考虑种族、殖民历史以及性别取向。与将性别作为差异来研究的女性主义者一样,将性别作为社会关系来研究的女性主义者通常通过访谈、座谈会等"与女性谈话"的方法进行研究。此外,他/她们还关注通过日常表达使父权制、阶级、种族、民族和性取向形成并且得以巩固的微妙方式。这包括政治辞令(如演讲、政策文件)、媒体想象(如电影、录像杂志、互联网),以及身体的装饰和仪态(如服饰、习惯)。

作为社会建构的性别

社会建构主义者关注"话语"是怎样在个体和群体之间、人工与自然物之间、各种类型的经验之间，以及意义的不同方面之间创造了区分或差别。他们认为所有这些差异都不是现实世界中自然产生的；相反，所有的这些都是被分类，从而使我们能够理解它们。从这种观点看，人、物体、经验、意义在没有被话语赋予特定的性质和边界之前是没有内在含义的。我们用"话语"这个词来指定特定的框架，它们大多基于某种二元对立，如自然/文化、男性/女性、个体/社会、客观/主观、有序/混乱。话语建构指创造这些类别并且将事物及其意义分装其中的过程。尽管话语是通过语言发生作用并且不断扩展的，对于建构主义者而言，"话语"远比每天所使用的"纯语言"复杂得多，因为它不仅指分类化的过程（前面提到的），而且也指日常的社会实践——从抚养小孩到跳舞，它们也像语言那样充满了意义并且指代世界中的某些东西。通过话语，我们能够了解事物是如何在实际上和在比喻中被嵌入世界的。我们也逐渐了解了各种类别之间的关系。并且，话语还告诉了我们大量关于什么是合适的、什么是不合适的、什么是有价值的、什么是没有价值的、什么是可能的、什么是不可能的。

将其用于女性主义，话语建构指出了性别化是确立差异和类别的重要元素。例如，女性主义地理学者在研究性别的社会建构理论时，特别关注男人/女人、男性的/女性的这些话语类别如何在特定时间、特定地域发挥作用，从而形成了排除或包容的空间。正如所有女性主义对于差异性的关注，女性主义的社会建构主义者也关注这些性别化的类别是如何渗透到其它的社会建构中去的，如"种族"和"性取向"、"生产"和"再生产"、"自然"和"文化"，等等。

以"男性"这个词为例。对于建构主义而言，这并非是一个自然产生的具有本质特征的事物。相反，它描述了一种社会建构，形成于有关什么是男性和什么是女性的观点。这个二元社会建构是由人们的思想、行为和特征的性别化的特定语言所决定和维持的。因此，诸如"照料"、"温柔"、"有同情心"这样的词与"自制"、"高尚"和"狂暴"这样的词汇具有不同的性别化内涵。更重要的是，这些词汇的含义、重要性和社会价值是不断变化的，而且在不同的背景下是有所不同的，因此"温柔"也可以是男性的特征。但是这些词汇的涵义同时又是社会所决定的，因而与处于支配地位的权力（指通过语言和行为建构和维系差异性的能力）相联系。最后，当男性被认可为"正常"状态，它所带来的社会关系比如父权制，也就被认为是自然而然的，并且可以长久维持的。

也许任何对于话语的分析都不如对于性别差异的分析那样既具有说服力又具有争议性。一些建构主义者认为这些差异是话语的又一个实例，它扎根于从外形到基因、嗓音等物理特征的生物类型化。他们认为，生物的和其他的话语，通过各种与医学规范、用工方式、法律条文以及再生产能力等相关的观念以及行为，持续地影响不同性别的身体。围绕这些领域的话语是如此紧密地附着于身体，以至于我们很少去审视那些强化男性/女性差异的日常行为（例如，考虑公共建筑中男性和女性使用不同的卫生间的隐秘话语）。这些观点使得一些女性主义者质疑"男性"和"女性"这两个概念的根基，他们认为生物特性的话语创造了我们借以表达各自的生物和社会性别的条件。另一些学者认为生物差异是先于话语的，但是他们也同意身体的所有方面，包括思想，都是由于植根于话语之中而被性别化、种族化和性取向化了的。因此，尽管我们不能超脱于社会建构关于对男性和女性含义的理解，这些含义却是基于一定物质基础的（虽然我们不能真正地感受到话语以外的物质）。

无论强调性别的社会建构的哪个方面，具有地理视角的建构主义者是如何分析这些过程的呢？这类研究中的大多数旨在了解性别意义是如何作用于人们的日常空间活动、约束人们的思考，并且划定不同的场所和身份的。在研究中，女性主义地理学者首先观察那些性别知识产生的场所，如学校、教堂、媒体、家庭和政府部门。研究这些场所是如何收集信息，将信息加工成知识，然后通过特定的网络将知识进行传播的。例如，杂志是如何用"真实"的生活故事重塑特定社会和特定空间的读者（例如爱逛购物中心的白种年轻人）的？住房设计是如何反映并强化了关于哪些（性别化的）活动应当在何时由谁完成的观点的？学校中的地理教育是如何将其建构成一种男性的基本职业的？第二，女性主义地理学者将地理看作一种话语来研究其如何将人们性别化并与其他话语相交叉，如种族、民族、性取向、本质，等等。例如，"母性本质"一词包含怎样的复杂的性别化编码？在如何"管理"环境的问题之下包含着怎样的潜在含义？所谓幼儿园是家庭倾向的女性的传统工作场所，而花园则是已婚男性（不是同性恋男性）的避风港，这样的认识是如何形成的？什么使得与地域分隔相关的性别化以及种族化的意义变得复杂（这些地域包括"贫民窟"、"工人阶级聚居地"和"农场"）？甚至整个澳大利亚和法国都被大众媒体性别化了（例如"男子气的"对应于"感性的"）。最后，我们也可以考察这些话语的日常使用是如何形成"话语暴力"，赋予人们所不希望的身份，或者早就不被认为是正常的身份类别的。当一个人被标榜为"酷儿"，就会使其在被异性恋编码的建成环境中感到不适。在所有这些研究分析中，女性主义的社会建构主义者开始使用质性分析方法来揭示各种各样表现形式中的话语建构所起的微妙作用，这不仅包括媒体和日常谈话，也包括建成环境本身。

的确，传统概念中的场所——不管是家庭、工作地、城市社区，还是偏远的乡村——都极大程度地被女性主义地理学者所扩展。在传统地理学研究中，研究者是神秘的、远观的、沉默的，而被研究对象则有愈来愈多的信息被揭示出来。既然这样,被研究对象的可观察性也就模糊了研究者的存在。与之相反,女性主义者强调,研究者与其所研究的对象一样,也是被社会权力中的性别关系所建构或者定位的。性别关系构成了更广泛的社会背景的一部分,而研究则是在这个社会背景中展开的——从生物学和社会结构影响地理学者及研究对象,到她所工作的地理学科、资助机构或大学,还有她工作所处的全球和地方的背景。因此,这是一个新的"女性主义"领域:一系列流动的、复杂的和空间延伸的关系,它们与过去地理学专家研究特定地域中的人的观念完全不同。

以总结的方式:推荐读物

在结论部分,我们提供一些女性主义地理学发展中重要专著和论文的介绍,以及一些经典的理论争论和新的研究思路。首先,女性主义地理学在 1970 年代对男性主导的地理学提出了批判。这其中的经典著作包括:米尔德里德·伯曼(Berman,1974)关于学术界中性别歧视的论文,以及艾莉森·海福德(Hayford,1974)对女性更广的历史地位的论述。之后,琳达·麦克道尔(McDowell,1979)、贾尼丝·蒙克和苏珊·汉森(Monk and Hanson,1982)拓展了地理学研究中对性别的忽视和男性化的假设。汉森和蒙克(Hanson and Monk)随后被选为美国地理学家协会主席(她们是仅有的五个女性主席中的两个)。苏珊·汉森(Susan Hanson)在主席就职演说中敦促地理学家思考女性主义和地理学之间的共同性,并且同时改变这两个领域。贾尼丝·蒙克(Monk,2004)在主席就职演说中用历史的视角重新审视了那些在长期的职业排斥下仍然从事教学和研究的女性地理学家的职业生涯。在蒙克和汉森(Monk and Hanson,1982)的论文发表两年后,英国女性地理学者协会和地理学习小组出版了《地理学与性别:女性主义地理学入门》(*Geography and Gender:An Introduction to Feminist Geography*,Women and Geography Study Group of the IBG,1984)。作为一本具有开创意义的著作,《地理学与性别》关注女性在学术界内外的经历的特殊性。对学科史上女性主义研究感兴趣的人还可以读莫娜·多姆斯(Domosh,1991)和艾莉森·布伦特(Blunt,1994)关于 19 世纪地理探险家及作家玛丽·金斯利(Mary Kingsley)的分析。

20 世纪 80 年代和 90 年代早期涌现出大量关注性别、工作和空间相互关系的文献。这方面最重要的文献是琳达·麦克道尔和多琳·玛西(McDowell and Massey,1984)的文章。她们通过对性别和阶级相关关系的分析将地理学研究置于历史背景中。几年以后,父权制和资本主义制度在剥削女性中所起的作用成为《对立面》(*Antipode*)杂志中被热烈探讨的理论问题。乔·福德和尼基·格雷格森(Foord and Gregson,1986)、琳达·麦克道尔(McDowell,1986)的文章,以及格雷格森和福德(Gregson and Foord,1987)的回应文章,将激进派女权主义和社会主义女权主义清晰地区分开了。读者也可以阅读西尔维亚·沃尔比(Sylvia Walby)的《父权制的理论》(*Patriarchy Theorizing*)(Walby,1990),该书提供了关于资本主义社会中父权制的极好的社会学分析。多琳·玛西(Doreen Massey)的《空间、地方和性别》(*Space, Place and Gender*)(Massey,1994)收录了她直到1990年代中期的研究论文,可以说是女性主义经济地理学家中最具独创性的学者的研究成果。对女性和工作研究感兴趣的学者还可以阅读苏珊·汉森和格里·普拉特(Susan Hanson and Gerry Pratt)的《性别、工作和空间》(*Gender,Work and Space*)(Hanson and Pratt,1995)、尼基·格雷格森和米歇尔·洛(Nicky Gregson and Michelle Lowe)的《为中产阶级提供服务》(*Servicing the Middle Classes*)(Gregson and Lowe,1994),以及金·英格兰(Kim England)的《谁会操心婴儿? 育儿和职业母亲的地理学》(*Who Will Mind the Baby? Geographies of Childcare and Working Mothers*)(England, 1996)。

在1980年代和1990年代,地理学者开始参与后现代主义的讨论(见第9章),争论焦点之一就是这一新观点与女性主义之间的关系。对这一讨论感兴趣的读者可以阅读利兹·邦迪(Bondi,1991)、格里·普拉特(Pratt,1993)的文章。另一个关于后现代主义和女性主义的讨论受到大卫·哈维《后现代的状况》(Harvey,1989)的启发。他对于资本主义后期文化的政治经济学分析受到了多琳·玛西(Massey,1991)和罗萨琳·德意志(Deutsche,1991)的全面批判。将这几篇文章跟哈维(Harvey,1992)的反驳性文章一起阅读很有帮助。如果希望对他的关于阶级和性别的思考能有更好的把握,读者可以阅读《公平、自然和差异的地理学》(*Justice, Nature,and the Geography of Difference*)(Harvey,1997)中的第12章。

特别是从1990年代中期开始,女性主义地理学者在身体、身份、空间/地方的相互关系方面进行了大量的研究。最早的一本重要的合集是纳西·邓肯(Nancy Duncan)的《身体空间》(*Body Space*)(Duncan,1996)。其他女性主义的文献可以参见海蒂·纳斯特和史蒂夫·派尔(Heidi Nast and Steve Pile)编著的《身体反映的空间》(*Places through the Body*)(Nast and Pile,1998)、鲁斯·巴特勒和赫斯特·帕尔(Ruth Butler and Hester Parr)的《思想和身体空间:疾病、损伤和残疾的地理学》(*Mind and Body Spaces:Geographies of Illness,Impairment and Disability*)(Butler and Parr,1999)、伊丽莎白·蒂瑟(Elizabeth Teather)的《身体化的地理空间:空间、身体和成人仪式》(*Embodied Geographies:Space, Bodies and Rites of Passage*)(Teather,1999),以及琳达·麦克道尔(Linda McDowell)《资本文化:城市中性别的作用》(*Capital Culture:Gender at Work in the City*)(Mc Dowell,1997a)中的节选章节。此外,还有罗宾·朗赫斯特(Robyn Longhurst)的《身体:探索流动的空间》(Longhurst,2000)以及派尔(Pile)的《城市的身体:精神分析、空间和主体性》(*The Body of the City:Psychoanalysis,Space and Subjectivity*)(Pile,1996)。上面提到一些文献是向酷儿理论转型的前驱。这

个领域早期的著作有戴维·贝尔和吉尔·瓦伦丁(David Bell and Gill Valentine)的合著《图绘欲望》(*Mapping Desire*)(Bell and Valentine,1995)。迈克尔·布朗(Michael Brown)在《空间的储藏室:从身体到全球的地理学隐喻》(*Closet Space:Geographies of Metaphor from the Body to the Globe*)(Brown,2000)中揭示了空间的"储藏室"的含义。最后,相关男性主义的地理学方法在彼得·杰克逊(Jackson,1991)、史蒂夫·派尔(Pile,1994)和理查德·菲利普斯(Phillips,1997)的著作中都有论述。

有大量的女性主义研究关注性别、自然和发展(包括"后"和"反"发展理论)的相互作用。读者可以参见珍妮特·莫姆森和维维安·金奈尔德(Momsen and Kinnaird,1993)的合集,以及内史密斯和拉德克利夫(Nesmith and Radcliffe,1993)、拉德克利夫(Radcliffe,1994)的著作。关于女性主义政治生态学的非常杰出的一本著作是黛安娜·罗切莱奥、巴巴拉·托马斯-斯莱特和埃丝特·旺(Rocheleau,Thomas-Slayter and Wangari,1996)的合集。女性主义地理学者也借用后殖民理论来更好地理解性别、种族、民族和阶级在全球范围内的建构。研究者还应当参考艾莉森·布伦特和吉利恩·罗斯(Alison Blunt and Gillian Rose)编辑的《书写女性和空间:殖民主义和后殖民主义地理学》(*Writing Women and Space:Colonial and Post-colonial Geographies*)(Blunt and Rose,1994),以及艾莉森·布伦特和谢里尔·麦克尤恩(Alison Blunt and Cheryl McEwan)的《后殖民主义地理学》(*Postcolo*)(Blunt and McEwan,2003)。

也有很多文献对地理学中的女性主义研究方法进行了探讨。1993 年的一本合集《加拿大地理学者》(*Canadian Geographer*)回顾了女性主义认识论的方法以及大量深入的质性研究方法。1994 年的《职业地理学家》杂志中刊登了海蒂·纳斯特(Heidi Nast)编辑的"地理学领域中的女性"("Women in the Field")专题。其中许多文章对在地理学研究中使用女性主义方法进行了有趣的自我反省。辛迪·卡茨(Katz,1992)和安·奥伯豪泽尔(Oberhauser,1997)对"田野工作"也给出了一个很好的回顾。我们前面已经提到过,女性主义研究方法主要是质性研究(例如 Nash,1996),但是关于定量方法在女性主义研究中的作用也有很多讨论(Kwan,2002)。可以参见《职业地理学家》(1994)杂志中的专题,标题为"女性应该被考虑吗?"。帕梅拉·莫斯(Pamela Moss)编的合集《女性主义地理学在行动》(*Feminist Geography in Practice*)(Mass,2002),以及梅拉尼·利姆和克莱尔·德怀尔(Limb and Dwyer,2001)的著作都为研究者提供了大量的女性主义研究方向上的指导。2003 年《ACME:批判主义地理学的国际电子期刊》(*ACME:An International E-Journal for Critical Geographies*)的特刊《女性主义研究实践》("Practices in Feminist Research")认为,使女性主义地理学方法成为一个独立的研究方法应归功于地理学中的批判主义方法的广泛使用。对这个方向感兴趣的研究这可以参见《对立面》(*Antipode*,1995)中的专题,以及维基·劳森和林恩·斯泰赫里(Lawson and

Staeheli,1995)和苏珊·史密斯(Smith,2002)的文章。

对女性主义地理学全面的回顾可以参见琳达·麦克道尔和乔·夏普(Linda McDowell and Jo Sharp)的《人文地理学的女性主义词典》(*A Feminist Glossary of Haman Geography*)(McDowell and Sharp,2000)、琳达·麦克道尔的合集(McDowell. 1997b; 1999),以及约翰·保罗·琼斯、海蒂·纳斯特和苏珊·罗伯茨(Jones,Nast and Roberts,1997)的合集。吉利恩·罗斯(Gillian Rose)的《女性主义和地理学》(*Feminism and Geography*)(Rose,1993)通过梳理 20 世纪的历史,全面地、近距离地回顾了文献中地理学男性主义的偏见。我们的最后一个目的在于通过对影响过地理学的大量重要的对立事物进行再梳理来重新思考空间。研究者应当能够在《性别、地方和文化》中得到许多很好的意见。同时,在 http://www. emporia. edu/socsci/fembib 上女性地理学研究的在线文献列表也是一个非常有用的参考资源。

参考文献

ACME: *An International E-Journal for Critical Geographies* (2003) 'Practices in Feminist Research', collection, 2(1): 57-111.

Antipode (1995)'Symposium on Feminist Participatory Research', collection, 27: 71-101.

Bell, David and Valentine, Gill (eds) (1995) *Mapping Desire*: *Geographies of Sexuality*. London: Routledge.

Berman, Mildred (1974) 'Sex discrimination in geography: the case of Ellen Churchill Semple', *The Professional Geographer*, 26:8-11.

Blunt, Alison (1994) *Travel Gender and Imperialism*: *Mary Kingsley in West Africa*. New York: Guilford.

Blunt, Alison and McEwan, Cheryl (2003) *Postcolonial Geographies*. London: Continuum.

Blunt, Alison and Rose, Gillian (1994). *Writing Women and Space*: *Colonial and Postcolonial Geographies*. New York: Guilford.

Bondi, Liz (1991) 'Feminism, postmodernism, and geography: space for women?', *Antipode*, 22: 156-67.

Brown, Michael (2000) Closet Space: *Geographies of Metaphor from the Body to the Globe*. New York: Routledge.

Butler, Ruth and Parr, Hester (eds) (1999). *Mind and Body Spaces*: *Geographies of Illness, Impairment and Disability*. London: Routledge.

Canadian Geographer (1993)'Feminism as method', collection, 37: 48-61.

Deutsche, Rosalyn (1991) 'Boy's town', *Environment and Planning D*: *Society and Space*, 9: 5-30.

Domosh, Mona (1991) 'Towards a feminist historiography of geography', *Transactions of the Institute of British Geographers*, 16:95-104.

Duncan, Nancy (ed.) (1996) *BodySpace*: *Destabilizing Geographies of Gender and Sexuality*. London: Routledge.

England, Kim (ed.) (1996) *Who Will Mind the Baby? Geographies of Childcare and Working Mothers*. London: Routledge.

Foord, Jo and Gregson, Nicky (1986) 'Patriarchy: towards a reconceptualization', *Antipode*, 18:186-211.

Gibson-Graham, J.-K. (1994) 'Stuffed if I know! Reflections on post-modern feminist research', *Gender, Place and Culture*, 1:205-24.

Gregson, Nicky and Foord, Jo (1987) 'Patriarchy: comments on critics', *Antipode*, 19:371-5.

Gregson, Nicky and Lowe, Michelle (1994) *Servicing the Middle Classes: Class, Gender, and Waged Domestic Labor in Contemporary Britain*. New York: Routledge.

Hanson, Susan (1992) 'Geography and feminism: worlds in collision?', *Annals of the Association of American Geographers*, 82: 569-86.

Hanson, Susan and Pratt, Gerry (1995) *Gender, Work and Space*. London: Routledge.

Harvey, David (1989) *The Condition of Postmodernity*. London: Blackwell.

Harvey, David (1989) *The condition of Postmodernity*. London: Blackwell.

Harvey, David (1992) 'Postmodern morality plays', *Antipode*, 24: 300-26.

Harvey, David (1997) *Justice, Nature, and the Geography of Difference*. London: Blackwell.

Hayford, Alison (1974) 'The geography of women: an historical introduction', *Antipode*, 6:1-19.

Jackson, Peter (1991) 'The cultural politics of masculinity: towards a social geography', *Transactions of the Institute of British Geographers*, 16:199-213.

Jones, John Paul III, Nast, Heidi and Roberts, Susan (eds) (1997) *Thresholds in Feminist Geography: Difference, Methodology, Representation*. Lanham, MD:Rowman and Littlefield.

Katz, Cindi (1992) 'All the world is staged: intellectuals and the projects of ethnography', *Environment and Planning D: Society and Space*, 10:495-510.

Kwan, Mei-Po (2002) 'Feminist visualization: re-envisioning GIS as a method in feminist geographic research', *Annals of the Association of American Geographers*, 92:645-61.

Lawson, Vicky and Staeheli, Lynn (1995) 'Feminism, praxis and human geography', *Geographical Analysis*, 27: 321-38.

Limb, Melanie and Dwyer, Claire (2001) *Qualitative Methodologies for Geographers: Issues and Debates*. New York: Arnold.

Longhurst, Robyn (2000) Bodies: *Exploring Fluid Boundaries*. London: Routledge.

Massey, Doreen (1991) 'Flexible sexism', *Environment and Planning D: Society and Space*, 9: 31-58.

Massey, Doreen (1994) *Space, Place and Gender*. Minneapolis: University of Minnesota Press.

McDowell, Linda (1979) 'Women in British geography', *Area*, 11: 151-5.

McDowell, Linda (1986) 'Beyond patriarchy: a class-based explanation of women's subordination', *Antipode*, 18:311-21.

McDowell, Linda (1997a) *Capital Culture: Gender at work in the City*. Oxford: Blackwell.

McDowell, Linda (ed.) (1997b) *Space, Gender, and Knowledge: Feminist Readings*. Oxford: Oxford University Press.

McDowell, Linda (1999) *Gender, Identity, and Place: Understanding Feminist Geographies*. London: Blackwell.

McDowell, Linda and Massey, Doreen (1984) 'A woman's place?', in Doreen Massey and John Allen (eds), *Geography Matters*! Cambridge: Cambridge University Press, pp. 128-47.

McDowell, Linda and Sharp, Jo (eds) (2000) *A Feminist Glossary of Human Geography*. London: Arnold.

Momsen, Janet and Kinnaird, Vivian (eds) (1993) *Different Places, Different Voices: Gender and Development in Africa, Asia, and Latin America*. New York: Routledge.

Monk, Janice (2004) 'Women, gender, and the histories of American geography', *Annals of the Association of American Geographers*, 94(1): 1-22.

Monk, Janice and Hanson, Susan (1982) 'On not excluding half of the human in human geography', *The Professional Geographer*, 34:11-23.

Moss, Pamela (ed.) (2002) *Feminist Geography in Practice*. Malden, MA: Blackwell.

Nash, Catherine (1996) 'Reclaiming vision: looking at the landscape and the body', *Gender, Place and Culture*, 3: 149-69.

Nast, Heidi and Pile, Steve (eds) (1998) *Places through the Body*. London: Routledge.

Nesmith, C. and Radcliffe, Sarah A. (1993) '(Re)mapping Mother Earth: a geographical perspective on environmental feminisms', *Environment and Planning D: Society and Space*, 11: 379-94.

Oberhauser, Ann M. (1997) 'The home as "field": households and homework in rural Appalachia', in John Paul Jones III, Heidi Nast and Susan Roberts (eds), *Thresholds in Feminist Geography: Difference, Methodology, Representation*. Lanham, MD: Rowman and Littlefield, pp. 165-83.

Phillips, Richard (1997) *Mapping Men and Empire: A Geography of Adventure*. London: Routledge.

Pile, Steve (1994) 'Masculinism, the use of dualistic epistemologies and third spaces', *Antipode*, 26: 255-77.

Pile, Steve (1996) *The Body and the City: Psychoanalysis, Space and Subjectivity*. London: Routledge.

Pratt, Gerry (1993) 'Reflections on poststructuralism and feminist empirics, theory and practice', *Antipode*, 25: 51-63.

Professional Geographer (1994) 'Women in the "Field": Critical Feminist Methodologies and Theoretical Perspectives', collection, 46: 426-66.

Professional Geographer (1995) 'Should Women Count? The Role of Quantitative Methodology in Feminist Geographic Research', collection, 47: 427-58.

Radcliffe, Sarah (1994) '(Representing) postcolonial women: difference, authority and feminisms', *Area*, 26(1): 25-32.

Rocheleau, Dianne, Thomas-Slayter, Barbara and Wangari, Esther (eds) (1996) *Feminist Political Ecology: Global Issues and Local Experiences*. New York: Routledge.

Rose, Gillian (1993) *Feminism and Geography: The Limits of Geographical Knowledge*. Minneapolis: University of Minnesota Press.

Smith, Susan (2002) 'Doing qualitative research: from interpretation to action', in Melanie Limb and Claire Dwyer (eds), *Qualitative Methodologies for Geographers: Issues and Debates*. New York: Arnold.

Teather, Elizabeth (ed.) (1999) *Embodied Geographies: Spaces, Bodies and Rites of Passage*. London: Routledge.

Walby, Sylvia (1990) *Theorizing Patriarchy*. Oxford: Blackwell.

Women and Geography Study Group of the IBG (1984) *Geography and Gender: An Introduction to Feminist Geography*. London: Hutchinson.

第五章　马克思与马克思精神

乔治·亨德森(George Henderson)

埃里克·谢波德(Eric Sheppard)

马克思主义作为一项内容极其丰富的传统而拥有无数分支与拥护者。在经济学、发展理论、城市化、农业和工业、政治学和管治、国际关系、社会阶级及其分化、科学、文学、绘画、电影、历史、环境、道德等诸多领域,马克思主义均提供了批判而实用的思考。马克思主义致力于探究世界的状态及其原因,哪些知识和情感会使人们对所处环境拥有何种认知与感觉,而这些认知与感觉又如何从所处环境中产生。这一思想的实质在于对人类奋斗历程的方方面面作出解释,进而为人类发展探索更为公正的环境。用一个章节的内容来涵盖马克思主义基本是不可能的,哪怕只涉及马克思主义方法在地理学方面的应用。因此我们只能言简意赅,将重点放在问题的提出而非解答上。

本章将首先讨论为什么在目前的物质和思想条件下探讨马克思主义仍然具有意义。其后将讨论马克思主义哲学基础在地理学中的共鸣。正如马克思一样,我们会将关注点转向资本主义,讨论马克思主义的政治经济学分析,以及这一分析方法如何塑造出有关资本主义的地理学。最后,我们将分析马克思主义地理学家如何分析经济领域之外的更广泛的议题,从而显示出这一方法丰富而持久的生命力。在如何对待马克思主义的命题方面,人文地理学者应小心不要把小孩和洗澡水一起泼掉。

马克思的思想在地理学史上的出现颇具趣味。一方面,1990年代以来,大众对马克思主义的关注度明显下降。在此之前,最具影响力和最被广泛援引的地理学者们均追随大卫·哈维及其思想。之后,哈维的理论遭受到长期激烈的批评,许多最具影响的地理学者转而将自己定位为后马克思主义者。然而,另一方面,在马克思主义衰落的表象之下,其最重要的见解已内化于人文地理学之中。本章将通过展示马克思主义与地理学思想的关联性,指出马克思主义消亡论的幼稚性。

马克思主义消亡论出现的首要原因与历史有关:苏联和东欧政权相继瓦解,而这些地区均自诩为马克思主义者所领导。民主化在各地普及,而马克思主义所主导的政治体系仅限于朝鲜、古巴和中国,这种情况被广泛用以证明马克思理论的破产(尽管中国的情况对此构成反驳）。这种说法并不正确。首先，马克思主义在这些国家的实践已很少与马克思本人的思想完全一致。马克思的大部分注意力集中在认识资本主义，而不是描绘社会主义或共产主义社会的发展蓝图上，而且他并不认同专制和镇压的政权。其次，自 1990 年以来的全球政治和经济发展已使得当今世界与马克思本人所设想的资本主义世界极其相似。我们正身处新自由主义意识形态和实践所主导的世界之中，而非资本主义经济实践的历史低潮期。尽管当今美国所主导的新自由主义下的全球化与马克思所研究的世界经济——也就是英国主导的快速全球化的自由贸易——存在诸多相似性，但前者运作的广度和力度已非后者可比肩。列强的所有行动决策几乎都以"市场"评估为必要条件。南半球数十年来探索处于资本主义和社会主义之间的"第三世界"，但如今这些国家的精英都将资本主义作为主要发展工具。股市收益率、利率、市场和消费充斥着日常话题。工会和激进政党要么失去影响力、要么彻底改造自身以适应新自由主义。卡西迪（Cassidy，1997）在《纽约客》（*New Yorker*）中指出：卡尔·马克思是"下一位伟大的思想家"，能够帮助我们理解这些现象。

在地理学中较有影响的第二类反马克思的观点是哲学性批判。出于自身对法国左翼与苏联斯大林主义持续合流的不满，法国后现代主义和后结构主义思想家们在 20 世纪 60 年代开始反对马克思的理论以及其他宏大理论。英语背景美国地理学家正是从这一点出发，开始质疑马克思理论的意义，尽管与之持有相近的政治立场。争论逐渐变得富于个人色彩，马克思主义和后马克思主义地理学家均通过讽刺和污蔑（异化）对手来抬升自己。但在我们看来，这些争论尽管激烈，却缺少真正的洞见。"后主义"称谓并非代表具备完全不同的观点和实践方法的时代，而是指一种在试图解构已有思想与实践的同时，承认其持续影响的思想流派。马克思仍然是"后家族"大哲学家们（拉康、福柯、德里达、德勒兹、斯皮瓦克）的关键起点，同样无法为批判地理学家所忽视。我们认为，马克思主义与"后家族"之间这种不被承认的连续性也表明了马克思思想的长久生命力。

哲学基础：唯物主义和辩证法

关注自然与社会的关系是地理学的一大特色，而这也是马克思力图发展的唯物主义社会观的中心问题。唯物主义认为，世间万物决定于客观事实。当马克思发展这一论点时，论述了人类活动如何根植于生物物理环境，人类的日常衣食住行之所需便是取自这一环境。这种原初的"第一自然"为人类社会提供了必要的物质基础。同时，马克思指出，人类社会已在逐步改变、重塑自然界并使之商品化，进而创造出一个"第二自然"。人类活动正深刻地改变着气候、生态系统、生物及景观，当今世界正面临着自然界的全面重塑。然而，自然界也是由一系列生物物理过程所形成，它们不断挣脱人类的控制束缚（例如全球气候变暖和疯牛症等），以警示人类,凸显第二自然对社会生活的重要性,它总能部分地超出资本主义的控制。马克思的辩证分析可以极好地彰显这一社会进程与生物物理过程之间持续、复杂和相互依存的关系(Smith,1990;更详细的说明请见 Castree,1995)。

因此,地理学认知方式的第二个显著特色便是关注万物的普遍联系性。沃尔多·托布勒(Waldo Tobler)曾以调侃的口吻作过一个著名的论断,认为地理第一定律的前提假设就是世间万物均存在彼此的联系,如自然与社会之间的联系,经济、政治和文化之间的关系,地方之间、地方与全球的联系等。这种联系的思想也同样为马克思所看重,马克思发展了一整套围绕联系的辩证思维构架,以反驳亚里士多德(即本质主义)式的逻辑——逻辑经验主义,它支配着科学方法的主流方向。辩证思维(上溯到古希腊哲学)侧重于分析事物之间的联系而非事物本身。哈维对此作过精彩论述:

> 辩证思维强调在对要素、事物、结构和组织系统进行全面分析的基础上去了解过程、流动、变迁和关系……这其中涉及深刻的本体论原则……这些要素、事物、结构和系统并非脱离或先于创造、维持或破坏它们的进程而存在……在认识论上,这种思路通常改变研究的重心:我们或者是通过研究看起来不言自明的事物的特点来了解过程,或者是着重分析事物之间的联系。在此基础上,我们可以正式地推断出导致变化的过程,但认为事物本身是不变的这一观点则很快把我们引入因果分析和机械思维。辩证思维……将不言自明的万事万物的世界转变为万事万物联系和变化的更为混乱的世界。(Harvey,1996:49)

尽管主流的自然科学和社会科学通过将世界化约为一系列稳定和易定义的实体(如夸克、有机体、人类能动者)——这些实体通过稳定的因果关系相连——来解释世界,辩证思维探寻这些相互关系如何持续地变化及改变实体本身。只要它们可以由构造它们的联系复制再生,这些实体看起来便是稳定的和可以明确界定的。但这种"恒久不变"实际上只是幻象,从个人到世界经济,所有尺度的实体均是内在异质的,并始终身处由这些将它们组织起来的关系所带来的四分五裂的危险之下[1]。

马克思强调唯物主义必须同时是辩证的和历史的。辩证唯物主义的理论重点放在物质世界以及人们对它的看法的关系上,认为两者紧密联系、互为因果,但思想始终仍由人类生命赖以生存的物质进程所决定。基于这种思维方式,我们应当对通常认为的二元论——例如社会与自然或文化与自然——进行仔细审查。事实上,近年来已有不少深受马克思主义启发的地理学家开始活跃地从事这样的研究(Castree,2003)。

历史唯物主义认为,任何生产方式都会面临一系列矛盾,这些矛盾足以削弱其活力并毁灭它——资本主义也不例外。因此,马克思并不认为全球资本主义是一种市场在社会成员间进行社会财富最优分配的乌托邦式的最终状态。相反,马克思试图找出资本主义的矛盾和潜在的制约,并(在一定程度上)推测这些限制条件在何种情况下出现,以及什么将取代资本主义。马克思的历史唯物主义有时被错误地描绘成旨在阐述社会发展的次序阶段的学说:奴隶制-封建主义-资本主义-社会主义-共产主义。作为一位身处19世纪的白人男性思想家,无疑,马克思的理论会带有欧洲中心论的色彩,往往求助于阶段论的分析方法,并武断地将欧洲发生的历史发展序列视作放之四海而皆准的通则。但是,历史唯物主义只是简单地指出任何生产方式都具有内在矛盾,这些矛盾能够削弱生产方式,而并未提出固定的发展次序,或提前设定可能的生产方式类型。显然,对于物质的如此先验的判断是与辩证思维的逻辑相矛盾的。

马克思的政治经济学

尽管马克思并未预先提出社会变革的可能历史序列,但他的确强调了每一特定的时间和地方均由特定的生产方式所决定;这里,生产方式是指人类为获得其生存所必需的物质基础而创造的社会组织方式,使生产与作为基础的社会关系相协调。例如,在奴隶制度下生产资料所有者同时拥有劳动力,而在资本主义制度下个人拥有劳动力,并将其在劳动力市场进行交换。此类不同体系由确立所谓"自由人"的不同规范和法律准则所决定。此外,马克思认为,那些被视为"必需"的服务于人类物质基础的社会联系,实际上是一系列斗争的结果,包括对立集团之间的关系、观念的斗争以及统治阶级的暴力运作。社会关系存在的必要性并非天然赋予的,而是通过物质的和政治利益的长期斗争而形成的。其中一个重要且必然的结果就是所有历史上重要的生产方式一定要能产生剩余(年底的收益比年初的多),否则便缺乏足够的储备以应对危机。马克思认识到不同生产方式通常是共存的(例如,在今天的资本主义世界经济制度下,奴隶制并没有被完全消灭),而分析应始于占主导地位的生产方式。

资本主义

马克思花费了一生的大部分时间运用这一哲学方法揭开资本主义生产方式的神秘外衣。他认为资本主义生产方式比起奴隶制和封建制有明显的改进,但仍受到隐蔽的矛盾和不平等的威胁。马克思认为,在资本主义制度下,用以支持人类生存的货物以商品的形式出现。当生产的货物用以赚取利润时,商品生产便出现了,且该生产并非用以满足某一特定需要。历史上,一部分人或持有生产资料以生产商品(资本家),或利用土地和其他自然资源以生产商品(地主),而其他人则为生产提供必要的劳动力(工人)。工人可以自由选择工作地点(至少在理论上如此,如果说实际并非如此的话),但却不具有生产工具以独立进行商品生产[2]。因此,在资本主义生产方式中不同的个体拥有截然不同的阶级立场,进而造成不同的利益与身份,马克思仔细地将之区分为"自在阶级"(class-in-itself)(与特定阶层利益相联系)和"自为阶级"(class-for-itself)(为阶级成员建立共同身份,并通过集体行动来追求集体利益)。此外,资本主义产生了法律机构,特别是那些创立和保护私有产权的机构。资本主义产生政治机构,据此减少资本主义的矛盾以融合不同阶级,并衍生出对于资本主义合法化和正统化的辩护,比如新自由主义(比照 Jessop,2002)。

　　不同于他之前的古典政治经济学家或之后的边际经济学家,马克思为我们提供了对于资本主义不平等和矛盾的独特见解。表面上,资本主义制度下商品的边际价值是由其市场价格所决定的,资本家和工人各自赚取了他们应得的数额,仿佛资本家的利润是其资本投资的公平回报,反映出资本的社会价值。同样地,工资被解释为衡量劳动力社会效用的工具。根据亚当·斯密的"看不见的手"的规律,市场的自由运作意味着个人的利己行为会使得社会财富在社会成员中实现公平的再分配。然而,马克思的分析表明,无论在生产或是消费环节,事实并非如此。马克思对资本主义的理解大大异于那种将资本主义等同于市场的观点。与一般观点相左,马克思认为资本主义是一种有社会组织的独特的生产方式,市场对于资本主义可谓必不可少[3],但同时也掩盖了资本主义生产的本质。

生产、价值和剥削

　　马克思十分关注什么是真实存在的,以及什么是被表象所混淆的真实。《资本论》的第一句话就表明了其关注的中心:"在资本主义生产方式占统治地位的社会中,财富实际上是'庞大的商品积累';因此,我们的研究就从分析商品开始。"(Marx,1967[1867]:35)马克思的一个基本问题是:商品的价值是从哪里来的? 他认为,市场价格只是评估商品价值的一种方法。他强调,商品有使用价值,用以衡量它们对于购买者或出售者的效用;商品也有劳动价值,由生产这些商品的社会必要劳动时间来决定(包括在生产过程中使用原料和机械的劳动力投入)。"社会必要劳动时间"是指在现行主要生产方式下所需的劳动时间。马克思表明,只要工人在生产中所创造的劳动价值大于他们真正得到的工资,资本主义便获得了剩余价值(见专栏 5.1)。

专栏 5.1　马克思的剥削理论

　　就货币价值来说,在劳动力市场上似乎工人每天工作便会换取相应的公平的薪酬;但是就劳动价值而言他们是受剥削的。工人们所付出的劳动价值的一个组成部分被描述为资本家的利润:

　　1 小时劳动价值(1)

　　=工人所得工资体现的劳动价值部分 L ＋ 资本家所得的剩余价值部分 S1＝L＋S; 剥削率＝(E)＝S/(L＋S)

如果不剥削劳动价值,货币利润是不可能实现的。马克思还认为,在长期内货物将会与自身的劳动价值成比例地在市场上交换——供给和需求的波动可能导致市场价格偏离这些比例,但这仅仅是短期波动。这些说法曾经引起争议,但他们最终被证实是可靠的。投资利润确实不能脱离对劳动价值的剥削而产生,同时,经验的测算已经证实,长远来看价格与劳动价值是密切关联的。

但是,劳动力却是这些论断不予适用的唯一商品,因为自由劳动力市场在工厂内部并不存在。

> 现在我们知道了,货币所有者付给劳动力这种特殊商品的所有者的价值是怎样决定的。货币所有者在交换中得到的使用价值,只有在其实际使用,即劳动力的消费过程中才表现出来。这个过程所必需的一切物品,如原料等等,是由货币所有者在商品市场上购买并支付全部价值的。劳动力的消费过程,同时也就是商品和剩余价值的生产过程。劳动力的消费,像任何其他商品的消费一样,是在市场以外,或者说在流通领域以外进行的……因此,让我们同货币所有者和劳动力所有者一道,离开这个嘈杂的、有目共睹的领域,跟随他们进入门上挂着"非公莫入"牌子的隐蔽场所吧!在那里,不仅可以看到资本是怎样进行生产的,还可以看到资本本身是怎样被生产出来的。我们将会揭露赢利的秘密……当我们离开标榜自由贸易经济的简单流通或商品交换领域,而意识到他们基于资本和工资来评判社会时,我想我们将揭示剧中人面貌的某些变化。原来的货币所有者成了资本家,劳动力所有者成了工人,尾随于后。前者笑容满面,雄心勃勃;后者则战战兢兢,畏缩不前,像在市场上出卖了自己的皮一样,只能期望获得一个栖身之所。(Marx,1967〔1867〕:175—176)

在资本主义生产方式下,工人不能获得其生产的全部价值。如果全部返还,资本主义将不存在。只要市场交换长期存在,塑造资本主义的社会关系也就长期存在。经济领域和社会领域在这里不仅不可分割,而且马克思是以一方来重新定义另一方的。

消费和商品拜物教

在这一切之中存在一个奇特而普遍的讽刺现象。马克思写道,尽管商品生产是资本主义的核心,但任何特定的商品都无法反映其中所蕴涵的社会条件和关系。尽管社会关系是资本主义商品交换所必需的、决定性的特征,马克思打趣地说,但"价值并非高视阔步地用标签描述其为何物,价值反倒将所有生产品转换成一种社会秘文"(Marx,1967〔1867〕:74)。商品一旦被人们所拥有,人们便关注其使用价值,包括它所带来的舒适、效用或愉悦、独特性以及它所赋予买主的个人风采。除了偶尔看到关于耐克鞋背后的血汗工厂或汉堡包背后虐待牛的报道,商品生产的条件完全脱离了我们的视线。在资本主义条件下,对商品的需求超过了对其生产的社会方式的质疑。马克思将这种奇怪的现象称为商品拜物教：一旦劳动力表现为商品的形式，劳动者通过共同利益将整个阶层的个体联系在一起，这一社会现象就变得不易识别了。更具讽刺意味的是，商品拜物教本身也成为一种商品，成为自马克思时代以来蓬勃发展的广告业的原始生产资料。

在将商品生产作为分析核心的过程中，马克思实际上强调了以下几个关键问题。第一，所有人类一向依赖于非人类世界（"自然"）而生存，而资本主义的商品生产改变了我们与非人类世界的关系。特别是，人们对自然的态度和物质获取手段变得高度机械化，常常是浪费性的、并通常从属于私有财产、资源开采等的利益（但是 Smith，1990；Cosgrove，1998［1984］强调，这种对自然的疏离也刺激了浪漫化和美化自然的运动，比如世界自然基金的建立或人们对生态旅游日益增长的兴趣）。

第二，商品生产建构起人们之间的关系，劳动能力成为商品本身，超出了自身的直接控制。符合商品生产要求的事物和社会关系将主导资本主义社会。此外，当人们把自身利益与商品生产联系得越来越紧密，并用财富来衡量自身价值时，这些现象就开始主宰人类本身。只要我们有必要的资金和机会去推销劳动力，那么满足我们需求的主要方式就是购买资本主义条件下生产的商品。但需求这个问题比看起来更为棘手。马克思认为，资本主义的确可以满足很多人的需求，但这是与我们如何假定愉快人生相适应的。

第三，商品拜物教的观点暗示了资本主义导致了关于知识的斗争。在某种意义上，只要资本主义社会关系被商品生产的需求所固化，这些社会关系就会令人费解。这是因为资本主义的产物，也就是日常生活中我们的身边之物，无法为我们提供其起源和存在的社会解释。然而，马克思认为这些对于社会层面的理解恰恰是实现变革的关键之处。

最后，因为资本—劳动力关系的各个方面都涉及实际利益，我们可以预期商品生产不是短期的，而是不断重复的，同时历史修正和地理修正也不断发生。

时间和空间：资本的积累与循环

马克思认为，资本主义是内在动态的，资本积累必须不断扩张。例如，他预言越来越多的事物将成为商品，越来越多的"需求"也将随之产生，一国人口中越来越高的比例将成为领工资的工人（他们"远离"自己的生产工具），世界各地越来越多的非资本主义社会将被卷入资本主义的轨道。同时他还预言，即使在劳工阶层规模逐渐增大之时，另一相反趋势也在形成，即在许多经济部门机器将会取代人类劳动。20 世纪的发展在很大程度上证明了他的预言。

$$M\ldots C\ (LP, MP)\ldots P\ldots C'\ldots M'\ C\ (LP, MP)\ldots P\ldots C'\ldots$$

图 5.1　资本的循环

正如已经指出的,资本积累是一个围绕商品生产的连续且不断扩张的循环周期。在图5.1(改编自 Harvey,1982:70)中,货币 M 用于购买两种初始商品 C——劳动力 LP(通常由工人提供)和生产工具 MP ——用于制造新的不同商品。在生产过程 P 中,新产品 C 是由耗费 LP 和(部分的)MP 所生产,并最终形成剩余价值。C 于是便增长成 C';因为劳动过程为商品增加了剩余价值。这些新商品被带到市场上销售,而成功的销售换取了更多的货币 M',因此整个循环过程得以重新开始。

图 5.1 意味着价值一旦由劳动所创造,就必须经由整个过程得以保留或转化。在生产过程中,只有劳动创造价值;如果一切"顺利",商品交易及后续的销售使其价值得以保留和流通。图 5.1 也说明了资本循环包括三个单独的循环:货币资本循环,生产资本循环和商品循环(分别是 M—M',P—P,C—C')。换句话说,资本具有不同的形式,而对不同形式资本的需求总是相互矛盾的。现在让我们仔细地、简要地看一下上述每一个循环。

在货币资本流通中,M 首先用来支付生产成本,M' 则是生产成本加上成功销售所带来的利润。因此,资本家必须关注如何保留(或增加)货币本身的价值,从而保留足够的资金用于投资下一轮的生产。货币必须尽可能高效和迅速地流通循环;时间就是金钱,任何拖延都是昂贵的。货币资本最终用于生产,但需要耗费时间和物资。

在生产性资本的流通中,为了实现生产必须将部分资金留出,这与资本在其初始货币形态时的利益相冲突。将所投入的原材料集中,制造商品,最后将其运往市场进行销售,这一过程需要耗费时间。这一过程占用的时间越长,货币资本流动就越慢,收益率越低。这可以通过加快货币资本的循环来抵消。除此之外,资本家必须控制的过程比生产和销售商品两个环节更长,需要耗费时间购买机器、建造厂房,此外还需要进行新产品研发,这些都使得投资回报一般要在许多个生产周期之后才能获得。尽管公司可以通过预留利润来支付这些固定成本,信贷市场向资本家借贷以应付长期投资还是必不可少的。第二个循环同样存在着内部矛盾。资本家希望生产性资本的价值能一直维持其生命力。然而,资本主义的竞争是基于开发新产品和新技术,现存产品和技术的价值会逐渐降低。这就影响了旧有生产性资本的价值,使其有可能还没来得及返还成本就过时了。

当 C' 转成 M' 时,即当生产性资本产生足够的资金来进行新一轮的生产时,商品资本的回路便产生了。但在运输产品以进入市场和产生利润的过程中有可能出现很多差错。生产和销售在时间和空间上是各自分开的。资本家可能无法准确地预测需求,尤其对远距离市场而言;产品发布时也可能为时已晚;生产性资本和货币资本有可能在这个过程中损失掉。同样,也无法保证商品会继续"对社会有益"。资本家之间激烈的竞争使得商品风格的变化和创新极为重要。

在这些循环中逐渐形成一些特定的角色：金融资本家掌握着商品资本应在何处投资的话语权；工业资本家组织和监督生产；批发商及零售商管理销售和商品购买。金融资本家、工业资本家和商业资本家均努力寻求更高效率，从而形成各种新战略，诸如复杂而冒险的金融工具、即时的生产方式、装配厂和加工设施的重新选址、零售市场的高度集聚等。而其必然的结果是一波一波的工厂倒闭、地方和区域的"去工业化"、劳动力价格和环境保护标准的人为压低，以及华尔街的欺诈与破产。

图 5.1 所反映的表面的功能性掩盖了平稳顺畅的资本循环的不可能。它要求诸多方面的协调，特别是剥削的政治制度，它最终会导致经常性的经济和社会危机。

然而，我们不应该忘记第四个循环：马克思将其称为"可变资本"循环。可变资本指的是劳动对于商品价值的贡献。这一循环导致了工人阶级的形成和存在，以及伴随我们每天工作的一系列日常生活实践、社会差异、支持网络以及文化逻辑（如 Mitchell et al., 2003）。它与其他三个循环一样复杂：不仅与工作能力的界定有关，而且涉及特定人群——由性别、种族、国籍、性取向和民族相区分——如何被假定为适应于特定工作岗位。这一循环也有赖于那些无报酬的、往往以隐蔽形式存在的妇女劳动力，正是她们既要为在岗工人吃饱穿暖而努力，又要辛辛苦苦养育下一代的未来劳动力。这一体系还包括维持一个可以随时待命的后备劳动大军，也就是失业群体，要在经济复苏期赢得光明，他们就得自己熬过经济危机时期。最后，这一循环过程还包括了人们在作为工人和作为更全面的人的概念之间的斗争。正是通过各种资本循环和其中的斗争过程，形成了人们的生活标准，以及可为人所接受的生活质量。

在更广泛的层面，时间比资本循环更为重要。将 M 转换为 M′ 的压力被表达为一种工作日的政治学，具体来说就是工作应该占用多长时间，工作应以多快的速度进行，工作周应由多少天组成，以及度假、照顾家庭和病假又各占多少时间，等等。诸如每天工作 8 小时制、周末制和带薪（或无薪）假期等创新，都是时间所有者围绕时间而斗争的结果。基于对历史的不同分析叙述方式，对利润率的关注也可以从其他方面来理解。因此我们时常会提及 1930 年代的经济大萧条或 1970 年代的低迷时期。虽然对于整个资本主义世界的利润率是否会在调整的过程中必然下降的说法存在激烈争论，但有一点是清楚的，时间本身的测度方式往往表明了资本主义对日常生活的建构形式。

马克思对于空间方面的直接论述不多，但一代经济地理学家的研究已取得很大的进展并弥补了这个缺陷。首先，辩证的方法就意味着不能将空间（和时间）视为外在赋予的实体，也即坐标或日期：

> 空间和时间发挥的作用对于过程而言既非绝对的也非外部性的，而是相关联的、内在的。不同的自然、生物和社会进程涉及多层次的空间和时间（及时空）。用列斐伏尔（Lefevere, 1974[1991]）的术语来说，这些过程均制造了它们自己的空间和时间

形式。过程并非存在于空间和时间,而是积极地构建了时间和空间,从而界定出不同
尺度以促进它们的发展。(Harvey,1996:53)

资本主义的时空间产生于资本主义政治经济进程,这一进程总是寻求实现资本积累,或者
因阶级斗争而中断或者打破资本积累。在资本主义背景下,时间采取的是钟表时间的形式,这
使得工作时间和利润率可以计算出来;而空间则被精确测量以界定产权及资源、劳动力、投入
的原料和市场及其可达性。活动的空间组织对资本主义运作来说极为重要。投入、生产和市
场之间的社会经济距离越远,资本循环所花费的时间就越多。距离远使得资本循环被干扰的
可能性增加,从而使得不确定性增加。从六分仪、快速帆船到全球定位系统,再到国际互联网,
人们投入巨大的努力来减少此类空间障碍,依靠地理技术来加强出行与通信的捷达性(Hugi-
ll,1993;1999)。马克思称之为有偏向的"以时间换空间"(Marx,1973;Harvey,1985b)。简而
言之,可以通过缩短社会经济距离来跨越资本回报实现的时间障碍。此外,这个日益萎缩的世
界处于一种选择性萎缩的状态,以致部分地区和人群处于被抛弃的状态,进而与时空压缩下的
主流经济相脱节。此一脱节进程被戏称为"时空膨胀"(time-space expansion)(Katz,2001;
Crump,2003)。

其次,建成环境的生产也是资本主义空间性的一个重要方面。通过适当的土地利用规划、
建筑和空间布局安排,城市形态可以促进资本积累。工业城镇将其工人住房布置在工厂附近,
以加强劳动力控制。土地市场的运作也将城市范围内的土地按照不同的利用方式分类,谁更
有钱便可获得更有利的区位,而其他人(工人)只能得到剩下来的区位。在早期的工业城市,这
意味着工人挤在靠近工厂、昂贵而状况不好的城市中心。

通信基础设施和建成环境能很好地为资本积累服务,但也可能成为资本积累的障碍。由
于生产方式转变,先前令人满意的市中心区面临污染、拥挤和环境恶化,终于产生新的巨大压
力,使得投资从这些地方撤出,并进行空间调整,以满足新一代资本主义独特的区位偏好。举
例来说,在美国,郊区化可以避免市中心拥挤,但同时也加剧化了市中心的衰落。不只是富裕
的白种居民,零售业、制造业和房地产业的投资也都从市中区撤离到大都市区边缘的农业地
区,以获得更多的空间来建造大型商店和单层工厂。促进郊区化的因素很多,包括国家对高速
公路系统和购买住房的补贴,以及边缘区更为独立的市政当局的出现——它们拥有权利拒绝
不理想的土地用途,并提供给居民较低的税率和更清洁的环境(Harvey,1972;Walker,1981)。
随着时间的推移,市中心近年开始出现所谓的"租隙"(rent gap)现象,并以绅士化、企业区、公
私合营等方式将投资重新吸引到城市中心(Smith,1996)。投资是一个反复的过程,资本会随
着时光流逝而被推入和拉出不同的区位(Smith,1990)。

这种周期性的空间重构,通常发生在经济低迷时期,能在城市内部乃至国际尺度被观察
到。事实上,最近的马克思主义研究已相当重视这些尺度是如何随着资本主义的演化产生和

转变的,并认为近年来全球化的加速与民族国家相对于全球范围和次国家级范围而言的重要性下降有关——也就是全球地方化(glocalization)。国家经济日益由超国家力量推动和发展,同时将推动经济繁荣和提升竞争力的职责从国家下放到城市和工业区尺度(Swyngedouw,1997;Brenner,1990)。

第三,资本主义经济的政治过程一般以国家、区域和地方等地域边界为单位展开。由于市场不能自我调节,地域性管治结构通过不断调整以协调资本的生产和需求(Tikeel and Peck,1992;Painter,1997)。例如,在1945年到1973年之间,第一世界的民族国家催生出大规模生产的福特制,在政治和法律体系的辅助下,人们可以得到更高的工资来支付这些产品,并形成面向贫困者的福利保障体系。1970年代福特主义遇到困难后,新的管理体制寻求转向一种更加灵活的积累方式,而伴随这一体制的是鲍勃·杰索普(Jessop,1994)所戏称的"熊彼特式"[1]工作福利制国家——安全网式的社会管理方式被以劳动换福利的新形式所代替。不同地区相互竞争,旨在吸引跨地区流动资本来雇用相对缺乏活力的劳动力。地方企业主义(local entrepreneurialism)强化了时空压缩和全球化进程,无论其阶级地位如何,所有居民均深陷同行竞争的泥沼。哈维认为,时空压缩已经令不同地区的不同创业条件成为竞争中至关重要的因素,尽管其他人认为地理区位仍十分重要(Sheppard,2000)。

经过对所有这些过程和条件的回顾,人们有理由认为这一切过于混乱。资本的"循环"虽然绝对必要,但它确实是一个巨大的、变化无常和冒险的尝试,在竭力协调价值从一个载体到下一个载体,从一个地区到另一个地区的转移。资本积累的地理机制在过去长期处于不稳定的状态,使得地域发展不平衡(例如,财富和经济增长存在持续的空间差异)成为资本主义的内在特征。

在历史和地理的现实中存在许多种方式推进资本积累的进程。由于资本主义内在矛盾的存在,各种资本积累的策略应运而生。因为资本主义充斥着人的因素,也就是它始终面临并夹杂于现存传统、惯例和权力关系等地理和历史方面的变数中——时间及空间上的差异也就成为必然。这带来一个重要问题,正如马克思所言,如果资本积累是一个跨越时间和空间的膨胀过程,那么当我们通过马克思主义"无时间"的棱镜来诠释历史和地理差异时,我们将得到什么而又失去什么呢(Chakrabarty,2000)?

阶级冲突

如前文所述,马克思认为劳动力的价值将成为阶级斗争的主要对象。这种斗争已成为资本主义社会的普遍特征。人们从特定层面了解这些斗争,或者一般性地将斗争看作维持或提

---

① Schumpeterian,一种通过科技创新和结构调整来获得增长的方式。——译者注

高生活水平和生活质量的愿望。劳动力的价值可能会上升或下降,但是当它上升到一定的高度并足以对资本积累形成威胁时,资本主义必然进入危机时期。

但是,地方间的竞争反映了地理因素如何使得马克思的阶级冲突分析大为复杂化。马克思分析道,阶级位置决定阶级利益和身份,从而形成阶级的相互对立。新古典主义经济学家称,工资和利润是由稳定的竞争均衡决定的,每个人根据其社会效用获得收益。但马克思主义经济学家的研究则表明,只有在没有阶级分化的经济体系中,这种说法才能成立。社会阶级的历史事实也说明这一说法存在谬误。无论任一时点上的利润和工资数量如何,阶级双方都致力于按照自身的需要改变这一比率,以获得本团体的更大利益并最终导致经济动荡。国家则通常以偏袒其中一方的结果来控制此类冲突。21世纪初布什政府的经济政策即属一例:在向富裕阶层提供税收优惠的同时,布什政府削减了穷人的福利和医疗待遇。

但是,众所周知,阶级是含糊的概念。人们并不清楚共同利益是否导致身份认同与集体行为,真实的经济体系由分散在不同阶级中的各种参与者所组成,诸如家族企业中受雇的儿童、在股票市场工作并享受养老金待遇的工人,以及中层管理人员(Wringt,1985)。地理则将这一过程进一步复杂化。地方之间相互竞争时,一个地区的工人的利益实际与其他地区的工人的利益相互冲突,这就使得人们会对马克思和恩格斯在《共产党宣言》中对于工人社会力量的乐观态度产生质疑(Harvey,2000:Chapter 3)。当资本积累对部分地方的惠及超过其他地方时,这些地区的工人利益也将以其他地区的工人利益受损为代价,这会使得他们将其切身利益与资本家利益联系起来,以保障其地区利益。例如,为了维护美国工人阶级的精英地位,"美国劳动联合会"及"美国产业工会联合会"经常支持美国的国际经济政策,而这些政策本身旨在维持美国在全球尺度上的经济霸权地位。

劳动工人有很多机会影响甚至主导资本投资。"劳动地理学"这一新领域并不深究工人如何对资本导向作出反映,诸如面对工厂关闭、区域增长或衰退,以及其他不均衡发展问题,而是更多地探究工人本身是如何主动影响资本的地理分布的(Herod,1998:2001)。

意识、文化和表征

前述说明了不能忽视人的意向性、能动性以及个体或群体观念的重要性,即便它们不是自由行使的。这是一个广泛存在且会迅速扩张的问题。在资本主义之下人们意识的本质是什么? 资本主义在多大程度上决定人们所想、所感及相互交往呢? 它是如何通过象征和意义而广泛影响社会的? 这些问题可以置于马克思的视角之下,他认为资本主义会贪婪地改造一切它所接触到的东西。

资本主义由强大的文化和社会过程来调控,这些独特的手段对于资本主义的长期存在极为重要。资本主义暗示了最基本的制度,其中意义被赋予物质力量。例如,美国的法律体制为法律效力提供了含义(与任何一个单一民族国家一样)。它从根本上维护私有产权制度并使其合法化,而且力图为雇主和雇员间利益的斗争提供解决之道。在特定的历史时期,立法机关编纂法律以确保公共资产和基本社会服务的私有化,以减少经济的社会化和加强劳动力管束(Peck,1996)。当然,相当部分的知识生产(如自然资源管理、电信政策、药品专利、图书和音乐著作权)反映出社会的基本矛盾,即在这样的社会里,几乎所有的事物都成为商品。

然而,文化和社会变革的确切轨道绝不是清晰可见的或可以预见的。大部分马克思主义地理学的当代著作认为人民并不是阶级的玩偶。我们有诸多问题需要研究,以揭示意义被塑造并付诸实践的多种方式。不过,我们所解释的马克思主义并非主观臆造的形式。这些形式不仅包括工人阶级,而且还包括公民、宗教、种族、性倾向、性别、民族、国籍;这些领域中的事件,其产生和相互组成,很难简单地用资本主义来概括。但马克思本人并不完全清楚这些事项,他的追随者便要设法解决这些问题。

一些马克思主义者试图将诸如文化信仰、传统、宗教、政治、法律、科学、文学和艺术等领域归为上层建筑。上层建筑被认为是位于"经济基础"(即狭义的资本主义)之上。这种观点认为,对资本的需求和资本家的物质利益主宰了资本主义社会;法律和政治制度、宗教、教育和文化事业均支持、促进并最终反映这些需求和利益。这是毋庸置疑的。尽管"经济基础和上层建筑"模型盛行了一段时间,但它面临太多无法解释的现象,且与我们所了解的社会和历史文化相冲突。

这种模型没有扎根于马克思主义地理学。相反,尽管断言对资本的需求的确使资本主义成为贪婪的力量,地理学家如大卫·哈维,对于文化、国家、法律、艺术等如何与资本循环紧密联系等问题更感兴趣。哈维(Harvey, 1982)认为,资本主义在不同的时间和地点存在差异,其根本原因在于资本主义夹杂甚至依赖于当地的文化和社会变化。资本主义既不需要消除生活方式和权力模式上的地理差异,也没有给这些事物贴上一个明确的、总括性的标签。文化的作用实际上是有的:资本不能离开文化而发展,但文化的发展更离不开资本。哈维在一篇关于19世纪中期巴黎的经典论文中阐述了这些观点(Harvey, 1985a),而后他在专著《后现代的状况》(Harvey, 1989)中再次提及。丹尼斯·科斯格罗夫(Denis Cosgrove)在其著作《社会形态与符号景观》(*Social Formation and Symbolic Landscape*)(Cosgrove,1998[1984])中提出类似的问题,探讨风景绘画艺术与美学在18世纪和19世纪的兴起,作者着眼于这一现象如何反映西欧从封建主义向资本主义过渡期间土地逐渐被界定为私有财产及视觉享有权的过程。他并没有坚称风景绘画与资本主义的联系是所能塑造的唯一的、充分的联系,而是强调绘画艺术和绘术方面的不同传统,以及艺术家和艺术赞助人的独特人生经历。

唐·米切尔(Don Mitchel)对文化在资本主义中的作用提出了不同的看法,他着眼于文化在资本主义背景下是如何变得具体化的。这里有两层意思:第一,"文化"是一个概念,是人们赋予被认为是"文化"的社会现象的标签;第二,"文化"一旦拥有所指,便成为静态的、物化的和商品化的。对于像米切尔这样的马克思主义者来说,这是很有意思的观察结论,揭示了人们所身处的社会的矛盾。将文化设为静态的、商品化的概念,导致了米切尔和其他学者指出的所谓文化战争。文化战争指的是关于民族历史、文学和人民以何种形式被描绘的斗争,以及某种传统遗产应如何界定和再现的斗争。此类文化战争在美国(以及美国不同地区和市)颇为常见,特别是在诸如公立学校教科书的采用、公众的性教育、为"具争议性"的艺术家设立基金、公众场合言论自由及占据公共场合的权利等方面。米切尔特别感兴趣的是资本主义城市重构是如何体现在为占领公共空间所进行的文化斗争中的。由于许多中心城市已经感受到投资减少和城市竞争的压力,吸引流动资本的战略已经开始涉及私营化并增加对公共空间使用权的监督。在这种形式下,"文化"已被视为在给资本主义"打工"(Mitchel,2000;2003)。

资本循环也导致了另一种关于"文化"的静态的、商品化的观点:即文化对商品的嵌入性。基于阿多诺和霍克海默(Adorno and Horkheimer)的"文化产业"概念,米切尔(Mitchel,2003)阐述了消费者如何被鼓励将他们自己的身份与他们购买或期望的商品关联起来。这样,我们就是我们吃的、穿的、驾驶的商品,即一种将消费者加以区分的过程。特定的消费者身份认同被与性别、种族、性取向等类型相关联(Dwyer and Jackson,2003;Rushbrook,2000)。当人们的身份被自己购买的物品所影响时,会发生什么? 对阿多诺和霍克海默来说,当文化变成"可消费的",这就破坏了文化帮助我们设想更卓越的存在方式的可能。米切尔和其他学者认为,我们应当分析购物空间的消费者文化逻辑,例如科罗拉多州丹佛市或明尼苏达州明尼阿波利斯市的城市边缘闭合式的主题购物广场(Goss,1993)。为了能够推销资本主义热衷生产的大量商品,这些空间反映了资本主义持续性地削弱了商品及其周围环境之间的分野。当消费越来越多地包含了人文环境本身,消费者的感觉就越显得自然,而文化就越变得"物化"(thingified)。正如法国情景论者盖伊·德博德(Debord,1970)在对资本主义讽刺性观察后所提到的,出现的都是商品,而所有商品都会出现。当消费者资本主义理论家揭开这层面纱,要求我们认真思考我们作为消费者被索取了什么时,我们应当注意到,也有学者将研究重点放在商品生产和消费领域中意义的不确定性上(Dwyer and Jackson,2003;Sayer,2003)。

商品与文化意义的相互嵌入对于人文地理学的文化转向起了极为重要的作用。在一定程度上,这表明了符号语言学对于文化转向的巨大影响(如果不是全盘接受的话),特别是法国符号语言学家罗兰·巴尔特和简·鲍德里亚(Roland Barthes and Jean Baudrillard)的影响。他们形成了一套重要的论点,商品的"符号"价值激发人们的欲望,随之产生、增加并潜移默化地改变了传统马克思主义范畴所指的商品交换价值和使用价值。但马克思主义地理学或者说受马克思主义启发的地理学的文化转向并没有在商品的符号价值上止步不前。这一传统中的其他研究转向关注生产和劳动力领域。这一支深受马克思主义影响的研究与民族志方法紧密联系,质疑文化意义是如何在劳动过程中内在化的,以至二者互为因果。这方面最令人感兴趣的研究着眼于观察资本主义和非资本主义经济过程如何形成劳动力与积累的形式,而这些形式大大异于我们通常所熟悉的范畴。例如,维奈·伊万尼(Gidwani,2000;2001)认为劳动过程可以由劳动人民的文化逻辑来塑造,对他们来说,劳动力具有工资以外的其他目的。他使我们更好地理解劳动能力在不同地方的不同意义。人们可以将这种能力投入到劳动力市场,或者有意识地退出劳动力市场以显示伴随着闲暇而产生的地位和差别。所以,劳动力并不是纯粹的经济范畴的概念,它承载着其他意义,如何遵照这些意义行事直接影响实际的工作安排和生产过程。那么,为了解释生产过程,必须要在一个完整的意义上去理解劳动力本身。

回到本节最初的思考,可见问题不仅在于社会文化制度和信仰对资本主义是否有用(或无用),更在于,正是文化实践和文化意义使得资本主义在不同地方各不相同。对于持任何政治观点的人来说,此类差异在多大程度上(或者是否)主宰了资本主义的不可知度,的确是令人感兴趣的问题。但在争论使用马克思主义"去时间的"视角诠释历史和地理差异会失去或者获得什么的时候,我们应该时刻铭记我们努力探寻的方向,即:我们应该如何解释发展的巨大失衡?我们应该如何解决繁荣和萧条起伏不定以及严重的不均衡发展等问题?

结论:社会结构、社会关系和社会差异

马克思认为,任何生产方式都是其盛行的社会的关键塑造者。人民创造他们的世界(尽管不是在自愿选择的条件之下),世界也创造他们,"因此,通过作用于客观世界并改变它,他(原文引用)同时也在改变着他自己"(Marx,1967[1867]:177)。寥寥数笔,马克思对于社会的理解与当代社会建构主义的看法极好地达成了一致。在此基础上,我们可以将马克思视为一位当代思想家,他的思想对于理解我们这个时代来说不足但却必需。不言而喻,社会不是固定不变的实体。用马克思的话来说,自然并没有将资本家放在一方,而将劳动者放在另一方(Marx,1967[1867]:169)。我们认为,马克思对于个人的社会维度的强调,对于这些社会维度的易变性的重视,表明他是一位伟大的思想家;然而,马克思的思想并非完美,因为行动者决定社会生活的哪些维度需要政治化,在哪些尺度上参与政治实践这些过程本身也是社会建构的。历史表明,我们几乎无法预测政治如何产生或关注哪些问题。这些均由社会行动者的历史和地理背景所决定。

一些人文地理学家最近不再看重甚至放弃了对资本和阶级形成的分析,他们将视线转向性别、种族、性取向、国籍、民族问题上。重要的是,我们需要理解这些差异是如何造成的、如何相互影响的,并产生了怎样的后果;同样重要的是,我们需要理解这些差异与异化和剥削的关系。马克思主义认同资本主义,认同围绕着商品生产和分配的社会地位都是社会建构的,并且正是通过它们与多重社会过程交互影响的。地理学家吸纳或者延续着马克思主义的传统,阐

明了各种各样的社会过程。其中包括以下研究案例：阿拉巴马州伯明翰市非洲裔美国产业工人阶级的形成（Wilson,2000a）；一轮又一轮资本主义重构下公民权利斗争的调整（Wilson,2000b）；墨西哥华雷斯市化妆品企业"妇女"劳动力的贬值（Wright,2001）；马萨诸塞州伍斯特市性别化的劳动力的塑造（Hanson and Pratt,1995）；加州农村地区的资金、自然和种族地理（Henderson,1999）。

马克思主义地理学家也逐渐将注意力从资本主义转移，特别是吉布森·格雷厄姆（Gibson-Graham,1996）提出所谓后结构主义及反实在论的马克思主义，试图揭示嵌入资本主义的其他生产方式以寻求非资本主义的道路。虽然有些马克思主义者和非马克思主义者质疑这种研究是否可以贴上"马克思主义"的标签，马克思的思想、马克思主义的生命力在这些研究的每个方面均有显著影响。马克思的工作的确可以延伸向诸多领域：特定的时间和地点是如何决定了资本主义推动种族化、性倾向、性别和国籍（或其他一些地域身份）的形式和过程的？对于资本主义的反抗又是如何通过非资本主义的社会关系得以表达？以及政治联合或联盟是如何在多重压迫和统治下形成的？像这样的清单可以无限地拓展开来，但地理学家的核心兴趣在于追问一个资本主义的世界是否可以提供公正的条件，而这就无法忽略马克思主义的思想和方法。

注释

1. 辩证的推理也适用于自然科学（Levins and Lewontin, 1985；Smolin, 1997）。

2. 在 19 世纪的欧洲和当代的南半球，用于粮食生产的农村土地的减少已经迫使大量劳动力加入城市工业无产阶级行列。

3. 特别重要的是工资劳动力市场的存在。奴隶社会也许是交易买卖的社会，但在马克思看来并不是资本主义社会，因为奴隶是没有工资的劳动力。

参考文献

Brenner, N. (1999)'Beyond state-centrism? Space, territoriality, and geographical scale in globalization studies', *Theory and Society*, 28：39-78.

Cassidy, N. (1997) 'The return of Karl Marx', *The New Yorker*, 20 and 27 October, 248-59.

Castree, N. (1995) 'The nature of produced nature', *Antipode*, 27：12-48.

Castree, N. (2003) 'Geographers of nature in the making', in K. Anderson, M. Domosh, S. Pile and N. Thrift (eds), *Handbook of Cultural Geography*. London：Sage, pp. 168-83.

Chakrabarty, D. (2000) *Provincializing Europe*. Princeton, N J：Princeton University Press. Cosgrove, D. (1998)[1984] *Social Formation and Symbolic Landscape*. Madison, WI：University of Wisconsin Press.

Cosgrove, D. (1998)[1984]*Social Formation and Symbolic Landscape*. Madison, WI：University of Wisconsin

Press.

Crump, J. (2003) 'Housing labor's unrest: economic restructuring and the social production of scale', in W. Falk, M. Schulman and A. Tickamyer (eds), *Communities of Work*. Athens, OH: Ohio University Press, pp. 194-224.

Debord, G. (1970) *The Society of the Spectacle*. Detroit: Black and Red.

Dwyer, C. and Jackson, P. (2003) 'Commodifying difference: selling eastern fashion', *Environment and Planning D: Society and Space*, 21:269-91.

Gibson-Graham, J. K. (1996) The End of *Capitalism (As We Know It)*. Oxford: Blackwell. Gidwani, V. (2000) 'The quest for distinction: a re-appraisal of the rural labor process in Kheda District (Gujarat), India', *Economic Geography*, 76: 145-68.

Gidwani, V. (2000). The quest for distinction: a re-appraisal of the rural labor process in kheda District(Gujarat). India', *Economic Geography*, 76:145-68.

Gidwani, V. (2001) 'The cultural logic of work: explaining labor deployment and piece-rate contracts in Matar Taluka (Gujarat), India, Parts I and II', *Journal of Development Studies*, 38: 57-108.

Goss, J. (1993) 'The "magic of the mall": an analysis of form, function, and meaning in the contemporary retail built environment', *Annals of the Association of American Geographers*, 83: 18-47.

Hanson, S. and Pratt, G. (1995) Gender, *Work, and Space*. New York: Routledge.

Harvey, D. (1972) *Society, the City and the Space-Economy of Urbanism*. Resource Monograph 18. Washington, DC: Association of American Geographers.

Harvey, D. (1982) *The Limits to Capital Oxford*: Blackwell.

Harvey, D. (1985a) *Consciousness and the Urban Experience*. Oxford: Blackwell.

Harvey, D. (1985b) 'Money, space, time and the city', in D. Harvey (ed.), *Consciousness and the Urban Experience*. Oxford: Blackwell, pp. 1-35.

Harvey, D. (1989) *The Condition of Postmodernity*. Oxford: Blackwell.

Harvey, D. (1996) *Justice, Nature and the Geography of Difference*. Oxford: Blackwell.

Harvey, D. (2000) *Spaces of Hope*. Berkeley, CA: University of California Press.

Henderson, G. (1999) *California and the Fictions of Capital*. New York: Oxford University Press.

Herod, A. (ed.) (1998) *Organizing the Landscape*. Minneapolis: University of Minnesota Press.

Herod, A. (2001) *Labor Geographies: Workers and the Landscapes of Capitalism*. New York: Guilford.

Hugill, P. (1993) *World Trade since 1431*. Baltimore, MD: Johns Hopkins University Press.

Hugill, P. (1999) *Global Communications since 1844: Geopofitics and Technology*. Baltimore, MD: Johns Hopkins University Press.

Jessop, B. (1994) 'Post-Fordism and the state', in A. Amin (ed.), *Post-Fordism: A Reader*. Oxford: Blackwell, pp. 251-79.

Jessop, B. (2002) 'Liberalism, neoliberalism, and urban governance: a state-theoretical perspective', in N. Brenner and N. Theodore (eds), *Spaces of Neoliberalism: Urban Restructuring in North America and Western Europe*. Oxford: Blackwell, pp. 105-25.

Katz, C. (2001) 'On the grounds of globalization: a topography for feminist political engagement', *Signs: Journal of Women in Culture and Society*, 26:1213-34.

Lefebvre, H. (1974) [1991] *The Production of Space*. Oxford: Blackwell.

Levins, R. and Lewontin, R. (1985) *The Dialectial Biologist*. Cambridge, MA: Harvard University Press.

Marx, K. (1967) [1867] *Capital: A Critique of Pofitical Economy*, VoL. 1. New York: International.

Marx, K. (1973) *Grundrisse: Foundations of the Critique of the Pofitical Economy*. Harmondsworth: Penguin.

McDowell, L. (1997) *Capital Culture: Money, Sex and Power at Work*. Oxford: Blackwell.

Mitchell, D. (2000) *Cultural Geography*. Oxford: Blackwell.

Mitchell, D. (2003) *The Right to the City: Social Justice and the Fight for Public Space*. New York: Guilford.

Mitchell, K. , Marston, S. and Katz, C. (2003) 'Introduction: Life's Work: An introduction, review and critique', *Antipode*, 35:415-42.

Painter, J. (1997)'Regulation, regime, and practice in urban politics', in M. Lauria (ed.), *Reconstructing Urban Regime Theory: Regulating Urban Pofitics in a Global Economy*. Thousand Oaks, CA: Sage, pp. 122-44.

Peck, J. (1996) *Work-Place: The Social Regulation of Labor Markets*. New York: Guilford.

Rushbrook, D. (2000) 'Cities, queer space and the cosmopolitan tourist', *Gay Liberation Quarterly*, 8.

Sayer, A. (2003)'(De)commodification, consumer culture, and moral *economy*', *Environ-ment and Planning D: Society and Space*, 21: 341-57.

Sheppard, E. (2000)'Competition in space and between places', in E. Sheppard and T. J. Barnes (eds), *Companion to Economic Geography*. Oxford: Blackwell, pp. 169-86.

Smith, N. (1990) *Uneven Development: Nature, Capital and the Production of Space*. Oxford: Blackwell.

Smith, N. (ed.) (1996) *The New Urban Frontier*. New York: Routledge.

Smolin, L. (1997) *The Life of the Cosmos*. Oxford: Oxford University Press.

Swyngedouw, E. (1997) 'Neither global nor local: 'globalization' and the politics of scale', in K. Cox (ed.), *Spaces of Globalization: Reasserting the Power of the Local*. New York: Guilford, pp. 137-66.

Tickell, A. and Peck, J. (1992) 'Accumulation, regulation and the geographies of post-Fordism: missing links in regulationist research', *Progress in Human Geography*, 16: 190-218.

Walker, R. (1981)'A theory of suburbanization', in M. Dear and A. J. Scott (eds),*Urbanization and Urban Planning in Market Societies*. London: Methuen, pp. 383-430.

Wilson, B. (2000a) *America's Johannesburg: Industrialization and Racial Transformation in Birmingham*. Lanham, MD: Rowman and Littlefield.

Wilson, B. (2000b) Race and Place in *Birmingham: The Civil Rights and Neighborhood Movements*. Lanham, MD: Rowman and Littlefield.

Wright, E. O. (1985) *Classes*. London: Verso.

Wright, M. (2001) 'A manifesto against femicide', *Antipode*, 33: 550-66.

第六章 地理学行为研究的哲学基础

雷金纳德·G. 戈里奇(Reginald G. Golledge)

如今困扰地理学界的核心问题,大部分是因为人们意识到存在许多种"地理学"并存在许多种"世界",人们很难确定选取哪一种地理学,或者把什么样的现实作为最终目标。如果试图将所有这些可能都塞入一个有限的框架中,我们就犯了教条主义的错误,并会因此而忽略、轻视或者遗忘了其他可能。

引言

地理学中的行为研究(我从不主张采用"行为论"(behavioralism)这一术语,因为这会导致不假思索的类型化),一直是地理学中最没有被透彻了解和最容易引起误解的领域。最常见的误解是将斯金纳(Skinner)、帕夫洛夫(Pavlov)等人的极端"行为主义"(behaviorism),基于托尔曼(Tolman,1948)、卢因(Lewin,1951)、皮亚杰(Piaget,1950)、皮亚杰和英赫尔德(Piaget and Inhelder,1967)的"行为"研究("behavioral" research),与其他强调感知、认知的研究混为一谈。

行为研究的特色

行为地理学者的主要兴趣在于从过程上寻求对特定空间行为何以发生的解释。这与地理学对人们日常活动(购物、娱乐、上班、寻找新居、迁移等)的移动轨迹和物理特征(距离、频率、迁移量等)的关注是不同的。地理学行为研究最主要的特色之一在于更加强调过程,而不是形式(Gale and Olsson,1979)。研究焦点从空间行为的形态、格局转向空间特征的行为过程方面,包括感知、学习、态度形成、记忆、回忆等,并通过空间思维和推理来解释不同环境下人类行为与活动的差异。然而,这些研究最初并没有合适的数据。因此必须通过调查、访谈、观察和回忆等方法收集第一手数据,包括定量的和定性的资料(第三部分),这就需要行为地理学者跳出计量革命及规范模型、参数求解和人口统计分析的范围，广泛地引入一维或多维尺度、等级聚类、方差分析和一般的探索式分析方法。这就需要从其他相关学科汲取技术，或者改进现有方法并用于空间分析。并且，对采用新方法的研究结果进行评估的需求，推动了不依赖经济或空间理性假设和排除环境和个人差异的假设的新理论或模型。另一个特色是行为研究者更多地聚焦于个人，而不是群体或人口层面。这种非汇总的方法与人文地理学其他大多数研究中（尤其是城市与经济研究）典型的基于二手数据（如普查）的汇总分析有很大差别。

环境决定论、自然现象崇拜、经验主义/实证主义、理性主义、相互影响论、交互构建主义、现象学、后现代主义等认识论均在不同时期对行为研究产生了影响。尤其是加里·穆尔和戈里奇（Moore and Golledge，1976）曾论述了康德（Kant，1724—1804）的形态观如何影响了1960年代的理论和计量"革命"，并继而影响了行为研究的新兴领域。文章指出，康德的观点认为知识形成的过程与知识本身是难以分离的，这种混淆渐渐导致人文地理学者改变观念，他们开始强调新康德主义、认知行为论和现象学视角下的基于过程的研究方法。

很明显，行为地理学的出现是为了满足对人—环境关系的更深入的揭示的需要，而不仅仅是停留在用二手数据对人口属性和人类行为进行后效分析。本章的构成如下：首先讨论行为地理学者如何设法扩充其话语体系，从而使研究既涉及客观事实也涉及主观事实。因此，本章接下来将按照时间顺序，说明随着空间感知和空间认知理论和概念的影响力的逐渐增强，以及行为地理学与认知心理学联系愈加紧密，行为地理学的研究兴趣是如何发生转变的。

行为地理学者如何看待真实世界的本质

基于一种侧重人类思考和行为的哲学观，我们可以这样认为：一边是外部世界，一边是有感知的人试图将充斥于每日中的大量而混乱的知觉信息加以结构化的世界；在二者之间，是人们对外部世界现象流的内在反映。行为研究者的挑战就是寻找外部现实与人类大脑中建构的真实世界之间的同构关系及其性质。必须认识到，我们自身的建构并不是在一块白板上独立形成的，而是来自于流传在我们身边的语汇、文学、图像、手势以及行为。

当时的有关理论认为，一个儿童在学习了解一个环境时，其学习过程同时受到来自语言和经验的影响，并且，对经验和容易辨识的物体的传统解读或多或少地主导了在早期学习过程中哪些内容将被编码和储存。成年人由于已经熟悉了语言和其他形式的信息处理和传达方式，因此生活在一个充满概念的世界，这些概念既体现了（可以直接感知的）真实的物体，也反映出可以被大家识别、理解的意象和假想的建构（即认知地图的概念）。感知为理解提供了直觉数据。因此，对于一个成年人来说，真实世界是由他/她经历的或接触到的那些经验的、感知的、记忆中的许多特征、实体、事件与行为所组成。行为研究者意识到,要研究由客观现实构成的环境,需要假定:(1)每个个人将自己置身于与其他人共处的外部世界中;(2)外部世界中的诸要素一直存在,即使个人与这些要素的互动终止;(3)外部世界中的实体作为独立于个人感知之外的整体外部环境中的一部分而存在;行为研究者还假定(4)关于地方和特征的存在的知识将一直保留在记忆中,即使互动终止或者个人在物理上离开了去过的地方;(5)人们在客观环境中进行活动,将自身行动与环境中的实体加以区别(Golledge, 1979:110)。采用这样的假设标志着一种方法论的诞生,这种方法论不但跳出了客观化论调,而且至少部分地说明人类具有一种识别"眼中的客观世界"的性质的通性。同时它还意味着可以假定人类能够针对客观世界收集信息并通过各种方式表达出来,从而使其他不同的人能够理解所表达的内容,建立关于环境构成的通识,针对地方、特征、实体和事件进行沟通。这种对人类知觉的探究导致我们认为只有将其他人放入我们自身的背景之中时,客观世界才能"真实"地呈现在我们眼前。

李(Lee, 1973)指出,所谓真实世界就是所有能被感知捕捉,并在思想和理解中被掌握的东西。根据其观点,经验便是真实的,概念也是真实的,事实也是真实的;真实世界就是不断流动的过程。对许多行为研究者来说,克服这种"真实世界的性质"所带来的概念理解上的困难,是十分巨大的障碍,因为它意味着必须接受由客观现实、主观现实共同构成的世界。因为这种世界不容易再现和表达且难以论证,一些学者开始丧失对行为方法潜在应用价值的关注,并且在 1970 年代逐渐从行为研究中退出。这一时期我们需要的是一种越过(或至少避开)障碍,思索并研究大脑中的世界以及促使大脑中的世界形成的人-环境关系。为未来持续的研究提供丰富基础的需要,意味着需要转向新的理论和方法。其结果是导致了曾经被我称为"基于过程观点的现实世界"的出现,并上升为"日常生活的过程哲学观"。这种哲学观在本质上基于一个假定:人们通过互动或经验的过程来获得人-环境关系方面的知识;我们的行为解释了我们如何在长期记忆中编码和储存信息;人们对周围世界的知觉与客观世界的真实事物之间如何搭建桥梁。日常生活的过程哲学观使得许多新的研究方向得以成立,也提供了研究主观、客观世界的基本原理。比如,苏珊·汉森和佩里·汉森(Hanson and Hanson, 1993)在其关于"日常生活的地理学"("The Geography of Everyday Life")的论文中,认为朴素和习得的空间知识都是个人在生活与交流的过程得到的。这为一些非主流的课题(如不同残障者群体行为的空间方面)提供了开展的基石,也为理解日—周—月—年或更长周期的人类活动提供了理论依据。基于过程的哲学观使研究者认为任何人、物在这样或那样的意义上都是真实的,研究者面临的任务是确认某一事物在哪一种意义上可以成为真实。从本质上说,只有了解了指导思考、推理和行动的过程,研究者才能够充分理解体现在人-环境关系中的地理空间格局。

　　上面的哲学基础附带了另一套关于人的假定。例如,认为任何个体都具有一种建构现实以便于理解的能力,包括识别事物之间、人们之间、人—事物之间的空间关系体系。因此,个体必须在自身存在的外部事物和背景中理解自身(即我们需要关注大脑如何关联或反映位于自我边界之外的现象流)。一般来说,人们一定具有一种对同步的时空间的理解,既包含物质上的关联也包含人们对这些关联的诠释。

　　在对身份认同研究之后,心理学家肖尔(Sholl,1987)指出,空间知识由"自身—事物关系"与"事物—事物关系"组成,二者都是环境知识所必需的。对自身—事物关系(自我中心的)的理解,通过把环境物体、特性与自身相关联,使得个体明白自己在环境中的位置。自身—事物关系是动态的,在每次空间行为发生之后需要在空间层次上更新。相反,事物—事物关系是固定的,即使是人的行为改变了自身—事物关系。后一种视角十几年来在地理学思考和推理中占有统治地位,即将"人们"看作是与其他环境特征类似的物体,并基于客观要素比如区位、年龄、性别、职业和收入来对人进行聚类和分组。例如,基于事物—事物关系对美国城市的区位分布研究的结论是一样的,无论研究者从哪个区位进行研究。事物—事物关系是共有知识的基础,使人们能够提出或回答这一类问题:"我在哪儿?""你在哪儿?""以你为参照的话我在哪儿?""以其他事物为参照,我们在哪儿?""世界上的某种事物在哪儿?"从传统上看,对事物—事物关系的研究是人文地理和自然地理研究的主要部分。但行为研究者已经明显意识到,不仅需要假定人们可能形成这种客观的空间知识,而且需要假定外部世界的内在反映一定会有一种结构,并有另一套不同于客观世界的共同体系。反过来,这意味着内在化的空间知识结构在想象、感觉、感知等方面,一定具有恒常性和一定程度的统一性,因为有些概念都是大脑为了认识外界流的要素而构建的,都是在个人化的沟通/信息系统中精确形成的。因此,行为研究者开始形成一种假定,即有意识的感知是从无意识的经验中选取重复的和具有相似性的要素。所以,随着这些概念越来越清晰化和精准化,感知印象也会越来越清晰。

随着时间不断正规化的行为研究方法

　　在 1970 年代早期,行为研究者一直在提出令人费解的问题:例如"什么是真实?""真实是关于什么的?"对于一些学者来说,真实就是多数人认可的东西。对哲学家例如伯特兰·罗素(Bertrand Russell)来说,真实是世界中的原子事实的总和。作为原子事实之集合的真实是维特根斯坦(Wittgenstein)关于"事实是什么?"的讨论基础。由于对人与环境关系的知识不断增加,行为地理学研究者开始否定这种作为环境知识的原子观,也开始质疑用经济和空间理性来描述人的真实状况的做法,因此开始由规范理论转向主观真实。西蒙的论著《人的模型》(*Models of Man*)(Simon,1957)加快了这一转向,该书由沃尔玻特(Wolpert,

1964)介绍给地理学家。西蒙提供了关于人类决策和选择行为的现实的假设,不久人们认为,相比曾在学科中产生过强有力的规范模型的经济及空间理性单一假设,西蒙这个假设更贴近现实。

早在1967年,洛温塔尔(Lowenthal,1967)为该学科中不久后被称为"环境感知与行为研究"的领域指明了三种研究方法:(1)基于人类对极端环境事件(如自然灾害和人为灾害)的态度而进行的研究课题;(2)对景观美学及感知环境的空间特征的考察(如不同场所的经历所引发的景观体验和情感状态);(3)对空间决策与选择行为的研究。这三个方向中的第一项(灾害研究)聚焦于灾害的本质和人类对此的反应(例如在态度和风险估计层面上),因而得以迅速发展。第二个方向与文化地理学和历史地理学产生了关联,强调"在当时背景下"应是描述环境的核心性理念。第三种方向则开始关注空间决策与选择行为过程之中的认知过程。在由凯文·考克斯和戈里奇(Cox and Golledge,1969)编写的第一部行为研究论文集中,大卫·斯泰尔(David Stea)向地理学界介绍了认知地图的概念,对它的研究兴趣迅速扩大,超出了林奇(Lynch,1960)的城市意象和古尔德(Gould,1966)的偏好趋势面等研究所产生的影响。特别地,罗杰·唐斯(Downs,1970)关于商业中心的认知意象的论文推动了认知行为论的研究,该论文指出,主观现实中具有可以复原的尺度连接着主观世界与客观世界,并且可以帮助解释空间行动。

然而,这一研究领域背后的哲学发展从1960年代早期开始就存在着滞后。为了寻求适当的解释,对所感知的事物及人们对它们的反应都必须加以"适当的分类",以有助于将主观经验加以明示、排序、验证并使之可信。表面上看这是向客观化的倒退,但是,当研究者明白了分类是人们对时不时出现的无序加以秩序化的一种认知过程时,表面上的倒退反而成了正向的力量。采取这种视角,一些观点变得可以接受:信息只有转换成知识后才有用;知识必须是可沟通的,并具有共同基础。换言之,我们需要关注我们的大脑如何关联或处理自身边界以外的现象流,我们有意识的对相关的信息加以选择、传送以便储存在记忆中并受到大脑的操控。因此,这一观点指出了知识是由大脑产生的,并来自于大脑对外部世界的讯息的反应,这些信息经由人类感官过滤。因此,我们对某个环境或场景的知识是由充斥于个人感官的大量讯息的一些选择集所构成。只有被确定为相关的信息才能够通过感官过滤,从而编码和储存在长期记忆中。

相互影响论、交互建构主义与认知行为论的研究

在上述过程中,其中一个研究分支(认知行为论)被更多地与行为研究联系起来。灾害研究逐渐被纳入体系,最后被划分为灾害与风险领域。景观地理学逐渐融入了更加关注人类价

值和信仰的新文化地理学。这两个领域保持着与行为理论、方法、概念上的根本的联系，但它们同时又分别自立为独立的学科。

认知行为研究者假设大脑将其中的内容加以秩序化，建立起一种未知的结构。他们认为大脑操纵着感观体验，并通过诸如"空间思考"和"空间推理"等操控性的活动而储存信息。这方面研究开展的一些典型的例子如 1970 年代早期罗杰·唐斯和大卫·斯泰尔（Downs and Stea，1973）所编辑的影响很广的著作《意象与环境》（*Image and Environment*）。该书很快成为了认知行为研究的圣经，其中的内容也启发了此后 20 年间关于空间行为的研究。

对感知和编码后的信息进行内在化处理的结果，成为决策与选择行为的基础，并影响人类的行动和活动。知识并非即刻产生，也非与生俱来，这种观点假定了知识是由大脑建构，并常常是学习过程中所获经历的结果。

交互建构主义视角最初对行为地理学者的思维方式产生深刻影响，是在加里·穆尔（Gary Moore）和我编写出版选集《环境感知》（*Environmental Knowing*）（Moore and Golledge，1976）之后。在本书序言中，我们提出行为研究者应该采用交互建构主义的视角来指导思考和分析。交互建构主义视角认为，虽然人们都生活在同样的外部世界中，但人们对它的感知是不同现实的组合，并且由于人与环境存在不同的相互影响的模式，任何两个人都无法建构完全相同的现实世界。这不是说每个人都存在于与众不同的现实中，毕竟我们仍必须依靠相互沟通和影响而存在，而这就需要某种共性结构作为基础。

寻求个人现实中哪些是共性的、哪些是异质的，一直是地理学中认知行为论方法的核心关注。研究者分析被不同的建构的现实，以求发现哪些是共性的、持久的、可以沟通的，哪些是异质的、依赖个人的并只有充分解释其建构的基础才能用于沟通的。在《环境感知》一书的序言中，加里·穆尔与我提出了这一观点，并申明这一立场区别于纯粹的客观化、极端的科学主义及其他为了批判行为研究而提出的研究立场。许多人仍然将基于刺激、操作性条件反射、行为矫正的斯金纳式的行为主义研究与基于认知和感知的空间知识的行为研究方法混为一谈。海伦·考克莱里斯（Helen Couclelis）与我（Couclelis and Golledlge，1983）曾经详细阐明行为地理学与行为矫正理论之间的区别，试图纠正这些误解。但是这种混淆，在现今的研究地理学思想史的一些教材中仍然可以见到。我们认为，"实证主义者"（或科学实验主义者）的视角强调运用科学的方法去发现活生生的知识并用于产生可信的、正确的结论，这种方法也可以成为具有人文精神的研究方法，并且也正是认知行为论研究所身处的人文科学的重要部分。

在本书第 2 章，基钦对实证主义进行了回顾，本质上这是一种科学式的、经验性的哲学，它强调实验和经验分析是产生有效的、可信的结果的一种方法。实证主义者涉足的领域包括物理、自然、生物和人文科学。许多行为地理学研究背后的实证主义哲学基础，使其区别于心理学研究（尤其是有关动物的）中的刺激—反应、接近—回避、条件反射或者行为矫正式的实验性研究。一些论述地理学特点的著者没有很全面地考察实验性研究所涵盖的不同方面，因而产生了上述典型的错误理解。在行为地理学领域内开展研究的学者一直强调的是各种学习理论中的认知和感知过程，并将其作为自己科学研究和实验的基础，而不是强调刺激—反应模型，尽管行为地理学如此经常地被等同于后者。对人的实验研究并不是轻易或随意进行的，这类研究总是受到国家或地方伦理委员会的审查，以此判断某个研究项目是否对受试者产生任何个人的、社会的、医疗的、心理的甚至经济上的负面影响。

行为研究者在开始对调查对象的任何数据收集工作之前，会受到很多的审查、评价或者制约。这可以保证被调查人得到保护，受到人性和友善的对待，其利益得到充分保障。像枯燥、精神和身体疲劳、安全问题等这些因素在监督中受到格外重视。这些因素很少在现实中被意识到，或得到认可，尤其是在从未设计或实施这类实验性研究的地理学批判性思想家之间。

由于存在这类监督体制，认知行为论研究一直在不断演化，从起初主要基于实验性数据收集和数学处理的"硬"性研究，演化为既收集"硬数据"也包括"软数据"的研究，在分析时结合了定量和定性实验过程、方法。这使得行为研究延伸至多个新兴领域，之后我们会谈到。

哲学观推动行为研究的实践

对知识、感知、行动方面的个体层面数据的重视，要求发展一套针对实验室和田野数据采集的设计方法。科学方法与实证主义哲学是当时的主导方法，一点也不令人奇怪。考察并分析人们的感受、信仰和面对结构化任务场景时的反应，使得认识论基础和数据收集过程的设计加以扩展成为必要。其中两种认识论基础是相互影响论和交互建构主义。相互影响论肯定了人—环境关系中的动态性，即多数行为处在一种流的状态中，随着环境或时间的变化而改变。它指出经验是空间知识获取的关键，并将人们的注意力从静态的、截面式的经验，转移至存在于空间—时间中的行为。交互建构主义也关注人—环境的动态性，但更强调人们在一种建构的现实中生活、交往。在理解人们为何产生某些行动、为何选择某些活动方面，感知与认知的作用极其重要。

相互影响论和交互建构主义作为理解空间行为的哲学基础，催生了一系列的问题，如空间知识如何积累？空间学习如何产生？年龄、性别、种族、民族、文化、社会成员关系和经济组织如何影响人—环境之间的交互影响，从而影响空间概念和建构物的发展和理解？行为地理学家为了寻求这些问题的答案进行了狂热的研究，并涉及诸多领域，如消费者行为、住房市场、休闲和游憩活动、人类活动的离散行为模型、儿童身边环境、灾害、对环境的情绪反应、环境人格、人类探路行为、电影、风险性，以及其他多种领域。每当学者拓展至新的领域，就需要方法论的变革以便适用于新的研究课题。随着这些领域研究的加深，行为研究者的方法库越来越丰富。在定量分析方面，新的表示方法和分析流程包括：用于家庭移动行为计算机模拟的计算过程模型、用于分析城市移动模式选择的逻辑斯蒂模型、证明人的空间能力的室内实验等。在定性分析方面，新的方法包括：采用焦点小组来阐明知识、态度和观点；"街头访问"、配额抽样、个案分析以及实验观察等非概率抽样调查；通过玩玩具的行为揭示儿童潜在的空间意识；通过图像播放和布置行为环境来了解其他方法不容易观察到的习俗、习惯。

关注另一种现实世界

一些研究敏锐地注意到了特殊群体的存在状态和需求，并为我们描绘了一个与正常人群迥然不同的现实世界。例如，智力存在问题的人因为其理解二维或三维地理空间概念和建构物的能力有限，可能会建构出独特的现实。孤僻的儿童建构的现实则完全不同于身边的人所感受到的，因此容易导致相互之间的沟通变得困难或不可能。智力发展有缺陷的人似乎会建构高度线性的现实。类似地，另一些残障者人群（如视觉障碍者）也会构建出十分线性的世界。相比健全人，他们所获知的环境事物少得多，对于远距离的场所和地标缺少认识，所掌握的路线数量也很少，因此他们的世界似乎完全不同。一个无家可归的人所认知的世界也许会缩小到适宜居住的一个邻里的范围。然而如果残障者居住在集体住宅中，将面临周围持有抵制态度的敌对邻里，从而限制残障者在本地区的移动。对于使用轮椅者，没有斜面的路缘石也许会成为一个不可逾越的障碍，限制其交往活动。对于健全的人而言，这种环境中的事物是可忽略的，甚至不会留在记忆中，或者只是被看成"街道"这一建构物的一小部分。盲人在经过一条布满城市街道建筑和言语符号的边道时，其建构的现实相比健全人来说，是很不完整的、片断化的和线性的。健全人则可以从视觉信息来源中充分利用可用的信息，他们建构的现实与客观物质世界更为相近。从这一角度可以合理地推断残障人群只能获得环境中的部分经历，因为对他们而言，许多障碍的存在将阻碍其移动行为以及获得经历的过程（例如，移动存在困难的人很难知道右边的下一个街区是哪个街区）。残障者接触的信息只是健全人接触信息的一小部分。因此，相比于健全人可供大脑进行操控的信息，盲人产生的可供大脑进行操控的记忆结构是片面和有限的，即使两者都可以进行同样的思考、推理等认知过程。曾经出现过的一些批判性文章，并没有理解这一区别（Gleeson，1996；Imrie，1996）。一旦人们认识到某些人群由于残障或缺乏教育、经验、语言能力而只具有贫乏的记忆集时，就会促使行为地理学家去解决一些迫切的课题，即关于这些群体中的个体所构建的现实具有何种特性？个体之间的差异如何？相对贫乏的记忆库对于场景的谈判有何种影响？

方法论的困难

关于空间行为研究的概念和知识的发展，有时会因为方法论上的限制而遇到困难。例如，认知地图概念的引入，就需要开展关于再现认知地图内容的方法方面的大量研究，然后这一概念才成为地理学思想的一个重要的部分。早期采用林奇（Lynch, 1960）手绘地图方法的尝试曾遭到批判，因为缺少地图学解译所需要的度量几何学（即缺少用于确认方向和方位的比例尺、参照系等，并且与绘图能力有关）。古尔德（Gould, 1966）采用的"意象地图"方法，与其说是将储存于大脑中的空间记忆外在地表现出来，不如说是通过对地点进行统一排序进行趋势面分析，然后生成假设偏好面。德科和布里格斯（Demko and Briggs, 1970）、约翰逊（Johnson, 1972）在迁移行为预测方面，指出了"假设的"（即理想的或偏好的）评价与"显示的"（或实际的）行为之间的不一致性。

为了寻找提取储存在大脑中的信息的合适方法，学者从许多视角进行研究以满足这种需要，包括统计学、图形学、言语描述、模型构建、度量和非度量的尺度法（Kitchin, 1996 提供的 CMap 软件中集成了这类过程）。手绘图和描述法属于将空间知识外在化并加以表现的直接手段，而其他一些方法通过间接地再现"空间产品"的手段，得到"隐性的"空间结构。在 1970 年代和 1980 年代的大部分时间，上述方法在行为研究中处于主导地位。尽管对方法论的过度重视曾令一些潜在的学者"分道扬镳"，但本质上说方法论的研究提供了可靠地、准确地揭示长期记忆中的空间信息的途径和过去的研究无法实现的表现和分析手段。通过建立相关的试验设计方案和过程，摆脱方法论上的困境，才会使行为研究取得关键性的进展。

总结

对我们日常感知事物的经验，经由感官过滤后被大脑编码、储存和操控，以支持我们在日常环境中生活并发生持续的互动与交流。所以，研究者试图回答这些问题：客观世界与我们大脑中建构的世界有什么关系？我们如何确定处在世界中的个人和个人眼中的世界之间关系的本质？哪些因素影响了来自于复杂的外部世界的各种讯息能够存入我们的长期记忆？我们如何表达、分析、解译大脑中的世界？我们是否需要设计实验（像心理学实验一样）来发现我们思考的方式、内容？抑或沿袭地理学传统做法通过观察外表行动、活动、行为来解释其发生的原因？我们采用何种形式将个人获得的信息最佳地呈现出来，从而能与其他人建构的信息进行比较？另外，上述课题的研究对地理学知识的积累能够产生多大的作用？

　　这当中的许多课题在过去40年以来占据了行为地理学论著的大量篇幅。事实是这些课题曾反复出现,这体现了学习和研究的哲学基础的某些恒久性,以及这些问题本身的严肃性。

　　曾经影响地理学的行为研究以及思想的哲学观包括(且至今仍然包括):传统经验主义和科学实证主义、认知思想家的哲学、相互影响论和交互建构主义、现实主义、理性主义和自然主义。每一种哲学观对研究问题的界定、研究方法、研究解释都产生了贡献,并为现实世界的本质、主客观世界的交织、心身关系、解译手段方面的问题提供了讨论依据。众所周知,理性主义和实证主义推动了灾害/风险评价分支,现实主义和自然主义推动了景观美学研究分支,相互影响论、交互建构主义与结构主义推动了认知行为研究分支。特别地,后者聚焦于认知行为过程,促进了对第一手数据的要求,也促进了对多样化的定量和定性方法、试验设计、多种分析与推论手段的应用。

　　所有这些哲学观的根本都可归结为研究者如何对现实世界概念进行解释。我认为,在认识论层面,交互建构主义和相互影响论对进一步了解人—环境关系提供了最大启示。它们强调理解客观世界时大脑意识的重要性,也使得多种研究方法成为可能,不但包括让人们在控制性室内实验的条件下完成严格控制的任务,而且包括定性解释在特定或普遍环境场景中,人们在主观上针对行动、信仰、感受获取什么样的信息。

　　将上述多样性的思考和推论方法,简单地冠以"某某主义"(如"行为主义")的名称,对于如此丰富而多元化的行为方法来说是不公平的。事实上"行为方法"并非指单一的一种方法,而是存在着多种"行为方法"。多样性的特点使地理学中的行为研究具有魅力,并具有产生丰硕成果的潜力。将归属于哪种"主义"的问题暂且放置一边,可以认为,关于地理空间思考和推理的这一研究流派,将成为未来地理学知识探索的重要焦点。

参考文献

Couclelis, H. and Golledge, R. G. (1983) 'Analytic research, positivism, and behavioral geography', *Annals of the Association of American Geographers*, 73: 331-9.

Cox, K. R. and Golledge, R. G. (1969) *Behavioral Problems in Geography: A Symposium*. Evanston, IL: Northwestern University Press.

Demko, D. and Briggs, R. (1970) 'An initial conceptualization and operationalization of spatial choice behavior: a migration example using multidimensional unfolding', *Proceedings, Canadian Association of Geographers*, 1: 79-86.

Golledge, R. G. (1981) 'Misconceptions, misinterpretations, and misrepresentations of behavioral approaches in human geography', *Environment and Planning A*, 13:1325-44.

Gould, P. (1966) 'On mental maps'. Paper presented at the Community of Mathematical Geographers, Michigan University, Ann Arbor, MI.

Downs . R. M. (1970)'The cognitive structure of an urban shopping center',*Environment and Behavior*. 2:13-39

Downs,R. and Stea,D. (1973)*Image and Environment: Cogninve. Mapping and Spatial Behavior*. Chicago, ILL:Aldine.

Gale, S. and Olsson. G. (1979)*Philosophy in Geography*. Boston, MA: Reidel.

Gleeson, B. J. (1996):'A Geography for disabled people?'*Transactions of the Institute of British Geographers*,21:387-96.

Golledge. R. G. (1979)'Reality, Process,and the dialectical relation between man and environment', in S. Gale and G. Olsson(eds), *Philosophy in Geography*. Dordrecht:Reidel,pp:109-20.

Hanson, S. and Hanson, P. (1993) 'The geography of everyday life', in T. Grling and R. G. Golledge (eds), *Behavior and Environment*. Amsterdam: Elsevier, pp. 249-69.

Imrie, R. (1996) 'Ablist geographies, disablist spaces: towards a reconstruction of Golledge's "Geography and the Disabled"', *Transactions of the Institute of British Geographers*, 21:397-403.

Johnston, R. J. (1972) 'Activity spaces and residential preferences: some tests of the hypothesis of sectoral mental maps', *Economic Geography*, 48:199-211.

Kitchin, R. M. (1996)'Exploring approaches to computer cartography and spatial analysis in cognitive mapping research: CMAP and MiniGASP prototype packages', *Cartographic Journal* 33:51-5.

Lee, H. N. (1973) *Percepts, Concepts, and Theoretic Knowledge*. Memphis, TN: Memphis State University Press. Lewin, K. (1951) *Field Theory in Social Science*. New York: Harper.

Lewin. K. (1951)*Field Theory in Social Science*. New York:Harper.

Lowenthal. D. (ed). (1967). *Environmental Perception and Behavior*. Chicago. IL:Department of Geography. University of Chicago.

Lynch,K. (1960). *The Image of the City*. Cambridge,MA:MIT Press.

Lowenthal, D. (ed.) (1967) *Environmental Perception and Behavior*. Chicago, IL: Department of Geography, University of Chicago.

Lynch, K. (1960) *The Image of the City. Cambridge*, MA: MIT Press.

Moore, G. T. and Golledge, R. G. (eds) (1976) *Environmental Knowing: Theories, Research and Methods*. Stroudsburg, PA: Dowden, Hutchinson and Ross.

Piaget, J. (1950) The *Psychology of Intelligence*, trans. M. Piercy and D. Berlyne. London: Routledge and Kegan Paul.

Piaget, J. and Inhelder, B. (1967) *The Child's Conception of Space*. New York: Norton.

Sholl, M. J. (1987) 'Cognitive maps as orienting schemata', *Journal of Experimental Psychology: Learning, Memory, and Cognition*, 13: 615-28.

Simon, H. A. (1957) *Models of Man*. New York: Wiley.

Tolman, E. C. (1948)'Cognitive maps in rats and men', *Psychological Review*, 55: 189-209.

Wolpert, J. (1964) 'The decision process in a spatial context', *Annals of the Association of American Geographers*, 54: 537-58.

第七章　结构化理论：能动性、结构与日常生活

伊莎贝尔·戴克(Isabel Dyck)　罗宾 A. 卡恩斯(Robin A. Kearns)

引言

本节讨论结构化理论在地理学研究中的应用。社会学家安东尼·吉登斯(Giddens,1984)认为,结构化理论并非是以应用为导向的理论,而是为分析个人与社会的构成提供了感性概念。从 20 世纪 80 年代起,地理学家们开始接触到结构化理论,并对如何借鉴社会理论来理解"社会空间辩证法"(sociospatial dialectic)(Soja,1980)进行了大量的探索。由于历史唯物主义与人文主义在关于社会关系与空间结构的循环关系的理论上存在激烈的竞争(Gregory and Urry,1985),结构化概念为地理学者进入当时关于能动性-结构的主流争论提供了一个颇具吸引力的切入点。吉登斯对结构化理论的独特阐述既质疑纯粹的人类能动性,又突破了关于能动性-结构的宏观/微观二分法。在其理论陈述中,吉登斯强调应当对社会生活的情境性(contextuality)进行概念化。这一概念与当代地理学的关注不谋而合,格雷戈里(Gregory,1981;1982;1989)、普雷德(Pred,1984)以及思里夫特(Thrift,1985)的著作明显吸收了这一概念。能动性-结构这一长期的理论争议在社会科学领域中以不同的形式出现,这里我们将讨论结构化理论在地理学领域中的应用。

最初,吉登斯整合能动性与结构的理论只是影响了文化和社会地理学中的争论,主要是弥合人文主义(第 3 章)与马克思主义(第 5 章)之间的分歧,但结构化理论的一些概念已经显性或隐性地影响到地理学的不同分支。对于人类能动性与结构制约复杂关系的研究兴趣,为人文地理学研究奠定了共同的基础。尽管不同理论视角对这一争论的借鉴不同,但吉登斯的理论为研究能动与制约的过程提供了强有力的基础。地理学家则主要强调结构化过程的空间性。本章我们用自己的研究案例来展示结构化理论在探索社会与空间的相互影响以及塑造日常生活地理学方面的价值。本章结构如下:首先,我们给出吉登斯结构化理论及其与地理学研

究有关的一些核心概念；接下来，我们将在简单介绍地理学家应用结构化理论开展的一些研究之后，详细介绍我们自己的研究如何受到结构化理论的启发；最后，我们将评价结构化理论持续的有效性，并讨论在其他当代社会理论影响下结构化理论的修正及其对人文地理研究的影响。本章中，我们提供了一些研究案例来解释所提出的理论概念。

吉登斯的结构化理论

吉登斯(Giddens,1976;1979;1981;1984)所发展的结构化理论，本质上认为社会既非脱离人类活动而独立存在，也不只是人类活动的产物。相反，结构化理论指出了社会生活内在的空间性。对于吉登斯来说，对秩序这一当时社会学核心问题的研究，并不是要发现社会生活的基本模式，而是关注社会系统如何在时间与空间中联系在一起。吉登斯的重点是针对正统理论无法整合面对面互动与制度分析的状况，试图提供一种关于社会的非功能主义理论。吉登斯试图提出一种社会分析的理论框架，强调社会实践再生产过程中的个体行动者的认知能力、社会生活的时空情境性，以及研究的解释或诠释本质。

结构二重性的概念是吉登斯结构化理论的核心。结构化理论并不认为人类行动者与社会二者中的一方更占主导地位。二重性是一种循环的过程，在这个过程中，"结构既是实践再生产的条件也是其结果"(Giddens,1981:5)，而实践本身要受到人类行为意料的和意外的后果的影响。社会系统与社会结构的概念是结构二重性概念不可缺少的部分。从本质上说，社会系统是个体之间和群体之间的系统化关系，这些关系构成了时间和空间中日常再生产过程中的社会实践。这些社会系统既根植于行动者的认知能力，又包含结构化了的特性。

结构被认为是"规则与资源"，仅当行动者"出现"时它们才暂时性地得以存在；也就是说，在日常活动中作为既有知识加以利用。因此，结构仅仅通过人类行动者的具体实践而存在。那些有能力并且有知识的人类行动者通过例行的日常互动对社会生活进行再生产。从这个角度来说，制度被看作是被不断再生产的规则与资源。资源既包括物质环境也包括存在于物质环境中的社会关系。并且，规则并不是静态的，而是可以根据意义、评价甚至是权力的协商情况而进行修改的。结构化概念中的一个重要的要素是人类行为的意外后果以及意料后果所发挥的重要作用。上述人类行为的后果反馈到"结构"中，并作为"未来行动的未知条件"而进一步影响着日常行动(Giddens,1984:8)。因此，"制约"并不是外部强加于行动过程的，相反，社会的结构性要素"以持久的方式嵌入于制度之中"，并且同时具有推动性和制约性(Giddens,1983:78)。对结构的认知既意味着制约又意味着赋权。

结构二重性的基础是吉登斯对人类能动性和社会生活情境性的理解。能动性是基于这样一个观点,即个体是事件的行为者,并且个体可能作出不同的行为。"能动性"并不是一种既定的品质,相反,它取决于人类作为能动者如何行动。这里,吉登斯区别了话语意识和实践意识,前者是人们能够用语言对其行为进行表述的意识,而后者指的是行动者知道在社会生活的各种情境下如何行动,但是却无法用语言进行表达。在社会生活的长期构建与再构建的过程中,吉登斯看到有知识的实践者对实践意识的日常式应用和反思式应用。行动者可能不知道规则的意义,但是能够在人际互动之中娴熟地使用这些规则并且有可能改变规则,因为规则和资源并不是静态的,而是实践生产与再生产的媒介。这种转换能力对于理解与人类能动性相关的社会权力概念至关重要,因为社会变化是可以通过社会实践而发生的,而社会实践源于个人的日常活动。尽管如此,人类能动者并不能够为其策略性行为自行选择发生的情景。行动的意外后果成为约束下一步行动的条件,并且社会系统的约束力通过时空间的延展意味着社会系统的结构性特征可能不是个体行动者能够控制的。这种延展和系统整合通过诸如信件、印刷品、电话以及最近电子通信技术的迅速发展等手段得到实现。

人类互动在时间和空间中的情境化是吉登斯理论的核心。正如在下面的陈述中所提出的那样:

> 行动所发生的背景与条件并非凭空产生的;这些情境本身也必须在我们解释任何行动所依据的逻辑框架下得到解释。这正是我认为结构化应该得到关注的现象。
> (Giddens,1984:343)

正如思里夫特(Thrift,1985)所指出的,认识到行为在时空中的情境性,并不是主张地方主义,而是想要提倡关注社会系统在时空间中如何变化。他将吉登斯的观点解释为:通过理解日常生活中"在场"与"不在场"的混杂,或者换句话说,能动性与结构在时间与空间中的持续相互作用,来理解社会经历的空间性。在这里,场所(locale)的概念十分重要。场所包含不同的物理尺度——从房屋中的一间到国家或者州所划分的地域,并且场所不仅仅是空间中的点,而且具备一定的特性,这种特性被用来"以一种例行的方式构建互动的意义"(Giddens,1985:272)。此外,这样的场所是"区域化"的,这意味着"在特定场所中常规化的社会实践,可能会依据法律或者非正式的共识而在时间与空间中被'分区'"。例如,居住地与工作地的分离是一种形式的区域化,类似的还有将礼堂的内部、家中的房间和地板按照它们暂时的用途以及活动的类型进行划分。区域化对权力关系的含意非常重要,因为某种社会实践可能变得更加明显或者不明显;诸如此类的例子包括通过空间的分割而形成的对精神错乱者和犯罪者的隔离(Gleeson,1999)。依此逻辑,环境能够被视作场所或者互动情境的矩阵,这里包含着资源的特定组合,而这种资源的组合可能被行动所利用。资源包含场所中的物理特性以及其中的人，同时也涉及知识存量。在使用这些概念时须注意，场所并不是给定的而是创造出来的——因为，尽管置身于不公平的权力关系之中，但人类能动性使得只有人类才是其环境的创造者。吉登斯的理论强调所有的人类行动都具备转换能力。权力是通过社会系统和社会结构在时间与空间中的扩展而产生的，而社会系统和社会结构又作为特定场所中的"规则与资源"被体验并被利用。

吉登斯的结构化理论与实证工作

我们须知，吉登斯将他的结构化理论看作是启迪研究的感性概念，而非一系列应用性概念。正如芬彻（Fincher，1987）所指出的，不能简单地从吉登斯对结构化理论宽泛的讨论中和总的思路中抽离出单个的概念。实际上，地理学家在不同的研究中引入结构化概念时的侧重点各有不同。比如，格雷戈里（Gregory，1982）与普雷德（Pred，1984）主要引入吉登斯对时间地理学的重要论述，从而追溯了日常生活的物质偶然性对于理解地点作为演变的过程的重要性。迈克尔·迪尔与亚当·穆斯（Moos and Dear，1986；Dear and Moos，1986）则是最早引入结构化理论语言，并且试图将之应用于实证研究的地理学家，他们试图把结构与能动性更紧密地结合起来（他们的实证研究案例是关于心理健康治疗与所谓的"寄宿旅馆集中区"的）。后来吉登斯的理论又与社会文化理论框架相结合，推动了医学地理学向"健康地理学"重建的激烈争论（Dorn and Laws，1994；Kearns，1993）。无论是借用结构化理论的语言与概念，还是基于对个人与社会在不同的、分层的尺度上的复杂联系的一般化认识，对结构和能动性的矛盾关系的关注都继续启发着近年来在文化与健康方面的地理学研究（Gesler and Kearns，2002）。人口迁移研究也引入了结构化理论，"结构化的父权制"被用来分析人口迁移过程和结果的性别化特征（Halfacree，1995）。"结构二重性"这一结构化理论的核心概念对规则与资源的独特关注，则被应用在对发生在加拿大安大略省的反对学校关闭的社区激进主义的理论概括中（Phipps，2000）。菲普斯提出了关于规则与资源的类型学，能够让社区在积极行动中使用，并且他发现结构化理论对于教育与设施关闭的有关文献的重新解释必不可缺。

我们自己的研究，也同样受到了吉登斯整合能动性与结构的概念框架的影响。吉登斯的结构化理论的一些特定概念为本章第一作者戴克关于幼童母亲的研究提供了分析视角，强调能动性与结构之间的循环关系也启发了她后来对于女性移民的研究。第二作者卡恩斯最近对健康地理学的研究也同样应用了结构化理论来分析健康、地方与医疗之间的关系，研究中也认识到必须同时考察结构与能动性。

结构化理论、育儿工作、儿童"安全空间"的营造

在 20 世纪 80 年代初期,大批年幼儿童的母亲前所未有地不断进入劳动力市场。我的研究兴趣点在于郊区作为家务工作的场所,以及女性在继续作为儿童的主要照料者的同时又参与有偿的劳动力市场,她们如何在实际上和"道德上"应对这种冲突。用结构化的语言来说,我感兴趣的是信息作为一种知识,在哪里以及如何被分享与传播,即在社会变化的背景下,理解规则与知识存量在哪里以及如何被修改同时被重新认同。可以认为,日常育儿工作的场所充满了文化的及性别的含义,并可以认为是通过社会互动而存在。结构化理论的感性概念表明,"情境"不只是女性生活的背景,而且被积极地融入了女性在特定场所进行的育儿工作的方式中。

研究中对调查对象进行了深度访谈和日志调查,并将这些调查结果用于探究妇女日常生活的不同方面,包括她们的行为、育儿工作中的问题、她们的解读以及育儿工作发生的场所。我使用吉登斯的时空地图来描绘这些数据,时空地图展示出这些妇女们所去的地点、时间、同伴及原因(见专栏 7.1"安娜的一天")。这幅图揭示出女性育儿工作的日常场所中的机会与制约——家、学校、街道、公园和交通方式。这使我能够检验个体能动性与结构之间的相互影响,包括妇女们对育儿工作的意义和实践的转换能力。也就是说,应用结构化的语言,我观察了场所的区域化、所利用的规则与资源、女性行动的意外后果,以及这种意外后果对女性将育儿工作与有偿工作相结合所产生的影响。在"什么对于孩子最好?"这一标题下,将有偿工作和家务劳动相结合的实际案例被女性们分享,由此,"好"母亲的定义被重新诠释。街道、公园、校园等母亲们等候孩子放学的地方,以及学前育儿教育课堂都是"母亲谈话"发生的场所。而且,正是这些在育儿工作的共同空间里发生的互动,才使得妇女们能够在参与有偿工作的同时能够做一个好妈妈。例如,妇女们通过轮流照管儿童的安排,以及通过共同承担对上街玩耍的儿童的监护,将街道构建成一个安全的空间,来实现她们在时间与空间利用方面的灵活性。简单地说,当一个妇女离开家时,她的小孩能够得到其他母亲们的照料与监管(Dyck,1989;1990;1996)。

上述对郊区妇女的研究、对例行化的日常生活场所的细致关注,得到了结构化概念的启发,从而能够对意义与知识的传播与协商进行探索。这个研究使我们能够理解,观点如何进入到现有的知识体系中,并成为空间、身份和文化规则变化与再生产的复杂而循环构建的过程的一部分。能动性与结构是相互混杂的;妇女的日常场所与她们的例行活动,成为母亲育儿工作及其社会身份再生产和变化的场所。

性别与迁移空间

本章第一作者戴克在后来的关于女性移民的研究中,发现她们是有技能、有知识的能

动者,能够在家庭、工作地、移民教育课程和公园等邻里空间的不同场所协商文化知识。其中,关于移民妇女对健康与疾病的处理的研究发现,她们常常对传统的医疗知识与生物医学知识进行协商和整合,这说明她们是实用主义者,这些妇女们根据最适合她们日常生活条件的方式,选择传统药物与民间药物来代替或者辅助生物医学方法(Dyck,1995)。这个研究对认为文化信仰常常成为少数族裔人口使用西药的障碍这一普遍的看法提出争议。另一研究同样表明了"女性气质"与"为母之道"如何在一个特定邻里场所被重新修订;移民妇女不仅从迁出国家带来的那些被认为理所当然的知识进行协商,同时也就那些她们在加拿大所遇到的不熟悉的"处理方式"进行磋商(Dyck and Mclaren,2002;Maclaren and Dyck,2002)。正如对母亲育儿工作的研究,这两个研究也证明了,女性的日常实践以及那些指导她们日常实践的知识,都是在日常场所的互动中形成的,这些日常场所中的互动构成了能动性与结构发生作用的日常生活。

在这些近期的研究中,吉登斯的结构化理论通过不同的角度不同程度地发挥了重要作用。例如,吉登斯著作中的一个不足是对文化与性别的忽视。然而,这并不是说吉登斯的结构化理论不适用于移民、迁移过程与结果的研究。比如,哈夫阿克里(Halfacree,1995)就认为结构化理论借助于"结构化的父权制"以及传记方法在分析迁移的性别化时非常有用(Halfacree and Boyle,1999)。其研究很明显地借用了吉登斯的结构二重性,来证明由于女性通常被作为二等移民,她们与男性移民在参与劳动力市场时的差异重构了父权制的结构,而这种父权制的结构既是劳动力迁移性别化的条件又是其结果(Halfacree,1995)。

专栏 7.1 安娜的一天

安娜有两个孩子,一个七岁,一个四岁。尽管在有小孩之后安娜曾经在短期内外出工作过,但她还是决定在两个孩子都到上学年龄之前不出去正式工作。她的时空地图(图 7.1)反映出她的日常生活轨迹,说明了她在访谈中描述的日常活动的地点和时序。家(图中间列的方框)是她每天出行开始和返回的地方。其他列方框则包括日常活动的场所如学校和学前班,以及那些可能不那么频繁去但也属于育儿工作和日常活动组成部分的场所。安娜每周日常活动的特点反映在丈夫上班和儿童上学的时间上。正如时空地图所反映的,她能够自主支配的时间和空间主要围绕着孩子的活动,例如足球和游泳课,以及日常购物、带宠物去看医生等家务活动上。这种时空地图反映出她每天活动的繁忙性。正如她自己所表述的:"不是有这件事就是有那件事,我发现很难记住每天需要做哪些事情。"尽管从外人看来,她的活动很平淡,基于结构化理论的讨论则能够说明,这种时间和空间的日常组织和利用正是文化延续和变化的中心!

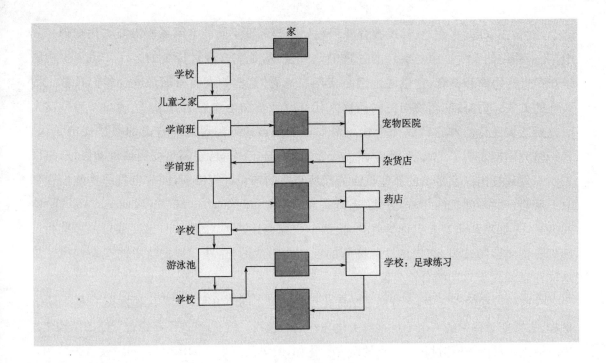

结构化概念、健康与场所

本章第二作者卡恩斯的研究说明了结构化理论有助于分析健康与空间之间的多维度关系。卡恩斯对结构化理论的兴趣可以追溯到其硕士论文,其中有他对新西兰一个倡导大规模灌溉计划的农村地区进行的研究,并初步意识到个人行为、制度影响以及社区政治之间的联系(Kearns,1982)。作者在加拿大麦克马斯特大学开始进入新兴的心理医疗研究,同时保持了其对行动的地理尺度的研究兴趣。目前,心理医疗研究包括两大传统:政治经济学传统与行为研究传统,这两种传统的分立反映出对"结构"与"能动性"的不同关注。换句话说,一些关于心理医疗系统及其使用者的研究关注大尺度的过程与结果,强调权力与阶级(结构),另一些研究则考察(大都是统计性的)"谁正在思考"或者"正在做什么"以及"在什么时间做"的细节(能动性)(Dear,1981;Dear and Taylor,1982)。迪尔和泰勒(Dear and Taylor,1982)试图整合政治经济学与行为研究的视角,以便研究为什么一些社区反对为患有精神病的人建立集体住房,迪尔与穆斯(Dear and Moos,1986)的后续研究则从能动性与结构之间的关系来进行分析。与这些应用结构化理论的人一起工作不可避免地影响了卡恩斯的工作。对那些长期患有精神疾病的人们的碎片化的生活,卡恩斯既感兴趣又非常关心,特别是这些患者们的世界已成为了所谓的"寄宿旅馆聚居区"。卡恩斯既不满意大量统计样本的概括,也不满意政治经济学解释贫穷时对个性的忽视,而是从治疗中心与寄宿旅馆的世界寻找直接的经历,以此来启发小尺度调查中的问题与分析。地方感成为调查的核心,但是这本身又重新包含了对结构与能动性的考虑。因为许多人本主义思想存在着一种危险，将人性不现实地从社会与物质影响中分离出去、把我们从置身其中的场所中移出。

继穆斯与迪尔（Moss and Dear，1986）对吉登斯理论先锋式地应用以后，在其他的健康地理学研究中，贝尔（Baer et al.，2000）借助吉登斯的时空制约的概念追溯了内科医生的招募和留职的影响因素。事实上，由于健康地理学研究也体现了社会地理学与文化地理学边界的模糊化趋势，因此，无论是否使用了吉登斯结构化理论的语言，结构化理论的观点依然在发挥作用。比如，为了研究高住房成本对家庭健康的影响，发展了"折扣健康"的概念来表明医疗与健康实践方面的花费是如何受到住房的固定花费的制约的。在对太平洋岛屿移民家庭进行的样本调查中，深度访谈资料揭示出行动者能动性的作用，但决策不仅受到住房结构以及福利供给结构的制约，而且还受到文化排斥（如教堂捐赠）的制约（Cheer et al，2002）。此外，在新西兰的荷基安加农村地区，对医疗改革以及可能失去地方医疗系统的反对为我们理解结构与能动性之间的动态关系提供了机会。特别地，研究发现，"社会企业家"的能动性对于挑战与转变那些强烈的制度化结构至关重要，而这些行动为吉登斯所称的长期的社区传统和历史所不容（Kearns，1998）。其他研究表明，正如我们在理解健康与患病经历时不应分离健康与场所，我们也不应该将医疗与其潜在的或者实际的消费者割裂开来，因为它们相互构建并且结构着对方（Kearns and Barnett，1997）。

总的来说，结构化理论对健康地理学的影响远不止于结构化的概念或者语言。结构化理论使得健康地理学者对结构及能动性的观念敏感起来，以至于目前对于个体健康经历或者对健康及医疗的结构性前提的研究不可能脱离结构与能动性的相互作用。我们认为，一种"内在化了"的结构化视角已开始盛行，并且这种潮流在近来的健康地理学研究中已经得到证实。在健康地理学中，诸如"合约文化"之类的结构性制约与个人对社区发展的愿望相冲突（Kearns and Joseph，2000）。

专栏 7.2　大卫的房子

大卫住在一个寄宿旅馆，几个街区之外，就是市中心区主街较贫困的一端。七年前，他在他成长的镇子上被诊断出患有妄想型精神分裂症，随后在一个区域性的城市住进了医院。出院后，他留在了这座城市，因为这里有最好的社区心理医疗服务，他在漫长的住院时光中所认识的病友也都住在这个城市。住在这里，他可以远离从青少年时期就认识的朋友和邻居，这让他感到更安全。他的房间昏暗而陈旧，仅仅能够放下一张床，一个壁橱和做饭的电炉。它属于这个凌乱的大套房的 18 个房间之一。大卫必须在每天早饭后离开房子，下午才能回来。他说，这是在这个房子的居住规则。白天他没有太多可做的，总是到处闲逛。他可以在一个地方心理健康协会开办的医疗服务中心打发一些时间。但大卫更多时间选择待在当地的一家多纳圈面包店，那里的店长从不介意他花多长时间喝完一杯咖啡。他的选择很少，但的确表现出一些能动性：在他常去的场所中，他倾向于去那些不那么歧视和偏见的地方。但另一方面，他的生活在不同层次上可以说是高度结构化的。首先，在居住尺度上，规则在白天把他赶到大街上。其次,在城市尺度上,地方规则意味着他居住的这种寄宿旅馆只能集聚在若干城市街道上,这提高了他与其他病人交往的几率,但也提高了这种病人的能见度,强化了对心理疾病的社会偏见。第三点则超越了大卫的当下状况,心理疾病"场所"由于多年的社会误解和医疗系统的忽略而被结构化,使得大卫的生活不过是在应付日子。

结论

　　吉登斯的理论对于地理学家的工作非常有价值,它通过对社会生活情境性的概念化而将社会与空间紧密结合,其理论将人类行动者与结构整合到一个框架中。当社会理论深度影响人文地理学的研究问题、理论与方法论时,结构化的概念开始了对文化地理学的影响(Gregson,1987)。场所与区域化的概念对于处理尺度的问题与地方的概念至关重要。它们也许构成了联系吉登斯时空间的概念与超越哈格斯特朗时间地理学背后的实证主义的桥梁,而后者是吉登斯在 20 世纪 80 年代开始构建结构化理论的促进因素。同样值得注意的是个人之间的联系可能导致专业间的交流。在这个方面,德里克·格雷戈里与安东尼·吉登斯之间的剑桥大学同事关系,对于促进社会学观点向地理学观点的流动十分重要。当然,对于能动性、结构以及人与地方之间循环构建的关系的开创性研究对于人文地理学研究的发展十分重要。然而,人文地理学的文化转向对于后现代主义思想的快速吸收,转移了研究者对于结构化概念的集中关注。"第三波浪潮"对于差异、个性以及不确定性的关注影响了人文地理学科中的重要前沿性研究。

　　我们近期的研究正处于这样的探索氛围之中。结构化的概念适用于哪些领域?后结构主义对于差异与个性的关注已经使得对物质环境以及结构得以实现的规则与资源的关注发生了转向,但是关于能动性—结构的棘手问题仍然存在。我们早就注意到了近期人文地理学中直接吸收吉登斯的结构化理论的一些研究。而在我们自己的研究中,尽管我们没有明显地利用吉登斯的概念,我们也意识到了理解结构与能动性之间的矛盾关系对于构建日常地理学理论解释的持续重要性。尽管如此,商品与服务的全球化、前所未有的大规模跨国人员流动、通信技术的巨大进步以及经济重组,即使是没有消除,也已经改变了能动性—结构问题的构成。随着权力关系在全球时空范围的延展,创造出一种比 1980 年代更加重要的西方工业"多文化"社会环境,能动性-结构问题也被重新构建和延伸。自 1980 年代以来,性别与"白人性"(whiteness)作为结构化的权力关系,其重要性及其意义的不稳定性,已成为理解西方后工业化社会的中心关注点。这些结构化的要素在吉登斯对社会的非功能主义理论的原始阐述中并没有提及。然而,吉登斯结构化理论的洞察力对于认识物质性和尺度问题有着重要的意义。结构化概念同样能够帮助我们理解日常生活的空间/场所如何建构小尺度的再生产,同时又被这小尺度再生产所建构的。结构—能动性的争论也存在于个人与集体行动是如何不可避免地受到制约的研究中,但在社区政治和地方经验的尺度上行动应该具有转换能力。近期基于结构化理论的研究说明,当全球过程和地方过程相互关联的世界不断形成时,这一理论仍有很大的应用机会。

参考文献

Baer, L. D. , Gesler W. M. and Konrad, T. R. (2000) 'The wine glass model: tracking the locational histories of health professionals', *Social Science and Medicine*, 50:317—29.

Cheer, T. , Kearns, R. A. and Murphy, L. (2002) 'Housing policy, poverty and culture: "dis-counting" decisions among Pacific peoples in Auckland, New Zealand', *Environment and Planning C: Government and Policy*, 20:497—516.

Dear, M. J. (1981) 'Social and spatial reproduction of the mentally ill', in M. J. Dear and A. J. Scott (eds), *Urbanisation and Urban Planning in Capitalist Society*. London:Methuen, pp. 481—97.

Dear, M. J. and Taylor, S. M. (1982) Not On Our Street. London: Pion. Dorn, M. and Laws, G. (1994) 'Social theory, body politics and medical geography', *The Professional Geographer* 46:106—10.

Dear, M. J. and Moos, A. I. (1986) 'Structuration theory in urban analysis: Empirical application', *Environment and Planning A*, 18: 351—73.

Dorn, M. and Laws. G. (1994) 'Social theory, body politics and medical geography', *The Professional Geographer*, 46:106—10.

Dyck, I. (1989) 'Integrating home and wage workplace: women's daily lives in a Canadian suburb', *The Canadian Geographer*, 33: 329—41.

Dyck, I. (1990) 'Space, time and renegotiating motherhood: an exploration of the domestic workplace', *Environment and Planning D: Society and Space*, 8: 459—83.

Dyck, I. (1995) 'Putting chronic illness in place: women immigrants' accounts of their health care', *Geoforum*, 26: 247—60.

Dyck, I. (1996) 'Mother or worker? Women's support networks, local knowledge and informal childcare strategies', in K. England (ed.), *Who Will Mind the Baby? Geographical Perspectives on Child Care and Working Mothers*. London: Routledge, pp. 123—40.

Dyck, I. and McLaren, A. T. (2002) 'Becoming Canadian? Girls, home and school and renegotiating feminine identity'. RIIM Working Papers (02—12), Vancouver.

Fincher, R. (1987) 'Social theory and the future of urban geography', *The Professional Geographer*, 39:9—12.

Gesler, W. M. and Kearns R. A. (2002) *Culture/Place/Health*. London: Routledge.

Giddens, A. (1976) *New Rules of Sociological Method*. London: Hutchinson.

Giddens, A. (1979) *Central Problems in Social Theory*. Berkeley, CA: University of California Press.

Giddens, A. (1976) *New Rules of Sociological Method*. London:Hutchinson.

Giddens, A. (1981) *A Contemporary Critique of Historical Materialism*, Vol 1. *Power, Property and the State*. Berkeley, CA: University of California Press.

Giddens, A. (1983) 'Comments on the theory of structuration', *Journal for the Theory of Social Behavior*, 13: 75—80.

Giddens, A. (1984) *The Constitution of Society*. Cambridge: Polity.

Giddens, A. (1985)'Time, space and regionalisation', in D. Gregory and J. Urry (eds), *Social Relations and Spatial Structures*. London: Macmillan, pp. 265—95.

Gleeson, B. (1999) *Geographies of Disability*. London: Routledge.

Gregory, D. (1981) 'Human agency and human geography', *Transactions of the Institute of British Geographers*, n. s. 7: 254—6.

Gregory, D. (1981)'Humar agency and human geography', *Transactions of the Institute of British Geographers*, n. s. 7: 234—6.

Gregory, D. (1982) *Regional Transformation and Industrial Revolution*. London: Macmillan.

Gregory, D. (1989) 'Presences and absences: time—space relations and structuration theory', in D. Held and J. B. Thompson (eds), *Social Theory of Modern Societies: Anthony Giddens and His Critics*. Cambridge: Cambridge University Press, pp. 185—214.

Gregory, D. and Urry, J. (eds) (1985) *Social Relations and Spatial Structures*. London: Macmillan.

Gregson, N. (1987)'Structuration theory: some thoughts on the possibility of empirical research', *Environment and Planning D: Society and Space*, 5: 73—91.

Halfacree, K. (1995)'Household migration and the structuration of patriarchy: evidence from the U. S. A.', *Progress in Human Geography*, 19: 159—82.

Halfacree, K. and Boyle, P. (1999) 'Introduction: gender and migration in the developed world', in P. Boyle and K. Halfacree (eds), *Migration and Gender in the Developed World*. London: Routledge, pp. 1—29.

Keaens, R. A. and Joseph, A. E. (2000) 'Contracting opportunities: interpreting the post— asylum geographies of Auckland, New Zealand', *Health and Place*, 6: 159—69.

Kearns, R. A. (1982)'Irrigation at Maungatapere: individuals, community and institutions'. MA thesis, Department of Geography, University of Auckland.

Kearns, R. A. (1987) 'In the shadow of illness: a social geography of the chronically mentally disabled in Hamilton, Ontario', PhD dissertation, Department of Geography, McMaster University.

Kearns, R. A. (1993) 'Place and health: towards a reformed medical geography', *The Professional Geographer*, 45: 139—47.

Kearns, R. A. (1998) '"Going it alone": community resistance to health reforms in Hokianga, New Zealand', in R. A. Kearns and W. M. Gesler (eds), *Putting Health into Place: Landscape, Identity and Wellbeing*. Syracuse, NY: Syracuse University Press, pp. 226—47.

Kearns, R. A. and Barnett, J. R. (1997) 'Consumerist ideology and the symbolic land—scapes of private medicine', *Health and Place*, 3: 171—80.

McLaren, A. T. and Dyck, I. (2002) '"1 don't feel quite competent here": immigrant mothers'involvement in schooling'. RIIM Working Papers(02-1 2), Vancouver.

Moos, A. I. and Dear, M. J. (1986)'Structuration theory in urban analysis: 1. Theoretical exegesis', *Environment and Planning A*. 18: 231—52.

Phipps, A. G. (2000)'A structuration interpretation of community activism during school closures', *Environment and Planning A*, 32: 1 807—23.

Pred, A. (1984) 'Place as historically contingent process: structuration and the time geography of becoming places', *Annals, Association of American Geographers*, 74: 279—97.

Soja, E. W. (1980)'The socio-spatial dialectic', *Annals, Association of American Geographers*, 70: 207—25.

Thrift, N. J. (1985)'Bear and mouse or bear and tree? Anthony Giddens's reconstitution of social theory', *Sociology*, 19: 609—23.

第八章　实在论作为认识世界的基础

安德鲁·赛耶（Andrew Sayer）

　　"实在论"一词顾名思义是一种哲学。与其他的哲学不同，它要求用一种"实在的"眼光来看待这个世界，它似乎拥有一种获取关于这个世界的绝对真理的特权。哦，抱歉，其实这都不是实在论哲学所主张的。[①] 事实上，它最为根本的原则是让我们谨慎对待这种把知识和真理过于简单化的做法。实在论哲学最基本的理念是，世界无论是什么样子，很大程度上都不依赖于特定的观察者对它的看法，它不是简单地来自于人类的思维。人们过去习惯于认为地球是平的，但是当他们开始意识到它是圆的时候，我们不会认为地球在这一过程中也发生着变化。地球的形状不受我们对它的看法的影响。同时，我们关于世界的思想往往以很多种不同的看问题的方式被建构起来——感知图式、概念和理论。我们不能超越这些来直接且如实地看待这个世界，因为我们需要诸如图式一类的东西来观察、来思考。所以，这个世界的存在很大程度上不依赖于我们对于这个世界的知识的掌握程度，但是我们对于世界的描述显然也依靠了我们可用的知识。我们往往通过可用的话语来解释世界，但是，就像各种关于地球形状的论述一样，这些话语在理解地球形状的程度上存在很大差异。在此提醒大家注意的是，知识本身实际上就是社会世界的一部分，对此我会在稍后阐述之。

　　虽然一些学者可能不愿意承认，并且试图遵循其他方法，但大部分人（包括大部分研究者在内）至少在某些时候都是实在论者。跟本书中所有的"主义"一样，我们同样也可以通过实在论反对什么、维护什么来定义它。

　　非实在论者无法区分世界和我们关于这个世界的知识，所以有些人将理论或者各种知识设想成世界的简单反映（实证主义）；或者相反地，认为世界是我们知识的产物（唯心主义）。这些观点都难以解释知识为何会犯错。在实在论者看来，知识的不可靠性意味着世界并不像我们所希望、设想的那样。当我们犯了错，为某些事件感到惊讶，或是撞上一些偶发的事情时，我

---

　　① 然而它是"文学的实在论"所主张的，如在"现实主义"小说或者电影中，它们试图直接地、"如实地"表现这个世界，不夹杂任何概念的中介作用、论述或者知觉图式。

们便感觉到世界的"他性",感受到世界独立于我们的思想之外。这个含义是双重的:一方面,这种"他性"或者世界的"独立性"意味着,要增进我们对世界的理解本来就是十分困难的;另一方面,我们通过来自世界的负反馈经常可以意识到我们犯了错,从这一事实可以看出,要对世界的各种性质加以辨别和区分也不是不可能的。在世界上我们可以通过实践成功地完成很多事情,这一事实也说明知识的指导至少有一些"实践上的适当性"。对于很多活动来说,"世界是平的"这个理论十分具有实践意义,虽然现在我们可能说这个理论其实是不正确的;"而世界是圆的"这一理论更具有实践性,它使我们作出新的尝试,比如将卫星送入轨道,尽管它也不够完美(世界看起来不完全是一个球体)。

很多读者也许会说,实在论的根本构想即世界的存在独立于我们的意识之外,过于显而易见,从而不值得花工夫来研究。而且大多数其他"主义"者们也都接受它,虽然他们经常没有注意到,但在构建世界概念时用到了这个观点。不过,现在是要提醒诸位的时候了:社会现象又是什么?它们难道不是"社会地建构起来",从而依赖于我们的思维方式而存在的吗? 的确,社会建构的方式与实在论的基本观点不相悖。英国保守党是一个社会结构,但它不是"我"的社会结构;虽然我可以从很多途径来解释它(不是建构它),但甚至我根本不用解释它,它也会存在。地理学科是一种社会建构,是很多学者长时间交流的产物。没有社会建构过程,它就不会作为一个研究对象而存在。但是这看起来像一个更为复杂的问题:这门学科是"我们"建构的,也就是像我们这样的人"社会地"建构起来的。这里有一个实在论的基本原则:我曾提到过,世界在很大程度上可以独立于任何特定观察者而存在。无论是你拿到一个地理学学位,还是我写这篇文章,都仅仅是将地理学科改变了一点点,因为地理学已然被建构好了,它只是还在不断地被其他人重塑和改观。[①]

如果我们不是仅仅为了一厢情愿的想法而去减少社会建构,那么社会世界就如我们试图构想或者建构的任何事物一样——我们必须记住三点:首先,我们要问是谁在建构? 在很多情况下,不管是地理学家还是社会学家,他们仅仅在作一些"构想"或观察解释。即使我们的研究对于社会现象有一些影响。比如,也许我们的访谈影响到了被访者,但是这些变化往往都是非常微小的,而且我们在假定被访者有一些不因研究者而改变的东西,这就证实了实在论的基本观点。

第二,我们必须从一个时间过程上来考虑社会建构。事物一旦被建构,它们便获得了一种独立于它们的建构者和随后的观察者的状态。

第三,我们必须记住建构往往需要使用一些建构素材,它不仅仅是像混凝土那样的物质材料,还包括如人类信仰和习惯那样的观念性材料。建构尝试的成败在于如何利用这些素材的

---

①　即使是这样,仅仅观察本身也不大可能造成任何改变。改变需要交流和实际干预。

特别属性。我可以把自己设想成一位杰出的企业家，但是由于未能考虑到我要配置的社会组织及其活动的特性，或者低估了所要求的技术，或者没能给工人们支付足够的工资以便他们为我工作，或者没能为产品找到需求，所以我没能创办一个成功的公司。公司的这些特性的存在，在任何时候都不依赖于我对它们的考虑。社会建构就如同昭示它们的知识一样，是不可靠的。即使它们成功了，它们也经常被证明与其作者或建构者的本意相悖。这本书便是一种社会建构，其结果也许与编者当初所想有些不同。

社会现象当然是社会建构的，但是如果我们要避免这样一种设想，即认为这相当于某种自动就能实现的良好愿望；并且要避免用我们自己对于社会现象的解释去混淆他人的建构。那么，我们就必须记住这个简单的实在论观点——事物（包括他人的想法）的独立存在不依赖于我们对它的思考。

但这并不妨碍我们承认，观念、话语和思维方式都是极其重要的，而且对塑造社会和地理学有影响。例如，关于种族优越论的话语对很多国家的发展产生了重大影响，它使殖民主义对原住民土地的占领和管理合法化。社会性别观限制了女性在公共空间里的行为。最近，政治话语从强调国家支持转向强调私营企业运作，这种转变也影响了区域政策。所有这些话语都产生了效果，不仅包括话语蓄意而为的或是大家心领神会的那些影响，也势必包括那些没能预料到的后果，乃至反抗。

话语的力量也正是后结构主义者所强调的，但是他们常常陷入唯心主义的形式，好像可以以任何话语为基础，什么都可以被建构，所有的话语都是绝对正确的，因而也有着无上的权力。人们确实被话语所塑造，但是同任何形式的社会建构一样，他们是如何被塑造的完全取决于自身特性——这些特性在任何特定时间里都独立于或者先于对其施加影响的力量而存在。如果这句话有点令人费解，那么可以试想那些平常的、可以被塑造的东西。与空气相比，木材更易于被塑造为稳定的形式，因为木材具有特殊的刚性和可塑性。人类并没有无限的可塑性，至于他们能否被塑造，是以他们是否有某些特性为前提，即某些能力和抗性。如果我简单地说人是"社会建构的"，则容易产生误解，让大家搞不清楚在 t 时刻对人和制度的塑造是如何被他们的特性所促进或所抑制的。这些特性在很大程度上独立于这一时刻的塑造力而存在，但却在更早的 t-1 时刻被社会力量所影响过。

与后结构主义者一样，我们被人类社会极其丰富的文化多样性所震撼，地理学家们对这一点极为了解。但不是任何事物都展现出了这样的多样性。俄罗斯的二氧化硫和英国的二氧化硫一样，因为二氧化硫缺乏如同人类（也许还有一些高等动物）一样的可以呈现出某种文化形式的性质。文化并非是自己创造出这种多样性，而是要求人类的存在能被文化所影响。后结构主义者容易忽略这一点，他们受到社会学或文化帝国主义的影响，尝试将所有的东西都简化成文化和话语。地理学家作为地道的唯物主义研究主体，不但注重人类的物质属性和物质需要,还注重文化特性与文化需求,因此也就应该看穿并且避免这种帝国主义。当有人说某物是被"社会建构"的,大家一定要问一问:"被谁? 为什么? 又有什么影响?"

上述是实在论最基本的观点。现在让我们看看它的一些具体观点,它们对于我们如何研究地理和其他一些现象也有所启发。

首先涉及的是因果关系。长久以来,因果关系在地理学界一直被争论。争论几乎持续了整个 20 世纪,争论双方分别是持"特殊论"和"普遍论"两种不同观点的本学科的学者。前者认为像地理和历史这样的学科只能研究个别事件和地点,不具有可归纳性,因此不同于科学。相反地,普遍论学派认为,如果一个学科确实能发现行为的规律和规则,那么它自身也就能称为科学,其工作就是去寻找这些规律和规则。普遍论学派的地理学家们把特殊论方法看成是非科学的,认为它们缺乏理论或系统的方法,只产生单一的结论而没有广泛应用的价值。因此,每个研究成果只不过为书架上再多添一本实际上仅仅是作为一种观点而存在的书。普遍性方法提出对行为规律的假设,并进行系统化的检验,可以使地理学家逐渐积累关于这些规律的知识。人们希望据此可以归纳并建立一门地理的科学,通过这门科学,并参考理论对地理现实和过程进行解释和预测。这一点在计量革命的实证主义方法中是显而易见的。[①]

在最近的二三十年,地理学的成果与这两种模型都有所不同,而实在论阐明了为什么会出现这样的情况。实在论者主张的科学概念不同于上述两种模式,它不满足基于经验主义的一些规则。早期的尝试只是让我们寻找到了一些近似的或者临时性的规律。比如,空间相互作用随距离递减的趋势只是近似的、不稳定的。更重要的是,就其本身来说,它也不引人入胜。只有当人们关注不同类型相互关系的质性差异、关注联系的目的和影响以及这些规则从何而来时,这种研究才变得有意思。

对地理现象的这种自觉的理论化过程无疑是大大增加了,但其中很大一部分都是讨论如何把这些现象概念化,而不是为了提出假设以便于对这些现象的规律和类型进行归纳。地理学家们和其他学者们对事物进行概括,但是他们期望这些事物在空间上和时间上又有所变化。所以就会像经济地理学出现的情况那样,很多人关心如何定义全球化这个概念。研究者们评价全球化的各种不同概念,并将其与全球媒体、文化流动和"新自由主义"等现象联系起来。他们知道,当这些现象广泛传播开来,它们不可能在时间上和空间上绝对不变,而是将有各种不同的形式。当然,这里会存在一些有趣的规则和模式,至少是一种近似的和暂时性的。研究者们认真对待某些独特事件和对象也是很有必要的,例如世界贸易政策的变化和体制的转变。无论是研究一般模式还是独特事件,较之研究它们是否形成了规律,研究者们都会对现象本

---

① 计量革命和空间分析并不完全是实证的,而且有时候与实证不一致,大概因为实证主义严格来说是不具有实践性的。

质、产生的机制及其影响更感兴趣。无论是独立事件还是普遍事件，都是由一些原因产生或引起并产生实际影响的，在任何一种情况下，我们都需要了解这是怎样发生的，而寻找规则并非是绝对必要的。换句话来说，执着于建立这样一些规则是实证主义的特征之一，而它在解释现象时并不是必不可少的。

简单的说，"原因"是指那些引起（或者是阻碍）变化的事物。起因并不像实证主义者设想的那样是一事件与他事件之间一致的规律性，也就是"若 A，则 B"。起因是引起变化的一种机制。包括人、制度和话语在内的所有事物都有特定的"因果力"，也就是事物发挥作用的能力，就如同人类能呼吸、能说话一样。它们也有特定的因果"可塑性"，比如个体对于某些变化的可塑性。因此，人们容易受到文化熏陶和同龄人群压力的影响，而那些石块却不会。许多这样的影响力和可塑性都是通过社会化获得的。一些影响力和可塑性需要时常地练习和实施才能得到保持，而另有一些即使很长时间不实施也能保持，当然还有一些从来不需要任何练习。所以，幸运的是，我们大部分人很少实施或者发展我们的暴力作用力。

这些作用力和可塑性是否启动取决于一些"或然的"条件，我的意思不是说这些条件的出现依赖于什么东西，而是说这些条件的出现"不是必然的，也不是不可能的"。这些条件构成了任何确定行为的背景，具有它们自己的因果力和可塑性。就好像你可以在此时此地终止你的研究工作，但是这要取决于很多情况，它们也许出现也许不出现。此外，当一种因果力量或可塑性开始活动，特定后果的出现取决于环境，也就是依赖于被活化的条件的即时即地的出现。比如说，房屋市场运行的一个重要因素就是新家庭的形成，如孩子迁出、人们开始同居和结婚，或者分居和离婚。但他们能否买房取决于房屋市场存量、可获得的房屋及其价格。因此，行为的后果是"环境依赖"的，所以相同的行为在不同的背景下可能产生不同的结果。这也暗示着我们不应该认为相同的因总是产生相同的果。结果经常是根据环境而变化的，从而产生了不规则性。稳固而精确的规律性只有在过程和环境都很稳定的情况下出现，重要的是，在自然科学中，这样的规律性经常只出现在实验控制的条件下，而这在社会科学里是无法获得的。

然而，这种规律性的缺乏不会阻止我们对所发生的事情进行解释。若要理解因果机制的作用，我们需要仔细地定义有关对象，从而明确其影响力及其出现的环境，并对其主要性质进行分析，分析它们如何起作用、会不会起作用、什么时候起作用。量化分析也很有用，但是数学的语言缺乏因果关系、作用力、引导力、质性变化和性质塑造方面的概念内涵。要了解因果关系，重要的是：是什么使得研究对象（人、组织、制度、结构、过程、话语）能起作用？是什么使得城市化产生新的社会关系和社会经验？是什么使得跨国公司及其环境改变了国内原本的地理分布状况？

对于社会现象来说，除了导致它发生的原因和它带来的后果之外，还有一些别的至关重要的方面。这就涉及到意义。在这里，人文地理学和自然地理学有所不同。后者研究的是诸如岩石、土壤和山坡一类的对象，它建立起了一系列概念来区分它们——比如"冰缘区"、"冰碛石"和"黑钙土"等概念。通过学者共享的意义，这些概念帮助自然地理学家们了解自然世界，同时也帮助他们相互了解。这些意义对于他们的研究对象是外部的、客观的。我们称为"冰碛石"的那种东西并没有自己的话语，它没有自己的语言和自我理解。但是人文地理学家们主要关心的是有这种理解的事物。社会中的概念和意义不仅是对人和制度的外部性的描述，还是自我建构的。地理学学位、研讨会、婚姻、社会性别作为研究对象所包含的意义，不像冰碛石作为研究对象的意义一样只是外部的，它还具有内部的意义；这些事物究竟为何，取决于它对与之有关的人意味着什么，因为人们是在理解它们的基础上对其进行重塑并改造的。一大群人在一条街上朝同一个方向走去，这也许是在出殡，也许是在举行一场政治示威活动，也许是一次流动演出，或者是一群足球迷正赶往比赛现场。虽然从外观和行为来看，它们之间会有一些细微的差别，但到底是什么由行动者对自己行动的理解来决定。除非理解了这些事情，否则我们永远只能观察其外部的行为，却不知道发生了什么。

实证主义者并未认识到这一点，不过他们理解这个社会以及自己在社会中所起的作用，这种理解已经成为他们观察和度量这个世界的先决知识。许多意义是如此地令人熟悉，我们甚至可能忽略了它们。然而它们通常在历史上、地理上和文化上是相当具体的，它们需要被分析，而不是被看成想当然的东西。这是人文主义地理学者们所强调的，但我和其他实在论者认为所有的人文主义地理学家和社会科学家都该如此；意义不应只被那些对特定的文化现象（比如宗教和生活方式）感兴趣的学者重视。通过对货币职能和价值的共同观念，经济现象预先为遵守合同、雇佣等现象设定了一些共同理解；而这些概念在不同历史时期和地理范围的理论是不一样的。例如，雇主和雇员之间的责任和义务在西方和东方的资本主义社会之间（甚至是在各自制度之内）是不同的。

所以，社会现象是"概念依赖的"，例如政治思想或地理学，直接就是概念性的。社会性别规范规定了女性和男性应该做什么、不该做什么，基于此的男性和女性行为构成了男性和女性在生命历程和人口流动格局上的鲜明差别。要了解两性对于私人空间和公共空间的利用是如何改变的，我们就需要研究作为男性和女性的意义发生了怎样的变化。不管我们找到的是规律性的还是无规律的，那些行动至少有一部分取决于它们对于行动者的意义。

然而，承认社会现象具有本征意义或是概念依赖的，并不是认可人们所相信的那些内容。人与他人相互作用可能是基于误解，也可能是基于理解（例如，在家务劳动和有偿工作这些事情中体现出的性别差异，就源自我们的基因）。误解，本身也是一种理解，因为它也是有意义的。因此，要了解男性和女性在空间利用上有着怎样的差异，无疑地，我们必须注意他们的想法，关注他们认为哪些是男性和女性"生来"就应该做的事情。把这些引用到我们对其行为的解释中，并不意味着我们赞同他们的那些想法。如果我们也认同这种社会习得的差异是与生俱来的,那么就会对他们产生误解。

正是由于这个原因,社会科学,包括人文地理学,面对或者需要面对与研究对象之间的重要关系。研究者不仅必须准备好承认研究对象的常识性理解具有实际影响,而且要准备好与研究对象的谬识发生矛盾。[①] 也正是由于这个原因,我提倡的不仅仅是一种实在论的方法,而且是一种批判实在论的方法。更概括地说,如果不能对日常理解进行评价,或是说,若不能从社会的生活角度评价人们的已知,那么社会研究的意义何在?

我之前说过,实在论者强调科学中概念化的重要性,即重视对我们研究的对象如何定义。他们不会接受那些一般化的定义,或是把收集来的数据一股脑地用统计软件处理一遍以求找到某种规律,却不去考虑它们意味着什么、有何象征意义。我希望我们现在可以了解,概念化之所以重要不只是因为它使定性分析成为可能,这种定性分析对于识别因果力和因果可塑性以及它们的作用方式是必不可少的,它还可以帮助理解行动和其他社会现象对于行动者的意义——这种意义决定了它们究竟是哪一种现象。应该知道很多社会现象对于行动者的意义不止一种,因此我们需要尽可能抓住这种不确定性。国殇纪念日的游行仅仅是为哀悼战争中的死难者,还是同时庆祝军队的战功?人们对于他们所居住的地方有着一种怎样矛盾的感情?移民显示的是有权人的自由,还是政治避难者的绝望?

还有一件有关社会中因果关系和意义的事。虽然很多哲学家认为自己与他人是不同的、敌对的,但是实在论者不这么认为。如果原因只是简单地引起事物的变化,那么意义也可以构成因果关系,从而引起我们的一些变化——因为我们经常交流思想,即分享意义。我努力地讲述这些道理就是要改变你对于地理学方法的想法。当有人问我一个问题或者对我的话提出质疑,通过我的回应,他们引起了我的行为的变化。当社会科学家们描述一种话语是"有表述力的",或是要产生作用的,就是说这种话语是有作用力的,或者是"有因果效力的"。[②]

我已经对实在论、实证主义、人文主义和后结构主义作了一些比较。女性主义者的研究成果在社会学和地理学研究中也很有影响力,它的情况又如何呢?女性主义者与女性主义的关系既相似又不同,女性主义思想是如此地多样化,以至于存在一些实在论的女性主义者[③]。首先,实在论是一种社会科学哲学,而不是一种社会理论。总体而言,它是关于如何探讨社会科学、而不是关于社会是什么的一种理论,也不是像女性主义者所做的那样,从某一特定社会群体的角度分析社会。然而,女性主义和实在论对它们的研究对象都有一种相同的批判立场:它

---

① 这种批判性的立场往往会使人文主义地理学家不悦。

② 这不是实证主义者的因果关系模型中的原因,那个模型无法将纯粹的规律性或者偶然的联系与由原因产生的变化区分开来。同时也要注意,如果我没能说服你,那也不能说明我没有尝试;因果机制的活化(辩论、推理)不能保证产生规律性的效果。

③ 比如纽和戴维斯。

们都认为社会科学需要对其研究对象进行批判。许多女性主义者强调这样的方法，即社会科学反映的是作者或研究者的社会地位，因此，它在很大程度上反映的是一种白人的、中产阶级的观点。实在论者也会承认这是事实，承认它势必会限制和误导社会科学研究。一些女性主义者主张，相对而言，受压迫的群体更能够独具慧眼，因为他们能看到其他人看不到的东西。作为一个实在论者，我要说明，虽然这是有可能的，但是那些有权力的人也能看到被统治的人所看不到的东西。在这样的情况下，问题不在于大男子主义是带有偏见的，而在于只要有统治存在，就有一种家长制作风在里面。

一些女性主义者，还有很多的非女性主义者，都主张社会科学知识不像一般人所想的那样客观，而是主观的，它反映的是社会研究者站在自己的社会地位上的观点和价值观。这是一种极为糊涂的想法。首先，知识都需要能够思考并做出判断的主体来参与，从这个意义上来说，知识的确是主观的。但对于理解这个世界而言，这是客观性发展的先决条件，而不是一种阻碍。其次，两种不同的"客观"意义被大大地混淆了。价值中立的客观与就事实而言的客观完全是两回事①。也许我们的价值观有时会使我们仅仅以自己所希望的方式去看问题，但也不一定如此。因为你能够感觉到事情是好的还是坏的，所以这意味着你不会只有错误的（或者缺乏实践的）想法。有时我们也能够承认一些令人不快的事实。有时候关于某件事的强烈的是非观念可以使你看到一些东西，而那些不太关心这件事的人则无法看到；这点想必在女性主义对于性别本身的揭示中已有例证。实在论者会更接近于这些女性主义者和其他②一些有着相似观点的学者。有时候我们将他们的观点称为"强客观性"，这种观点认为，我们从自己主观的视角得出的结论与我们公认的知识是有差别的，如果我们仔细品味这些差别，那么我们就更容易获得客观而充分的知识（Harding，1991；Haraway，1991）。研究者们是否会将自身所处的特殊环境投射到他们的研究中？他们该如何努力地对此进行修正？研究者中丰富的社会多样性也许会有帮助。我们也应该意识到，研究者和研究对象之间的关系也是社会学的研究对象。

所有的知识里面都必然有主观因素，但是这并不意味着社会研究中的争论可以被简化成很多主观观点的碰撞，而没有任何妥协和达成共识的余地。它并非说明这样一种相对主义的观点，即真理仅仅与你的观点有关。如果它们真是讨论而不是文字游戏，那么它们一定是对有共同点的事物进行辩论；虽然它们在某些事情上存在分歧，但是这种分歧如实在论者认为的那样，至少有一些是与主观性观点无关的。"男性主流"观点的错误之处，不是简单地在于它是男性的视角，而是在于它歪曲了这个世界，比如说，没有注意到性别差异。女性主义的观点就不太可能犯这样特别的错误。出于同样的原因，女性主义观点差不多都是正确的，这并不是因为

---

①   "客观"的第三种意义是"关于客体的"，它不同于作为"真知"和"无关价值知识"的"客观"。

②   法国社会学家皮埃尔·布迪厄（Pierre Bourdieu，2000）提出了类似的观点。

这些观点与女性有关,而是因为它们恰当地表现了这个世界,比如解释了性别差异。

请注意,我试图在两种无望的极端之间开拓一条前进道路的:一种极端是,信念可以被严格地分成绝对真实和完全错误两种;另外一种极端被称为相对主义,它在书面上是更加"无望"的,这种极端的观点认为,人们甚至无法挑选出一种更好或者更加充分的观点。只要存在人们认识世界的其他可能性,我们就很难说掌握了有关世界的绝对真理,因为总是有可以选择的其他描述存在。但是世界的顽固性使得它不可能总是像我们设想的或是希望的那样去运行,从而可以知道,我们至少有时可以把一些更好的或者更恰当的观点从那些不太恰当或者不太真实的观点中挑选出来。

也许你本来希望从实在论中得到一些强有力的东西,也许是一把神奇的钥匙,从而使你能够区别"实在论的"和"非实在论的"。但是正如我想要展现的那样,事情并非如此简单,但也并不是无望。我们仍可有所进展。很多研究者在实践中至少有些时候是实在论者,即使他们自己不这么认为。当他们努力定义所研究的事物,从而判断哪些可归为原因,哪些又不能的时候;当他们探寻"是什么使得研究对象(人、组织、制度、实践、结构,等等)能够这样做"的时候;当他们从时间和空间维度上研究变化机制和变化过程,而不期望它必然产生什么规律性的时候;当他们试图探究人们对自身行为和处境的理解,而不去评判这些行为是否恰当的时候;他们就是实在论的实践者。你有时也有可能这么做。作为一个实在论者,我极力主张你一直这么做下去。

参考文献

Bourdieu, P. (2000) *Pascalian Meditations*. Cambridge: Polity.

Davies, C. A. (1998) *Reflexive Enography*. London: Routledge.

Haraway, D. (1991) *Simians, Cyborgs and Women: The Reinvention of Nature*. London: Free Association.

Harding, S. (1991) *Whose Science, Whose Knowledge? Thinking from Women's Lives*. Oxford: Oxford University Press.

New, C. (1998) 'Realism, Deconstruction and the Feminist Standpoint', *Journal for the Theory of Social Behaviour*, 28(4): 349—72.

New, C. (2003) 'Feminism, Deconstruction and Difference', in J. Cruickshank (ed.), *Critical Realism: The Difference it Makes*. London: Routledge.

第九章 后现代地理学和现代性的毁灭

戴维·B. 克拉克(David B. Clarke)

引言

　　1980 年代中后期,地理学界开始无拘束地使用"后现代"一词(这个词在其他语境中使用得更早)。实在论审慎地证明人文地理学是一门科学(第 8 章),结构化理论试图解决结构主义者和人文主义者之间长期的矛盾,从而提出了协商性的建议(第 7 章)。与这两者不同,鲁莽的、令人眼花缭乱的、哗众取宠的后现代主义者似乎怀疑起理性本身。打个比方,如果现在有一个人不再相信上帝却转而担心起撒旦,那么后现代主义者对事实的关注度可与这个人相比拟。后现代主义者有自己的观点:"有什么证据能证明我的证据是真实的?"利奥塔在《后现代状态》(*The Postmodern Condition:A Report on Knowledge*)一书中提出了这个问题。这个原本简单的、无敌意的问题却将科学的确定性抛入了怀疑的漩涡,而且让人们觉得,如果可以轻而易举削弱科学的确定性,那么如此大惊小怪地担心它也就毫无意义了(Doel,1993)。科学和其他事情一样,是一种"信实"(faith),它既有信徒,也有不相信它的人,而且它也有犯错的时候。这就是后现代主义模棱两可的信条(这一点也许很难从《人文地理学词典》中试图启发读者的因循守旧的说教中推测出来。参见 Johnson et al. ,2000;亦见后现代主义、后现代性)。

　　提及后现代的"词汇"(word)或"世界"(world),首先要提到的是其内生的困惑性(后现代习惯于玩弄这样的把戏。我们过去一直认为 word 和 world 这两个词汇只是在内涵上有所差别,不过现在我们甚至不知道该如何讨论这两个词,脑子里只剩下一些与这两个词完全无关的感觉)。如果这妨碍了我们从一开始就提供一个清晰明确的定义,那么下面这段富有表现力的剪辑则会使我们的思维步入正轨:

　　　　后现代性对不同的人群有不同的涵义。后现代炫耀所谓的"秩序",它或许意味着一座建筑,在傲慢自大地指定什么适合、什么应该严格保留,以便保护钢铁、玻璃和混凝土组合在一起的逻辑功能。后现代性意味着富有想象力的作品,公然藐视油画与雕塑、超脱与世俗、画廊与街道、艺术与其他事物之间的差别。后现代性意味着电视剧一般的生活,根本不在乎你是不是希望把幻想与现实截然分开。后现代性意味着一种许可,允许你做任何你感兴趣的事情,建议你别把自己和其他人太当回事。后现代性意味着事物变化的速度和心境改变的速度各不相同,因此心情和事物没有时间胶着在一起。后现代性意味着关注来自各个方向,而且不会在一件事情上停留太久,没有什么事情会被仔细观察。后现代性就像充满了商品的购物中心,其主要的用途就是满足人们购买的乐趣。后现代性意味着重振自由,来追求任何事物和令人难以置信的不确定性,并以人们应该追求事物的名义,追求一切值得追求的东西。(Bauman,1992:vii)

"后现代性就是所有这些事物,还包括其他许多事物,"鲍曼①补充道:"但是它可能还有更多的含义,是一种思想的状态。"艾柯②也提出类似的说法:"后现代主义不倾向于依时间前后顺序而定义,而是一种艺术意志,一种运作方法。"(Eco,U.,1985:66)我们现在先简单地记下这种想法。

关于后现代词汇(世界)要讲的第二点是,人们总是提出概念性的图式以期澄清每一件事,结果却往往令人更为困惑。有顺序的图式总是令人困惑的,福柯(Foucault,M.,1974:xv)所做的一件很著名的事情就是解释了这一点。他参考了博尔赫斯③书中"某中文百科全书"记载的动物分类的一段话。而珀雷克则反驳说,如果只根据搜集到的政府原始文件,那么动物是可以进行如下分类的:

(a)被人下了注的动物;(b)在4月1日和9月15日之间禁止猎杀的动物;(c)搁浅的鲸鱼;(d)入境后要进行隔离的动物;(e)归集体所有的动物;(f)填充玩具动物;(g)等等(这里的"等等"本身并不令人惊奇,只是它在列表中的位置让人觉得奇怪);(h)容易传播麻风病的动物;(i)导盲犬;(j)继承了大笔遗产的动物;(k)可以用船舱运输的动物;(l)没有项圈的流浪狗;(m)驴;(n)怀孕的母驴。(Perec,1999:197)

这种"令人震惊的混杂性"(Perec,1999:167)表现在以下几种经常提到的不同说法之中:(1)作为一个历史时代或时期的"后现代";(2)作为过程的"后现代化";(3)作为文化潮流或者

---

① 齐格蒙特·鲍曼(Zygmunt Bauman),英国利兹大学和波兰华沙大学社会学教授,被认为是现代性与后现代性研究最为著名的社会理论家之一。——译者注

② 翁贝托·艾柯(Umberto Eco,1932—),意大利著名作家、哲学家、符号学家。——译者注

③ 博尔赫斯(Jorge Luis Borges,1899—1986),阿根廷著名的作家,作品涵盖多个文学范畴,包括短文、随笔小品、诗、文学评论,等等。他关于某一中文百科全书的话出自他的一篇文章"约翰·威金斯的分析语言"中。福柯引用这段百科全书中的话是想说明所谓历史是被建构的,是真实存在与虚幻存在的一种结合或统一。参见 http://www.sinology2007.com/sinology2009/detail.asp? aid=460 ——译者注

审美形式的"后现代主义";(4)其他:

> 上述这些文字是后现代性的概念化过程,这个过程是一个与反分类逻辑一致的、在时空中逐渐制度化的阶段。经由后现代化的否定过程,这个阶段激发了经济、政治、市民社会等不同领域的相对自治;此过程可以把相关联的文化逻辑或者"感觉结构"(后现代主义)直接区分开来。(Doel and Clarke,1997:145)

像这样的认知图式肯定是要崩溃的。我们拿"反分类"来举个例子。它的基本观点是:现代性意味着生活被分成了不同的领域,而考虑到它们之间合理的组织、管理和监督过程,这些领域在以前是不可分割的(也就是统一的)。西方社会的发展历程使我们不禁要问这样的问题:是什么让"经济意义"刻意地脱离了"审美上的愉悦"和"道德上的高尚"? 这种社会现象产生了很多不可预见的结果(其中有些还是相互矛盾的)。但是现代化的分类过程似乎遭遇了某种后现代的"逆转"。这个过程不是一个直接的"重新整合"和"重新修补"的过程,而是各种现代逻辑"流窜"到了先前本不相关的领域当中。例如政治概念(如"权力")运用于市场(如"消费者权力");美学观点驱动了政治或者经济活动(比如在媒体炒作下的选战或消费社会[①]);等等。在对从前不相关的领域作短暂巡视后,"我们发现了……完全的社会分散化、偏位、不整合、不定位、不汇合、解构、拆卸、分离、不连续、不规则,等等。de-、dis-、ex-、而非 post-、neo-或者 pre-成为今天的词汇的前缀"(Tschumi:1994,225)。但是,如果我们可以否定一切,那么"后现代主义"还能作为一种独立的文化逻辑出现么? 这样的矛盾在发展过程中出现是正常的,因为后现代性的核心就是矛盾。它不再是严格的"现代性",但也不是完全崭新的、不同的东西,因为现代的范畴随处可见。后现代性一词"暗示着现代性的矛盾,但不在现代性之外超然存在"(Kuspit,1990:60)。或者说,它可能是"现代性的延续和超越"(Jencks,1986:7)。这样的矛盾实际上无法解决。

第三点要说的是,地理学家最大限度地增加了后现代的困惑性(Dear and Flusty,2001;Minca,2002)。对于这一点,我们也许可以感到骄傲! 关于后现代性的名作之一就出于地理学家之手,即哈维的《后现代的状况》(*The Condition of Postmodern*)(Harvey,1989)。但是我们应该看到,该著从马克思主义的角度出发抛弃了整个"后现代"事件,它更类似于哈贝马斯(Habermas,1983)、詹姆森(Jameson;1984;1991)的著作,尤其是柯林尼克斯(Callinicos,1989)的著作,与利奥塔(Lyotard,1984)的不大相像。不过,哈维著作的题目与利奥塔的书名倒是很像(或许是刻意嘲讽?)。与之类似,索亚的《后现代地理学》(*Postmodern Geographies*)

---

　① 消费社会指现代社会越来越围绕消费来加以组织的情况。在生产社会,人们更多关注的是产品的物性特征、使用与实用价值;在消费社会,人们则更多关注商品的符号价值、文化精神特性与形象价值。消费过程中的审美化促进了消费本身与消费者身份认同的构建。——译者注

（Soja,1989）认为后现代性包含了"对空间的重申"，因为现代性对于历史的痴迷在自己的重压之下开始瓦解；这也重申了詹姆森（Jameson,1984:83）的观点，即后现代主义在一个残缺的、破碎的空间中，破坏了人们"找到自己所处位置或是在地图上定位自己的能力"。虽然在某种程度上存在这种现象，但索亚的论文似乎不太令人信服。空间和时间并不是完全分离的，因此我们可能会同时承认"现代的空间-时间"和"后现代的空间-时间"，而非某种线性的历史叙事，将"时间和历史"让位给"空间和地理"（Clarke,2003）。迪尔的《后现代的城市条件》（*The Postmodern Urban Condition*）（Dear,2000）作为一本更新的、更审慎的书也加入了后现代地理学的队伍。该书与索亚的观点一致，认为洛杉矶是后现代领域的地震中心（Davis,1985；Gordon and Richardson,1999）。虽然索亚知道自己将会受到那些已经听厌了洛杉矶故事的人（Elden,1997）的批评，但他还是说："在洛杉矶发生过的事也同样会出现在皮奥里亚①、斯肯索普②、贝洛奥里藏特③和高雄④，只是出现的程度不同……而且绝不会以完全相同的方式出现。"不过我倒是怀疑他可能没去过斯肯索普，而且好奇他为何模糊自己的观点：他强调不同的程度，而且还着重强调了"绝不会"。

　　因此，"绝不要"相信任何人关于后现代性的观点。而且在面对地理学家的时候尤其要谨慎。人文主义者、马克思主义者，还有其他人，惯用并滥用了"不管你愿不愿意"这种说法（但这能怪谁呢？这个词体现了"后现代"的精髓！）。这一章的目的是力图给"后现代性"这一概念标示出一些意义，看看这种做法会起到多大作用。既然现在滥用"后现代"这个词的情况已经有所好转，那么我们就终于可以开始言归正传了。

不可抵抗的力量遭遇不可移动的对象

　　为了深入分析，我们必须更好地理解现代性。我已经提示，源自马克思主义者、人文主义者之类的分析线索并不可信。它们都有各自分析的线索，对他们中的多数人而言"pomo"⑤只是四个字母的单词。因此，让我们直接追寻第一手资料，听一下利奥塔（Lyotard,1984）的观点。

　　《后现代状态》一书最常被引用的一句话是在其引言中，利奥塔阐述道，"我将后现代定义为不轻信元叙事"（Lyotard,1984,xxiv）。利奥塔认为元叙事（字面意义就是"大故事"）的含义就是那种使特定的现代话语合法化的"起中心作用的原则"。这类现代话语声称能够发现"真"

---

①　Peoria，美国伊利诺伊州一个县的首府。——译者注
②　Scunthorpe，位于英国。——译者注
③　Belo Horizonte，位于巴西。——译者注
④　中国台湾省高雄市。——译者注
⑤　指 post-modern（后现代）的缩写词。——译者注

(truth),因此最大程度地确保了从知识出发,付诸社会的行动的价值和效用。我们要关注科学主义者、激进主义者、政治家和道德家以及数不清的其他人始终申明以真实为基础采取行动的权力。利奥塔倾向于认为这种情形并不好,因为我们发现自己正面临"正统的元叙事机器发生了故障"(Lyotard,1984,xxiv)。耐克般"想做就做"的逻辑,在其坚果般的外壳内,是后现代的条件——我们不再相信现代性的"宏大叙事",就如我们不再相信上帝一样(在这一点上,也许有人会问"我们"指的是谁,因为我们中的大部分人并没有表现出不再相信。这个问题提得好但是现在,稍微收起一些你的怀疑,看看利奥塔得出了什么结论。又见 Lyotard,1992)

　　利奥塔指出,他用"现代"这个词,"来指明一类科学,它们存在的合法化是以宏大叙事为基础的。宏大叙事对于它们的重要性就如同辩证法之于立法精神,解释力之于概念,精神(或肉体)解放之于思考者(或劳动者),以及创造财富的能力之于财富本身"(Lyotard,1984,xxiii)。他暗示的是,在现代性之前,故事只是故事,比如寓言或者神话。故事是我们和世界相处的一种方式。但是,现代性试图引入一种新的事物状态,它宣扬它的故事不仅仅是故事,它的故事有其优越性:这些故事不但可以阐述事实,还可以通过制造实际效果来证明这些事实(现代医药学可能就是这样一个例子)。现代性最终将会领导人类走向解放之路(知识在这里体现出其实用性),并领导人类全面而最终地理解现实(知识在这里体现出其纯理论性)。对于利奥塔而言,知识确实能通向真实并解放人类,这样的元叙事的用途只有一个,那就是通过明确其科学血统的纯正性,不让那些潜在的竞争性的"文字游戏"通过检验来与它们宣称的真实性一比高下。实际上,我们一直以来都是通过语言文字,通过那些特定的"文字游戏"来认识现实的。我们从来都无法深入语言文字的背后来直接审视它们对现实的表达程度。但是现代性让我们觉得我们可以这样做。所以,可以说现代性是一种至上的信仰,信仰知识拥有把握事实的无上力量。在这一点上,现代性听起来非常完美。

　　尽管现代性关于知识普遍性的梦想听起来非常棒,不过有人发现了一些深层次的问题。第一个问题是信息时代科学的质量和其初始的蓝图不太一致,而且正以惊人的加速度远离最初的现代景象。"后现代的科学与之前的科学不具有连续性"(Lechte,1995:99),知识生产的繁荣带来了比之前更加复杂的、不相称的、无法比较的知识,其严重程度使人们觉得这种事态将会是永久性的,而不再会通往未来的终极大综合的道路。第二个问题是现代性关于知识普遍性的梦想很容易变为噩梦般的极权主义,而且确实如此。现代主义的前景笼罩着邪恶的面纱,这不只出现在科幻小说里。在奥斯威辛之后,现代性整体陷入危机当中,因为这场大屠杀并不是"前现代"野蛮性的某种逆转,而是"现代理性"的一种系统化的配置和运行。它简直就是现代性的例证(Bauman,1989;Lyotard,1990;Clarke et al.,1996)。在阿多诺[①](Adorno,

---

① 法兰克福学派的代表人物。——译者注

2003)看来,奥斯威辛导致了现代性表征的危机。他指出:"(他们)无法讨论大屠杀,但也不可能保持沉默"(Easthope,2002:112)。因此,不准确的描述及误用证据都会削弱那些不证自明的、曾在乌托邦中承担了美好未来的"总体叙述性"。结局就是"普遍性知识的不合法"。我们现在所做的一切都是文字游戏,但我们没有必要为此哀悼。就像拉普斯利和韦斯特莱克所表达的乐观结论一样:"后现代产生了多元性,增加了对现行各种压迫形式的抵抗。"(Lapsley and Westlake,1988:208)只有那些沉迷于不健康的现代主义的怀旧之情的人,才会将元叙事的消失视为大问题,而非一个空前绝后的机会。如尼采所说,上帝之死打开了"我们崭新的未来"(Nietzsche,1974:374)。

　　事情会如此么? 利奥塔关于后现代的主要评判就是:后现代"不轻信元叙事"。不用深入钻研《后现代状态》就能认识到,神圣的历史唯物主义传统看起来有点像过时的现代性元叙事的一个值得嘉奖的样本。对哈维而言,这就有点意味深长了。作为一位标志性的马克思主义者,他能完美地找出后现代源自何处。他用"永久的"马克思主义方法,以一种清晰而具有优势的视角辨认出后现代的缘起。没有人能说他的观点是苍白的,更遑论他的观点率先而且完美地指出了后现代想做什么。这就是不可逆的力量遭遇了不可移动的对象。利奥塔(Lyotard,1984)指出现代性叙事全盛时代已经过去了,没有人再为相信这样的虚无而烦恼。哈维(Harvey,1989)则认为,谢谢各位,他所赞成的(马克思主义的)"元叙事"仍然在有效地发挥作用,而且足以揭露那些企图侵犯其可信性的空洞话语(暗指后现代主义)。哈维对利奥塔的回应与哈贝马斯的观点相似(Habermas,1987)。哈贝马斯指出现代性的正面潜力还有很多没有实现。这种观点源自一些严重关切:在实践中,后现代主义使社会批评(和进步的政治运动)"非法化"的现象,远多于使投机资本主义(和新保守主义)"非法化"。后现代主义可能"只是晚期资本主义的文化外衣"(Harvey,1987:279)。

　　哈维在《后现代的状况》一书中对法国哲学家的抨击令人印象深刻。他称他们是一帮老愤青,是被抛弃的一代。例如,该书质疑《后现代状态》中提出的集体性的"我们"认同,似乎坐着喷气飞机满世界飞的知识分子比全世界的工人更有"我们"认同。这也像是吹响了马克思元叙事理论拥护者的集结号,而利奥塔好像对此很不以为然。利奥塔(Lyotard,1988:92)自己就曾经强调过,他"严重偏离马克思主义"是因为他觉得,问题"停留在现实主义,或是真与假的层面上",会让人们难以察觉出给定框架内隐蔽的其他不公平。所以,这也就难怪哈维会受到不少抨击,而这些抨击就来自于他本来预想应该是他盟友的那些人。他认为女性主义的特征是"地方性的"斗争,因此就碰到过冷遇(Deutsche,1991;Massey,1991;Morris,1992;Harvey,1992)。哈维在书里批评后现代主义有内在的反动性,但是也没有能够给读者们带来一种"抵抗性的后现代主义",因此没有为除了"阶级"以外的其他声音开辟空间,仅仅是号召"保持信仰",这激起了一片指责之声(Bondi 1990;Bondi and Domosh,1992;Soja and Hooper,1993)。

尽管有这些争议,哈维的《后现代的状况》还是广受欢迎,这不只是因为该书对伴随后现代的空间和时间变化经验作出了权威性的综述。哈维巧妙地发展了詹姆森(Jameson,1984)的论述,认为后现代具有彻底的"扰乱"作用,其影响遍及各个地方,从由"时空压缩"(Kirsch,1995)形成的缩小世界,到后现代城镇的时髦话题——建成环境(Ellin,1996)。对哈维来说,所有后现代文化的标志都可以且应该追溯到资本主义的逻辑。

尽管哈维(Harvey,1989)和詹姆森(Jameson,1984)之间有些差别,但是两者却因同一种方法而联系在一起。对詹姆森(Jameson,1984)来说,后现代主义是"晚期资本主义的文化逻辑"。哈维(Harvey,1987)的"文化外衣"的说法秉承了这一说法,但是,詹姆森引用曼德尔(Mandel,1975)来解释我们如何在"超空间"中漂流,而哈维(Harvey,1989)则认为后现代文化反映出一种新的"弹性资本积累"制度,以及伴随而生的"制度化风格"(Aglietta,1979)。将这些不同的变化形式放在一边,它们都阐述了马克思主义经典的"经济基础-上层建筑"的隐喻。马克思推想出"物质生活的生产方式普遍决定了社会、政治和文化生活的过程";"社会的经济结构"是"真正的基础,在这一基础上产生了法律和政治的上层建筑,由此相应地确定了社会意识的形式"(Marx,1971[1859]:20)。这一隐喻因为派生了各种各样不同的解释而声名不佳——阿尔都塞声名狼藉的经济决定论是较近的一个例证,但是"你永远不会只剩下最后一个例证"(Althusser,1969:11)。哈维和詹姆森一样,明确地将经济基础—上层建筑的模型作为了解资本主义产生后现代文化的基础:"后现代文化生产的一个奇怪问题就是,追求利润的行为在第一时间有多大的决定力"(Harvey,1989:336)。哈维的观点可能和鲍曼(Bauman,1993a)在《后现代伦理学》(*Postmodern Ethics*)中提出的观点相同。我认为哈维固执地主张将"经济"和"文化"必然地结合在一个特定的逻辑里(Amin and Thrift,2004),在某种程度上是一个严重的错误。

不管我们在政治上赞同哈维的程度有多大,在后现代的条件下仍然坚持现代立场还是有严重问题的,因为一旦划分了各个领域,各自就拥有了自己的决定过程。詹姆森(Jameson,1981)对马克思主义(元)叙事采取了更具有反思性的态度,相比而言哈维不太愿意这样做(尽管伊斯特霍普(Easthope,1999:146)曾揶揄说,"如果说马克思主义算得上史上最动听的故事,那么它留给我们的东西实在让我们搞不懂")。同样,不管我们多么担心利奥塔的观点使社会批评非正当化,我们都很难责备利奥塔本人。如胡伊森(Hayssen,1984)所说:"不管多么令人困扰,后现代的景观已经包围了我们。它既束缚同时也打开了我们的视野,它是我们的问题也是我们的希望。"利奥塔敏锐地观察到现代性的解体——也许他有时候说不到点子上,不过这次他确实指出了重要的东西。可是令人沮丧的是,哈维对此的回应也不过就是他一厢情愿的想法。我的判断可能是错的,不过就算哈维不同意,一厢情愿的想法确实于事无补。人们可能因为无法认识到一些事情而感到舒服:人们就不必走出自己熟悉的范围,去承受探究未知世界的压力。同样,忽视也并不一定是件好事情。无法认识到一些事情可能是非常危险的,这会使一个人产生虚假的安全感。我认为,这是哈维阐述后现代性时的最不妥当之处。

在结束这一部分前,让我们把观点再向前推进一步,以期它会最终促使我们对后现代地理学的性质有更好的了解。这里,我引用自己的一段话:

> (对于哈维而言),只需要在已建立的历史唯物主义分析案例之前提到后现代,说明它是什么就够了。所有时髦的"不轻信元叙事"(Lyotard,1984,xxiv)的声明溶解在过时的、意识形态的辞令之中,令人感到舒服和熟悉,因此马克思主义元叙事所揭示的内容仍有其说服力。这一观点的合法性置于可论证的现实之中,而哈维的观点确实是人们所期望的最合法的论证。然而,问题在于"不轻信元叙事"的过程源自相反的方向,即不可能找到颠扑不破的事物。合法化的问题在"不轻信"面前是无谓的辩护——我们可以不轻信它。对后现代的真正回应就是立即拒绝它,哈维(Harvey,1989)泰然自若地做到了这点。但是这也很危险,难以预计会引发什么样的理论……哈维重复宣称"和平常一样"……对后现代环境的新奇之处予以直率拒绝。但是这种新奇之处不是如此容易就能驳倒的。(Clarke,2003:177)

只是稍微改变一下隐喻,后现代就不是铁板一块,每个人就都能像哈维所希望的一样,找到自己的立足点,逐步到达光辉的顶峰,一览没有遮拦的全景(Doel,2005)。因此,现在我们必须离开哈维,去了解其他人说了些什么。

现代性的时代,后现代的地理?

真正有价值的后现代概念是什么样的呢? 这确实很难说,尽管有大量著作声称要对这一领域作出说明,它们却几乎都不同程度地围绕着我们已经不去思考的现代性准则来展开。也许从所谓的文学作品中,我们会对后现代有更好的了解,如奥斯特(Auster)的《纽约三部曲》(*New York Trilogy*)(Auster,1987),比大多数以"后现代"为题的文章更有帮助(Jarvis,1998)。索亚(Soja,1989;1996;2000)的洛杉矶三部曲也是这方面的例子。洛杉矶三部曲内生和外生于这样一个大胆的原初议题:现代的时间(历史的进程)让步于后现代的空间(地理学融合的纠葛)。该议题由老死不相往来的两种主义发展而来,即反结构主义的马克思主义(Lefebvre,1991)和反人文主义的后马克思主义(Foucault,1986)。但是,无论这看起来多么有趣,实际上都是后现代地理学家自我表白时常犯的错误。他们总是要按时间段来归纳"现代"和"后现代"的理论,于是就有了这样的说法:我们从前是现代的,我们现在是后现代的,事物是如何改变的。但是未来并不像我们过去所认为的那样。利奥塔适度地警告我们,"线性年表的思想本身正是'现代性'"。然而,后现代必须依据未来(后)和过去(现)的矛盾来理解(Lyotard,

1984:81)。如果说我们从未经历现代,那么我们也永远不会是后现代的。

提供给我们完整的后现代地理感觉的关键性作品是杜尔的《后结构主义地理学》(Doel, 1999)。杜尔引用了利奥塔和特博(Lyotard and Thebaud,1985:16)的话,"后现代不该是一种时代化的感觉"。他注意到大量的后现代地理学公开招摇着错误的理解,即建构一种方法,"把现代和后现代概念性的特征放在左右两列来比较它们的差异,会发现主流思想是从'理性、统一、秩序'到'疯狂、破碎和无秩序'"(Doel,1999:68)。面对广泛传播的误解,很重要的一点就是认识到"后现代主义不是现代主义的末期,而是现代主义未成熟的状态,这种状态是常态"(Lyotard,1984:79)。这里,我们应该接受我们之前记下的想法:若问后现代为何,它是一种"运作的方法"(Eco,1985),或者一种"思想状态"(Bauman,1992)。换言之,它是一种让事情继续进行下去的方法。

为了让自己处于这种特定的思想框架之下,我们首先要澄清:后现代并不是现代的反面。它不是继"现代之后"清晰地呈现出来的一个时代,意味着绝对的历史断裂(每到这时候,连字符就会有用武之地:"后—现代"(post-modern));它更不是一种主流思想的转换(一种相对的断裂,如冗长乏味的两列展现差异的清单所暗示的)。后者,如杜尔所说:

> 如果我们用辩证的方法来分析,那么这两种自主的、能够自圆其说的理论看起来是一个历史性突破的两个方面,但实际上它们是在一个相同的结构下形成的、互为组分的两个主体。对现代性的否定依然属于现代性,而对后现代的否定则根本没有恰当的形式和具体的内容。(Doel,1999:68)

除非我们小心翼翼,不然"后现代"总是很容易在字面上被证明为自相矛盾、毫无含义的时髦口号。后现代性的含义到底是什么? 杜尔坚持道:"后现代不是一个时代,而是无休止的来自于现代性内部的拒绝,拒绝忘却现代性之内无法表征和回忆的东西,拒绝对它们保持沉默。"(Doel,1999:69)这是一个非常重要的构想,因此我们再次引用,这次是利奥塔的话:"后现代性应该是这样一种行动,即在现代中,提出'表征'自身无法表征的东西"(Lyotard,1984:81)。在这一理解上,后现代就是一种对无法表征的东西的极度敏感(Farinelli et al.,1994;Olsson,1991)。人们已认识到,现代性嗜好表征,以建构宏大图景,因此"我们"可以看到所有事物都各有其位,而且已经各就各位,这意味着否认和抹去了那些不合适的东西。现代性和真理紧紧联系在一起,而"真理在其存在的所有范围里,是第一位的,而且是被人们首要地描绘的"(Hebdidge,1988:209;Heidegger,1977)。相反,后现代准备着对他者开放,不会扼杀可能性,也不会将无法表征之物喷绘在图景或地图之外。在这个意义上,它与生俱来地就是地理的——对差异和划分、空间和间隔尤为敏感,比以前任何一个时期的地理学都敏感(Doel,1999;Soja and Hooper,1993)。

　　在杜尔的后结构主义看来,后现代地理学"解构了古老的欧几里得几何学、非欧几里得几何学和 N 维空间的轮廓",因此,空间不是什么陷于表征或视界困境的东西,不是作为不可表征的事物非要去表征不可,而是"拒绝整体化和统一化,变得差异化——是实现差异性、他者性和异质性的渠道"(Doel,1999:70—71)。与达达主义①一样,后现代的空间"以分裂为标志,影响着有差别的、可改变的地方"(Easthope,2002:4)。后现代空间以开挖"重大意义的鸿沟"为目标,以抵抗试图"将自己修补为某种意义连贯的形式"的趋势(Easthope,2002:4)。从这种描绘中,可以很清楚地了解为什么哈维的书(Harvey,1989)读起来具有一种"曲线现代主义",即试图把一种"独特的"视角隐藏在"广泛的"斗争之下。因此,如果说后现代以另一种方式体现了马克思主义的现代主义,那么也没什么不安的。后现代本身一点也不保守,实际上是远离保守的。

　　前面提到过,地理学界对哈维将女性主义描述为一种严格的"地方性的"斗争很不满,认为地方性的斗争和"普遍的"阶级不平等的历史相悖。这反映了后现代主义、女性主义、后殖民主义以及形形色色被边缘化的声音之间广泛的、积极的相互融合(Benhabib,1991;Bhabha,1994;hooks,1990;Hutcheon,1988;Young,1990)。实际上,强调差异的文化政治,便明确地拒绝了统治阶级这个理念。巴巴②故意地扭曲了哈贝马斯的话,他认为,差异"不再'聚集在阶级对抗方面,而是分解为广泛分散的历史可能性'"(Bhabha,1994:171)。哈维(Harvey,1993)对这一观点的反应可以说达到了战术目标而没有达到战略目标,他强调一致的而非不协调的政治利益,但是他也再一次指出保持他原有立场的难度。马克思的元叙事或许是一个极其精辟的故事,但是固执地维持其真实的价值也只能显示其具有现代性的渊源。然而,学术界可能过于轻率地把一切都归因于差异性了(Strohmayer and Hannah,1992)。伊斯特霍普就这一点(Easthope,2002)尖锐地批评了学术界,虽不完全出自于对立立场,却称得上对理论的一次勇敢的涉足,目的是要指出乌托邦式的幻想不是马克思主义的专利。

　　在所有这些争辩之中,最值得一提的就是,关于后现代的辩论在重新审视现代性时表现出了敏锐的洞察力,并且认识到了现代性到底是什么。一些关于现代性的中肯的评论似乎体现出了莫比乌斯③式的(后)现代的拓扑。当现代性在 17 世纪成为西方公共话语的中心时,其所显示出来的重要性远远超出了其字面上的含义(Bauman,1993b)。它为当时正承担着"时下的"和"新式的"深刻变革的社会标识出了一些至关重要的东西——它第一次把"未来的可能

---

　　①　达达主义兴起于一战时期的苏黎世,是一场波及视觉艺术、文学(主要是诗歌)、戏剧和美术设计等领域的文艺运动。达达主义运动的大部分参与者都深受虚无主义观点的影响,认为人类创造的一切都无实际价值,包括艺术在内。达达主义者进行艺术创作的根基在于机遇和偶然性因素。达达主义者认为"达达"并不是一种艺术,而是一种"反艺术"。无论现行的艺术标准是什么,达达主义都与之针锋相对。——译者注,引自维基百科。

　　②　霍米·巴巴(Homi Bhabha),当代西方后殖民主义理论的领军人物之一。——译者注

　　③　这里指的是莫比乌斯带(Möbius strip 或者 Möbius band),一种拓扑学结构,它只有一个面(表面),和一个边界。这个结构可以用一个纸带旋转半圈再把两端粘上之后轻而易举地制作出来。——译者注

性"置于"过去的权威性"之上。不过,一个现代的、面向未来的社会,一定会造成如今的不平等,因此需要不断地改进,也就是需要现代性来作为一支塑造社会的基本力量。然而"不断地改进"掩盖了许多罪恶。现代性一贯追求"那些可能获得的东西",于是发起了针对矛盾的持续的斗争。这场消耗战的基础是对发号施令的狂热,它会把阻挡它达到预期目的的一切定义为"非理性的"(Bauman,1991)。出于一种怪诞的癖好,现代性认为不整洁的自然界应该交给高明的园艺师,于是也要把社会修剪出形状,把野生文化转变为园林文化(Bauman,1987)。实际上,巴黎的"豪斯曼时期"①(Harvey,2003)或者罗伯特·摩西对纽约的影响(Berman,1982)都无可挑剔地表明,现代性总是一种创造性毁灭的过程——"在'意义'的驱使下,一种广泛毁灭所有表象的过程……也是世界觉醒的过程,使世界开始抛弃话语和历史的暴力"(Baudrillard,1994:160)。

鲍曼认为,无论出于什么目的,上述特征都在当今所有西方社会和西方化的社会打上了印记,只有一个重大的不同点:"如果说在整个现代时代,社会和个人生活的'紊乱'、自相矛盾和内在的不确定性被视为暂时的社会不稳定因素,并最终将为理性趋势所战胜;那么,这些东西现在就应该被视为不可避免的且不可抹杀的东西,而且未必就是社会不稳定因素"(Bauman,1993b:596)对于鲍曼来说,这就是后现代性最终的含义。因此,它也就是现代性的全面发展。人们已经完全清楚地认识到现代性的目标不可能实现,但是当现代性不可逆转地跨过这道批评的门槛,它就演变成了后现代性,而且从此势不可当。如果现代性是一种无法控制的盲目崇拜(Giddens,1990),那么后现代性就是"除去幻觉的现代性"(Bauman and Tester,2001:75)——是"对意义的广泛毁灭,就等同于从前对现象的毁灭"(Baudrillard,1994:161)。

这就是为什么我们要将后现代首先视为一种运作的方法或者一种思想状态,一种让事情继续下去的方法。因为后现代并没有与以证据为基础的那些关于世界状态的陈述脱节,所以它主要是对于那个世界状态的一种解释方法。而这种解释方法与那些以"现代性之后"为主题的言论有天壤之别。如鲍曼所说:

> 用"之后"(after)这种方式概括"后现代"的概念,在我看来,一开始就很令人怀疑……在我看来,"后现代的观点"允许人们仔细地审查现代性的失败之处,揭示许多现代性视为研究死胡同的地方,而非站在反对现代性的立场,或者在其坟墓之上成长。后现代一开始就已经是现代性不可缺少的知己;无休止的、永恒的反对的声音能够使现代在后现代的批评之中寻找到由这些批评沉淀出的许多真理。我很欣赏利奥塔的妙语:先理解后现代,然后才能真正地理解现代。

---

①   指 19 世纪 50 年代路易·拿破仑(拿破仑三世)与豪斯曼(Georges Haussann)对巴黎的重建,拿破仑三世希望将巴黎改造成庄严的帝国首都,这也是巴黎城市现代化的过程。——译者注

"后现代的时代"对于我来说,是一个现代性立场已经开始了解自己的时代,而"了解自己"意味着认识到批判的工作没有极限,而且不会终止;换句话说,"现代的工程"不仅仅是"未完成",而且"无法完成",而"无法完成性"是现代这个时代的本质。(Bauman and Tester,2001:74—75)

我们讨论了"后现代的时代",那么到了最后,我们是否能明确"后现代的空间"是什么? 一种似是而非的答案是,在某种程度上,后现代的空间和地方,与现代的空间和地方没有什么太大的不同。但是在另一种含义上,意译普鲁斯特①的话,就是我们已经有了新的视角来观察空间和时间。我相信这一点就是关于后现代的争论对地理学的永恒馈赠。

为了证明这一点,我来举一个简单的例子:弗拉斯蒂对各种不同形式"禁止空间"的精湛思考。是的,你可能已经猜到了,就在洛杉矶!

他(Flusty,1994)将禁止空间进行分类,分类的依据是它们的功能和认知敏感性,以表明空间是如何设计来排斥某些人群的。一些空间具备被动的攻击性:通过干扰物或者角度变化隐藏起来的空间被称为"秘密的";通过冒犯的或令人为难的手段才能触及的空间被称为"难以捉摸的"。其他的空间分类是更加直截了当的、有对抗性的:蓄意地被围墙和检查入口所包围的空间是"有外壳的"空间;没有阴凉的、放在那里却不方便坐的长凳空间是不友善的"令人刺痛的"空间;炫耀性地安装了监视设备的空间是"令人紧张不安"的空间。(Dear,2000:146—7)

这就是后现代用新视角观察事物的一个完美的例子。当然,有可能提供更理论化的例子来说明后现代的时空观,比如说流动性(Bauman,2000),或者"近乎淫亵的"情色地理学,即"乱交之总和"(Baudrillard,1993:60)。但是上述那个更平易近人的例子可以极好地服务于我们的目标。它让我们感受到了后现代地理学中蕴藏的"可能性"。

结语

所以,我们必须下结论了。"我们必须得出结论么? 我们不能确定是否所有话题都能得出确定的结论。有些人断言:不能。"(Benko,1997:27)嗯,或许的确不能,不过我们可以说,对地理学后现代转向的发展过程、重要性和遗产的迅速总结,其基础是试图清除"后现代"一词一开始就产生的混淆,尤其是考虑到其"讽刺"的姿态(Rorty,1989)。在结束我们的论述之前,我们要强调这种讽刺的极度严肃性,尤其是在现代性走到尽头的时候(Vatimo,1988)。鲍德里亚

---

①　这里指的应该是写作《追忆似水年华》的法国作家马塞尔·普鲁斯特(Marcel Proust,1871—1922)。——译者注

引用了卡内蒂(Canetti,1986)的小说《人类省》中的警句：

> 这是一种痛苦的想法：即在某个特定的精确时刻之外，历史不再是真实的。认识不到这一点，整个人类就突然被现实抛弃了。在真实之外，没有什么事情是真正发生的，但是我们无法认识到这一点。现在我们的目标和责任是发现这一点，只要我们无法领会这一点，我们就注定要继续我们现在这种毁灭性的进程。(Baudrillard,1987:35)

鲍德里亚采用了这一观点，他认为我们已经完全严重地脱离了历史。但是他坚持认为卡内蒂的观点——我们能够回到过去，找到那一刻究竟发生了什么事，当然也能够还原事件——是错误的。我们认识到，越过事物发展的终点，终点本身就不再有任何含义，而且在一开始就不存在任何意义。终点不过是幻影，是后现代性的幻影之一。现代性所衍生出来的追求虚幻终点的方法通常充满痛苦，但是在某种程度上看是值得的(Freud,1955)。终点似乎与方法是吻合的。但是在今天看来，并没有所谓的终点，而方法依然存在(Agamben,2000)。

参考文献

Adorno, T. W. (2003) *Can One Live after Auschwitz? A Philosophical Reader*, ed. R. Tiedemann. Palo Alto, CA: Stanford University Press.

Agamben, G. (2000) *Means without Ends: Notes on Politics*. Minneapolis: University of Minnesota Press.

Aglietta, M. (1979) *A Theory of Capitalist Regulation: The US Experience*. London: Verso.

Althusser, L. (1969) *For Marx*. Harmondsworth: Penguin.

Amin, A. and Thrift, N. (eds) (2004) *The Cultural Economy Reader*. Oxford: Blackwell.

Auster, P. (1987) *The New York Trilogy*. London: Faber.

Baudrillard, J. (1987) 'The year 2000 has already happened', in A. Kroker and M. Kroker (eds), *Body Invaders: Panic Sex in America*. New York: New World, pp. 35—44.

Baudrillard, J. (1993) Baudrillard *Live: Selected Interviews*, ed. M. Gane. London: Routledge.

Baudrillard, J. (1994) *Simulacra and Simulation*. Ann Arbor, MI: University of Michigan Press.

Bauman, Z(1991) *Modernity and Ambivalence*. Cambridge: Polity.

Bauman, Z(1992) *Intimations of Postmodernity*. London: Routledge.

Bauman, Z(1993a) *Postmodern Ethics*. London: Routledge.

Bauman, Z. (1987) *Legislators and Interpreters: On Modernity, Post-Modernity and Intellectuals*. Cambridge: Polity.

Bauman, Z. (1993b) 'Modernity', in J. Krieger, M. Kahler, G. Nzongolap-Ntalaja, B. B. Stallins and M. Weir (eds), *The Oxford Companion to the Politics of the World*. Oxford: Oxford University Press, pp. 592—6.

Bauman, Z. (2000) *Liquid Modernity*. Cambridge: Polity.

Bauman, Z. and Tester, K. (2001) *Conversations with Zygmunt Bauman*. Cambridge: Polity.

Bauman, Z. (1989) *Modernity and the Holocaust*. Cambridge: Polity.

Benko, G. (1997) 'Introduction: modernity, postmodernity and the social sciences', in G. Benko, and U. Strohmayer (eds), *Space and Social Theory: Interpreting Modernity and Postmodernity*. Oxford: Blackwell, pp. 1—44.

Benhabib, S. (1991) *Situating the Self: Gender, Community and Postmodernism in Contemporary Ethics*. Cambridge: Polity.

Berman, M. (1982) *All That Is Solid Melts into Air: The Experience of Modernity*. London: Verso.

Bhabha, H. K. (1994) *The Location of Culture*. London: Routledge.

Bondi, L. (1990) 'Feminism, postmodernism and geography: a space for women?', *Antipode*, 22: 156—67.

Bondi, L. and Domosh, M. (1992) 'Other figures in other places: on feminism, postmodernism, and geography', *Environment and Planning D: Society and Space*, 10:199—213.

Callinicos, A. (1989) *Against Postmodernism: A Marxist Critique*. Cambridge: Polity.

Canetti, E. (1986) *The Human Province*. London: Picador.

Clarke, D. B. (2003) *The Consumer Society and the Postmodern City*. London: Routledge.

Clarke, D. B. , Doel, M. A. and McDonough, EX. (1996) 'Holocaust topologies: singularity, politics, space', *Pofitical Geography*, 15: 457—89.

Davis, M. (1985) 'Urban renaissance and the spirit of postmodernism', *New Left Review*, 151: 106—13.

Dear, M. J. (2000) *The Postmodern Urban Condition*. Oxford: Blackwell.

Dear, M. J. and Flusty, S. (eds) (2001) *The Spaces of Postmodernity: Readings in Human Geography*. Oxford: Blackwell.

Deutsche, R. (1991) 'Boys town', *Environment and Planning D: Society and Space*, 9:5—30.

Doel, M. A. (1993) 'Proverbs for paranoids: writing geography on hollowed ground', *Transactions of the Institute of British Geographers*, 18: 377—94.

Doel, M. A. (1999) *Poststructuralist Geographies: The Diabolical Art of Spatial Science*. Edinburgh: Edinburgh University Press.

Doel, M. A. (2005) 'Dialectical materialism: stranger than friction', in N. Castree and D. Gregory (eds), *David Harvey: A Critical Reader*. Oxford: Blackwell, pp. 55—79.

Doel, M. A. and Clarke, D. B. (1997) 'From Ramble City to the Screening of the Eye: Blade Runner, death and symbolic exchange', in D. B. Clarke (ed.), *The Cinematic City*. London: Routledge, pp. 140—67.

Easthope, A. (1999) *The Unconscious*. London: Routledge.

Easthope, A. (2002) *Privileging Difference*. Basingstoke: Palgrave.

Eco, U. (1985) *Reflections on The Name of the Rose*. London: Secker and Warburg.

Elden, S. (1997) 'What about Huddersfield? Edward W. Soja, Thirdspace: Journeys to Los Angeles and Other Real-and-Imagined Places', *Radical Philosophy*, 84: 47—8.

Ellin, N. (1996) *Postmodern Urbanism*. Oxford: Blackwell.

Farinelli, E, Olsson, G. and Reichert, D. (eds) (1994) *Limits of Representation*. Munich: Accedo.

Flusty, S. (1994) *Building Paranoia: The Profiferation of Interdictory Space and the Erosion of Spatial Justice*. West Hollywood, CA: Los Angeles Forum for Architecture and Urban Design.

Foucault, M. (1974) *The Order of Things: An Archaeology of the Human Sciences*. London: Routledge.

Foucault, M. (1986) 'Of other spaces', *Diacritics*, 16: 22—7.

Freud, S. (1955) *Civilization and its Discontents*. London: Hogarth.

Giddens, A. (1990) *The Consequences of Modernity*. Cambridge: Polity.

Gordon, P. and Richardson, H. W. (1999)'Los Angeles, City of Angels? No, City of Angles', *Urban Studies*, 36: 575—91.

Habermas, J. (1983) 'Modernity: an incomplete project', in H. Foster (ed.), *The Anti—Aesthetic: Essays on Postmodern Culture*. Seattle, WA: Bay, pp. 3—15.

Habermas, J. (1987) *The Philosophical Discourse of Modernity: Twelve Lectures*. Cambridge: Polity.

Harvey, D. (1987)'Flexible accumulation through urbanization: reflections on postmodernism in the American city', *Antipode*, 19: 260—86.

Harvey, D. (1989) *The Condition of Postmodernity: An Enquiry into the Origins of Cultural Change*. Oxford: Blackwell.

Harvey, D. (1992)'Postmodern morality plays', *Antipode*, 24: 300—26.

Harvey, D. (1993)'Class relations, social justice and the politics of difference', in M. Keith and S. Pile (eds), *Place and the Pofitics of Identity*. London: Routledge, pp. 41—66.

Harvey, D. (2003) *Paris, Capital of Modernity*. London: Routledge.

Hebdidge, D. (1988) *Hiding in the Light: On Images and Things*. London: Routledge.

Heidegger, M. (1977) 'The age of the world picture', in *The Question Concerning Technology and Other Essays*. London: Harper and Row, pp. 115—54.

hooks, b. (1990)'Postmodern blackness', *Postmodern Culture*, 1. http://jefferson. village. virginia. edu/pmc/text-only/issue. 990/hooks. 990, accessed 9 May 2005.

Hutcheon, L. (1988) *A Poetics of Postmodernism: History, Theory, Fiction*. London:Routledge.

Huyssen, A. (1984)'Mapping the postmodern', *New German Critique*, 33: 5—52.

Jameson, E (1981) *The Political Unconscious: Narrative as Socially Symbolic Act*. London: Methuen.

Jameson, E (1984) '*Postmodernism,or the cultural logic of late capitalism*', New Left Review, 146: 53—92.

Jameson, E (1991) *Postmodernism,or the Cultural Logic of Late* Capitalism. Durham, NC: Duke University Press.

Jarvis, B. (1998) *Postmodern Cartographies: The Geographical Imagination in Contemporary American Culture*. London: Pluto.

Jencks,C. (1986)*What Is Postmodernism?* London:Academy.

Johnston,R. J. ,Gregory,D. ,Pratt,G. and Watts,M. (2000)*The Dictionary of Human Geography*,4th edn. Oxford:Blackwell.

Kirsch,S. (1995)'The incredible shrinking world? Technology and the production of space',*Environment and planning D:Society and Space*,1 3:529—55.

Kuspit,D. (1990)'The contradictory character of postmodernism',in H. J. Silverman(ed.),*Postmodernism: Philosophy and the Arts*. London:Routledge,PP. 53—68.

Lapsley,R. and Westlake,M. (1988)*Film Theory. An Introduction*. Manchester:Manchester University Press.

Latour,B. (1993)*We Have Never Been Modern*. Cambridge,MA:Harvard University Press.

Lechte,J. (1995)'(Not)belonging in postmodern space',in S. Watson and K. Gibson(eds),*Postmodern Cities and Spaces*. Oxford:Blackwell,PP. 99—111.

Lefebvre,H. (1991)*The Production of Space*. Oxford Blackwell.

Lyotard. J. F. (1984) *The Postmodern Condition:A Report on Knowledge*. Manchester:Manchester University Press.

Lyotard. J. F. (1988) *Peregrinations:Law,Form,Event*. New York:Columbia University Press.

Lyotard,J mIE(1990)*Heidegger and 'the Jews'. Minneapolis:*University of Minnesota Press.

Lyotard,J mmR(1992)*The Postmodern Explained to Children:Correspondence 1982—1985*. London: Turn-around.

Lyotard,J. -E(1984)The Postmodern Condition:*A Report on Knowledge*. Manchester:Manchester University Press.

Lyotard,J. -R(1988)*Peregrinations:Law,Form,Event*. New York:Columbia University Press.

Lyotard,J. -E and Thebaud,J. -L. (1985)*Just Gaming*. Minneapolis:University of Minnesota Press.

Mandel,E. (1975)*Late Capitalism*. London:Verso.

Marx,K. (1971)*A Contribution to the Critique of Pofitical Economy*. London:Lawrence& Wishart.

Massey,D. (1991)'Flexible sexism,*Environment and Planning D:Society and Space*,9:32—58.

Minca,C. (ed.)(2002)*Postmodern Geography:Theory and Praxis*. Oxford Blackwell.

Morris,M. (1992)'The man in the mirror:David Harvey's *Condition of Postmodernity*',*Theory,Culture and Society*,9:253—79.

Nietzsche,R(1974)*The Gay Science*. New York:Random House.

Olsson,G. (1991)*Lines of Power/Limits of* Language. Minneapolis:University of Minnesota Press.

Perec,G. (1999)*Species of Spaces and Other Pieces*. Harmondsworth:Penguin.

Rorty,R. (1989)*Contingency,Irony,and Solidarity*. Cambridge:Cambridge University Press.

Soja,E. W. (1989)*Postmodern Geographies:The Reassertion of Space in Critical Social Theory*. London Verso.

Soja,E. W. (1996)*Thirdspace:Journeys to Los Angeles and Other Real-and-Imagined Places*. Oxford:Blackwell.

Soja,E. W. (2000)*Postmetropolis:Critical Studies of Cities and Regions*. Oxford: BlackwelI.

Soja,E. W. and Hooper,B. (1993)'The spaces that difference makes:some notes on the geographical margins of the new cultural politics',in M. Keith and S. Pile(eds),*Place and the Politics of Identity*. London: Routledge,PP. 1 83—205.

Strohmayer, U. and Hannah, M. (1992) 'Domesticating postmodernism', *Antipode*, 24:29—55.

Tschumi, B. (1994)*Architecture and Disjunction*. London: MIT Press.

Vattimo, G. (1988) *The End of Modernity: Nihilism and Hermeneutics in Post-modern Culture*. Cambridge: Polity.

Young, I. M. (1990)'The ideal of community and the politics of difference',in L. J. Nicholson (ed.), *Feminism/Postmodernism*. London: Routledge, pp. 300—23.

第十章 后结构主义者的理论

保罗·哈里森(Paul Harrison)

"一切真理都是简单的"——难道这句话不是一个复杂的谬误吗?

——弗雷德里希·尼采(Nietzsche,1990[1888]:33)

如同其他所有"主义"一样,"后结构主义"也是一个晦涩的词语;而且直到今天,相比于其他大多数"主义",它也还仍旧制造着更多的混淆、苦恼、争吵和出奇愤怒。其中一个主要原因在于,人们经常搞不清这个词所指的到底是哪些人、哪些事。比如说,与维也纳学派的实证主义者们(第2章)、与绝大部分马克思主义者们(第5章)、女性主义者们(第4章)和现实主义者们(第8章)都不同,"后结构主义"旗下的概念、著作和观点与其他主义基本上没有区分度,它们从未建立起自己的纲领,也没有共同的信条。我们下面将会看到,最宽泛地说,"后结构主义"一词反映了当代欧洲哲学是大约220年前的哲学概念和文本的沿革。在这种背景下,"后结构主义"一词基本上可以看作是一组松散地联系在一起的哲学文献和哲学家,在1960年代的法国出现过其鼎盛时期。

当然,想在这样一篇短文中总结出50年以来如此繁盛而复杂的理论和思潮是不现实的,我们也不应该如此着急地就对它作出一个评判,因为目前这个思潮还处于不断分化和发展中。讲清楚这一点后,我想在本章的开始部分基于欧洲传统为后结构主义标明三个特质。首先,这是本体论的复兴,也就是说后结构主义标志着"第一哲学"(关于事物本源的讨论)的回归和复兴,尽管这种根本性问题的讨论常常是伴随附带的历史问题的。第二,也是随之而来的,后结构主义是坚决反对实在论的;因为对于后结构主义来说,内涵和本体都是结果而非原因。第三,也是进一步且自然而然地,后结构主义拥有一个重要的伦理学立场,尤其反映在它关心他性和差异性上,这在过去20年里越发清晰起来。如果大家认为这几点说得比较模糊,那么希望这一章接下来的内容能够在某种程度上澄清这些观点。当然,我强烈建议那些对后结构主义有兴趣的人士去读一读那些原始著作。

本章可以分成四个部分。第一部分将通过对后结构主义思想谱系的分析,简要介绍一些后结构主义对实在论的反对。第二部分结合欧洲文化背景介绍一下后结构主义的简史。第三部分要对后结构主义的未来及其在政治和伦理上的诉求作一个展望。最后一部分要介绍一些扩展读物,并回顾两部重要的后结构主义作品。纵览全章,它批判了实证主义、批判了传统哲学和理论想从历史和环境中脱离出去的尝试(这种历史和环境被美国哲学家约翰·卡普托(Caputo,2000)称作"生命的原初困境")。我的意图是要提出问题,让大家去思考究竟为何要对证实、表达和真理设定特定的假设条件,其本质到底是什么。

谱系写就的冰冷事实

谈到给事物下定义,德国哲学家弗雷德里希·尼采曾经说,只有那些没有历史的东西,才能被准确地定义出来。这句话是什么意思呢? 尼采的意思是说,如果一个人,比如说一个哲学家,认为我们理解事物所需要的是清晰的定义,或者说通过总结出来的、抽象的词汇可以来理解事物的本质、本体和内涵,那么他就大错而特错了:

> 这说明他们缺乏历史感,他们没有变化的眼光,他们就如同古埃及人一般。当他们以一种"永恒"的观念,把事物从历史中剥离出来,他们认为自己做了件大好事,但实际上是把事物变成了一具木乃伊。几千年来所有东西都被哲学家变成了概念化的木乃伊,没有东西能活着跳出他们的手掌心。他们杀死了这些概念崇拜者,把它们填充好,而后拿出来供奉——当他们供奉的时候,他们就变成了万物的死敌。(Nietzsche,1990:45)

根据尼采的言论,当我们认为我们在思考事物的本质、实在或是内在的时候,也就是思考那些看起来或者本应该简单、清晰、明了、没有问题的东西时,我们忽略了每个事物都有其历史。尼采认为那些相信真理如同钱财或救赎一般,可以被获取或拥有的人,那些"即使身处绝境也笃信之"(Nietzsche,1990:45)的人,都没能抓住事物会发展变化的本质。一个概念看起来可以把某种事物描述成一种确定不变的东西,给出一些特质,如"好"或"坏"、"人类的"或"动物性的"、"真理"或"谬误",甚至是"实证的"或"后结构主义的";其实概念是不确定性和冲突的历史沉积物,沉积层能够显示出人们为了掌控这个词汇的意义而进行的角逐。一个概念、一个词汇或标识显示着不同力量之间持续产生着的关系。尼采告诫我们要特别留意那些形而上的观点,不管它们是富有宗教意义的还是合乎科学哲学的,因为那些观点的气息中包含了"现在与永恒"的救赎,因为它们能引领你找到"真正的"真理、实在和美好。每当你听到这种观点时,尼采会建议你再多找寻找寻,因为在这美景背后,另一些东西却在腐朽;同一性一旦建立起来而例外性被排除,道德问题就随之而来了。"很多思想在这个工厂中制造出来,而对我来讲它似乎是谎言堆成的腐肉(Nietzsche,1998:47)"。卡普托这样写道:

所有那些自诩为真正的真理的东西,都掩盖了其自反性和虚假性,甚至掩盖了出现例外情况的可能性。我们人类自己给自己编织出了一个不确定的未来,这个未来我们毫不了解或是知之甚少,这个未来给我们带来的是渺茫的希望和无尽的焦虑,这个未来将会降临到没有对策、没有准备、没有预兆的世界上。(Caputo,2000:36)

这就是谱系和后结构主义写就的"冰冷事实":存在真理而不存在绝对真理,绝对真理所阐述的秘密根本不是秘密,它的基础也悬浮于半空中。

法国历史学家米歇尔·福柯(Michel Foucault)可能是最著名的后结构主义者了。尼采的著作,以及从思想谱系中深入分析之所得,深深地影响了他。福柯以谱系学作为研究哲学史的工具,研究了监狱与刑罚(Foucault,1977a),以及人类的性学和主体性(Foucault,1978;1988;1990)。这些研究都是在对各种身体和心理的历史建构进行了细致的谱系学分析的基础上作出的。他在1971年发表的《尼采、谱系学与历史》("Nietzsche,genedlogg,history")中写道:

谱系是一种单调的、精细的和富有耐性的文字。它的工作领域是一堆杂乱晦涩的文稿,还有诸多历经多次增删抄改的文献。(Foucault,1977b:139)

我们一般认为历史学的调查意在追查一种现象发展的始末,例如道德、性和刑罚,去回溯它们的起始或源流,来揭示更深层次的原理和起因,如气候变化、人性、民族对文明的追求,生产方式蕴含的危机,能够驱使个体或改善母子关系的意愿,等等。事实上,历史学的研究一直就是这么做的,目前也还是这样做。不过,这种研究的前提和过程里面都有一种假设,即有一种超脱于历史的、先验的结构或者机制在背后指导或塑造着那些现象,这种机制使词汇能保持它们的意义,使需求朝着一个方向发展,使思想保持其逻辑性。谱系学并不打算探索这类奥秘或源流,反之"谱系学家希望历史能抛弃由源流所带来的混沌"(Foucault,1977b:144)。目的不再是重建、重塑,而是驱散。谱系建立的目标不是在我们的想法和方法里建立起一种专横的、非空间的、非历史的"现在与永恒",而是要抓住白驹过隙的瞬间画面并对此负责,要把历史理解成一种生产性的、差异化的领域。福柯是这样看这个问题的:

我们所要揭示的不再是同一性……而是相异性。我们不必再保留确定性的理想化状态,而是要能抵抗以前强加给我们的同一性,解放我们的思想,在环境允许的时候创建新的同一性。(Caputo,2000:34)

如果福柯不承认事物有形而上的、先验的原因这个前提,以便概述历史并解释当前,那么他怎么来论述自己的观点呢?福柯又一次地追随了尼采,从理性退向感性,从理论退向实践,从大脑退向感官。福柯认为,我们唯一需要抓住的就是实体难以预见的可变性:

实体是事件(通过语言捕捉到并通过思想消弭掉)展现在外的部分,是孤立的本我(实在物的映像)之所在,是永恒的不整合的测度。谱系学……因而就存在于实体和历史的结合部。它的任务是展现历史反映出的实体和历史对实体的毁灭过程。(Foucault,1977b:148)

因此,在福柯对基本方法和思维实践的研究中,他回顾了生命权力在整个西方的网络运作,即技术科学话语和唤起、塑造、识别、分类、规范与评判实体的实践活动。他尤其关注那些暗示资本主义兴起的容易驾驭的、富有生产性的实体,这些实体被由学校、工厂、监狱、兵营和医院等场所形成的催化网络训练和储存着,是为了让他们适应新的生产模式。

如果说福柯认为没有什么是最根本的,如果他的论点是彻底的反本质的,如果知识和真理都与权力难以分开,那么他怎么对历史发表意见,我们又怎么评判他的文字呢?当然,愿望和实际是有反差的,或者如德国哲学家哈贝马斯(Habermas,1991)所说,"隐蔽的规范主义",对于福柯的哲学史学批评必然要归于一些外在的批评标准,例如怎样才算是真理和理性。福柯的很多著作论证了一种两面性,这为绝大多数的后结构主义者所知,即对外部理性或真理标准的否定一方面具有批判性,另一方面又具有证明性。从此后结构主义就经常与非理性主义和虚无主义为伴。福柯的著作在一些方面的确存在问题,不过他关于批判的关键思想(我们会在第三部分看到)在他的论文《什么是启蒙》(*What is Enlightenment*)中已简明地作了阐述。在该文中他谈了自己的工作境况以及现代哲学和理论界更广泛的问题。

福柯一开始就评价说:"现代哲学都是在回答两个世纪以前提出的一个很唐突的问题:什么是启蒙运动?"(Foucault,1984:32)这个问题是由德国哲学家伊曼努尔·康德(Immanuel Kant)在1784年提出的。福柯的论述一直被认为是对康德文章的标准解读:康德所理解的启蒙是一种摆脱我们自身的懵懂的过程,从"其他人的权威中把我们引向理性的领域"(Foucault,1984:34)的摆脱过程,那时候的榜样们都服从于军事纪律、政治权势或者宗教威信。康德反对这种"不假思考的遵从",而建议人们采用另一种态度:"服从,而后如你所愿地运用理性。"他举的例子是人们要纳税,同时要尽可能地参与到税收系统的改进中(Foucault,1984:36)。福柯认为康德实际上是在推行某种契约,这既是政治问题,也同样是哲学问题:"这也许可以叫作在自由意志下产生的专制主义的理性契约"(Foucault,1984:34)。在这里理性被自由运用,但是仅限于预先设定的范围里。在这一点上福柯对他读过的康德著作进行了突破,他更多地关心它表现了什么而不是它表达了什么。对于福柯来说,文中最重要的、最根本的地方在于康德如何把现在时作为其批判反思的对象。除了预先设定的专制范围里产生理性契约以外,紧迫的、关键性的问题紧接着就来了:"今天相比于昨天有什么不同?"(Foucault,1984:34)在这里"启蒙运动"不是我们在限制条件下从卑躬屈膝到相对自由所跨过的门槛,也不是从学校毕业到开始工作所跨过的门槛,而是对这些门槛的不断的质疑。福柯尤其认为这是对地学史中思想、概念和价值观的质疑,而正是这些东西支撑起了似乎最平常、最不可置疑的理念和前提。

"完善"的过程是专制和自由不断创生的过程,而不是在另一种专制主义下的另一种契约。因而福柯的观点是一种"实践批判……是关于我们的批判本体论,通过反思我们如何变成今天的样子,打开了一扇通往另一条路的门"(Owen,1999:602)。从这个意义上讲,后结构主义制造了一种内生性的批判,这种批判无需普适性的解释力的存在。福柯认为启蒙运动是"一系列的政治、经济、社会、制度和文化事件",把"寻求真理的过程和争取解放的历史以某种直接的方式联系起来",提出了"我们至今仍要思考的哲学问题"(Foucault,1984:43):到底什么是启蒙运动? 我们是怎样变成今天这样子的? 在今天理性起到的作用是什么? 有关理性的问题要历史地而非抽象地去应对。通过这种方式,福柯在他的批判文字中反对"启蒙的'讹诈'"(Foucault,1984:43),这从哈贝马斯的论述中能够看到。福柯的观点不像某些文化或文明的碰撞一样,鲜明地"支持"或"反对"启蒙运动,他认为"人们应该避免让自己陷入这样简单的、独裁式的单选题中"(Focault,1984:43)。

后结构主义是什么?

那么后结构主义到底是什么呢? 如上文所说,"后结构主义"一词指的是欧洲哲学距我们最近的一个发展阶段。在福柯的引领下,我们可以说,从1780年代康德的批判哲学著作发表算起,在将近二百二十年里,欧洲哲学得到了很大的延展。像上一节说过的,康德通过宣示理性主权的方式明确了"启蒙运动"的意义。从当时的那一刻发展到现在,一条可能的路径就是现在为人门所知的哲学的"分析传统",正是这个传统让逻辑实证主义兴起并分化繁衍。通过研读分析哲学的著作可以得知,康德的贡献在于提出围绕着思想和理论的工作应该首先并着重致力于解决认识论中的问题,比如说在理性范围内涉及实在性、证明性和证据的问题。正如维也纳实证主义者奥托·纽拉特(Otto Neurath)所说:

> 科学世界里的概念是在人类基本的经验之上产生的。它们在形成过程中自信满满地淘汰了形而上的、神学的渣滓。(转引自 Critchley,2001:96-97)

不过这并不是启蒙运动演进到今天的唯一途径。如克里奇利(Critchley)指出的,很多人认为在德国启蒙运动中产生的一整套思想在刚一问世时就发生了"内部崩溃":

> 这个问题可以这样描述:理性的主权建立在一个前提之上,即理性可以批判我们的一切信仰……但如果这句话成立,如果理性可以批判一切,那么它必定可以批判其自身。因此批判要想成立,就不得不出现一种"元"批判(meta-critique)。(Critchley,2001:19-20)

不过康德的哲学里并没有给出这样的元批判,它尤其无法把理论与实践、理性和感性、理解与感知、本质和自由、纯粹本体和实际形式联系起来。说到最后,这个二元即纯粹本体和实际形式,我们可以回到本章一开始尼采的评论。我们已经知道,尼采引入了具象化的纯粹的理念,用以否定偶发性、可感性、易变性和可变性,否定我们开篇时所说的"生命的原初困境"。不过欧洲哲学思想并没有高高在上地净化形式和本质,而是追随本体诠释论者马丁·海德格尔(Martin Heidegger,1889—1976),采取了脚踏实地的变化思维。这种思想脚踏的层级低于了纽拉特的想象,基本上翻出了最底层的问题,包括:

先验条件不只是为了研究这样那样的实体来让科学成为可能,而是还要提供一种可能性,使本体论自身优先于存在者层次上的科学,并成为其存在的基础(Heidegger,1962:31)。

当然,对于很多人——尤其是拥有哲学分析传统的人来说,这种质疑有点无的放矢,要么是已经解决的,要么是根本无法解决的。路德维希·维特根斯坦(Ludwig Wittgenstein,1889—1951)在《逻辑哲学论》一书(该书一直是逻辑实证主义者的必修课)中评价道:"世界就是问题的全部"(Wittgenstein,1961:♯1)。他的意思是说,我们可以从世界中分离出一切纯理论性的问题和命题去加以解决,剩下的问题就都是自明的或逻辑上自然的,要么就是毫无意义的。因此也就产生了维特根斯坦理论的底线,也就是近代哲学最著名的话之一:"凡是不能说的事情,我们就应该沉默"(Wittgenstein,1961:7)。任何主张或者意见如果不是逻辑自洽的,或者不能被证明,那就只不过是一种空想,你最好还是别说出去。这种思想里明确蕴含着的危险性激发了很多欧洲哲学家的反应:这种危险在于算得上真理的只剩下描述、计算、测量和对比验证,余下的思想都被贬到空想的范畴里去了。那么,这是不是意味着欧洲哲学,或者说具体一点,后结构主义,只是披着哲学外衣的劣哲学,或是像美国文化战争中出现的伪科学一样呢?

表 10.1　欧洲哲学的研究内容

---

1. 德国理想主义、现实主义及其后续发展
2. 对形而上学和"怀疑之主"的批判
3. 德语系的现象学和存在主义哲学
4. 法语系的现象学,黑格尔主义与反黑格尔主义
5. 诠释学
6. 西方马克思主义与法兰克福学派
7. 法国结构主义、后结构主义、后现代主义和女性主义

资料来源:Critchley,2001:13.

并非所有的质疑都是杞人忧天,确实有一些贴着后结构主义标签的文章有问题。不过,正是因为后结构主义与所处的环境紧密联系,与先验性紧密联系,与真理和谬误、存在和缺失、主

观和客观、证明和空想、描述和概括、差别和融合等等这些现象困境紧密联系，才使自己不会沦为伪科学。现象学的创始人埃德蒙德·胡塞尔(Edmund Husserl,1859—1938)认为，哲学家的职责是自然的探索者和生存之世界的灵长，理论和科学的思想从世界里涌出，哲学家们在这样的世界中寻找到自己存在的重要性和意义。现象是世界中的实在或者世界的产出，是主观可能性或者客观可能性所能形成的环境基础，是根据这两方面的某一方面预先设定好的；没有什么东西可以划归到这以外去。亚德里安·佩珀扎克(Adrian Peperzak)写道：

> 理性无法证明其自己的起源。在我们展开讨论之前，必须有一些信条、知觉和感受要被普遍接受。为了避免任何形式的专制，我们必须找到一些最基本的东西(当然也不是像主观主义者所谓的那样"主观")，这些东西是最最基本的，可以让我们尊重甚至是笃信的。(Peperzak,2003:3)

不过就很多人的理解而言，后结构主义是当代虚无主义的表征。这样的观点严重忽视了后结构主义存在的环境，以及它的历史——如尼采所言，曾经反对虚无主义。如果一件事能够或者有必要被说出来，那么就没有什么东西比这样一个简单的对事实的描述更能够迅捷而且潜移默化地把深层意思表达出来。虚无主义不能简单地被认为是非理性的或是与启蒙运动"对立"的，而是源自一种对客观事实的纯粹计算性的理解，脱离了事实所处的环境，即把思想和它的产生地割裂开了。这并不是说真理绝对地取决于其环境因素，或者说真理绝对是"有条件的"、"地方的"或"与其他事物有关联的"，而是说理性只有在"生命的原初困境"中才能找到它最合理的地方。如果我没有能对自己的本体诠释论提出质疑，我们就无法饱含深意地问这样的问题："为什么采取这种方式而非那种?""为什么是这样而不是那样?""为什么是某些东西而非什么都不是?"(Heidegger,1998:134)；"现在与永恒"是没有反应的、不负责任的专制。

后结构主义的承诺

人们经常认为后结构主义完全站在否定批判的立场上。在其激进的反实在论和反基础主义的行动中，后结构主义似乎没能作出什么引人瞩目的成就，无论是从纯粹学术上还是从政治上。正因为如此，很多人把后结构主义归于认识论上的和政治上的相对主义的范畴。为了转变这种观念，我在这部分里要给出后结构主义"肯定"的本质。为了达到这个目的，我会简单讲一下法籍阿尔及利亚哲学家雅克·德里达(Jacques Derrida,1930—2004)的著作，以及以他为代表的一种思维方式：解构。

我们已经见识到福柯是如何运用其谱系学，试图为明显是先验的力量、实体和概念引入极大的历史和地理的偶然性的。德里达采用了一种类似的方式，只不过他的研究重点在于西方哲学、政治和宗教传统当中的核心概念。比如说,他在《政治与友谊》(*Politics of Friendship*)(1997)一书中就比较了很多关于政治和政党的概念,从柏拉图(Plato,427—347B.C.)到列维纳斯(Emmanuel Levinas,1906—1995)的观点都有。德里达展示了很多政治和民主的概念是如何在历史中变化的,尤其是那些

> 极少宣称自己没有国家和家庭提供某种精神支持的种类,那些没有典型的派生根源(如家族、人种、性别……血缘、出生地、天性、民族,等等)的种类。(Derrida,1997:x)

民主的巨大力量及其主旨是要让每个人都能独立自主,互相没有偏见;不过德里达的研究认为,由于民主总是定义在男性的友谊之上,所以民主思想和实践一直都有缺陷而且系统性地背离了其原意。德里达描述了西方的政治理想为什么在设想人们在一起如何生活、建立什么样的社会关系上有着巨大的困难,以至于只能把社会关系设定为相似的人的互助行为。在该书的最后一页他提出了这样的问题以激励后续的研究:

> 能不能设想和建立一种民主,使得它能够保有旧的"民主"的名字,同时又能根除掉所有从(哲学意义上的和宗教意义上的)友谊里带来的特质,比如规定了博爱的基础是以家族和男权为中心建立起来的伦理群体?有无可能设想人们能够笃信一种民主理性或者简单的民主理性,让人们不再去主动建立某种民主,而是对未来完全开放,或者说等待着那种民主的到来呢?(Derrida,1997:306)

从上面的文字我们可以看出,德里达的概念研究并不是简单地持虚无主义,或是对原有民主概念的否定,而是像所有的解构一样,试图打开这个概念并引入另外一些可能性。德里达认为我们无需再建立某种政治(某种新制度或社会蓝图),因为那样的建设无疑会沦为先验的、形而上的预想。反之,我们需要打开政治这个概念,超越它当前的想象力和概念化的范畴:

> 这种(解构)分析理念不是要把民主制度夷为平地,而是期待一种新的民主,来改变它如今的形式,因为它阻碍了后续民主的发展……期待下一个民主的来临,这就是激进民主的本质,也就是解构民主的本意。(Caputo,1997:44)

自1990年代初开始,后结构主义理论,尤其是解构理论里深刻的伦理学本质,开始崭露头角。在德里达的著作中,这种伦理学冲动经常与"将要到来"这一思想纠缠在一起。对于德里达和后结构主义本身来说,"如果没有激进的异化,没有对这种异化的尊重,那么就没有未来"(Derrida and Ferraris,2001:21)。重要的是,"激进的异化"必不只是针对某个本体,而是对"预期、预先占有、预测等一切先决条件的否定"(Derrida and Ferralis,2001:21)。但是我们不得不预测未来,为之作准备、作计划、作分析、作预算、制定战略,如果不这样做就是极大的不负责任。德里达认为,这种理性化行动中的理性仅仅能存在于我们与不可预测的"将要到来"的

未来的"关系"之中。我们去预测,恰恰是因为未来不可预测;未来之所以是未来,就在于我们与未来的关系永远是"将要到来"而不会实现。既然如此,我们的计划、预测和理性化从根本上就不是实打实的主张,不是确定的,而是某种约定或承诺。德里达就此评论道:"自从我一开口我就作出了承诺(Derrida,1987a:14),尽管如维特根斯坦在《逻辑哲学论》中所言,'说了这个'意味着没有别的可说,一切命题'是'这样的陈述比问题'是什么'这样的疑问似乎要来得经典,因为问题本身就隐含了一个前提,即一个'A 是 B'的陈述比学问本身来得经典。"(Derrida1992a:296)如果我们与以肯定和承诺形式出现的未知之间没有"关系",那么学问将无从取得。所以,回到《政治与友谊》的例子,德里达谈道:

> 民主一直是要来到的,这是它的本质,它也一向如此。它不仅是没有一个完成的
> 期限,永远是不完善的,而且根据做出承诺的时间,它总是存在于未来的时间里。将
> 要到来,意味着即使现在有民主,它也没有真正存在过,它永远不会真正存在。(Der-
> rida1997:306)

因此,解构就是已然承诺、已然参与、已然承担,同时一直将要到来、一直被承诺、一直是可能出现的。

后结构主义与地理学

在这一章里我用了很多笔墨讲"后结构主义"一词如何包含了一系列各种各样的著作和思想,因此它对地理学的影响也是多方面的。在本章的后续章节(第 27 章)里,约翰·怀利(John Wylie)将会简明扼要地讲述后结构主义在地理学中产生的影响。为了不至于重复,我只想有重点地、选择性地谈一些文献,对后结构主义和地理学都感兴趣的读者也许会愿意接触它们。

在开始的时候,有必要提一些(基本上是)非地理学者所写的文章,因为它们都来自于或有助于理解后结构主义对空间思想的渗透。爱德华·卡塞(Edward S. Casey)的《空间的命运:哲学历史》(*The Fate of Place:A Philosophical History*)(Casey,1997)对长期以来的空间和地方的思想作了很好的回顾。类似地,杰夫·马尔帕斯(Jeff Malpas)的《地方与经验:哲学拓扑学》(*Place and Experience:A Philosophical Topology*)(Malpas,1999)对当代哲学家参与空间事务作出了有趣的探索。尽管卡塞和马尔帕斯在论述中都体现出一种现象学的思想,但是大卫·科莱尔(David Farell Krell)的《建筑:属于空间、时间和人的不动产》(*Architecture:Ecstasies of Space,Time and the Human Body*)(Krell,1997)一书受德里达后现象学的解构思想的影响更深,尽管这本书不如他的其他著作那样成功。罗伯特·穆格拉沃尔(Robert Mugerauer)的《解读环境:传统、解构和诠释学》(*Interpreting Environments:Tradition,De-*

construction and Hermeneutics)（Mugerauer，1995）、卡斯滕·哈里斯（Karsten Harris）的《建筑的伦理学功能》(*The Ethical Function of Architecture*)（Harris，1998）和约翰·拉赫曼（John Rajchman）的《建构》(*Constructions*)（Rajchman，1998）也都讨论了类似的话题，只不过没有那么热烈。在很大意义上，德里达对地理学的关键贡献在于他的"空间制造"理念，他对空间与地方的论述基本上也就仅限于此了。不过他对世界大同主义和亲密的人际关系有过很多的论述（Derrida，1992b；2000；2001；2002），也可以算作他对语言、翻译、放逐和距离的思考（Derrida，1987b；1998）。大卫·坎贝尔（David Campbell）的《解构国家：波斯尼亚的暴力、认同和公正》(*National Deconstrction：Violence，Identity and Justice in Bosnia*)（Campbell，1997）一书算是一个不错的与地理学相关的解构的例子。就福柯而言，他的很多著作中的某些部分都可以至少算作"空间发展史"的范畴。除了上述主要的文献以外，还有斯图尔特·埃尔登（Stuart Elden）的《规划现实：海德格尔、福柯和空间发展史》(*Mapping the Present：Aeideg-ger，Foucault and the Project of Spatial History*)（Elden，2001），克里斯·费罗（Chris Philo）的重要的论文，以及琼尼·夏普（Joanne P. Sharpe）等的《权力的纠缠：统治与反抗的地理学》(*Entanglement of Power：Geographies of Domination/Resistance*)（Sharpe et al.，2000）中收录的文献。这些关于后结构主义和空间的文章之中有些是以女性主义视角写的，其中尤其值得注意的是伊丽莎白·格罗兹（Elizabeth Grosz）的作品，包括她的《空间、时间和扭曲：有关身体的政治学的文集》(*Space，Time and Perversion：Essays on the Politics of Body*)（Grosz，1995）、《从外面看建筑：视觉和真实空间的文集》(*Architectrre from the Outside：Essays on Virtual and Real Space*)（Grosz，2001）以及她著名的《易变的身体：关于肉体女性主义》(*Volatile Bodies：Towards a Corporal Feminisn*)（Grosz，1994）。地理学家写出的重要文献有唐娜·哈拉维（Donna Haraway）的关于重新思考人地关系的著作，尤其是她的代表性文集《类人猿、植物人和女性：自然的重新发现》(*Simians，Cyborgs and Women：The Reinvention of Nature*)（Haraway，1991）。还有另外一些关于空间和地方的话题在近些年引发了地理学家的兴趣，包括布雷恩·马苏米（Brian Massumi）的《视觉的预言：运动、影响和感知》(*Parables for the Virtual：Movement，Affect，Sensation*)（Massumi，2002），威廉·康诺利（William E. Connolly）的《神经政治学：思想、文化和速度》(*Neuropofitics：Thinking，Culture，Speed*)（Connolly，2002）以及迈克尔·哈德特（Michael Hardt）和安东尼奥·内格里（Antonio Negri）作为21世纪后结构主义宣言的《帝国》(*Empire*)（Hardt and Negri，2001）及其续篇《群众》(*Multitude*)（Hardt and Negri，2004）。尽管列在这里的这些文献可以帮助那些想投身于后结构主义的人了解讨论和辩论内容的大致轮廓，但是它们与当今的地理学思想还是脱离得很厉害。我再一次建议那些有兴趣的读者去读一下怀利写的综述，拓宽自己的视野。在这里我想重点介绍地理学家们作出的两个重要贡献来弥补一下这个学术距离：一个是马库斯·杜尔（Marcus

Doel)的《后结构主义地理学：空间科学里的魔鬼艺术》（*Poststructurlist Geographies：The Diabolical Art of Spatial Science*）（Doel，1999），另一个是萨拉·华特莫尔（Sarah Whatmore）的《混血地理学：自然文化空间》（*Hybrid Geographies：Natures Cultures Spaces*）（Whatmore，2002）。

　　尽管不是第一个将地理学与后结构主义融合或者公然宣称自己是后结构主义者的著作，杜尔的《后结构主义地理学》一书仍然从诸多方面展示出了人文地理学内部后结构主义理论化的"第一波"高潮。杜尔的主要观点是后结构主义已经是一种关于空间本质的思考，尤其是作为"事件"对空间本质的一种思考。杜尔认为地理学一直陷入一种"点描法"的困境，是对"是什么"这种常规思维方式的整体的、确定的（也是形而上的）信仰（上文已经写过尼采对此的批判），这导致地理学不能就本质进行思考，不能研究差异、差异性和"动态性"。杜尔认为一定要认识到一切事物必须要发生，必须（杜尔沿用亨利·列斐伏尔（Henri Lefebvre）的这个词）要"经历空间的审判"，来理解不是一种条件或事物，而是一种发生、一种事件。事物不是简单地处于空间里，而是以多种形式被空间所塑造，这也是事物的本质之一。不过与此同时，这种"空间作用"或者"空间倾斜"也干扰或打破了实体性、永恒性、本体性和先验性的定义和外观。这种思想也在鲍德里亚、德勒兹（Deleuze）、德里达、伊利格瑞（Irigaray）和利奥塔的著作中得到了发展，它们主导了地理学内部对人文主义和马克思主义思潮的批判；而后两者的罪状在于它们基本上"僵化"的模型和思维方式，它们没有建立起来对空间的信仰，因此没有能"让空间发生"。在旁征博引了很多文献、笑话和新词汇之后，从杜尔的论述中产生了一种野心勃勃的想法，试图要重新考虑和重新定义空间——甚至是地理学本身——的基本特征。后结构主义地理学也遭受了很多人的批评，其中有基本上同意其观点的，也有反对其观点的。杜尔的书无疑是一本颇富有挑战意味的著作，它里面用到了很多已经为作者所接受的先决认识。从某种程度上讲这有点专制主义，也是后结构主义所反对的。不过，更要命的批评是，杜尔的书象征着"后结构主义的整体失败……它仅仅是在自说自话"（Bancroft，2000：122）。地理学家杰弗里·波普克（Jeffery E. Popke）在自己的文章《后结构主义伦理学：主观性、责任与社区空间》（"Poststructuralist Ethics：Subjectivity，Responsibility and the Space of Community"）（Popke，2003）里面也表达了类似的看法，只不过更加直白。尽管他对杜尔的重新考量空间分异的思想基本接受并持欢迎态度，但他也认为杜尔"没能给我们提供任何打开责任与公正性的关系的思维方法"（Popke，2003：309）。

　　华特莫尔（Whatmore）的《混血地理学》并没有以后结构主义的视角去默默思考空间自身的本质，至少在整体上没有这样做，而是重新思考和探索了自然和文化间的区别与联系。在经历了一系列的研究之后，华特莫尔将视角放在了一种富含生气的"野生动物拓扑学"上，它是在自然—文化二元论被解构后提出的。像杜尔一样，华特莫尔也希望为世界提出一种异源的、过程性的、发生学的观点来支撑我们继承下来的表述及其前提条件。至于标题中"混血"的世界，华特莫尔认为这体现了一种重要但非本质性的关系，也是从静态转化到动态。这一思想导致很多非集群的或网络化的现象要自我"定位"，探索世间"万物"——从大象到转基因作物——是如何被其遭遇、过程和行为影响到了其本质，因为那些东西都是部分的、临时的、不完善的。由于包含了后结构主义里的反本质主义和反基础主义思想，华特莫尔的著作也表现出了明确的女性主义和环境主义传统。也许正是这三股力量的交汇，使得华特莫尔比杜尔有更明确的伦理学思想。华特莫尔认为事物拥有关系化的、开放的本质，这就需要一种"关系伦理学"来研究人们和"非人之物"一起生活、聚合和变化的各种方式。与杜尔不同，华特莫尔在文中实践她的理想，通过多种方式试图建立起她所说的东西的关键性气质。这种立论与实践结合的做法使得《混血地理学》也成了一本颇富有挑战意味的书；同时也和杜尔的书一样，可能会最终迷失方向。不过这种迷失富有创造性，意在改变概念模式的专制化或分裂化，改变过于幼稚的方法论和过于依赖经验的研究策略。华特莫尔的关系伦理学虽然比杜尔的思想要明确，但是仍然有些含糊不清，或许是因为过于强调本体一元论和她所热切追求的差异性之间的冲突，而忽略了其他的东西。抛开这些评论不说，《混血地理学》可以说是走在了地理学思想的最前沿，它把理论和经验很好地结合在一起，形成了一种尖锐的、正面的内部批判。

小结

　　写这一章的目的不仅是为了介绍后结构主义的概况，同时也要介绍一下它的发展动向和存在的问题。很多学者已经写就很多著作来做这件事，包括但不限于乔治·阿加姆本（Giorgio Agamben，1942—）、朱迪斯·巴特勒（Judith Butler，1956—）、莫里斯·布兰科特（Maurice Blanchot，1907—2003）、简·鲍德里亚（Jean Baudrillard，1929—2007）、埃莲娜·西克苏（Hélène Cixous，1927—）、吉尔·德勒兹（Gilles Deleuze，1925—1995）、菲利克斯·加塔利（Felix Guattari，1930—1992）、露丝·伊利格瑞（Luce Irigaray，1932—）、茱莉亚·克里斯特瓦（Julia Kristeva，1941—）、埃曼努尔·列维纳斯（Emmanuel Levinas）、简-弗朗索瓦·利奥塔（Jean-Francois Lyotard，1925—1998）以及简-卢克·南希（Jean-Luc Nancy，1940—），等等。我只列出了那些最重要的，他们都算得上后结构主义者，至少可以说他们的某个研究阶段算得上。我在这里不是要提出挑战，仅仅是要再次强调后结构主义是一个晦涩的词，从中经常读不出什么有价值的东西。在这众多的著作之中，我仍然要强调开篇时提出的三个特质。为了应对（或者仅仅是反对）本体诠释主义的质疑声音，后结构主义批判性地强调我们极度缺乏基础意识和本质意识。出于这种强烈的反本质主义思想，后结构主义反对承认有任何捷径可以得出一个简单真理，或者可以建立一种理论，试图通过非历史性的、非空间性的研究或简单的环境因素研究来降低现象的重要意义。通过这种方式，后结构主义开展了一种关系化的、开放的思想运动,这种运动永远处于修正之中,处于"空间的审判"之中。

　　本文也试图介绍一些主要的对后结构主义思潮的批评。我想通过展示在"后结构主义"一词名下的思想有多么庞杂,告诉大家后结构主义只是当代哲学的冰山一角。只要大家理解了这一点,那么后结构主义就显然不是什么"最时髦词汇"或者"精英用语"。其实,没有搞清楚或是不尊重(不管是有意还是无意的)它所处的环境,是误解和误用这个词的主要原因。一个更具说服力的批评在于后结构主义思想会因为其历史性的自省而变得不堪重负,因为在它权威的和边缘性的刊物中对它所有的注释和评价也被算作它的内容。本章要应付的一个具体问题是有人声称后结构主义是虚无的、反启蒙的、非理性的、空洞的伪科学,陷入了认识论和政治的相对主义。这些批评认为根据后结构主义的反本体主义和反基要主义的思想,它无法作出深入分析,无法作出实现社会进步和道德建设的批判。实际上,很多人把后结构主义当做语言怀疑主义的一个极端的和草率的形式,根子里就有词源学的因素并受到不确定性和蒙昧主义的巨大影响。如果这样理解,那么后结构主义表面上对概念和语言的执念就背离了其对现实世界问题的冷漠。这种看法也忽略了一直推动着后结构主义发展的强烈意愿,即想要建立起来的对差异性的执着,对独立的、边缘化的、排他的"将要到来"的执着。当然,在后结构主义的影响下思考不一定保证你能作出深入分析或进步性的批判(又有哪种哲学、哪种本体论、哪种认识论能保证?),它也不是你能那样做的前提条件。其实,如果有哪种哲学、哪种本体论、哪种认识论声称自己可以保证,那它肯定是最不深入、最不进步的,因为它只不过是一种有效率的、程式化的、有计算能力的或是自动化的思维方式。

　　最后,也许很多人责怪后结构主义的基本教义不能给我们提供"简单的真理"或是选项。就此,德里达写道:"不经历这样的审判、这样的流程而采用不可决定的方式,是没有道德和政治责任感的表现,"(Derrida,1998:116)后结构主义仅仅是一种思潮,想要建立并维系可以称为思想的未知世界的关系。正如尼采所写的:

　　　　我不信任所有使事物系统化的人,也避免和他们接触。这种系统化的欲望表明缺乏整体性。(Nietzsche,1990:35)

参考文献

Bancroft,A. (2000)'Review of Marcus Doel's Poststructuralisf Geographies', *Socia, and Cultural Geography*, 1:1 20−2.

Campbell. D. (1997)*National Deconstruction:Violence, Identity and Justice in Bosnia*. London:University of Minnesota Press.

Caputo,J. D. (1997)*Deconstruction in a Nutshell:A Conversation with Jacques* Derrida. New York:Fordham

University Press.

Caputo, J. D. (2000) *More Radica, Hermeneutics: On Not Knowing Who We Are*. Bloomington, I N: Indiana University Press,

Casey, E. S. (1997) *The Fate of Place: A Philosophical History*. London: University of California Press.

Connolly, W(2002) *Neuropofitics: Thinking, Culture, Speed*. London: University of Minnesota Press.

Critchley, S. (2001) *Continental Philosophy: A Very Short Introduction*. Oxford: Oxford University Press.

Derrida, J. (1978) *Of Orammatology*. London: Johns Hopkins University Press.

Derrida, J. (1987a) 'How to avoid speaking: denials', in S. Budick and W. Iser(eds), *Languages of the Unsayable: The Play of Negativity in Literature and Literary Theory*. Stanford, CA: Stanford University Press, PP. 3—70.

Derrida, J. (1987b) *The Post Card: From Socrates to Freud and Beyond*. London: University of Chicago Press.

Derrida, J. (1988) *Limited Inc*. Evanston, IL: Northwestern University Press.

Derrida, J. (1992a) 'Ulysses gramophone: hear say yes in Joyce', in D. Attridge(ed.), *Acts of Literature*. London: Routledge, PP. 253—309.

Derrida, J. (1992b) *The Other Heading: Reflections of Today's Europe*. Bloomington, IN: Indiana University Press.

Derrida, J. (1997) *Pofitics of Friendship*. London: Verso.

Derrida, J. (1998) *Monolingualism of the Other: Or, The Prosthesis of Origin*. Stanford, CA: Stanford University Press.

Derrida, J. (2000) *On Hospitality* Stanford, CA: Stanford University Press.

Derrida, J. (2001) *On Cosmopofitanism and Forgiveness*. London: Routledge.

Derrida, J. (2002) 'Hospitality', in *Acts of Religion*. London: Routledge, PP. 358—420.

Derrida, J. and Ferraris, M. (2001) *A Taste for the Secret*. Cambridge: Polity.

Doel, M. (1999) *Poststructuralist Geographies: The Diabolical Art of Spatial Science*. Edinburgh: Edinburgh University Press.

Elden, S. (2001) *Mapping the Present: Heidegger, Foucault and the Project of Spatial History*. London: Continuum。

Foucault, M. (1977a) *Discipline and Punish*. London: Penguin.

Foucault, M. (1977b) 'Nietzsche, genealogy, history', in D. F. Bouchard(ed.), *Language, Counter—Memory, Practice: Selected Essays and Interviews*. Ithaca. NY: Cornell University Press. PP. 1 39—64.

Foucault, M. (1978) *History of Sexuality An Introduction*. London: Penguin.

Foucault, M. (1984) 'What is Enlightenment?', in *The Foucault Reader*. London: Penguin, pp. 32—50.

Foucault, M. (1988) *History of Sexuality, Volume 2 The Use of Pleasure*. London: Penguin.

Foucault, M. (1990) *History of Sexuafity, Volume 3: The Care of the Self*. London: Penguin.

Grosz, E. (1994) *Volatile Bodies: Towards a Corporal Feminism*. Bloomington, IN: Indiana University Press.

Grosz, E. (1995) *Space, Time and Perversion: Essays on the Pofitics of Body*. London: Routledge.

Grosz, E. (2001) *Architecture from the Outside: Essays on Virtual and Real Space*. Cambridge. MA: MIT University Press.

Habermas, J. (1991) 'Taking aim at the heart of the present', in D. Hoy(ed.), *Foucault: A Critical Reader*. Oxford: Blackwell.

Haraway, D. (1991) *Simians, Cyborgs and Women: The Reinvention of Nature*. New York: Free Association.

Hardt, M. and Negri, A. (2001) *Empire*. London: Harvard University Press.

Hardt, M. and Negri, A. (2004) *Multitude: War and Democracy in the Age of Empire*. London: Penguin.

Harris, K. (1998) *The Ethical Function of Architecture*. Cambridge, MA: MIT Press.

Heidegger, M. (1962) *Being and Time*. Oxford: Blackwell.

Heidegger, M. (1998) *Pathmarks*. Oxford: Oxford University Press.

Krell, D. E (1997) *Architecture: Ecstasies of Space, Time and the Human Body*. Albany, NY: SUNY.

Malpas, J. (1999) *Place and Experience: A Philosophical Topology*. Cambridge: Cambridge University Press.

Massumi, B. (2002) *Parables for the Virtual: Movement, Affect, Sensation*. London: Duke University Press.

Mugerauer, R. (1995) *Interpreting Environments: Tradition, Deconstruction and Hermeneutics*. Austin, TX: University of Texas Press.

Nietzsche, E (1998) *On the Genealogy of Morals*. Oxford: Oxford Paperbacks.

Nietzsche, F. (1990) *Twilight of the Idols/The Anti-Christ*. London: Penguin.

Owen, D. (1999) 'Power, knowledge and ethics: Foucault', in S. Glendenning (ed.), *The Edinburgh Encyclopaedia of Continental Philosophy*. Edinburgh: Edinburgh University Press, pp. 593-604.

Peperzak, A. (2003) *The Quest for Meaning: Friends of Wisdom from Plato to Levinas*. New York: Fordham University Press.

Philo, C. (1992) 'Foucault's geography', *Environment and Planning D: Society and Space*, 10:137-62.

Popke, J. E. (2003) 'Poststructuralist ethics: subjectivity, responsibility and the space of community', *Progress in Human Geography*, 27: 298-316.

Rajchman, J. (1998) *Constructions*. Cambridge, MA: MIT Press.

Sharpe, J. P., Routledge, P., Philo, C. and Paddison, R. (2000) *Entanglements of Power: Geographies of Domination/Resistance*. London: Routledge.

Whatmore, S. (2002) *Hybrid Geographies: Natures Cultures Spaces*. London: Sage.

Wittgenstein, L. (1961) *Tractatus Logico-Philosophicus*. London: Routledge.

第十一章 行动者—网络理论、网络和关系方法在人文地理学中的应用

费尔南多 J. 博斯科(Fernando J. Bosco)

什么是行动者—网络理论?

行动者—网络理论(ANT)可以用多种不同的方式进行描述,并且在近几年对其已有不少书面论述。行动者—网络理论是社会学的一种视角,起源于研究科学和技术的社会学,特别是与 1980 年代的以布鲁诺·拉图尔、约翰·劳以及米歇尔·卡伦(Bruno Latour,John Law and Michel Callon)为代表的一批科学家的研究工作联系起来。行动者—网络理论旨在揭示和追踪诸多(人类、非人类、具体、抽象)行动者之间的联系和关系,而正是这些行动者使得特定的行为、事件和过程能够顺利进行。最初对行动者—网络理论的关注是为了理解科学知识的建构,而所谓的科学知识,就是一个由各种事物(比方说学术杂志、实验室的试管、学术演讲以及某个科学家的技能)以各种方式通过"异质工程"(heterogeneous engineering)(Law,1992)集合而形成的最终成果。自最初关注科学知识的建构以来,行动者—网络理论已经有了进一步的发展,其影响力超越了学科界限(Law,1991;Law and Hassard,1999)。今天,学者们,当然包括地理学家,按照类似的路线去理解通常的社会结构,即追踪事物之间的不同联系。

任何关于行动者—网络理论的讨论都要求对后结构主义思想有基础性的了解,但行动者—网络理论又不等同于后结构主义。更确切地说,行动者—网络理论是那些与后结构主义思想共有反实在论观点的众多视角中的一个。事实上,行动者—网络理论可以与其他试图更好地理解复杂世界的社会科学理论和方法论探索相提并论。正如劳和厄里(Law and Urry,2002)最近指出的那样,目前的社会科学方法并不能用来很好地了解 21 世纪的现实性。他们认为,到目前为止的社会科学仍不足以处理稍纵即逝的事物及其合理分配(Law and Urry,2002:9)。行动者—网络理论正是试图去解决这些复杂性和难解性。

行动者—网络理论是如何对这么多不同的研究关系进行分析处理的？行动者—网络理论是如何声称揭示了决定各种事物布局的各种关系的，如新西兰雅皮士餐馆(Latham,2002)和全球恐怖分子网络？行动者—网络理论(Etringer and Bosco,2004)作为一种框架，认为知识、行动者、制度、组织以及社会整体，都是影响效果，而这些效果是各种关系通过人类和非人类网络产生的结果。行动者—网络理论告诉我们，这些结果正如同我们有兴趣研究的行动者一样，是网络的一部分。正如劳(Law,1999:4)所阐释的那样，行动者是由其所包含的实体作用形成的网络结果；实体和事物是经由以及通过关系产生或执行的。因此，当在行动者—网络理论中读到"表演性"时，学者想要表达的意思是，事物是由有关系的结构产生的，是通过网络促成和实行的。

行动者—网络理论告诉我们，可以通过追踪所形成的网络以及不同事物(包括人类和非人类)开始联系时出现和发展的关系来研究和理解这些结果。由行动者—网络理论提出的最具争议的观点之一是"行动者"在如此混杂的关系网络中有能力作出行动。这需要一些解释，因为当人们试图从传统社会理论的角度来理解这一观点时，就可能导致他相信这个世界上的每件事物(诸如政府官员、空置的建筑、法律、树等)都具有"能动性"。换句话说，就是可能导致他认为这个世界上的任何事物都等同于有意识的个体。从社会科学的角度看，这并没有什么道理。

然而，行动者—网络理论要求我们把行动者(agent)和能动性(agency)区分开来。拉图尔明确的说法是，基于行动者—网络理论的视角，对行动者的更准确的描述应当是行动元(actant)，即"行动或者被施加行动的事物……(行动元)并不意味着具备人类个体行动者的特定动机"(Latour,1996:373)。这并不是说行动者—网络理论不区分人类行动者和非人类行动者。相反，正如亚当(Adam)解释的那样，当我们在应用行动者—网络理论的时候，在我们对世界的描述中，对人类和非人类是均衡对待的，特别是当提及非人类行动者的代理者时，对人类行动者代理人的描述和记录却是可有可无的(Adam,2002:332)。

拉图尔对行动元的描述和定义让我们回到对行动者—网络理论中一个关键性的概念——网络影响——的讨论。从行动者—网络理论的角度看，能动性是通过异质事物和物质的网络发生作用而产生的结果和分配后的作用。行为者事实上是去中心化的，并不聚集或存在于人类或其他事物上(Whatmore,1999)。举例来说，从行动者—网络理论的角度来说，如果将电脑、同事、书本、工作、职业网络以及任何在我生命中能让我行动的事物隔离开，我将不再是一个能够写文章和研究学问的地理学家。如果这些事情发生，我就可能变成其他人。劳(Law,1992)举了一个相同的例子(以他作为依赖于特定行动者网络的社会学家身份)，把能动性定义为网络，从而总结出能动性的去中心化的概念。因此，从这个方面来看，各种事物，比方说科学知识、国家政府，甚至所谓的一个人，都只不过是网络的结果。根据劳的说法，这意味着任何人或事物之所以成为行动者,是因为他存在于围绕在每个实体周围的物质的、肉体的以及其他物质的网络中的一系列元素中(当然也包括实体)(Law,1992:3)。最终,一旦我们将能动性定义为网络,揭示各种关系的异质性"行动者网络"就能够帮助我们解释社会中权力和组织的机理,来理解事物(例如知识、制度、人造工艺品、技术)如何形成、持续,并最终从我们的生活和地球中减弱和消失(Law,1992)。

专栏 11.1 行动者网络:追踪"野生动植物的拓扑结构"

如果我们从行动者—网络理论的角度去研究"自然"和我们通常认为的"野生动植物",将会发生什么?根据地理学家萨拉·沃特莫尔(Sara Whatmore)的说法,答案是自然将不再被仅仅看成自然环境中原始的、田园的、乌托邦式的动植物景色,荒地和野生动植物将被看成在人类与动物、植物与泥土、文献与设备之间产生的一种关联性存在,它们存在于通过复杂地点和易变生态生成的异质性社会网络中(Whatmore,2002:14)。沃特莫尔通过追踪两个不同的野生动植物拓扑网络构筑了这样一个关系视角的自然界,这两个不同的拓扑网络是古代罗马斗兽比赛网络(这种残酷的公开游戏是选中一些动物在比赛中与其他动物或人类进行对抗)和基于生物多样性科学建立的当代物种目录(在这一目录中,基于物种保护的动机,某些动物受到保护,其繁殖和被人类利用都受到科学的控制)。这两个网络都有各自的时间和地点,但其发展过程——各种不同因素通过网络的聚集——是相同的。举例来说,曾在罗马竞技场斗剑比赛中占据舞台中央角色的豹,不过是联系中国和罗马、印度和非洲的包括军队供应链和受政府保护的精密采购网络中的一部分。正如沃特莫尔解释的那样,观众在罗马竞技场看到的豹是非洲某地的豹的化身。被用于角斗比武或野生动物格斗的豹,经常遭受饥饿、虐待或疾病。它们的性情,包括他们的攻击性和能力,随其在网络中的流转而改变,这种流转包括它们被追逐和捕获,被装在木头笼子里(通过马车或者商船)经由陆地或水路运输,接受训练,然后被藏在地下室中等待最后表演的日子。经过在由各种异质元素组成的复杂网络中的循环,一头豹将会变成罗马人说的虎猫属——用来表演的野生动物。同样,今天的野生动物也是复杂和异质网络中的一部分,它不是简单地作为单一生物的本质,而是一个本能的和环境力量的汇集(Whatmore,2002:14)。目前,很多野生动物被按照生物多样性原则进行科学分类,这种分类系统非常像把世界按照系统科学方式进行划分的殖民主义体系。举例来说,通过地方的、国家的、全球的管理国际野生动物交易的制度(例如国际濒危物种交易公约),某种南美的特殊宽吻鳄鱼(在当地被称为宽吻鳄)被命名为宽吻凯门鳄,并被列为濒危种类。这一命名和分类使得这一物种加入到旨在推动对动物保护进行科学管理的生物多样性科学网络。这包括通过有管制的鳄鱼身体部位买卖来为当地人保证该物种的存活提供动机(Whatmore,20002:27)。这种对鳄鱼的可持续使用将动物置身于一个复杂的网络中,这个网络包括搜集鳄鱼蛋,在特定地点进行孵化、标识,将一些幼年宽吻凯门鳄鱼放归栖息地而孵化和养育其他鳄鱼以满足商业目的。成为宽吻凯门鳄(是指野生动物还是指一种外国产的皮革?)的过程作为一个网络继续延伸到屠宰和鞣革。最后,鳄鱼皮被证明合格,进入了国际爬行动物皮革市场。通过加入生物多样性科学网络、野生动植物控制和保育,宽吻鳄鱼荒谬地成为濒危宽吻凯门鳄和世界皮革市场最普通的鳄鱼皮提供者。豹和鳄鱼的例子都显示了如何扮演和成为野生动物,是参与一个由大量人类和非人类行动者组成的由地方向世界延展的行动者网络的结果。

像社会理论中的其他关联性理论(比如说社会网络研究,下一节将讨论其与行动者—网络理论的关系)一样,行动者—网络理论试图解决当代社会理论中长期存在的二元性问题,比方说结构—能动性的二元性争论,或者是社会现象的微观和宏观层次研究之间的典型分歧。但是,行动者—网络理论的主要倡议者要求运用这个方法的人不要试图将这一理论设定在社会理论的标准分类中。举例来说,在谈及(也可能是慨叹)一些学者在研究中应用行动者—网络理论时,劳(Law,1999)解释道,行动者(在行动者—网络理论中)并不必要地发挥"能动性",而网络也并非等同于结构或者社会。相反,根据劳的说法,社会是一个特定的循环类型,它可以永无止境地运动下去而不遇到微观的或宏观的层面(Law,1999:19)。行动者—网络理论要求我们跳出等级或者类型的概念,而关注持续的循环和流动。

总的来说,行动者—网络理论试图利用关系网络中行动元的无数联系来解释世界。行动者—网络理论并不在人类和非人类之间进行特权式的划分。它要求我们把我们见到的、产生兴趣并想要研究的事物看成是产生于关联和网络中的各种关系的结果。它告诉我们要想理解事物,必须理解行动者网络。

地理学中的网络以及行动者—网络理论的地位

行动者—网络理论并不是专门的地理学理论、哲学或者视角,而是起源于当代人文地理学的范围之外。也可以说,行动者—网络理论并非一定具有地理学意义,只是地理学家在思考世界的时候一般会强调地理学的角度。因此,在思考行动者—网络理论的时候,地理学家通常会认为产生知识、制度、组织(以及他们成功或失败的原因)的行动者—网络的形成,是与嵌入在行动者网络中的空间性有联系的。举例来说,在沃特莫尔(Whatmore,2002)追踪研究的野生动植物拓扑结构中,行动者—网络理论依托于(同时也是建立于)野生动植物活动的特定地理环境,比如罗马的竞技场或者自然保护区。换句话说,行动者网络的空间是用来解释他们存在的一部分,它不能被区分或概念化于行动者—网络理论之外(Murdoch,1997)。

　　最近几年,很多学者开始从地理学的角度思考行动者—网络。事实上,行动者—网络理论已经影响了许多人文地理学家的研究,而且这一理论视角迅速确立了其在学科理论框架中的地位,甚至取代了一些旧的理论框架。地理学家的工作也被一些行动者—网络理论的主要拥护者注意到了,并认可了地理学家在改变过于依赖欧几里得几何学的地球概念中所作出的贡献(Law,1999)。行动者—网络理论的重要性不断提升的证据包括:相关研究论文数量增多(如 Murdoch and Marsden,1995;Murdoch,1997;1998;Woods,1998;Olds and Yeung,1999;Dicken et al,2001)、在知名期刊开设专栏(如《环境与规划 D:社会和空间》杂志 2000 年开设的题为"网络之后"的专栏(Hetherington and Law,2000)、出版有关专著和纳入编著的章节中(如 Thrift,1996;Whatmore,1999;Latham,2002;Whatmore,2002)等。类似地,行动者—网络理论进入人文地理学理论领域也可以从欧洲和北美举办的地理学学术会议上提交的学术报告的数量反映出来,这引发了对于行动者—网络理论作为理论框架的一部分用于指导不同类型研究的地位的认可。这也证明了行动者—网络理论作为一个具有价值的人文地理学理论已被接受且重要性不断提升。重要的是,正如被很多专著、论文、会议报告所证明的,行动者—网络理论概念化的网络已经超越了多年来围绕地理学(特别是人文地理学)的关于网络的其他传统观点和理论。

　　贯穿于整个 20 世纪,地理学家们专注于网络及其地理特征的研究。网络渗透了地理学研究——尽管地理学家有不同的研究问题,由于视角的不同对网络有不同观点,并且用不同方法来研究网络。网络作为一种经验现象或作为一种比喻,是被不同学术分支的地理学家所接受和了解的重要概念。举例来说,交通地理学家和空间分析者都研究铁路和公路网络、航空交通的中心—辐射网络以及网络的连通性和流,并试图对其建立数学模型。经济地理学家致力于研究生产的网络体系,主要是研究企业的集聚,以及诸如学习性区域、非贸易相互依赖性、全球商品链等网络概念。社会、政治和文化地理学家的兴趣点在于分散的人群之间的国际流动和联系,这主要基于对种族网络、移民流、跨国界身份的产生,以及全球社会运动和抵抗网络的形成等的研究。最近流行的研究则关注国际互联网以及由于技术和社会交叉而形成的无数连接、流、数字或其他替代性空间等,这也是受到关于网络的观点所激发的(最著名的或许是卡斯特尔(Castell,1996)提出的颇受争议的"网络社会"和"流空间"的观点)。

　　从某些方面来说,我们应该把行动者—网络理论看成是地理学家研究网络的一系列理论中的一个。行动者—网络理论可能是地理学自上世纪 60 年代和 70 年代初以来的空间网络分析中以来第一个把网络作为研究所有现象时都必须明确关注的理论。让我们来澄清这一点。地理学中的网络空间分析随着计量革命发展起来,并试图通过诸如图形理论等方法对网络进行数量建模和分析。在对网络的定量和空间分析中,地理学家试图解决人文地理学和自然地理学之间的二元对立。举例来说,迁移流和在排水池中的水流都被解释成网络,可以用通用的数学模型来研究(Hagget and Chorley,1969)。

从这个意义上来讲,计量革命中的网络分析与行动者—网络理论有一定程度的相似性。它们都试图从网络的角度去研究地理现象,以及努力不在人文地理网络和自然地理网络之间造成对立。但事实上相似之处仅限于此。行动者—网络理论与 1960 年代流行的网络空间分析有很大不同,它更关注于权力以及事物是如何形成的,而不是对联系和其他关系的测度。另外,与传统的网络空间研究和其他网络分析方法不同,行动者—网络理论更加强调从关联的角度对社会、自然、空间和其他事物进行理论化。

行动者—网络理论被引入地理学的同时,社会网络分析作为地理学中另一个有影响的网络研究方法也开始受到更仔细的审视,这主要是受到地理学和社会学的文化转型的影响。很多基于社会网络角度的网络概念曾经(现在也是)在地理学家之间非常流行。一个很好的例子是"嵌入性"(embeddedness),这一概念在地理学中通常被理解为融入或参与地方或地域网络。就像行动者—网络理论,社会网络研究和对嵌入过程的研究兴趣并不局限于地理学。更确切地说,关于社会网络的著作涉及一系列的理论视角,它们都关注从行动者之间不断变化的互动模式系统来理解社会,这些行动者往往参与一个或多个社会网络(Nohria and Eccles,1992;Bosco,2001)。在这个层面上,社会网络研究和行动者—网络理论都关注网络和相互关系,并试图解决宏观和微观层面的研究之间的分隔。但是,与网络空间分析类似,社会网络研究没有达到行动者—网络理论一样深入的程度,因为行动者—网络理论是一个更综合的理论。

特别是,正如其名称所表示的意思一样,社会网络分析的重心在于社会网络。首先,这个集中点和行动者—网络理论中的最重要的一点相违背,那就是,我们所看到的"社会"包括人类和非人类之间的关系,因此自然科学和社会科学之间的分歧需要被消除。第二,因为重心落于社会,社会网络研究中的"行动者"主要指人和人体,这与之前讨论的行动者—网络理论关于行动者的观点不同,例如在沃特莫尔(Whatmore,2002)的研究中,南美宽吻凯门鳄和非洲豹都是它们所处网络中的主体和对象。第三,大多数基于社会网络视角的研究局限于对结构形式的分析,即基于连接的数量和类型来测度网络的形式与结构,从而确立某个网络的连接性、中心性等方面的定义。这就是埃米贝尔和古德威尔(Emirbayer and Goodwin,1994)所称的社会网络研究的"结构决定论"(structural determinism)问题,以及劳和厄里(Law and Urry,2002)所指的传统社会科学中的欧几里得几何主义——其特征是等级排序、分析层次的分隔,以及规模、次序及接近性等隐喻概念的使用。这同样与行动者—网络理论相反,因为行动者—网络理论并不关注由不同形态的联系所表征的网络形态。行动者—网络理论更关注各种各样的行动元(人类和非人类)如何表现出不同的关系以及由此形成不断变化的行动者网络和不同的权力关系。因此,行动者—网络理论更能够顾及宏观和微观层次研究之间的流动与运动(Law and Urry,2002)。作为一个非线性和非表征性的方法(Thrift,2000),行动者—网络理论之所以优于社会网络研究和其他当前的关系方法，在于它能揭示塑造我们这个世界的复杂关系。

　　总的来说，行动者—网络理论和地理学传统的网络空间分析以及社会网络分析只有很少的相似性。综合而言，行动者—网络理论提供了比其他两种方法更加全面的关于网络和关系的观点。行动者—网络理论这一视角考虑到行动者的多重性以及多种关系形式的流动性。行动者—网络理论同样提供了一个不受欧几里得空间观点限制的关于网络关系空间性的理论观点。然而，目前存在的争议是，行动者—网络理论不能精确地分析为什么一个网络中的不同网络关系更加重要。因此，行动者—网络理论留给我们一个对于空间的单薄概念。这就是行动者—网络理论作为一个方法经常被引证的局限性，也可能是为什么少数学者认为行动者网络是一个"非政治性"的视角。这一章节就是对这些问题的讨论。

行动者—网络理论、空间性和差异性：局限还是优势？

　　近些年，一些地理学家开始使我们认识到，社会关系的空间性不是固定不变的、本质性的，或可以被简化为距离或空间等级的。相反，我们被鼓励关联性地看待场所和社会与空间之间的连接，它们是不断被生产出来和情境化的（Massey et al.，1999）。正如阿明（Amin，2002：389）最近提及的，从关联性的角度来看，空间性是由不同时间的交叉和重合而造就的。空间性概念在人文地理学中的出现在很大程度上是由网络理论所引起的，而且行动者—网络理论发挥了很大作用。这种空间性的观点嵌入有关空间和地点的关联性理论中，它们是关联过程的结果，而非笛卡尔（Cartesian）几何学或者社会同质性的产物。

　　事实上，近期的人文地理学思潮已开始放弃关于地点和空间的固定的、本质性的、等级性的概念，这与行动者—网络理论不谋而合。认为空间是开放的、可渗入网络关系的空间性的产物，这一观点可以追溯到由多琳·玛西（Massey，1991；1993；1999a；1999b）提出的"权力几何学"。近年来，其他学者进一步发展了关于空间性的关联性理论，并形成了这样的空间理论，并且就像沃特莫尔论述的那样，强调"社会生活多重的和部分的时空同步性，以及社会制度、过程和知识的情境性"（Whatmoer，1999：31）。这包括对于行动者—网络理论的地理学解读，它引导我们将焦点放在由流动的、多样的不同行动者空间集合所产生的结果上（Murdoch，1997；1998；Sharp et al.，2000）。

　　所有空间性的关联性理论都强调对权力关系的分析。权力渗透在关系网络中并有不同形式——如主导权力、抵抗权力（Sharp et al.，2000）——并与个体在这样的网络中的位置有关（Sheppard，2002）。这说明，权力的关联性理论同样不能与地点的关联性理论相分离。如果地点是由复杂的社会关系网络所构建的，那么地点也应该被认为是强化了权力的复杂纠缠关系（Sharp et al.，2000）。作为一个关联性理论，行动者—网络理论在这里也十分有用。从行动者—网络理论的角度,对权力、网络和地点的思考引导我们关注位于网络不同位置的不同行动者如何建构并推动了权力的不同形式和关系,并且,这种权力的关系和形式如何通过在不同地点和时空流中得到强化。

行动者—网络理论是研究权力空间性的理想框架,因为这一理论明确强调应当关注各种行动者构成的空间的流动性带来的后果。但是,有人会争论说,行动者—网络理论只能被用于研究权力和差异的地理性,在描述众多行动者构成的复杂多样的网络构成时可以说是很好的分析框架。但是,如果我们的研究兴趣也包括识别和评价一个行动者网络中的诸多类型的关系——包括人类和非人类行动者之间的关联——是如何与不同的结果和事件联系起来的,又该如何呢?有人认为,当需要去认识不同的人、不同的声音以及与之相关的政治关系时,行动者—网络理论就近似于一种殖民主义的框架(Lee and Brown,1994)。如果任何事物都通过行动者网络被包含、连接和排序,那么行动者—网络理论就"排除了任何网络之外的事物的存在,排除了他性或任何行动者网络界定的关系之外的存在"(Hetherington and Law,2000:2)。换句话说,行动者—网络理论可能提供了一个总体框架,让我们既能考虑权力的构成,又能通过分析不同关系和网络影响的构成超越自然和社会之间的二元性。但是,作为一种分析框架,行动者—网络理论也可能模糊差异(例如在不同的人或过程之间或之内的不同种类的联系),因此被认为是个非政治性的理论视角。当然,这一局限并非行动者—网络理论所独有,它完全取决于一个人在研究中如何运用这一理论。举例来说,追踪野生动植物拓扑关系的工作,就像沃特莫尔近期对濒危动物种类(比方说宽吻凯门鳄)所做的工作,有重要的政治和种族含义在里面,因为它证明了在野生动植物管理组织的资助下,动物才变得具有客观性。这样的研究让我们重新思考目前生物多样性和相关的保护法律。

对于行动者—网络理论的空间性概念也存在批判性观点。一些学者认为,行动者—网络理论并未明确地认识到不同的关联可能有不同的空间特征。因此,在一些受行动者—网络理论启发的地理学研究中,网络和空间性的界限被大大地模糊化了。举例来说,一些地理学家认为"任何对空间特质的评价同时也就是对网络关系的评价"(Murdoch,1997:332),其对空间和尺度的理解似乎溶解于关于网络的观点。这可能导致对空间性概念界定的模糊化,这也是直接对行动者—网络理论的主要批判之一。像谢泼德(Sheppard,2002:317)所解释的那样,把网络看成是没有等级性的空间,参与其中的所有行动者都拥有显著权力,这种观点导致了对其内在差异的忽视。一个网络中的关系并不是完全相同的,而且其区别不可避免地会产生不同的空间性(Hinchliffe,2000)。

地理学家指出行动者—网络理论抹去了网络中的差异性这个趋势,这当然是对的。这个要点需要被接受,但是它不能被过分夸大,而且我们也不能过快地否定行动者—网络理论。[3]相反,对于不同的地理学过程和时间的深入有价值的洞察可以从这个角度被接受。在劳伦斯·诺普(Lawrence Knoppp)论文集的这一册(第 20 章)中,他用行动者—网络理论去思考不固定性,就是一个很好的例子。因此,我们应该从一个批判的角度接近行动者—网络理论,利用其价值详细说明地理学,但也不要忘记行动者—网络理论是倾向于回避差异的。

总结与结论

地理学家将行动者—网络理论引入他们的研究中,使它成为今天的相关性思想中最为复杂的理论之一。行动者—网络理论作为一个视角出现,使我们能够通过一个灵活可塑的理论框架,对网络、人类和非人类之间的关系及其空间性等问题进行研究。很多人将行动者—网络理论视为一种关于权力关系的后结构主义理论,可以经过适应、变换和修改运用到他们的研究内容中,同时它又是一个接近实际并与政治相关的方法。它可以鼓励大家去思考社会、自然以及非常重要的空间、地点和尺度的流动性。

行动者—网络理论的灵活性和可塑性,从某个角度来说,制造了一些混乱。可以说,行动者—网络理论对于不同的人意味着不同的含义,不管这个方法有多流行,仍然存在许多含混的部分,比方说,行动者—网络理论是什么,可以做什么,不能够被用于哪些问题,等等。很多人认为行动者—网络理论是关于网络的。当然这是对的,但本章已经显示了,在没有清晰界定网络的情况下,仅仅把行动者—网络理论看成是关于网络的理论,这一论断过于简单化。甚至在行动者—网络理论的主要支持者之间也存在关于这个方法地位的争论。布鲁诺·拉图尔(Latour,1999)认为行动者—网络理论不是一个已经完善的理论,他甚至声称,英文中的"行动者"、"网络"、"理论"这几个单词的使用反而容易使人混淆什么是真正的行动者—网络理论。很多其他学者则关注行动者—网络理论相对于其他社会理论传统方法的局限性,批判行动者—网络理论的"非政治化",认为这一理论在认识世界时,忽视了行为者和制度性行动的物质结果而认为他们独立于世界而运行。但是,行动者—网络理论是有其政治意义的,正如上面沃特莫尔(Whatmore,2002)关于野生动植物拓扑结构的讨论中所说明的那样。

最后,虽然存在很多质疑行动者—网络理论的声音,却不得不承认这个视角的有用性并被其中的某些观点所吸引。因此,许多地理学家致力于完善和重新诠释行动者—网络理论,将其运用于新的内容和不同地点的新环境,这毕竟是非常地理学的工作。总的来说,随着越来越多的学者在不同的研究中对其应用和完善,行动者—网络理论在人文地理学中的地位逐渐升高。行动者—网络理论是一种复杂的理论取向,可以应用于地理学家在研究中(从经济地理学到城市、政治和文化地理学)通常关注的行动者、事物、过程之间的网络和联系等问题。行动者—网络理论的应用还有许多需要进一步理论化和综合的地方,这对今天的地理学家也具有极大的吸引力。我们必须将行动者—网络理论运用于研究中,努力追踪行动者网络的发展并应对发掘复杂关系的挑战。

注释

　　1. 举例来说,在新奥尔良召开的2003年美国地理学家协会年会上,有53篇文章的摘要都把"网络"作为一个关键词。在这些文章中,有一半以上直接研究行动者—网络理论,或者是由行动者—网络理论引起的(其他的20篇文章通过其他方式涉及网络,包括人文地理学和政治地理学)。涉及行动者—网络理论的文章在一年前洛杉矶举行的协会年度会议上也十分引人注目。

　　2. 这个例证包括经济地理学家比如阿明、思里夫特(Thrift,1994)和思道夫(Storper,1997)的观点,他们通过把重点放在"地点"和"地区",来关注社会和文化网络联系中的公司和市场的领土嵌入问题。

　　3. 甚至布鲁诺·拉图尔都承认,在处理不同的联系时,行动者—网络理论是一个不好的方法,因为它只给出一个单调的黑白照而不是彩照,因此在追踪行动者网络之后,很有必要指定由其他存在较大差别的调节方法所获得的轨迹种类(Latour,1996:380)。

参考文献

Adam, A. (2002) 'Cyborgs in the Chinese Room: boundaries transgressed and boundaries blurred', in J. Preston and M. Bishop (eds), *Views into the Chinese Room: New Essays on Searle and Artificial Intelligence*. New York: Oxford.

Amin, A. (2002) 'Spatialities of globalization', *Environment and Planning A*, 34: 385—99.

Amin, A. and Thrift, N. (1994) 'Living in the global', in A. Amin and N. Thrift (eds), *Globalization, Institutions, and Regional Development in Europe*. Oxford: Oxford University Press.

Bosco, F. (2001) 'Place, space, networks and the sustainability of collective action: the *Madres de Plaza de Mayo*', *Global Networks*, 1: 307—30.

Castells, M. (1996) *The Rise of the Network Society*. Oxford: Blackwell.

Dicken, P., Kelly, P., Olds, K. and Yeung, H. W.-C. (2001) 'Chains and networks, territories and scales: towards a relational framework for analyzing the global economy', *Global Networks*, 1: 89—112.

Emirbayer, M. and Goodwin, J. (1994) 'Network analysis, culture and the problem of agency', *American Journal of Sociology*, 99: 1411—15.

Ettlinger, N. and Bosco, F. (2004) 'Thinking through networks and their spatiality: a critique of the US (public) war on terrorism', *Antipode*, 36: 249—71.

Hagget, P. and Chorley, R. (1969) *Network Analysis in Geography*. New York: St Martin's. Hetherington, K. and Law, J. (2000) 'After networks', *Environment and Planning D: Society and Space*, 18: 1—6.

Hetherington, K. and Law, J. (2000) 'After netwworrs', *Environment and Planning D: Society and Space*, 18: 1—6.

Hinchliffe, S. (2000) 'Entangled humans: specifying powers and their spatialities', in J. Sharp, P. Routledge, C. Philo and R. Padisson (eds), *Entanglements of Power: Geographies of Domination-*

Resistance. New York: Routledge.

Latham, A. (2002) 'Retheorizing the scale of globalization: topologies, actor networks and cosmopolitanism', in A. Herod and M. Wright (eds), *Geographies of Power: Placing Scale*. Malden, MA: Blackwell.

Latour, B. (1996) 'On actor network theory: a few clarifications', *Soziale Welt*, 47: 360—81.

Latour, B. (1999) 'On recalling ANT', in J. Law and J. Hassard (eds), *Actor Network Theory and After*. Oxford: Blackwell.

Law, J. (1992) 'Notes on the theory of the actor network: ordering, strategy and heterogeneity', http://tina. lancs. ac. uk/sociology/soc054jl. html, accessed 14 August 2003.

Law, J. (1999) 'After ANT: complexity, naming, and topology', in J. Law and J. Hassard (eds), *Actor Network Theory and After*. Oxford: Blackwell.

Law, J. (ed.) (1991) *A Sociology of Monsters: Essays on Power, Technology and Domination*. London: Routledge.

Law, J. and Hassard, J. (eds) (1999) *Actor Network Theory and After*. Oxford: Blackwell.

Law, J. and Urry, J. (2002) 'Enacting the social'. Centre for Social Science Studies and Sociology Department, Lancaster University. http://www. comp. lancs. ac. uk/sociology/ soc099jlju. html, accessed 19 August 2003.

Lee, N. and Brown, S. (1994) 'Otherness and the actor network: the undiscovered continent', *The American Behavioral Scientist*, 37: 772—90.

Massey, D. (1991) 'A global sense of place', *Marxism Today*, June: 24—9.

Massey, D. (1993) 'Power geometry and a progressive sense of place', in J. Bird,B. Curtis, T. Putnam, G. Robertson and L. Ticker (eds), *Mapping the Futures: Local Cultures, Global Change*. New York: Routledge.

Massey, D. (1999a) 'Philosophy and politics of spatiality: some considerations', *Geographische Zeitschift*, 87: 1—12.

Massey, D. (1999b) 'Imagining globalization: power—geometries of time—space', in A. Brah, M. Hickman and M. Mac An Ghaill (eds), *Global Futures: Migration, Environment and Globalization*. New York: St. Martin's.

Massey, D. , Allen, J. and Sarre, P. (eds) (1999) *Human Geography Today*. Cambridge: Polity.

Murdoch, J. (1997) 'Towards a geography of heterogeneous associations', *Progress in Human Geography*, 21:321—37.

Murdoch, J. (1998) 'The spaces of actor network theory', *Geoforum*, 29: 368—80.

Murdoch, J. and Marsden, T. (1995) 'The spatialization of politics: local and national actor-spaces in environmental conflict', *Transactions of the Institute of British Geographers*, 20: 368—80.

Nohria, N. and Eccles, R. (eds) (1992) *Networks and Organizations: Structure, Form, and Action*. Boston, MA: Harvard Business School Press.

Olds, K. and Yeung, H. (1999) '(Re)shaping "Chinese" business networks in a globalizing era', *Environment and Planning D: Society and Space*, 17: 535—55.

Sharp, J. , Routledge, P. , Philo, C. and Padisson, R. (eds) (2000) *Entanglements of Power: Geographies of Domination/Resistance*. New York: Routledge.

Sheppard, E. (2002) 'The spaces and times of globalization: place, scale, networks, and positionality', *Economic Geography*, 78: 307—30.

Storper, M. (1997) *The Regional World*: *Territorial Development in a Global Economy*. New York: Guilford.

Thrift, N. (1996) *Spatial Formations*. London: Sage.

Thrift, N. (2000) 'Afterwords', *Environment and Planning D*: *Society and Space*, 18:213—55.

Whatmore, S. (1999) 'Hybrid geographies: rethinking the human in human geography', in D. Massey, J. Allen and P. Sarre (eds), *Human Geography Today*. Cambridge: Polity.

Whatmore, S. (2002) *Hybrid Geographies*: *Natures Cultures Spaces*. London: Sage.

Woods, M. (1998) 'Researching rural conflicts: hunting, local politics, and actor networks', *Journal of Rural Studies*, 14: 321—40.

第十二章　后殖民主义：空间、文本性和权力

克莱夫·巴尼特(Clive Barnett)

后殖民主义和对历史主义的批判

作为一个学术研究领域，后殖民主义的学术渊源来自 20 世纪中期崛起的大批学者的著作。那个时期，特别是在非洲和亚洲地区，遍布着激烈的反对传统欧洲国家殖民主义的斗争(Young,2001)。这些作家包括：重现法国大革命时期被人们遗忘的海地起义历史的詹姆斯(C. L. R. James)、反对葡萄牙在几内亚和佛得角殖民统治的领袖阿米尔卡·卡夫拉尔(Amilcar Cabral)、来自法国马提尼克岛的诗人艾梅·塞泽尔(Aimé Césaire)——他后来成为重要的黑人传统精神运动(Negritude movement)理论家，该运动维护了之前被诋毁的非洲文化。这些作者有两个共同关注点：第一，他们每个人都强调殖民不仅仅包含经济剥削和政治服从，还包含对被殖民人口施以文化的力量。众所周知，这种文化力量被殖民势力用来贬低非西方文化传统，同时赞颂西方文化观点独特的优越性。

假如这些作者明白文化可以作为一种统治的工具，那么在为解放而进行的政治斗争中，夺回群体自我定义方式的控制权，就可以视为重要战略。这里有一个很好的关于分析文化、统治与反抗之间关系的例子，即詹姆斯对加勒比海地区板球历史的记述。在《超越边界》(*Beyond A Boundary*)(James,1963)这本书里，板球场被重新塑造成一个竞技场。在殖民主义背景下的这个竞技场里，种族优越性之下的人际关系既被维护又被颠覆，同时新的独立国家与之前的殖民统治力量之间持续的紧张局势也在正式的殖民结束后有所缓和。这些都使我们转向这一代反殖民作者的第二个关注点，即他们预感到殖民从属关系是嵌入由认同和表征构成的文化系统上的。欧洲殖民主义形式上的结束，并不必然意味着殖民力量的结束。在反殖民主义作者与 1970 年代末到 1980 年代出现的后殖民主义作者之间，最清晰的联系就是关注"思想的去殖民化"。关注思想的去殖民化的过程需要论证、思考并评价隐藏的关于特权、常态和优越性假设的嵌入模式(Sidaway,2000)。

　　关注殖民过程中对那些非西方文化传统的破坏,意味着在去殖民化的过程中需要恢复并重新发现这些传统的价值。但是这种对后殖民主义文化政治的理解被简单地再定义为一种现代与传统间的二元对立。同时,它自身也成为一种用于贬低非西方社会的重要的意识形态工具。虽然对这种"原真性"传统的重新启动,实际上已经成为最有问题的一种方式,但是后殖民主义精英们仍然不断地对他们治下的公民们运用这种政治权力。恩古吉·瓦提安哥(Ngũgũ wa Thiong'o)的一生经历,提供给我们一种更为复杂的理解现代和传统之间关系的方式。他早期的小说都以詹姆斯·恩古吉(James Ngũgĩ)为笔名并用英语完成,但是在 1970 年代后,他开始专注于最大限度地用肯尼亚的基库尤(Gikiyu)方言进行流行戏剧创作。恩古吉因此入狱,但他从此下定决心用这种本土语言而不是英语进行创作。原则上,这是一种尝试,试图让他的非英语写作的作品更多地让当地的读者阅读(Ngũgĩ,1986)。而与此同时,恩古吉的创作不只是简单地旨在还原一种丢失的、本土的、真实的叙事传统,而是后殖民创作能力的一次行动,融合了西方和非西方不同叙事传统的流派和形式,它更是一次与众不同的努力,即把一种非正统的现代性融入文化表征的全球网络。

　　将反殖民主义作品和后殖民主义理论联系在一起,在学术界影响最大的人是弗兰兹·范农(Franz Fanon)。范农出生于法属马提尼克岛,在巴黎接受教育和培训。他毕生大多数时间都在阿尔及利亚工作,当时正值 1950 年代和 1960 年代初,处于法国和阿尔及利亚民族主义者们(FLN①)反殖民斗争的高潮中。范农对 FLN 的斗争产生强烈的认同,这种认同渗入到他对殖民主义的心理学分析之中,且在他的两部经典作品中都可以看到。《黑色皮肤和白色面罩》(*Black Skins , White Masks*)(Fanon,1991)分析了种族主义对统治阶级和被统治阶级主观认同的影响。《肮脏的地球》(*The Wretched of the Earth*)(Fanon,1967)是一部体现现代政治思想的经典著作,是全世界被压迫人民的解放宣言。这部书重要性的一个方面体现在对反殖民的民族主义意识形态具有先见之明的批判上。范农认为,民族主义者的意识形态是反殖民斗争中的一个关键要素,但是可以预见,一旦取得正式的政治独立,这种意识形态就存在着一种风险,它会成为精英阶层对持不同政见者和被边缘化的民众施以权力的新手段。对民族主义意识形态的批判成为 1980 年代各种后殖民主义理论的论述与范农作品间的一个至关重要的联系。另一个联系更为理论化。范农不仅是一个从业的精神病医师,把实践经验渗透到对殖民者和被殖民者个体和群体的心理分析之中;他的作品还充满着现代大陆哲学的主线,其中包括黑格尔对主奴辩证法的解释、马克思对政治斗争的分析,以及精神分析理论对主体性的分析。范农著作最后一个特别的方面使它成为后殖民主义理论的重要参考:他的工作借助对主体形态进行精神分析所使用的词汇,重新审视了殖民主义和帝国主义的文化遗产。

---

① 阿尔及利亚的主要政党国民解放阵线(the National Liberation Front)的缩写。——译者注

范农最重要的一个主张是："发达国家"或者"第一世界"其实是"第三世界"的产物。基于此，他指出西方财富、文化乃至文明是通过对欧洲以外人民的剥削而实现的。这不仅是经验上的观察，还意味着对历史发展动力整体理解方式的挑战。欧洲殖民和帝国扩张的一种合法化方式是，宣称欧洲文化自身是历史进步的首要推动者。而非欧洲文化则被贬低为历史性的退步、落后，甚至被排除在历史之外。在 20 世纪社会科学的核心范畴中有类似的观念，其中包括现代化、发展、发达、欠发达等概念。所有这些观念都假定出一个特定的文化价值集合，并以之为基准来衡量其他文化。这个特定的理想化模型是把欧洲历史作为唯一的模式供其他社会模仿，这种理念常常被称为欧洲中心主义。欧洲中心主义把对欧洲文化独特性的强烈认同与对这些价值普适性的诉求结合在一起。在诉求特殊文化价值优越性的过程中存在表面上的矛盾，但是这些诉求的价值仍然被仔细地考量了，因为它们先验的普适性通过在不同社会空间中的历史发展线性模型的投影得到了完善。基于这样的理解，这种假设将欧洲视为世界历史的核心区域，是包括科学、资本主义、文学等在内的一切重要创新的扩散源头（Blaut，1993）。这种文化独特性和普适性的结合通过时间的空间化而起作用：世界上的不同地域按照预想的历史发展进程（或现代化进程）中的不同阶段进行排名。此类观点被称为历史主义。

后殖民主义作为一种批判的思想，其最大的挑战在于质疑历史主义思维方式下的遗存。范农在他的作品中预见到会有对历史主义的批判，他认为西方的历史不是关于世俗化、现代化以及积累的深奥且密封的故事。后殖民主义不认为殖民主义和帝国主义的历史处于欧洲和北美历史的边缘，而是强调殖民主义和帝国主义所处的中心地位，来提升不同社会的交织在一起的历史价值。而所谓的不同社会，从历史主义的角度讲，指的是处于各自历史阶段的、位于不同地方的、独立的群体。因此，如果说后殖民主义挑战了特定的历史发展线性模型，那么它也挑战了这个模型所依赖的清楚的、自我包含的社会的地理图景。

在此导论的基础上，余下的章节将从三个方面探讨后殖民主义的研究领域。第一，分析爱德华·赛义德（Edward Said）开创性工作中所涉及的对该领域起源的学术研究。第二，详细阐述整个领域中最有意义的贡献，即一种独特的权力模型，它将话语和文本性的理念与制度、组织、经济和市场等更具世界意义的事物连接起来。第三，下面的章节也将思考由后殖民主义引起的更为广泛的道德和哲学问题，尤其关注普适主义和文化相对主义，以及如何解决跨文化理解问题。

殖民主义话语的想象地理

爱德华·赛义德的《东方主义》（*Orientalism*）（1978）是标志着后殖民理论兴起的独一无二的，也是最重要的文献。在这本书中，赛义德认为，西方的认同、文化和文明诸概念在历史上是建立在非西方图景,尤其是所谓的"东方"图景的投影上的。这些图景可能是负面的、贬损的,抑或是正面的、浪漫主义的。但是无论如何,对西方认同的定义参照了不同于西方的意义,即非西方的"他者"的理论。赛义德提供了一种最有影响力的文化政治基本理论以理解"他者化"过程,这种理解定义了整个社会科学和人文科学学术研究的范畴。根据这种理解,一个认同是与其他认同相关联的社会建构,它包含识别特定群组和区分特定群组之外的其他群组的两个同步过程。同时,这个建构的过程是隐藏的或者因果割裂的,因此,通常而言,认同表现出来它好像是天生的。如果认同是理性建构的,那么它主要通过排除一些承担他者角色的要素来实现。一个非认同的图景确保了自身和集体的认同。对于地理学家而言,这个理论的影响尤为重大,因为它阐明了认同的形成是一个控制边界和维护社区或自身领地完整性的过程。

赛义德的观点具有较大的影响力,一个原因是他使用了米歇尔·福柯的术语"话语"(discourse),用以解释为殖民主义和帝国主义统治提供基础的文化表征的力量。赛义德率先全面地应用福柯的思想,认为知识和图景并非没有立场,虽然它们只是整个制度化知识生产的一部分,但是通过它们,人们和组织可以学会融入周围的世界。准确地说,《东方主义》之所以开始成为讨论的焦点,正因为它是批判殖民和帝国知识的文本,并且开启了与后结构主义理论富有张力的对话。后殖民主义出现的一种方式是日渐复杂的理论之争,争论内容包括再现、认同和权力等议题;另一个原因是赛义德原创性地强调知识和权力的经验应用的过程。赛义德关于东方主义学者话语的分析暗示了不同制度的依次出现产生了不同形式的知识,凭借这些知识,非欧洲世界的情景被推导出来,为欧洲世界服务。殖民主义的和帝国主义的力量通过行政的和官僚机构的文件、地图、浪漫小说以及其他许多形式被记录下来。赛义德书中的批判力量,在于在高层次的文化和学识,如文学、戏剧、科学等,与污秽的政治、权力和统治世界之间,建立强有力的联系。《东方主义》提供了一个理论模板,通过这个模板,一系列多样的制度及其再现作为分析对象被联系成一个整体,它们作为殖民主义话语的例子,服从于零散地源于文学研究的解释性协议。所有这些事物都能根据话语和殖民主体性来理解。殖民主体性包括科学文章、历史文稿、官方报告、文学和诗歌、视觉艺术,也包括如人类学、地理学和语言学等学术话语。这些研究领域的范围和差异是通过殖民主体性的构建和斗争形成的,这种情况为殖民主义话语分析提供了各学科间产生互动的条件。

在《东方主义》一书中,赛义德称东方主义为一种"想象地理学"的形式。他认为,东方主义学者的表征实际上是在西方偏执和渴望下自生的投影,这些表征并不是建立在任何不同文化和社会的具体知识的基础之上的。如赛义德所述,东方主义包含着两个侧面。一系列关于东方的认识已经有数世纪之久,从几世纪前东方就已经进入了西方的视野。从18世纪末开始,这些储备的图像和知识被依次用来指导欧洲领土扩张和侵占的实际进程。扬(Young)认为在这一点上赛义德切中了要害。一方面,赛义德认为"东方"本质上是一种错误表征,体现出了恐惧和焦虑。它们其实与复杂的社会现实没有什么关系,目的是命名和描述。另一方面,这种错误表征变成了殖民权力和管理的有效工具。至于源于其他文化的知识如何成为对这些文化行使权力的有效工具,赛义德没有恰当地把这个问题理论化。他在这个方向仅有的工作就是区分"隐性的"和"显性的"东方主义;其中"显性的"东方主义呈现为一种方法,把静态的、限于一时的本质主义写入了实际的历史情景。在这样的表述中,欧洲人总是能在东方找到他们所期盼的东西。殖民接触和殖民管理的现实并没有根本地干扰理解的结构,这个结构是所有欧洲与"真正的"东方碰撞的框架。

赛义德原创的东方主义的表达方式是想象地理学的一种形式,因此在对殖民的分析上也存在两个理论上的悖论。其一是如何将纯粹想象的非经验的"知识"翻译成知识,并据此在实践中有效地管理如殖民官僚机构、市场及其他复杂的社会系统。其二是在可理解的范围内如何将反殖民动力概念化。殖民主义话语的观点完全是殖民者想象的产物,它暗示着存在一些质朴的、没有被跨文化经验接触的空间,相信动力和反抗就从这个空间产生出来。但是准确说来,赛义德一贯反对这种"本土主义者"的理解。这两个悖论能够追溯到《东方主义》中勾勒出的理论模型,确切地说是源于赛义德原创模式中内在的未解决问题,即东方主义者的话语源于"想象地理学"所创造出的东方,而这个东方却是西方权力意志的投影。赛义德认为,类型的东方在最初建构时是个想象中的区域,它是殖民主义通过各种表述预想出来的。这种投影和预想的强烈感觉是最有问题的,因为它暗示了殖民主义话语是自我产生的。这种趋势走向了赛义德著作所强烈批判的对立面。该趋势是对西方进步自我封闭叙事的去中心化,其方式是展示社会是一贯的文化实践和传统交流的产物。

值得注意的是,事实上存在两个重叠的比喻性的图景,文化、认同和空间之间的联系通过这种图景呈现在赛义德原创的想象地理学模式中。第一个比喻性的发现是心理学的:所谓的"东方"完全是西方自己的镜像,它在另一个空间领域内投射出西方的焦虑和想象。这表明,在与殖民地有实质性接触之前,殖民知识的本质就已经产生了。借用加斯顿·巴舍拉尔(Gaston Bachelard)的话来描述这件事,可以说,一个地方被来自于遥远地方的"诗化的"文化作品所渗透,但是东方主义者的话语是在"这里"产生了关于"那里"的意义,而当时他们还未曾到过"那里"。为了强调殖民主义话语中包含了对复杂现实的误解,赛义德被迫假设了一个东方主义的知识核心,以摆脱不可避免的关于人们和地方的困局。从此以后东方作为一个空想中的自由意志,投射在权力之上。

赛义德著作中出现的第二个比喻性的图景表明,东方主义作为一种话语在唱着自己的独角戏,面对的是欧洲观众。它隐含的意思是,殖民主义实际上是文化水平的预示。在这种方式下,欧洲与"真正的"东方的碰撞表现为一幅精心导演并周详策划的场景,其中包含了预先设定的由每个演员遵从的剧本。这种理解仍然需要"话语形态"的文本,该文本被解读为完全产生于大都市背景下偏执群体心理的表达,且没有体现出任何"真正的"东方的价值。因此这个戏剧的隐喻仍然从属于对"诗化的"投影的强调。无论如何,或许我们可以将这第二个戏剧的比喻从高于一切的、对实际事件预示的强调中解脱出来。与其认为殖民活动近乎完美地表现了已经排演好的剧本,我们不如阅读殖民档案,将之视为大量的即兴演出。如果我们按照理解戏剧的方式类比着去理解殖民空间的话语生产过程,那么我们不应该认为这些场景是按照某一个让个人自由发挥的剧本生产的。如果这些表演有个剧本,那么只有在它不断重复上演的过程中发生意外的时候,我们才能发现它。这样的比喻飞跃可能带领我们走向一个崭新的对殖民主义文字遗产的解读方式。这意味着我们不能把这些文字材料看作帝国意志的反映,或是民众普遍心理的放映,或是统治权力刻意释放的放映。反之,我们要把它们看作是更广范围内的实践、制度和惯例所留下的痕迹,这种痕迹往往是仅存的残余物。这种理解方式让我们不会过分关注于文本本身,而是关注当时实际发生的常态化行为。

我们沿着更"述行的"①的思路来理解殖民主义话语,是因为它来源于《东方主义》里产生的重要的批判的标准模型。因此有人抱怨说殖民主义话语被过度理论化,成为殖民化力量的副产品。这种说法忽视了殖民主义和帝国主义发展中的调和与共生(Thomas,1994)。这种批判暗示着,我们需要离开强调殖民者与被殖民者斗争的二元论,转移到对跨文化交流过程的关注。玛丽·路易丝·普拉特(Pratt,1992)在关于殖民主义表征的著作中承担了上述任务。在她的术语"接触带"(contact zone)中,可以发现强烈的实验性的和理论性的论述。该论述把知识的生产重新定位于殖民地与殖民主义的接触、妥协和抗争中形成的细小区域,指出是发生在这些区域内的这些事促使非西方的动因开始起作用,并使关于这些话语的知识得以被人接受。普拉特的著作体现了殖民主义话语和后殖民理论分析向着更充分强调表征和认同的关系组成转型。他的著作仅仅是一个例子。霍米·巴巴(Bhabha,1994)在著作中强调将殖民主体的形成看成是一种内在的效法、模仿、欺骗的矛盾过程,并产生混杂形式的主体。

认同、地理和权力的概念在这种转型中明朗化,赛义德在自己的著作中也明确表达了这一点。在《东方主义》之后,他开始将关注的焦点更明确地投向不同社会和文化的交流和纠缠(Said,1993)。赛义德一贯强调这样的道德观念,即不同的文化、民族和社会应该并且能够在相同的时空中共存。而关键的任务是去寻找与非排外主义者进行协作的途径,并将之作为共享殖民主义和帝国主义历史的手。[1] 在《东方主义》中,赛义德讨论过一个关键问题,即要在领土上定下界标的重要理念。殖民主义话语可以理解为欧洲或西方殖民者与非西方"本土"主体之间在三个方面的关系,即它们基于土地、空间和领土的表征。最有代表性的是,这种关系包含了以合适的人—地管理者的名义,利用制度化的殖民的和帝国的调停,将非西方的空间表述

---

① performative,也有翻译为"践履的"。这是从一个经济社会学的概念"践履性"而来的。——译者注

为空白的或者是等同于无主的土地。赛义德认为，殖民主义最重要的遗产之一，就是排外的领土占有和排外主义的文化认同之间的关系。真实且必要的认同概念常常与对领土和空间的排外要求相联系。因此，这种认同的地理想象以殖民者和被殖民者之间简单敌对的形式，导致了对殖民主义的固有理解。辩论认同、领土，以及殖民者和被殖民者简单概念几者之间的联系是赛义德学术和政治作品中一贯的主题。在他看来，后殖民世界比起这些简单的对立来说更加混乱，组成更为无秩序。

我详细地阐述了赛义德的著作，特别是《东方主义》，因为它作为跨学科的研究，在后殖民主义发展过程中的重要性不可低估。赛义德的著作提供了一个重要的路径，使得地理学家可以参与更广泛的跨学科探讨，与历史学家、人类学家、文化理论家以及其他对空间、领土和认同有共同兴趣的人们进行探讨。就更广泛的后殖民理论的核心要素而言，殖民主义话语理论的分析对"思想去殖民化"过程作出了贡献。它挑战了西方作为自我决定、自我约束，以及作为普适历史和文化的唯一起源的实体的观念。现在我想换个话题，讨论后殖民主义思考中最容易误解的部分，也就是表征的力量在该领域的理论化。

表征、主题性和权力

赛义德对于西方表征系统的批判产生了一个根本性的问题，即如何使其他的文化、认同和社会表征成为可能的基本命题。这个命题的答案依赖于两个相关的问题。第一，根据具体空间实体的图景，文化差异应当被概念化吗？我将在下一节中讨论这个问题。第二，表征的实践是否应当以零和的形式概念化？这个问题我将在本部分讨论。如果殖民主义和帝国主义包含着对弱势群组的否定、蔑视和贬低，那么在各个社会群体表达自我、争取自身权利的一系列斗争中，对这些问题的政治敌对就会被典型化。但是表征的概念在文化理论中已经变成一个循环出现的充满疑问的主题。社会建构者发表意见的基础是一种特殊的认识论，即这些表征如何在它们意图表征的现实构建中扮演一个主动的角色。作为激进主义者的一种原型批判，这一支批判力量，例如对种族主义或父权主义的批判性文章，实际上依靠着一个不稳定的、由两个表征理论结合的产物而存在。一方面，从广义的认识论来看，所有知识都通过表征构成；另一方面，从具体的讨论来看，一些表征是虚假表征，这也暗示着某些表征实际上要优于其他表征。

与其说后现代主义陷入冗长的关于是否可能准确地描述这个世界的辩论中，不如说它使我们牢记认识论形式的表征和带有政治性的表征之间本质的联系，这种联系往往涉及一系列委托、置换和授权的实践活动。表征的批判性关键在于对特权模式的质疑。在这种模式下，特定的风格、形式或者表达被当成是总体性的传统、群体和经验的表征。从政治的角度思考，想象和表征之间存在一个重要的差异，如同是"为别人说话"还是"站在别人的立场上说话"。后一个术语假定完全地作为他人的替身,是基于认同基础上的呼吁。在这个模型中,表征可以理解为一种零和博弈:代表别人说话类似于侵占他人的言论使之成为自己的言论。在后殖民文化理论中基于表征的批判里,最具鼓舞性的是基于认同思想的深入批判,该批判是带有即时性、权威性且自发性的表达方式。从这一点讲,前一种实践,即"为别人说话",持续地关注了视情况而出现的特权,而这种特权正是代表权的合法性基础。在后殖民理论中,加亚特里·查克拉弗蒂·斯皮瓦克(Spivak,1988)的文章《低等文化拥有话语权吗?》("Can the subaltern speak")准确地分析了这类讨论。他在两种表征之间作了明确的辨析:作为描述的表征和作为代表的表征。这两种表征的观点暗含着被表征元素和表征媒介之间相互替换的过程。例如,画廊里的一幅画代表着它表征的景观,而一个国会议员代表着选举他(她)的选民。但是第二个例子的中介产生了关于代表表征授权的一系列问题:谁投票选出国会议员?在多大程度上国会议员可以忠诚地代表选民的意愿?在这种程度上表征不仅是一个零和博弈,其中一方会增加其要求和反要求。斯皮瓦克认为,从描述性的角度讲,这类问题也属于表征。这种关于景观、选民偏好等的讨论并非一定不会有一个精确的描述,但是包含在任何一个表征中的一定程度的偏向不是一种错误,而是标志了授权及合法性扩散的基准点。

这种表征的再概念化暗示着,批判的关注点应该在于"由谁来说",换句话说,也就是代表的问题。如今,代表不是简单的个人自由意愿的同义词。更确切地说,它意味着一系列委托和授权的关系。它把自主的行动,与以他人身份发表意见或者说成为代表,这两种意思结合到了一起。后殖民理论与话语的紧密联系经常被认为是一种限制。主观的"话语建构"观点似乎暗示人们的能动性完全由他们所处的系统决定。话语的观点经常与主观性的"诱捕模型"(entrapment model)相联系。在这个模型中,人们或被视为完全由话语决定,或被视为英雄般地坚守他们的立场。在后殖民主义中,这种反差导致了学术上的解释悖论:"你能够随意赋权给当地人,并且放任自己去轻视认知上的(和字面上的)殖民暴力;或者因过于重视殖民统治的显著本质,随意地否认被殖民者的主体性和能动性,而在文本上复制殖民主义的镇压控制"。(Gates,1991:462)这个悖论源于不同的学术观点,而这也正是学术分析的目的所在。一些人的目的是帮那些被压迫、被禁言的人恢复和发出"呐喊"。在这样的背景下,人们希望后殖民理论可以提供一种反抗的理论,其方法是收集来源于殖民资料和档案的证据。如今,这是一个完美的合乎逻辑的目标,甚至是一个神圣的目标,但这不是仅有的一个可以指导分析和解释的目标。我认为,后殖民理论中最具特色的就是,它对把表征解读为其他实践活动的证据没有太多的兴趣,它更关注文本表征系统在世界上的实际作用。

这个论点很可能让人惊讶不已。后殖民理论花费大量的时间在文本和表征上,而需要更多地关注"实质性的实践",这已经被广泛讨论过了,特别是在地理学界。援引来自"实质"世界的数据的方法在社会科学领域有一种不可抗拒的声望,但是我们应当对这种后殖民主义致命的批判多加小心。这基于以下两个理由：第一，后殖民理论对表征的批判应该让我们对某些观点产生质疑，这些观点呼吁研究"实质性的"世界无需媒介途径，即不需要通过特定的习语、词汇和修辞方法。第二，这种观点没有认识清楚，后殖民理论对文本的关注，既不表明它的关注"仅限于文本"，也不代表着"世界就像一个文本"这个更笼统的观点。相反，当人们使用以文本形式出现的物品，如书本、印刷品、读物等时，一系列具体的权力会发挥作用。后殖民理论对文本的关注是一种思维传统，就是要透过这些权力来进行思考。从这点上看，后殖民理论中最具特色的是对权力的专门定义。诸如"表征"、"话语"和"文本性"等术语都围绕着同一种理念，即知识在政治权力的实践和斗争中是一种关键的资源。或许从学科上来看，后殖民理论倾向于关注一种特别的知识类型，即包含在文学和其他美学形式中的所谓的"软"知识。但值得一提的是，这种关注已经为文学研究自身的转型提供了帮助。如果我们认为这种方法就是大量阅读文本并发现字里行间隐藏的意思，那就太片面了。它更可能是对出版中的经济学、说教般的政治学或者由阅读引发的社会关系的关注。这类批判的每一个个体，其着眼点都在于文本如何在广大的社会关系网络中习惯性地产生了特定的作用，如被用于交朋友、训练专家或教化人民等。从后殖民主义的视角看来，这种"表征"、"话语"和"文本性"所做的"工作"，不是空想出来的，也不是迫使人们思考特定的事物、相信某种价值观或者认同某种主体地位。文本是富有实践性的——最重要的是，它讨论了对读写能力掌握的不平等性，更扩大一点说，还有对自定义的词汇、行为举止的实践以及差别明显的宗教掌握的不平等性。它关注的是人们是怎样被塑造的，并且把自己塑造成能在世界中活动的主体和动因。在更广阔的实践中，文本可以激活某种能动性。从上面描述的双重意义来说，文本提供了一种间接的知识来源，使人们可以成为他们自身行动的主体。由于后殖民主义理论关注了以文本为媒介的主体塑造力，所以它掌握了表征的密度以及文本的耐久度。它不是透过它们去观察另一个现实，也不是深入它们去寻找每一层意义，而是严肃地衡量它们在世界中所占的分量。

理解的地理学

在结尾的部分，我想要探讨上一节开始部分提出的另一个问题：在促进跨文化理解这一目标的基础上，如何将文化差异概念化，或者像戴维·斯莱特（Slater, 1992）所说的"从其他区域学习"。作为社会建构的产物之一，后殖民主义批判给我们留下一个难题：批评者认为对非西方社会的表征仅仅是表征而已，那么问题就产生了：到底有没有可能精确地描述不熟悉的文化和社会？一个坚定的社会建构主义者似乎会否定这种可能性，认为所有的描述都是具有文本和文化特质的。但是跨文化的解释问题仍然是后殖民工程的核心。赛义德的著作肯定了将扎实的经验知识价值作为解释和评价的前提。同样地，斯皮瓦克一贯强调解释工作中经验知识的重要性,也强调了区域研究复苏的重要性。

人们对基于区域的知识的需求十分有趣,因为地理学正好是分析区域、文化和社会的地区性差异的学科。但是有一个值得注意的问题:对殖民主义范式和遗产的批判产生于争论当中,这种争论围绕着建构和对真实的诉求,并带有认识论的性质。学术界曾经有一股风潮,对客观性、经验性和解释性的学术价值产生了整体的厌恶感。上述的争论推动了这种解释性转向,而推动的程度与后殖民主义和地理学的碰撞有关。这一解释性转向的标志是对其他文化和社会解释的顾忌,这险些抛弃了地理学最可贵的遗产之一,即对世界充满好奇:"在西方学者看来,任何一个试图表征的、试图了解的'其他社会'都已经变成了危险之地。"(Bonnett,2003:60)这种尊重其他传统的独特性做法看起来无懈可击,但是会形成一种对其他研究视角漠不关心的奇怪立场。通过假设任何判断——考虑到知识诉求的合理性——都是自我怀疑的,社会建构的多样性以一种表征整个文化的状态,给其他地方赋予了具体的人物、风格或者实践活动。由此,社会建构推动了文化相对主义。这种主义对判断的怀疑,以及对所有地理好奇性的道德质疑,使得跨文化学习变得不可能(Mohanty,1995)。

我的观点是,这种宽容的中立主义或文化相对主义使人们错过了后殖民主义的真正挑战。如果"后殖民主义地理学"中有一种研究方法能够强调一套常态化的讲授、写作和出版的实践工作(Robinson,2003),那么紧接着就会有另一种研究方法,以我们设想中的研究文化差异的地理学运作方式,来应付后殖民主义对历史主义的批判问题。特别要强调的是,后殖民主义不能被简单地理解为是对现代人文文化普遍愿景的简单的全盘否定。就大部分而言,如赛义德和斯皮瓦克等学者批判了西方传统没有能够用恰当、和谐的交流方式去发展真正的多元普遍主义(pluralist universalism),这些交流的方式中会包括一种理念,即去借鉴理解世界的其他方式,包容其他的认知手段。

多元普遍主义的态度会较少地猜疑对其他文化的表征,并接纳重构的地理好奇性所带来的兼容并包的风格。于是,有两点值得讨论。第一点,我们要提醒自己,文化或社会并不以紧密的同心圆结构排列(Connolly,2000)。后殖民主义教导我们,尽管来自于一个地方、从属于一种特殊的文化,或者只说一种特定的语言,但是不要把我们封闭在一定的地域里面。反之,它让我们探求多样的路径和轨迹,面对各种类型的运动和交换。有些人把文化多元主义的确定性与"价值之间是不可比较的"这样的断言结合起来,这种倾向实际上丢失了后殖民主义的真正力量。这种力量体现出了后殖民主义以区域性差异的视角——他们和我们、内部和外部、这里和那里——来观察问题的本意。后殖民主义理论里主要的比喻,包括杂交、调和、离散、驱逐等,都不仅仅具有地理性;更确切的说,它们都是不纯粹的、混合的比喻。它们还保持着一种强烈的感觉,把地理学看作一种认同,但是不会把这种认同建立在界限清晰的、不可分割的整体归属感之上。差异不是联系和理解的障碍,而是它们的必要条件。

第二点，后殖民主义批判性的关键点之一就是，"西方"不是一个自我封闭的实体，而是"由外向内"形成的。这是范农的核心观点之一。但是后殖民主义者推导出的逻辑结论中暗示着，那些想当然认为应该是"西方的"形式（如民主、理性、个人主义）完全不是西方的。相反地，它们有多元的起源和路径，由各种各样的实践和思路聚集而成。这是一个基础性的观点，因为它揭示了后殖民主义批判的手段不仅仅是西方的范式，也包括了现代反殖民国家主义中主要的批判范式。后者依然倡导原真文化的图景，也因此繁殖出"本土主义"的形式，被专制政权用来为自己掠夺权力的行为进行辩护。

相对主义者关于后殖民主义理论的解释被一些它的拥护者所赞扬，同时也被众多它的诋毁者所批判，因此我们需要把它与一种更激进、更开放的解读方式相区别。这种不寻常的解读方式源于我们看到后殖民主义理论在不断地对一种观点进行批评，这种观点是一种空间僵化的设想，把文化和社会都限定在特定空间之内，给领土的实体赋予清晰的、不可逾越的界线。文化相对主义所有的难题、猜忌和慰藉都是由这样的空间图景产生的。如我们所料，这个非正统的空间图景由社会运动、机动性、媒介转换和多孔性组成，它本应该产生于在文人之间普遍流行的一系列著作。正如我们已经看见的一样，后殖民主义理论经常被批评过于文本化。我已经提到这种批判可能会遗漏重要的一点，就是权力如何通过主体构成的制度化实践来运作。但是我们不需要接受这个批判的另一个理由是，它只是表面切中了地理学偏爱的主体事物——空间、地方和尺度的概念化——的要害。与其假设后殖民理论需要地理学中成熟的唯物主义来补充，不如我们这样来理解：我们地理学家需要从文学理论中汲取一些东西，因为文学家们一直以来所掌握的"物质性的"东西，例如书本、印出来的字和文本质量等，开辟了一个新的空间性，这个空间性比社会学家以前所钟爱的各种空间性更具有流动性、机动性、可感知性和个体差异性。

总结起来，后殖民主义理论与地理学者不太相关，但是却非常地重要，因为它包含了各种关于文本性的文学理论。这包括三个原因。第一，后殖民理论教给我们一个重要的知识，即权力是怎样通过主体性塑造这个媒介，在现代世界里运行的。第二，通过质疑貌似中立的实践活动，如阅读、写作和解释等，后殖民理论扩展了对问题的探讨，认为跨文化理解不仅取决于对意义的掌握，还需要对差异性的包容，并学会倾听其他文化，了解媒介转换的关系。第三，后殖民主义关注文本意义的生产和加工，并开创了一种非正统的空间概念化。这种空间概念化不带有"隐喻性"，因此不需要额外的"实质性"来做基础，而是产生于对符号交流自身的文本性的仔细关注。

注释

1. 这是联系赛义德文化理论化和其他方面著作的众多主题中的一个，也是最著名的一个，即他强烈倡导的巴勒斯坦独立。（Gregory, 1995; 2004）

参考文献

Barnett, C. (1997) 'Sing along with the common people: politics, postcolonialism and other figures', *Environment and Planning D: Society and Space*, 15:137—54.

Bhabha, H. (1994) *The Location of Culture*. London: Routledge.

Blaut, J. (1993) *The Colonizer's Model of the World: Geographical Diffusionism and Eurocentric History*. New York: Guilford.

Bonnett, A. (2003) 'Geography as the world discipline: connecting popular and academic geographical imaginations', *Area*, 35: 55—63.

Connolly, W. (2000) 'Speed, concentric cultures, and cosmopolitanism', *Political Theory*, 29: 596—618.

Fanon, E (1991) *Black Skins, White Masks*. New York: Grove.

Fanon, F. (1967) *The Wretched of the Earth*. Harmondsworth: Penguin.

Gates, H. L. (1991) 'Critical Fanonism', *Critical Inquiry*, 17: 457—70.

Gregory, D. (1995) 'Imaginative geographies', *Progress in Human Geography*, 19:447—85.

Gregory, D. (2004) *The Colonial Present*. Oxford: Blackwell.

James, C. L. R. (1963) *Beyond a Boundary*. London: Hutchinson.

Mohanty, S. P. (1995) 'Colonial legacies, multicultural futures: relativism, objectivity, the challenge of otherness', *Publications of the Modern Languages Association*, 111(1): 108—18.

NgûQgî wa Thiong'o (1986) *Decolonising the Mind: The Pofitics of Language in African Literature*. London: Heinemann.

Pratt, M. L. (1992) *Imperial Eyes: Travel Writing and Transculturation*. London: Routledge.

Robinson, J. (2003) 'Postcolonialising geography: tactics and pitfalls', *Singapore Journal of Tropical Geography*, 24: 273—89.

Said, E. (1978) *Orientalism*. Harmondsworth: Penguin.

Said, E. (1993) *Culture and Imperialism*. London: Chatto and Windus.

Sidaway, J. (2000) 'Postcolonial geographies: an exploratory essay', *Progress in Human Geography*, 24: 591—612.

Slater, D. (1992) 'On the borders of social theory: learning from other regions', *Environment and Planning D: Society and Space*, 10: 307—27.

Spivak, G. C. (1988) 'Can the subaltern speak?', in C. Nelson and L. Grossberg (eds), *Marxism and the Interpretation of Culture*. London: Macmillan, pp. 271—313.

Thomas, N. (1994) *Colonialism's Culture: Anthropology, Travel and Government*. Princeton, NJ: Princeton University Press.

Young, R. J. C. (1990) *White Mythologies: Writing History and the West*. London: Routledge.

Young, R. J. C. (2001) *Postcolonialism: An Historical Introduction*. London: Routledge.

编 者 注 释

注释——实证主义

关于什么?:使用科学原则和方法来研究社会问题。

谁在从事?:杰勒德·拉什顿(Gerard Rushton)、阿特·格蒂斯(Art Getis)

来自哪里?:1950年代,意识到地理学描述性有余而解释性不足,因此需要在方法上增强科学性来解释空间模型。

去往何处?:地理信息系统(GIS)(虽然不是关键的类别)!

由谁开创?:奥古斯特·孔德(Auguste Comte)以及维也纳学派(Viema Cirde)。

你怎么做?:通过识别规律、建立空间模型和假设检验进行研究。

证据是什么?:定量数据。

告诉我一些我不知道的:并没有很多人声称自己是实证主义者,虽然别人给他们贴上实证主义的标签。

从哪里可以找到这些地理学家?:艾奥瓦大学和威斯康星大学(美国);布里斯托尔大学和剑桥大学(英国)。

注释——人文主义

关于什么?:以人为本的哲学思想、设计方法、价值以及对我们身处的这个世界的经验的想当然的理解。

谁在从事?:罗伯特·萨克(Robert Sack,1977)提出了地方营造的人文主义概念。

来自哪里?:对实证主义人文地理学的不满和批判。

去往何处?:它的遗产是道德地理学和伦理学,另外还有以文化地理学的视角来研究景观和日常生活。

由谁开创?:地理学领域:段义孚(Yifu Tuan)、安妮·巴蒂默(Anne Buttimer)、爱德华·雷尔夫(Edward Relph)和戴维·利(David Ley)。

你怎么做?:深度参与,通过文本、语言、声音、艺术等形式来探索研究方法和拓展人类想象。

　　证据是什么?:人类经历的解释性记录。

　　告诉我一些我不知道的:人文主义和地理学中的历史观点之间存在密切联系。

　　从哪里可以找到这些地理学家?:它是关于个体记忆的。

注释——女性主义

　　关于什么?:将性别关系理论化的哲学思想。

　　谁在从事?:一个集体(如 IBG/RGS 中有关女性与地理的研究团队;AAG 中女性地理学视角的研究团队)。

　　来自哪里?:对世界上女性场所的理解和关注以及对地理学男权主义本质的批判。

　　去往何处?:给性别分类制造麻烦。

　　由谁开创?:准确的时间是以简·蒙克和苏珊·汉森在专业地理学家上发表《不要把人类的一半排除在人文地理学之外》("on not excluding half of the human in human geography")一文为标志(Jan Monk and Suson Hanson)。

　　你怎么做?:密切关注研究过程以及这一过程的政治化(聚焦于权力、承认你的立场性、给予研究参与者某种回馈)。

　　证据是什么?:任何你喜欢的东西(定量的、定性的,等等),不在于你做什么,而在于你怎么做。

　　告诉我一些我不知道的:男性也可以从事这一领域的研究。

　　从哪里可以找到这些地理学家?:在关于性别、地方与文化的论著中。

注释——马克思主义

　　关于什么?:汲取并超越了马克思的观点,从而构建了一个更加宽泛的领域,包括人类自由和没有对非人类的征服。

　　谁在从事?:许多方面已经渗入批判的人文地理学。

　　来自哪里?:对"已经建立"的地理学的批判,受到了发生在欧洲、非洲、亚洲和美洲的政治反抗的影响。

　　去往何处?:马克思主义反对分类范畴,因而它总是超越该领域。

　　由谁开创?:有人说是马克思,没有人说是黑格尔、斯宾诺莎或者是资本主义自身。

你怎么做？：阅读马克思的著作是方法之一，但不能仅限于此。

证据是什么？：无处不在的资本社会形态。

告诉我一些我不知道的：对于像福柯、德里达和斯皮瓦克等"后"哲学家们来说，马克思是一个起点。马克思不承认马克思主义。

从哪里可以找到这些地理学家？：在你能找到地理学的任何地方。

注释——行为主义

关于什么？：理解个体空间行为背后的心理因素。

谁在从事？：戈里奇（Reg Golledge），时间地理学者们。

来自哪里？：心理学。

去往何处？：它的遗产或许在于心理分析地理学。

由谁开创？：洛温塔尔（Lowenthal）的关于地理经验的文章，以及他对环境、感知和行为研究的典型化都有一定的影响力。

你怎么做？：测量，如结构性问卷、认知地图等。

证据是什么？：心智地图。

告诉我一些我不知道的：行为地理学对于诸如制图学、残疾人地理学等分支学科作出了贡献。

从哪里可以找到这些地理学家？：在与环境和行为有关的论著中。

注释——结构化理论

关于什么？：一种社会理论方法，用来解释人类能动性与我们生存在其中的更宽泛的社会结构的交互作用。

谁在从事？：时间地理学者、部分健康地理学者。

来自哪里？：吉登斯对历史唯物主义的批判。

去往何处？：正在被行动者—网络理论侵蚀。

由谁开创？：社会学家安东尼·吉登斯（Anthony Giddens）。

你怎么做？：理解背景和偶然性。

证据是什么？：时—空关系模型。

告诉我一些我不知道的：安东尼·吉登斯与格雷戈里（Derek Gregory）在剑桥的友谊促使他的观点走进地理学。

从哪里可以找到这些地理学家？：健康地理学、社会学。

注释——实在论

关于什么？：一种试图识别因果关系机制的哲学。

谁在从事？：安德鲁·赛耶（Andrew Sayer）。

来自哪里？：巴斯卡尔（Bhaskar）的科学实在学。

去往何处？：继续受到广泛支持。

由谁开创？：赛耶是将实在论引入人文地理学的关键人物。

你怎么做？：继续对事物进行抽象的过程。

证据是什么？：事物、关系、行动、话语……

告诉我一些我不知道的：在 1990 年代自然地理学也参与进来。

从哪里可以找到这些地理学家？：零散分布于英国和斯堪的纳维亚地区的地理学和社会科学领域。

注释——后现代主义

关于什么？：对现代神话（例如通过推理性的进步可以通向最终的美好秩序）所持信念的消失。

谁在从事？：埃德加·索雅、迈克尔·迪尔（地理学家）；琼-弗兰索瓦·利奥塔（哲学家）；和齐格蒙特·鲍曼（社会学家）是其中一些最可信赖的引导者。

来自哪里？：我们正在讨论的一种真正的时代精神——一种反映，包括时代精神、时代颜色、时代文化情绪……

去往何处？：术语已经过时了，但观念以各种形态存在。

由谁开创？：利奥塔对术语的流行做了大量的工作。

你怎么做？：这具有讽刺性。

证据是什么？：你问得太"现代"了！

告诉我一些我不知道的：利奥塔的名字并非来自一个著名的运动服装品牌，那个品牌的服装是以法国飞人艺术家儒勒·利奥塔（Jrles Léotard）命名的。

从哪里可以找到这些地理学家？：洛杉矶、赛博空间、其他地方……

注释——后结构主义

关于什么?:一组松散归纳的激进的反本质主义的文本和哲学。

谁在从事?:小于35岁的大部分地理学者。

来自哪里?:它的谱系可以通过大陆哲学追溯到200多年以前。

去往何处?:一些人认为它正在分化并进入其他相关联的理论形式中,如行动者—网络理论。

由谁开创?:来自于康德。

你怎么做?:解构、动摇分类、挑战二元论。

证据是什么?:话语和新的制图学

告诉我一些我不知道的:正在启发地理学者寻找新的写作途径。

从哪里可以找到这些地理学家?:在图书馆。

注释——行动者—网络理论

关于什么?:一套将世界理解为具有多样性联系的理论。在这种联系中,非人类也具有能动性。

谁在从事?:拉图尔(Lator)和劳(Law)是主要人物,地理学界有思里夫特(Thrift)、沃特莫尔(Whatmore)以及默多克等。

来自哪里?:社会科学。

去往何处?:方向是混沌和复杂的理论。

由谁开创?:米歇尔·赛瑞斯(Michel Serres)和布鲁诺·拉图尔(Bruno Latour)。

你怎么做?:将关系网络理论化。

证据是什么?:沃特莫尔的混合地理学。

告诉我一些我不知道的:它更多地使用施动者或称行动元(actant)而不是行动者(actor)。

从哪里可以找到这些地理学家?:开放大学(英国)。

注释——后殖民主义

关于什么?:对殖民主义和以西方为中心的世界观的批判,以及对其表征的再概念化。

谁在从事?:巴巴、斯皮瓦克和普拉特,地理界的有艾利森·布伦特、简·雅各布斯、德里克·格雷戈里和大卫·斯莱特等。

来自哪里?：一些写作关于反殖民斗争和挑战西方文化版本的知识分子。但其学术根源在文学和文化研究领域。

去往何处?：其压力在于更多地展现物质实践，而不在于表征。

由谁开创?：爱德华·赛义德的《东方主义》是后殖民主义最有影响力的著作。

你怎么做?：分析殖民档案。

证据是什么?：话语、表征性。

告诉我一些我不知道的：与像德里达这样的后结构主义者有密切的联系。

你从哪里找到这些地理学家?：在文化研究领域。

第二部分 学 者

本书的第一部分主要涉及一些论争。学科中的主要学者为他们独特的认知方法提出了充分的论证。第二部分我们则转向学者自传,以便更全面地说明影响地理学家认知世界的一些个人因素。哲学理论作为一种认知方法起源于日常生活,因此它与那些实践者的生活密切相关。前一部分集中于一些地理学家所提出的主要的哲学理论;而这一部分,各领域中一些著名人物将描述他们自己是如何致力于探索特殊的认知与行动方式。

当代人文地理学最近开始强调特定情境下前后相互关联的知识(第12章);个人化写作被认为是对许多学术著作极其空洞的、客观的性质进行挑战的一种重要策略。第二部分关注具有影响力的当代地理学家,他们的学术背景、地点以及个人经历如何塑造了他们的著作。在这一过程中,本部分强调一些学科方法的演化方式,它们或者通过职业而得以延续,或者逐渐演化,或者在面对学术或社会运动时经历剧烈的转变。

本部分是由对哲学理论、个人经历以及时空等因素如何塑造思想及作品所进行的自传性的解释所构成的。这些不同的证据强调了个人的写作与实践之间存在的矛盾性、模糊性、稳定性及流动性。在不同地方之间的旅行对这些证据中的故事来说是至关重要的。一些学者谈论了他们对于地方的深深喜爱,以及他们的地理学想象的建构,它始于青年时代,并以特定的方式与他们现在的居住地联系起来。另外一些学者集中谈论所经历的不同的人群和地方,以及这种经历如何改变了他们思考世界的方式。还有一些学者关注从观察到的景观及其变化中所产生的问题的解决。一些评论家谈论了旅行和迁移的过程,以及这些过程如何把他们和他们的工作内容联系起来,还有一些人关注从一种制度移向另一种制度所发生的变化,而另一些人则关注在他们整个职业生涯中所经历的制度变迁的重要性。所有这些人在很多方面都很感激他们过去的老师以及那些有影响的学者。这些个人联系是很重要的,它使得这些学者成为地理学界受人尊敬的引路人。

学术生涯相当于在抓住机会之后置身于感兴趣的事或未知之事,而这些正是被坚定的信仰所引导的。从某种意义上说,去旅行以及走那些很少有人走过的道路是最重要的事。例如,对大卫·哈维而言,文章、书和受人尊敬的职位比起一个持续的学习和探索的生活过程就显得黯然失色。对这个探索的过程以及这种生活方式的热爱,在不同方面被这一部分谈及的每个作者所共享。琳达·麦克道尔(Linda McDowell)写到了当她在英国成为女性运动一分子时的兴奋,并把她的感受告诉给了哈维,认为这使她能够对阶级斗争树立一种明确的判断。对于哈维和戴维·利(David Ley)而言,这个过程总是根植于对某些地方的特殊热爱之中。利注意到人与地方之间的相互纠缠如何促进了大机遇的出现。利和杰勒德·拉什顿(Gerard Rushton)都谈到当新思想与某时某地的青年运动相遇时会发生什么(例如 20 世纪 60 年代的宾夕法尼亚州或爱荷华州),而理查·纳格(Richa Nagar)强调拥有能鼓舞人心的导师(尤其是 Susan Geiger)的重要性。对利而言,最重要的是关注人文主义和社会地理学。由于来自于不同的哲学背景,对拉什顿而言,最大的挑战就是要解决地球表面的空间问题。

当大多数学者关注与地方的联系以及地方研究的乐趣时,劳伦斯·诺普(Lawrence Knopp)则引用他作为一个白人男性同性恋者的经历去反思对同时进出一个地方的感受,以及迁移、替代和地方感缺失所具有的那些通常不被承认的乐趣。

理查·纳格和薇拉·乔纳德(Richa Nagar and Vera Chouinard)对于将地理学中强有力的激进理论与他们始自幼年时期的个人经历的理解之间建立联系的重要性表示认同。在这里,格尔描述了自己作为一个坦桑尼亚-亚州有色人种女性的积极斗争如何与她的博士论文写作联系在一起。她的论文对性别、种族以及社区的复杂性进行了探索。乔纳德的文章集中关注由于不同于地理学中的准则而被视为异类的过程。当其他的文章都强调追求地理学知识的乐趣时,乔纳德则描述了她在学术领域的斗争、她的健康以及她为家庭幸福所付出的代价。为了达到这个目的,她展示了身体残障如何反过来影响了她自己的时空日程,并反思了个人、政治、哲学和理论之间的联系。

莫汉达斯·甘地(Mohandas Ghandhi)曾经表明我们所做的任何一件事都是不重要的,虽然如此,我们要去做它却是非常重要的。每一天、每一个想法、每一次机会、每一个单词都是渺小的,但是它们会把我们引向一个方向,这些方向最终可能类似于贾尼丝·蒙克(Janice Monk)所说的混合潮流或者是拉里·努普所说的流体运动,并且它们总是具有一定的重要性。实践的概念为第三部分提供了一种重要的渠道。第三部分概述了哲学的纯粹、理论的粘连以及从事研究的实用主义的需要之间的某些日常的紧张关系。正如第二部分某些章节所提到的那样,由于日常环境的实用性及时间、资源和资金的限制,不同的认知方法及行动方式之间的冲突通常也会在完成研究项目的过程中出现。

第十三章　制度与文化

杰勒德·拉什顿（Gerard Rushton）

我生长在二战期间英格兰西北部的一个工业小镇。在年纪很小时，我就对地理产生了兴趣。每天晚上，母亲都会将一大幅欧洲地图铺在地板上，然后我们听着9点钟的新闻，从地图上找战争发生和被轰炸的地方。我清晰地记得，我爬过我家附近的一座小山，就是为了去看30英里外曼彻斯特被炮火染红的夜空。当时我的五个叔叔都在为女王陛下效劳，两个在欧洲、一个在印度，其他的在肯尼亚。我的父亲也在军中服役，不过幸运的是由于当时他所在的船无法运输整个军队，他抽签得到了留在英国的机会，而这艘船后来被鱼雷击中，无人幸免于难。

从高中开始，我对经济地理学产生了兴趣。当1930年代日本控制世界棉布市场的时候，在我的家乡——兰开夏郡的纳尔逊有很多的棉织厂都倒闭了。1945年，这些棉织厂又将闲置的织布机从仓库里拿出来，重新开工，英国也在很大程度上依赖于棉纺织业的出口创汇。但到了1952年，这些棉织厂又开始陆续关闭，其中有部分工厂搬迁到了塔斯马尼亚。当时我的姑妈弗朗西斯同意搬到塔斯马尼亚，但前提是她要带着在纳尔逊工作时的12台织布机。在纳尔逊保留下来一家大型棉织厂，他们雇用了一个会说乌尔都语的人招揽来自巴基斯坦的工人。几年前当我回到家乡，全部的五家电影院都在放映南亚的电影。

威尔士大学

当我在威尔士大学阿伯里斯特威斯学院读书的时候，由威廉·史密斯（William Smith）编写的经济地理学教科书中有关于伯恩利（纳尔逊的邻镇）的一些地图，描绘了在1930年代倒闭的工厂。史密斯论证，大部分后来倒闭的工厂都位于河畔，而到了1930年代，人们几乎不利用河流运输，因此这些工厂丧失了它们的区位优势而关闭。

在知道这些工厂是如何运转之后，我对于这个论证已没有什么印象。但对这种以河流为区位导向的工厂被关闭，而其他工厂仍继续运行的模式却记得很清晰。不需要进行点模型的分析。我骑自行车在这些地方调查，并记录工厂奠基石上的日期，证实了这些在 1930 年代倒闭的工厂与自身的厂龄有关系。另外我还发现 1880 年前建立的工厂生产的是机织粗糙棉布，而在那之后建立的工厂却采用提花织机进行生产的。提花织机也为计算机软件编码提供了模型。因此，我认为这些工厂的倒闭是与每个工厂的生产方式相联系的：那些生产粗糙棉布的企业有着将要倒闭的趋势；而大部分生产精细纺织的企业则能继续运行下去。这后来成了我本科毕业论文的基础，工业活动的地理格局变化成了我研究的专门领域。

在 1959 年，威尔士大学地理系的系主任把我叫到他的办公室，给了我一个教授野外调查和地貌学"示教讲师"的职位。当时英国政府刚刚宣布了将会在两年内结束征兵。我的朋友们都被分配到当时英联邦的一些是非之地：如塞浦路斯、北爱尔兰、亚丁、新加坡和香港。在接下来的两年时间内，从事地理学研究对我来说似乎是一条更好的出路。

我的研究生论文内容是研究兰开夏郡工业活动变化的模式。当我就兰开夏郡工业变化问题走访曼彻斯特的贸易委员会时，我很快意识到他们的目的是想要吸引美国的资金和分厂。因此，我开始以一个更宽阔的视野来看待兰开夏郡的问题。

我走访了兰开夏郡的新工厂，人们强调这里是他们的工业活动的最优区位。他们常和我说，正是因为英国政府提供的补贴金吸引他们来到像英格兰北部这样的外围地区。这是一个理性的时代，并且出现了解决寻找最优区位问题的新方法。

我在威尔士大学的导师是彼得·孟菲尔德(Peter Mounfield)，他刚拿到剑桥大学的博士学位，他和我讲过剑桥的新工业地理学。用成本曲面法[①]对每个区位进行分析是解决问题的方法，但是说起来容易做起来难。他建议我阅读美国的经济地理学文献并且到美国学习一年。他给我列出了一些有名的美国经济地理学家，然后我就给他们写信，询问关于一年制研究生的入学等问题。我向芝加哥大学、威斯康星大学以及爱荷华大学提出了申请。另外，我的导师有个在堪萨斯大学工作的朋友——戴维·西蒙奈特(David Simonett)，所以我也给他写了信。西蒙奈特很快回复了我，告诉我爱荷华大学是适合我的地方。

爱荷华大学

1961 年爱荷华大学地理系的景象是我从前没有遇到过的，可以明显地看出这个小规模的师资队伍(6 人)和研究生小组(大约 30 人)正在经历一场改革。他们发现了一种新的地理学，它建立在实证主义哲学之上，用定量的方法来实现(McCarty，1954)。麦卡蒂(McCarty，1979)

---

① 成本面(cost surface)是三维面刻画生产成本的空间变化，两个水平轴表示距离，垂直轴表示成本。成本面与相应的收益面叠加时，把收益超出成本的部分定义为利润，由此可以计算出空间边际利润。在理论和实践中，成本面都用等高线代替，例如等费用线。引自［英］约翰斯顿等编，柴彦威等译：《人文地理学词典》，商务印书馆，2004：113.——译者注

和金(King,1979)对爱荷华大学的这一段时期作过描述。麦卡蒂是当时的系主任,他让我们读斯滕·德·吉尔(De Geer,1923)的书,这是由于他对地理学法则的灵感。在吉尔看来,地理学是一门研究当下地球表面分布现象的科学,它的目的是对地球表面重要的分布现象(比如地理意义上的省、区域)的复杂特征作出比较和解释性的描述(De Geer,1923:10)。这也是爱荷华大学在1960年代对地理学的定义。当时的一些研究方法包括野外调查、数据统计以及计算机的运用。

爱荷华大学的吉姆·林德伯格(Jim Lindberg)教授把中心地理论以及一本由巴斯金(Baskin)译成英文的克里斯塔勒(Christaller)的著作推荐给我。我对这个理论非常着迷,并将我自己对这个理论的理解和当时文献中所强调的城市中心的几何构型进行对比。我有几次乘坐小飞机飞过爱荷华州上空的经历,因此我认为我能够预测出接下来出现的镇的位置以及它们的相对大小。虽然这与形成整齐的六边形模式还有一定距离,但是都能用克里斯塔勒和廖什的理论解释。这两位学者都对人们有序的行为感兴趣,他们认为消费者和生产者都是理性的。这成为我在爱荷华大学第三年,即最后一年所信奉的箴言。

在爱荷华的第三年,我决定结束这里的研究生学习。当时我已经与来自爱荷华北部的一个女孩成婚,她是英语专业的本科生,我们是在别人安排的聚会上相识的。我意识到需要尽快完成我的学位论文。在这一年中,我作为一名研究助理受雇于商业与经济研究局。该部门当时有一个多学科参与的项目,这个项目研究爱荷华州的小城镇在未来的作用。作为研究的一部分,爱荷华州立大学的调研中心对爱荷华州的农村人口进行了随机取样。他们对803户家庭购买某些商品的地点作了调查,调查的结果记录在81 000张打孔卡片上,但是对这些数据的分析却停滞不前。在设计分析计划的时候,他们并没有进行充分的思考。年轻的学者应该从中吸取教训。

我们的研究进展很慢。我向主任提出我需要更多的工作时间,就是为了证明我能够利用一个基于他们的零售贸易区分析调查样本的模型验证出结果。我花了一些功夫来说服主任,当我答应在《爱荷华商业文摘》(Iowa Business Digest)上发一篇文章的时候,他才最终同意。就这样,在1964年,这篇文章成为我的第一份出版物。

当我向学校的计算机配置委员会申请八小时的计算机使用时间的时候,我们的项目几乎被迫停止。他们感到疑惑:为什么一个地理学家需要那么多的计算时间? 我只好当面向他们解释了我的模型。我校准了两个大丁字尺,并将一张大的爱荷华交通地图固定在桌子上,选取内布拉斯加南部的任意一点,分别测量爱荷华1 144个镇距离这点以东和以北多少英里,以此确定这些镇的位置。我编写的电脑程序在爱荷华州上布满了4英里宽的网格,相继计算出每个网格点到所有相邻城镇的距离,然后将六个距离最近的城镇放置到一个效用函数中,这个效用函数是由调查数据校准而来的,由此可以预测出在一个网格点的人们到达邻近城镇的可能性。

委员会不仅同意了我的要求,还指派了一个计算机专业的博士生做我的助手,来完善整个模型。这个模型在一个周六的大清早开始运行,三个小时后助手打电话告诉程序已经崩溃了,他也束手无策。我冲到计算机中心,途经加油站的时候拿了一份爱荷华的地图。我计算出当程序崩溃时它运行到爱荷华的哪个位置。我立即看出了问题所在:我们制定的程序找出了每个网格之间在 25 英里范围内的城镇,但当 25 英里范围之内不足六个城镇的时候,我们没有编辑相应的程序来继续运行,这就是问题所在。

随后,我们改变了程序的关键参数,重新启动了这个模型,最后在八个小时之内成功完成了任务。我把模型计算出来的数据和商业与经济研究局的调查结果进行比较,发现我的模型运行得很好。这也是我所发现的第一个基于地理信息系统的空间经济学方面的模型。

在爱荷华大学的最后一个夏天,我和雷吉·戈里奇(Reg Golledge)、比尔·克拉克(Bill Clark)一起工作。雷吉是爱荷华大学的一个学生,比尔刚从伊利诺大学获得博士学位。爱荷华大学一位新城市地理学家罗恩·博伊斯(Ron Boyce)让我们继续商业与经济研究局的那个项目。在几乎没有正规指导的情况下,我们按照自己的目标,利用上面提到的调查数据设计了三篇论文。我们三个人分别作为其中一篇的第一作者,但是所有的论文都共同参与。每篇文章的主题都是关于重构或使用人们进行空间决策的规律,即在现实条件下,人们选择到哪里去购物。这三篇文章在我们离开爱荷华大学不久后都发表了。

麦克马斯特大学

当我获得博士学位之后,我就到加拿大安大略省的麦克马斯特大学工作了。麦克马斯特大学有着不同的文化氛围。它是一个传统的地理系,但同时又渴望改变。系主任和其他同事都鼓励我发展自己的思想。尽管他们已经有了很多不同水平的天才学生,他们仍鼓励我招收学生。不久之后,一个非常好的研究生小组成立了,其中包括米歇尔·古德柴尔德(Michel Goodchild)、布赖恩·马萨姆(Bryan Massam)、约翰·默瑟(John Mercer)和蒂姆·欧克(Tim Oke)。他们在不同领域跟着不同的导师工作,但是都致力于科学的地理学研究,并恰当地运用计量模型。

在麦克马斯特大学工作三年后,我接到了密歇根州立大学的一个电话。他们有一个职位,一半时间在地理系工作,另一半时间在社会科学研究计算机学院工作。在去普林斯顿之前,朱利安·沃尔珀特(Julian Wolpert)曾在那个岗位工作,而且是他们的模范地理学者。研究所的面试要求很高,正是这一点激励我要去那里。我在密歇根州立大学教经济地理学导论,并指导一个中心地理论的研讨班。我有许多时间从事我的研究。我从麦克马斯特大学带来了一项未完成的任务，这项任务是要建立一个三维空间选择的动态模型，该模型与其他社会科学的选择模型相一致。以我的实证主义的哲学观来看，地理学中的理论或模型不应该与社会科学的基础理论大相径庭。我觉得我在密歇根州立大学前期的论文在这方面没有符合要求。社会科学研究计算机学院是一个能够听到质疑的地方，在这里我找到了一个和谐的团队。

我对心理测量理论产生了兴趣，不久在附近的密歇根大学发现了一个致力于选择学说及相关测量理论的学者团队。在社会科学研究计算机学院的一个心理学家同事让我看了一个他们的非十进制多维尺度的研究工作，从中我发现了该研究与困扰我五年之久的一个问题之间的关系：从处于不同空间环境的个人的选择中，如何确定一个可以显示个人是怎样做出选择的标准？我写道："在有关空间行为的研究中，当研究任何空间机会的特殊分布时，我们对找到与已观察到的空间行为模式相似的空间选择法则很感兴趣。"（Rushton，1969：391）我引入了一个"显见的空间偏好"（revealed space preference）的概念，随后发现非十进制多维尺度是实现它的技术方法，我写了一些论文对此进行了论证。

回到爱荷华

在密歇根州立大学工作了两年后，我接到了爱荷华大学的一个电话。麦卡蒂教授刚刚退休，而地理系在不断扩大，他们要在刚刚增加的两个职位基础上再增加三个职位，他们所有的研究工作都沿袭科学和计量的传统。鉴于个人兴趣，这个机会看起来非常不错。在爱荷华大学，我对空间偏好的兴趣扩展到了目前观察不到的空间环境对偏好的影响。这带来了从空间偏好呈示方法到信息整合理论的转变。我指导的一个研究生乔登·卢维埃（Jordon Louviere）随后在这方面作出了很大的贡献。我的兴趣转向了中心地理论中的其他因素，即影响特定活动的区位选择，或影响特定区位的活动选择的因素。换句话说就是何种区位选择可以使效益最大化。在密歇根州立大学，我建立了一个模型，该模型显示当应用于经典的中心地条件时，相同的偏好会导致城市同一等级水平上不同组群在不同地方形成不同的功能区。这个模型有许多部分源于 1964 年我在爱荷华商业与经济研究局工作时创建的模型。与使用爱荷华的真实地图进行研究不同的是，该模型使用根据经典中心地理论的六边形模型所构建的计算机网格（Rushton，1971）。

1970 年，福特基金会问我能否审查印度的一个项目，该项目的目的是促进推行绿色革命地区的商品供应服务。这个项目由印度政府实施，福特基金会提供技术支持。

印度的项目组织者声明他们的方法是基于中心地理论的。我严厉地批评了他们的方案，主要是因为他们试图使村庄的发展严格遵循理论上的六边形模型。在应邀去纽约的一次访问中，我在基金会阐述了我的观点：这个项目应该运用中心地理论，但是不能生搬硬套其几何形式上的理论结果。针对如何实现这一点我给出了一些建议。

基金会的人员问我是否愿意花几个月的时间考察这个项目，因此在 1971 年的春天，我到印度的海得拉巴和新德里呆了三个月。在基金会工作与在大学里工作不同，我住在宾馆里，会见一些来自美国或其他国家的著名大学的学者，这是非常有趣的经历。他们希望我成为这个项目的工作人员，但是考虑到许多原因我婉言谢绝了。作为替代，他们给了我一项特权：我可以随时到每个地方考察，只要我每次考察停留三周以上。从 1971 年到 1974 年，我一共进行了五次考察。

我有一个不好的名声，那就是过于理论化和不切实际。为了使我相信这一点，他们建议我考察一些野外工作站点。因此我有很多机会看到错误的区位选择带来的负面效果，我也更加确信如果没有相应的方法论来判断其效果的好坏，那么区位服务将继续成为政治的附属。地理学需要产生一套评价区位服务和区位选择的效果的方法论。

艾伦·斯科特（Allen Scott）在 1969 年出版的《地理学分析》（*Geographical Analysis*）的第一卷中引入了选址—分配模型。我看到这篇文章时就意识到这将是发展的趋势。1973 年夏天，我得到美国国家科学基金会的拨款，主持一个为期三周的大学老师研讨会，主题是关于选址—分配模型及其在新区位理论中的作用。与会者所谓的"营地算法"（Camp Algorithm）推进了区位模型在地理学中的应用。如果奥古斯特·廖什（August Losch）看到出现这样的模型并且在实际中得以实施，他会怎么想呢？我希望他会说："这是一种空间经济学，更像是建筑而非建筑史，更强调创造而不是描述。"为此这是一个重大的发展。

选址—分配模型在 1970 年代得到快速发展，特别是在运筹学领域。但是这种方法主要运用在小的问题上而不是实际应用中。数据模型没有能够向着使空间查询的任务更加完善的方面发展，但毕竟空间查询才是这些模型的真正目的。

15 年来我一直致力于将这些模型应用到实际情况中。我指导了一些学生写这方面的论文，特别是埃德·希尔斯曼（Ed Hillsman）、史蒂夫·尼科尔斯（Steve Nichols）和保罗·登沙姆（Paul Densham）。我们在爱荷华城镇的地理信息系统中增加了各个城镇的质心（Centroids），并成功的应用了当时最好的启发式选址—分配算法——泰茨（Teitz）和巴特（Bart）算法。当时，这可是极其庞大的数据集，大约有 3 000 个节点。

两项美国国家科学基金会的拨款使我们能够继续在印度和尼日利亚对发展中国家区位服务的问题进行研究。我的同事是爱荷华的迈克·麦克纳尔蒂（Mike McNulty）、班加罗尔的维诺德·蒂瓦里（Vinod Tewari）和伊巴丹的博拉·阿耶尼（Bola Ayeni）。在这项研究的总结中我写道："选址—分配分析系统为诊断服务可达性的问题提供了一个详细的框架，它可以检测新近的区位决策的效果以及目前聚落水平的效率，为决策者提供可行的选择。"（Rushton,1988:97）

我的学生保罗·登沙姆和我提出一个新的词汇——"空间决策支持系统"，以此表明区位理论不再是对已有区位决策的回顾性研究,而是辅助人们作出更好决策的工具。新区位理论需要认识到人们是如何理解和使用这些工具的。在地理信息系统快速发展的同时地理学仍在使用许多 1970 年代提出的模型,我对这一点感到十分困惑。

地理信息系统是 1990 年代新的空间决策支持系统。难题在于如何将地理信息系统的信息处理功能和模型的分析功能联系在一起。鉴于一个好的地理信息系统课程的讲授必须包含空间模型的知识,我现在开设一门名为"区位模型与空间决策支持系统"的课程。

1989 年,圣迭戈州立大学在寻找一位愿意参与他们所进行的一个非常大的地理信息系统项目的资深人士。当时爱荷华大学正缺少这样的项目,这一点已经影响到我的研究。在加州大学圣巴巴拉分校的协助下,圣迭戈州立大学开始了博士生培养。虽然我很舍不得离开爱荷华大学,它对我的专业发展乃至生活意义重大,但是我喜欢与圣迭戈州立大学的同事们一起工作,希望更多地了解南加利福尼亚和圣迭戈。我完成了关于地理信息系统环境下选址-分配模型新的实施方法的论文。两年后我回到了爱荷华大学,我感到了新的变化——最终回归到地理学的传统优势:地理信息科学、空间分析模型、行为以及环境。

在爱荷华大学,我经常与从事健康科学研究的同事合作。1970 年代中期,我在卫生服务研究中心做了两年的全职主任。1993 年,一个儿科教授打电话问我能否会见爱荷华大学公共卫生系的一个研究小组,以协助他们在得梅因的关于婴儿死亡率的研究。他们问我,现在计算机真的能从人口统计数据中定位出生和死亡人口并且作出出生率和死亡率的地图吗?

根据 1990 年的人口普查数据得出的泰戈①曲线文件在那一年已经出版。我也赞成通过大约 20 000 个出生记录和 200 个婴儿死亡记录的地址匹配作出相应的地图。一个名叫帕诺斯·洛洛尼斯(Panos Lolonis)的学生曾与我合作,为爱荷华市校区作出了小范围的学生投影图。我们对其进行了些许修改,制作出婴儿死亡率的连续分布图。得梅因市的卫生部门对这幅地图的赞赏让我记忆深刻,我也体会到这种地图与基于人口普查区或邮政分区的传统地图相比所具有的优势。

我对此类地图中误差结构的空间变化越来越感兴趣,我也不明白为什么几乎没有人对这个课题感兴趣,为什么整个地区的公共卫生系统几乎不利用空间分析方法和地理信息系统。

我在当地看到许多空间统计的运用,但是几乎都没有使用空间分析方法。我找到了一个有意思的研究领域。在同事和学生们的协助下,我在《医学统计学》(*Statistics in Medicine*)上发表了两篇文章,并且受邀到疾病控制中心作演讲。我被委派到全国卫生研究所的多个同行评审小组,因为在那里"地理信息系统"开始越来越频繁地出现在研究计划里。我也被任命为

---

① Tiger(Topologically Integrated Geographic Encoding and Referencing system):拓扑集成地理编码参照系统,参见 http://www.census.gov/geo/www/tiger/。——译者注

国家癌症研究所长岛乳腺癌科研项目的地理信息系统监督委员会主席。目前,我在疾病控制中心和全国卫生研究所的拨款资助下,研究更加有效地衡量当地人口癌症负担的空间分析方法。空间查询的原则仍然是这些研究的主要特征。

现在我的地理哲学思想是什么？我依然致力于一种科学的研究方法:寻找能够预测人们空间行为的理论、法则和模型;提出联系空间行为与空间结构的理论;维持、发展、验证为人们的重要决策提供支持的空间分析方法。如果说我是一个顽固、守旧的实证主义者,我欣然接受。对于我和我的学生,我坚信:没有最好,只有更好。

注释

1. 现在许多计算机科学专业的学生都知道提花织机,因为它运用了一系列的穿孔卡指示机器在布上编织出复杂的花形。

参考文献

De Geer, S. (1923) 'On the definition, method and classification of geography', *Geografiska Annaler*, 5:1—37.

King, L. J. (1979) 'Area I associations and regressions', *Annals, Association of American Geographers*. 69:124—8.

McCarty, H. H. (1954) 'An approach to a theory of economic geography', *Economic Geography*, 30:95—101.

McCarty, H. H. (1979) 'Geography at Iowa', *Annals, Association of American Geographers*, 69:121—4.

Rushton, G. (1969) 'Analysis of spatial behavior by revealed space preference', *Annals, Association of American Geographers*, 59:391—400.

Rushton, G. (1971) 'Postulates of central place theory and the properties of central place systems', *Geographical Analysis*, 3:140—56.

Rushton, G. (1988) 'Location theory, location. allocation models, and service development planning in the third world'. *Economic Geography*, 64:97—120.

第十四章 地方与社会背景

戴维·利(David Ley)

如同其他社会现象一样,知识是在想象、实践以及社会背景的交流中显露出来的。在这篇短文中,我将对影响我学术发展的一些地方和(一部分)人进行概述。这一自传性的描述以我的研究爱好为例,从探索地方和认同的关系开始,延伸至我自己作为一个社会和文化地理学家的研究模式。

早期影响:从斯旺西到温莎

生物学到哪里结束,社会背景又从何处开始呢?是受 DNA 的促使,还是一些家族中所遵循的一致性使然?例如在我的大家庭中,我这一辈的七个大学生中就有五个学习地理。童年时期集邮的经历——有人说这暗示着一种早期的地理禀赋——算不算一种对某些遗传模式或者概率事件(父亲给我的礼物经常是从南威尔士港口的外国船长那儿得来的)的反映?处于青春期的人大都爱好集体性体育运动,而大学里的运动员经常同时从事地理学的学习和研究,这两者之间的交汇点在哪里?在这些习以为常的冲突和调和中,一种更加清晰的结构逐渐明朗起来,它促使(人们)选择了某些特定的而非其他的路径,从而逐渐地精心铺设起可能性或大或小的行进路线。

从温莎到牛津:指导的力量

对青少年来说,某些影响产生的结果显得更加明确。非常幸运的是,我接受到了良师的指导,包括温莎文法学校的罗伊·雅布斯里(Roy Yabsley)和科林·布罗克(Colin Brock),牛津耶稣学院的保罗·佩吉特(Paul Paget),以及宾夕法尼亚州立大学的彼得·古尔德(Peter Gould)。没有他们养成习惯的、富有创造性的指导,我的今天可能大不相同。科林富有领袖魅力的影响使我大学主修的科目从历史转向了地理;保罗点燃了我和其他很多人对社会地理学的兴趣(Clark,1984);彼得的一封意外来信结束了我有可能作为一名城市规划师的职业生涯,转而引导我先是在美国然后又在加拿大进行内城研究。

这些良师们给了我具体化的指导。在中学里,野外调查是获取知识必不可少的一个组成部分。在泰晤士河流域进行的急行军——横穿白垩质高地,跨越黏土性河谷,又爬上沙质荒地——针对将要去发现的这个有序世界的空间联系,给我们上了既令人信服又有教育意义的一课。这个教育在大学里也得到了延续:我们实地考察了牛津地区多样化而又飞速变化的景观,对欧洲的凯尔特地区长期考察则更令人印象深刻。这个地区位于康尼马拉和苏格兰高地,其景观将"定居区"这个概念阐释到了极致。它在历史上没有受到任何掠夺性的开发,人类活动的微薄之力完全被那种令人惊艳的美遮蔽了。在那个时候,要想历经艰难拿到牛津的学位,需要对于一个小地方作出区域性解释,而我的课题主题是在观看一场曲棍球巡回赛的时候确定的,我选择研究英国南部苏塞克斯原野最西边的一片区域。在这个由村庄和和小乡镇组成的农业地区,伴随着地质风貌快速变化的是由教区边界、土地利用和聚落组成的和谐的人文地理景观。这些历经几个世纪的乡土景观在很大程度上避免了工业城市化的介入。居民们都是退休者或是需要通过很长距离通勤到后工业化的伦敦上班的人。这些人作为乡村中产阶级,追求着历史遗存的原汁原味。

由衷地说,正是在承担这个区域研究项目的过程中,我深深地被地理学吸引住了。初夏时我骑车在乡村公路上行进,从一个村到另一个村,从一个小镇到另一个小镇,观察地势地貌,随意地或是半导向性地与人交谈,这些都是听觉、视觉和味觉上的感官愉悦,都是对地理风貌的感知,也是解决问题的一种学术挑战。这项劳动(如果它是的话)不仅体现出实地调查的重要性,而且也为地理规律的建立和概念的发展确立了实证研究核心的基本原则。要不是在过去40年里人文地理学出现了一种趋势,使得理论抽象从依赖经验的不便中解脱出来,这一陈述将显得平庸而陈腐。像我经常发现的那样,经验世界给人的惊奇永远没有坏处,比如伦敦的一些银行家们会住在苏塞克斯郡农业劳动者的农舍里,而温哥华百万富翁的公寓里住的是在贫困线以下的移民家庭(Ley,2003)。抛弃经验主义工作的理论家们通常将他们的前提假设作为结果再生产出来,从而失去了一些学习的重要机会。这就产生了一个次要的原则。一项解释性的研究是综合性的,而这种综合性的任务倾向于使用一些意义略显模糊但体现细微差别的词汇,像"或多或少"和"多数情况下"。它允许偶然性和例外的发生。与此相反,一种更具分析性的方法论,尤其以被 C. 赖特·米尔斯(Mills,1959)斥责为抽象的经验主义为代表,也许更倾向于强调因果关系。

当然,我描述的这些传统在计量革命中饱受批评,这些批评在某种程度上也是十分恰当的,比如区域性解释容易变得公式化,并造成概念上的惰性。1960 年代后期,在牛津出现了令人激动的事件,学生们传阅着一份来自早期《区域科学期刊》(*The Journal of Regional Sci-*

ence)杂志上已被翻折了角的原稿；它传达着相当激进的信息，这给近至剑桥和布里斯托尔，远至隆德、芝加哥、宾夕法尼亚以及华盛顿的地理学院在概念上进行革新的地理学以有力的支持。所以，当1968年春天，一封来自宾夕法尼亚的令人意外的攻读研究生学位的邀请被送来时，我就迫不及待地飞了过去。

宾夕法尼亚：令人震惊的新发现

1968年的宾夕法尼亚州立大学地理学院，事实上也可以说是1968年的美国，正是超级令人刺激的突出阵地。一场内部论战在宾州大学地理系的课堂上进行，四个激进派成员——罗恩·阿布勒(Ron Abler)、约翰·亚当斯(John Adams)、彼得·古尔德(Peter Gould)和托尼·威廉姆斯(Tony Williams)——兼具年轻人的高涨热情和对胜利的敏感。一些人的出席助长了他们的势头，这些人包括大卫·哈维(David Harvey)和朱利安·沃尔珀特(Julian Wolpert)，这两位当时都是访问学者。客座教授罗杰·唐斯(Roger Downs)，还有冈纳·奥尔森(Gunnar Olsson)、莱斯·金(Les King)，以及其他一些"密歇根大学间数学地理学家共同体(Michigan Inter-University Community of Mathematical Geographer)"在当地的学者，他们每隔一段时间就会在学院大道上系里的酒吧展开热烈的讨论。彼得·古尔德是这些事件中的灵魂人物，表现出了超常的才智(Haggett, 2003)。

但是，1968年的美国也处在内战的边缘，内城出现叛乱，大学校园里也有骚乱。也许最为引人注目的是，这些学术动荡和国家动荡的场所几乎没有交叉。在宾州大学的教员中，保守派里的威尔伯·泽林斯基(Wilbur Zelinsky)是对越战和美国社会里不公正行为最公开的反对者。同时，如虚拟现实、马尔科夫链(同学们要求这一主题由大卫·哈维来教授)、线性规划、典型相关等一些课程都有一个共同点，它们都事先被一种富有技术和逻辑的内在理论世界占据了，而不是有人、有地方的外部世界。实际上令我失望(最开始是怀疑)的是，我发现本应是富有创造力的、意在"学习技术"的课程作业充斥着编造出来的数据集，只是为了炫耀这种方法的力量。这种"理论"至上的理念在我看来从根本上是有误导性的，结构主义、社会理论和文化理论以及宾州大学里一些追随逻辑实证主义的框架也一样。争论的焦点不在于课程到底需不需要理论，这是不言自明的，而是这种理论的特权会使学识变得过于狭隘，最坏的情况下将会变成一种没有学术意义的活动。有些人提出一种更平衡的思路，例如，我的同事格里·普拉特(Gerry Pratt)的新书《从事女性主义》(*Working Feminism*)，就关注、甚至是致力于研究令人惊奇的现象背后隐藏着的理论——不过我怀疑我自己还是更愿意多看到完备的经验描述而少看到一些理论阐述。

也正是在宾州大学，我通过约翰·亚当斯，特别是朱利安·沃尔珀特的课程认识了城市。

沃尔珀特是来自宾夕法尼亚大学区域科学系的一名访问学者。他邀请我去他在费城郊外的家中住了一周,我们驱车穿过北费城,目睹了当时被我们称为"黑窟"的广袤区域。通过在美国南部的一个高校里从事类似项目的暑期工作,我才进入美国种族关系这个令人惊奇的世界中。而且,沃尔珀特的鼓励燃起了我对社会公正的宗教伦理的关注,从而引导我对北费城的一个地区进行民族志学的研究,并成就了我的博士论文。

我之前就已经阐述过与该研究相关的理论、方法论和伦理问题(Ley,1988;Ley and Mountz,2000),所以现在不必再说一次了。但是,有两点需要重复。首先,和其他所有的人类工作一样,我的研究从某种程度上说,是某个时期内理性环境和社会环境的产物,是创造者的能动体与周围环境的整合。当我今天读到它时,围绕着研究而进行的概念搭建已经过时,而保留下来的是在长期不断的限制和应激环境中对日常生活实践的解释。我的结论是,我们不要过分倚重我们的概念性工具。其次,即使是民族志学,在研究中也应该包括一些对社区问卷调查的定量分析。在过去几十年里,当民族志学已经成为人文地理学家流行的方法论,就有了一种追求方法论式纯净性的倾向,而所追求的只是定性的数据。这种倾向错误地拒绝了学问精深的人所记录的大量珍贵数据,排斥了为民族志学提供更多例子以支持普遍关系研究的可能性。我愿意选择一种更为复杂的三角策略,建立起若干个方法论的立场,而不只是青睐由某一方法论基点而建立起一种单一的模型。

温哥华:在原处反思

迁到温哥华(就像早期前往宾夕法尼亚一样)证明了弱连带优势[①]理论。正如意外的来信将我派到了美国,走廊上的一次偶然会面使我开始考虑在研究生学习之后不回到英国,这在之前是难以想象的。我于 1972 年到达温哥华,来到一个在制度上、民族上和城市上与之前在美洲东海岸所了解的完全不同的环境中。不列颠哥伦比亚大学的地理系在自然地理、文化地理和历史地理方面有较强的实力,而且与西雅图、宾夕法尼亚、多伦多以及其他一些地方的定量创新不同,它认为自己是学术独行者。同一年在不列颠哥伦比亚大学任职的还有马文·萨缪尔斯(Marwyn Samuels),他和华盛顿大学的安妮·巴蒂默(Anne Buttimer)写了一篇关于地理学和存在主义的论文。和我一样,他们也说多元主义是一种定量研究方法。不列颠哥伦比亚大学想要宣传一下新来的人,因此要开一个会议把我们介绍给该地

[①] 斯坦福大学教授格拉诺沃特(Mark S. Granovetter)在 1970 年代提出了弱连带优势理论(The Strength of Weak Ties)。他指出,一个人往往只与那些在各方面与自己具有强相似性的人建立比较紧密的关系,但这些人掌握的信息与他(她)掌握的信息差别不大;相反,与此人关系较疏远的那些人则由于与此人有较显著的差异性,也就更有可能掌握此人没有机会得到的、对他(她)有帮助的信息。——译者注

区的地理学家们，让我们给会议拟个题目。我们想出的标题是"空间的意义"，并将我们的文章于 1972 年 11 月在一个地方性会议——加拿大地理学家联合会上发表了。从这次会议以及由此而引发的富有成果的对话之后，改版的《人文主义地理学》（*Humanistic Geography*）开始酝酿，并在六年之后问世。

从许多方面来看，那之后我的大部分研究与那册书中我文章里所确立的立场都是一脉相承的，包括对诸如人类能动性、后现代主义和全球化这样的理论领域的介入，它们都是基于同样的假设前提的（例如 Ley，2004）。有所不同的是，这是运用简单的统计数据在一个更大的数据库中来研究关系的工程，这也是研究生学习阶段清晰的遗留（例如 Ley and Tutchener，2001）。除数据库分析之外，我还关注城市人群日常生活中的主体间的相互影响——这些行为的文化背景不仅包括其他人群（公务员、商人或是其他社会群体）造成的影响，还包括更广泛的文化背景过程，包括用"后工业主义"、"多元文化主义"、"新自由主义"等概念所总结出的那些社会关系。这种立场在方法论上和理论上都是折衷的，因理论而起却不局限于理论，允许世界中意外的存在，并以此来重塑一系列概念。所谓"学术立场"是总要被考虑的一个学术姿态问题，这成为了观察社会文化植入（但不是决定）全部社会生活这一工作的最大的绊脚石。

在经过 20 年左右对加拿大社会和文化地理学的研究，仔细考察了邻里组织、城市政策、劳动力变化和住房市场（特别是中产阶级住房）等一系列问题后，在 1990 年代中期，自然而然涌现出一个特别的机会：一个跨学科的网络在移民和城市化领域的学者内建立起来了，也就是最初所说的"大都市计划"（metropolis project）。我刚刚完成了一本有关我对中产阶级化研究的合集（Ley，1996），也迎来了我职业生涯中一个重要的转型期。一个联邦政府部门的共同体在加拿大设立了四个研究中心，并保证提供六年基金，后来又追加了五年。大都市计划的关键词是合作，包括不同层次的政府机关、非政府组织、公众代表以及将近 20 个国家的国际网络之间的关系。大都市移民与整合研究组在温哥华分中心设有两个主任，我从 1996 年开始担任其中之一，这种近似于孤独的研究者的生活到 2003 年戛然而止。尽管政策主题通常都被政府的主导者们确定，但是基金被引入"社会科学和人文科学研究委员会"（Social Science and Humanities Research Council），学者们对于具体研究的主题有着相当大的自由（见温哥华分中心网站，www. riim. metropolis. net）。关于大都市计划的更多故事还没有被提到，但是它已经让我们看到了一个有趣的范例：关于与政府相关的研究，关于跨学科和跨国研究的集中化，关于政府和群众组织的契约。大都市计划这一案例对于当下要求地理学家们更加积极地参与公共政策研究是一个很好的证明（Dicken，2004）。

对于研究生学习来说，最重要的一个机会是有稳定的资金来源可以提供有效而专业的发展资源。学生们不仅从研究基金中受益，而且能够进入由专业人员、数据以及实习场所组成的网络,还能领略到每个人的风采。反思这个项目的价值,一个重要的收获是随之而来的学生文章发表(包括 Ley and Smith,2000;Rose,2001;Waters,2002;Mountz,2003;Teo,2003)以及新一代研究城市里的民族、种族和迁移的社会地理学家们的出现。

尾声:延续与变革

在同一个系里度过自己整个职业生涯看起来似乎不利于地理学想象力的发展。但是,这样做可以在一个地方建立起连续性的优势,而且我们身处的地方经历着变化,展现出一种多面性,因为在生命历程中,一个人从年轻时的地方出发——从布满公寓的内城出发,在大都市之中穿梭,游历休闲和学习的地方——到达不同的城市环境,作为父母和市民参与到孩子们的活动和社会制度的制定之中。不仅如此,城市(还有我所在的系)也在我们身边发生着变化。1972 年,我了解到温哥华是一个半英国化的城市,有英国人、板球和变化无常的天气,而且实际上在 1970 年代早期,米字旗就在各个公共建筑的上方飘扬。从那之后的一段时间里,这种现象消失了,今天也再没有人会对这样一个城市赋予这样的种族性称谓。移民大军中有 80% 来自亚洲,其中仅来自中国的就接近 40 万。在很大程度上来说,我与这个城市相互糅合在一起,从而导致了一种全新而永不会终结的对于认同和地方的重新定位。

参考文献

Barnes,T. (2004)'The rise(and decline)of American regional science:lessons for the new economic geography?'. *Journal of Economic Geography*,4:107—29.

Clarke,C. (1984)'Paul Paget:an appreciation', in C. Clarke,D. Ley and C. Peach(eds),*Geography and Ethnic Pluralism*. London:Alien and Unwin. PP. xiv—xvii.

Dicken,P(2004)'Geographers and"globalization":(yet)another missed boat?', *Transactions Of the Institute of British Geographers*,n. s. 29:5—26.

Haggett,P(2003)'Peter Robin Gould,1932—2000',*Annals of the Association of American Geographers*,93:925—34.

Ley,D. (1988)'Interpretive social research in the inner city', in J. Eyles(ed.),*Research in Human Geography*. Oxford:Blackwell. PP. 121—38.

Ley,D. (1996)*The New Middle Class and the Remaking of the Central City*. Oxford:Oxford University Press.

Ley,D. (2003)'Seeking *Homo economicus*:the Canadian state and the strange story of the Business lmmigration Proqram',*Annals of the Association of American Geographers*,93:426—41.

Ley,D. (2004)'Transnational spaces and everyday lives', *Transactions of the Institute of British Geographers*. n. s. 29:151—64.

Ley,D. and Mountz,A. (2000)'Interpretation,representation,positionality:issues in field research in human geography', in M. Limb and C. Dwyer(eds),*Qualitative Methods for Geographers*. London:Arnold. PP. 234—50.

Ley,D. and Smith,H. (2000)'Relations between deprivation and immigrant groups in large Canadian cities', *Urban Studies*,37:37—62.

Ley,D. and Tutchener,J. (2001)'Immigration,globalisation and house prices in Canada's gateway cities', *Housina Studies*,16:199—223.

Mills,C. Wright(1959)*The Sociological Imagination*. New York:Oxford University Press.

Mountz,A. (2003)'Human smuggling,the transnational imaginary,and everyday geographies of the nation-state',*Antipode*,35:622—44.

Pratt'G. (2004)*Working Feminism*. Edinburgh:Edinburgh University Press.

Rose,J. (2001)'Contexts of interpretation:assessing urban immigrant reception in Richmond,BC',*The Canadian Geographer*,45:474—93.

Teo,S. —Y. (2003)'Dreaming inside a walled city:imagination,gender and the roots of immigration'. *Asia and Pacific Mlqration Journal*,12:411—38.

Waters,J. (2002)'Flexible families? "Astronaut" households and the experiences of Ione mothers in Vancouver,BC',*Social and Cultural Geography*,3:117—34.

第十五章　记忆与渴望

大卫·哈维（David Harvey）

我12岁的时候，上了第一堂关于北美洲的地理课。我们画了一张东海岸的地图并且在上面标出了"瀑布线"。这条线从新英格兰地区①延伸到佐治亚州，标示出了阿巴拉契亚山脉起伏的丘陵地带和平坦的与冲积海岸平原连接的地方。"瀑布线"这一名字源于在那里可以找到的各种瀑布。这些瀑布具有社会意义，因为它们为无数的磨坊提供了动力。这些磨坊遍布小城镇和村庄，甚至延伸到大城市。今天，这条瀑布线大概由第95号州际公路给标示出来了，这条公路连接了美国东海岸高低起伏的一系列城市。

当我在二战后的英国，在那些黑暗而沮丧的日子里研究这张地图的时候，我希望有一天我能访问北美并且探索它的神奇之处。虽然我在美国有些亲戚（他们在二战的时候给我们寄送过食物包裹），但是这个想法在当时看起来毫无希望。我们太穷了，路途太远了。我一点也想象不到我的大半生会居住在那条瀑布线附近。

倘若你告诉一个在战后英国绝望的日子里生活的12岁男孩，这是为他所准备的未来，他的每一寸肌肉都会兴奋得颤抖。这个男孩开始穷尽自己的想象力（这时还没有电视，但是半年去一次电影院，是他的一种难得的享受），遐想自己的旅途，把自己带到里约热内卢、仰光、旧金山或者贝拿勒思。他不止一次计划离家出走，去探索外面的世界，只是想要发现是否早上天气晴朗，下午就会下雨（英国气象学的最基本的现实），或是在大雨中，体验那种躲进树洞与昆虫为伍就像回到温暖的家的感觉。此时他对于我现在所称的空间与地方的辩证（经历地方的方式总是与更广泛的空间关系交织在一起）的兴趣就已经开始了。

在剑桥的本科学习与一个帝国的衰落

当一个人认识到世界是开放的、等待探索的，便萌生了逃离与探险的幻想。在地图上，世

---

① 新英格兰地区指的是美国东北部六个州：缅因州、佛蒙特州、马萨诸塞州、罗得岛州、新罕布什尔州、康涅狄格州。"新英格兰"有人文和地理的双重意义。——译者注

界的许多地方标着红色,这些地方在某种程度上"属于"英国,这意味着英国拥有广泛可供选择的、可以视察的领土。但是大英帝国的力量正在衰落。我在剑桥的许多老师都曾经在军队或者殖民地工作过。他们似乎对帝国的颓势觉得遗憾,但是也承认情况应当有所改进了,尽管只是以一些"能察觉到"的方式。要批判他们的帝国主义的眼光、家长式的作风和殖民思想很容易。但是对于我来说,更正面的是,他们表示出来的对他们曾经工作和研究过的那些国家和人民的不可思议的热爱。通过他们讲述的数不清的逸闻趣事,我了解到了殖民者与被殖民者之间令人好奇的冲突,还有更明显的,两者之间关于做什么和在哪里做这些事情的共生性冲突。关于土地使用、权力和社会关系,关于资源与意义的日常斗争在这些轶闻中变得鲜活起来,而且这些一直是我所受到的地理教育的基础。

给我触动最大的时刻,是英国、法国和以色列合谋,试图从埃及夺回苏伊士运河控制权的时候。甚至连我的父亲对此也表现出厌恶之情——虽然他从未明显表示过任何政治倾向,却显示出可敬的工人阶级爱国者的一些特质,认为统治阶级生来就应该对民族和帝国施行仁政。那时我刚刚21岁,处于我本科阶段的最后一年。整整一学期,我放弃了学习,参与激烈的政治辩论。从此,我成为了一位坚定的反帝国主义者。

地方—全球的辩证关系

我的本科毕业论文是关于我所处地方的19世纪的水果种植情况(我从14岁的那个夏天开始采摘水果赚取零花钱——虽然只是很少一点钱),而且这项研究一直持续到我的博士论文阶段,《论肯特郡1815—1900年农业和乡村的变迁》("Aspects of agricultural and rural change in Kent")。通过探索和挖掘我自己的景观本源,我自己的地方性成为了我所痴迷的主题。对这片土地的亲密感和我对亲密感本身的研究紧紧地连在了一起。我深深沉浸于那个世界。

作为我的论文研究的一部分,我阅读了当地从1815年到1880年的报纸。我花了一整个夏天阅读这些材料,这是一种难以置信的、非常有收获的经历。一件件轶事累积而成的复杂纠结的图景,见证了个人生活如何与抽象的社会力量相联系,促成了那些速度极慢、但最终对景观和社会生活产生了极其深远影响的变化。随着19世纪的逐渐远去,报纸改变了自己的形式和报道的社会内容。当我坐下来反思的时候,我认识到我见证了某种区域意识的兴衰,一种取决于交通和通讯方式,还有更多更普遍的经济、技术和社会的大变革。交通的速度和通讯的空间范围显然是历史地理中一支动态变化的塑造力量。

还有另一个主题在这段经历中占据了大部分。我检视啤酒花产业数据的时候,发现其种植、产出,还有空间扩散和传播的循环,几乎与英国的经济循环同步。中肯特郡农业的兴衰受到伦敦金融市场贴现率的影响，而后者取决于更大尺度的交易条件。金融资本与地理形式，如我现在所说的，紧密地、动态地联系在一起。

我记录下这些是因为我现在认为那个夏天是我学术生涯中最具长远意义的一个夏天。当然，这些阅读的发生有双重的背景：一方面是长期养成的那种地方亲密性；另一方面是对逃离到更广阔的世界的憧憬。但是这种经历给了我从未有过的洞察力与资源，它清晰地预示着我自己所写的关于资本循环与全球和地方关系的时空动态变化的大部分内容。地方与全球，如我们现在所说，是一个硬币的两面。

对地方之爱与阶级自负

我的爱好是到不同的地方四处游荡。1960 年代我多次去瑞典时，还有 1970 年代的几个夏天我为写作关于法国第二帝国历史地理的论文去巴黎收集材料时，就是这么做的。在 1960 年代美国的长途汽车之旅中，我中途拜访了一些人，如底特律的比尔·邦奇（Bill Bunge）（他对我性格的形成有深远影响）；还有深入墨西哥之旅（在那里我设计了《地理学中的解释》的结构）。这些是我的几次典型的旅行。

正规的学术世界常常看起来脱离了世界上的这种有形的经历。但我所写的与我感觉的总有联系，而我所感觉的取决于我身处何地与我如何应对人与环境。例如，行走在巴尔的摩的街上，或者与"汉堡王"餐厅的工人交谈，是在体会一种愤慨之情，对浪费生命与机会的愤慨、对潜在的不公正与愚蠢的无效率的愤慨、对需要反思的那种显而易见的忽视的愤慨。诸如这样的经历激励我写作，激发了我学术上的愤怒。

你可以把这些情绪称作阶级嫉妒、阶级偏见或者阶级斗争，但是剑桥是以一种我从未经历过的方式教导我什么是阶级。因为我成长于一个非常平凡的小镇，那里的主要阶级差别是在专业的技术人员（主要是军籍）与令人尊敬而放纵的工人阶级之间。我的祖母是艰难的岁月中已经衰败的贵族阵线的最后一员。她为自己嫁给一位职业海军军人感到羞耻，但是贵族的遗风还在。和我父亲一样，我有准备要接受一些贵族特权的观念，但直到我到了剑桥，才亲身感受到它的丑陋。

另一方面，我的外祖父是一位"劳动贵族"。他的祖先是苏格兰人，他是参加了混合机械工程工会①的一位熟练工人。他沉默寡言、老实忠厚，这也是因为他的妻子非常有决断力、强势而且有主见。我的外祖母是农业劳动者的女儿，抱负不凡，很有冲劲。她也是一位强硬的敢于直言的社会主义者，只在合作商店购物。我回想起她在二战中期，站在合作商店里，谴责温斯

---

① 英国制造业的主要工会。——译者注

顿·丘吉尔(我们令人尊敬的战争领导人)是"腐败的混蛋",对工人阶级毫不关心。面对众人的惊讶,她承认希特勒是一个"更腐败的混蛋",可能是"一个腐败的混蛋赶走另一个腐败的混蛋"。我显然继承了一些她的政治愤怒。如果你从总体上审视我的阶级遗产,显然有一个重要的阶级消失了,那就是资本家阶级。我有时候觉得我的 DNA 里就有反资本主义的基因。

研究生生活与变化的齿轮

我获取了勒沃胡姆(Leverhulme)奖学金在瑞典学习了一年,主要是因为瑞典有更好的能追溯到 18 世纪的人口资料。1960 年我到了乌普萨拉,我和一个长着奇怪胡子、名叫贡纳尔·奥尔松(Gunnar Olsson)的人一起唐突地闯进了一个房间,我们一致觉得这一事件是造成了长远影响的偶然事件之一。我们和其他许多人(乔利、哈格特、乌尔曼、加里森、贝里、莫里尔、哈格斯特朗;其中哈格斯特朗起领导作用)在一起,互相帮助,面对着大量的反对,致力于改变传统地理学的结构。这一事件立竿见影的效果就是我放弃了关于瑞典人口学的研究,只是在瑞典四处游历,了解到在一片陌生的外国土地生活意味着什么。与此同时,我用各种思想和展望重新武装自己,以了解基于各种不同哲学基础和方法的新研究。我在布里斯托大学接下来的几年时间里都是在从事这一研究,与我的天才般的同事们一起工作,如米歇尔·齐泽姆(Michael Chisholm,在他神志清醒的那几年)、巴里·加纳(Barry Garner,一位很好的酒友)、彼得·哈格特(Peter Haggett)、阿兰·弗雷(Allan Frey)和迈克·摩根(Mike Morgan)。这项工作(作为补充的还有一年在美国宾州大学的教学经历,彼得·古尔德是一位良师益友)的效果在我的第一本重要的著作《地理学中的解释》[①](*Explanation in Geography*)中得到了最大的体现,在这本书里我试图利用科学哲学探讨地理知识的理性的和科学的基础。

但是我承认自己在大部分时间存在一种内在的分裂。一方面,政治、学术还有职业生涯计划指向各种知识要联合在实证主义的大伞之下,并且被理性地运用于改善社会的总体任务之中。另一方面,我始终有一种漫游和偏离的欲望,去挑战权威,离开平坦的知识之路去寻找不同之处,去探索广泛的未知的景象与未知的世界。

我的手稿在 1968 年的夏天完成,接近巴黎、柏林、墨西哥城、曼谷、芝加哥和旧金山发生革命的时期。我几乎没有注意到当时发生了什么,这真是有点犯傻。当周围的这个世界崩溃混乱,城市燃起大火的时候,我却在写作,这看起来有点荒谬。实际行动与学术工作之间的平衡始终难以协调,而这个问题极度困扰着我。我试图通过依附社会运动和做一些力所能及的事情来保持一种行动主义的联系。这些参与总是灵感重要的来源,而且我希望我能够将这些灵

---

① 大卫·哈维:《地理学中的解释》,高泳源等译,商务印书馆,1996 年。——译者注

感转换到学术世界中。

约翰·霍普金斯与巴尔的摩

总之,我感到一种重塑自我的迫切需要,去讨论那些在《地理学中的解释》一书中尚未解决的有关道德和伦理的问题,试图拉近它们与日常政治生活领域的距离。在 1969 年,我受聘于巴尔的摩的约翰·霍普金斯大学,参与到一个有关地理学和环境工程的跨学科项目的工作中。

约翰·霍普金斯大学对于我的内在吸引力在于它的跨学科性。凭着这种跨学科的优势,我就像一个研究生一样茁壮成长。像文森特·纳瓦罗(Vicente Navarro)、里奇·普费弗(Rich Pfeffer)、南希·哈索克(Nancy Hartstock)、唐娜·哈拉维(Donna Haraway)、埃米莉·马丁(Emily Martin)、凯瑟琳·维德里(Katherine Verdery)、阿什拉夫·加尼(Ashraf Ghani)、阿里加多·波尔特(Alijandro Portes)和尼尔·赫茨(Neil Hertz)(这里只列举了一些)这样一些人物,都成为了我的知识来源的一部分。另外一个吸引我的是能够定居于巴尔的摩,这是一个被社会动荡和贫困深深困扰着的城市,在我到达那年之前被完全烧毁了。我期望能将我的本领运用到工作上,试图用一种改良主义和参与式的方法来处理这些城市问题。我新到的系里已经有一些关于内城住房问题的研究在进行之中,我立即参与到那些工作中,并且与我在约翰·霍普金斯大学的第一个研究生拉塔·查特吉(Lata Chatterjee)一起作了一些有关城市住房信贷和政府政策的细致研究。这形成了我对城市地理学进行新思考的实践背景。

所有这些都为《社会公正与城市》(*Social Justice and the City*)一书的出版搭建了舞台,这本书把在城市问题上我所谓的"自由主义者"(liberal)与"社会主义者"的构想进行了对比。大约在 1970 年,我开始认真研读马克思。《对立面》这一期刊在这之前早些时候已经出版,社会主义者、马克思主义者、反帝国主义者以及无政府主义者思潮也已经有组织地集中到美国地理学家协会(AAG)中来。克拉克大学的本·威斯纳(Ben Wisner)、吉姆·布劳特(Jim Blaunt)、大卫·斯泰尔(David Stea)和迪克·皮特(Dick Peet),以及他们的许多研究生一起结成了阵营,而令人敬畏且又难以对付的比尔·邦奇则潜藏于幕后。

这对我来说是研究中令人沉醉的一段时光,包括在巴尔的摩和在巴尔的摩之外的那些天。这是我生命中的一次重要经历,似乎是在革命激情和文化力量的推动下,把专业的、个人的、政治的活力都汇入到不断创新的湍流之中。我们的研究由于不可靠或离题太远而不被认可。《社会公正与城市》一书被审稿人评价为不合逻辑的、不可靠的,而建议不要出版。我写作的一篇关键性文章《人口、资源和科学的意识形态》("Population, resources, and the ideology of science"),被《美国地理学家协会年刊》(*Annals of the Association of American Geographers*)拒稿,因为他们认为这篇文章跟地理学毫无关系,且一文不值(后来转而发表在《经济地理》杂志上)。

到交战结束,反对方勉强承认(尽管经常提出各种告诫)马克思主义地理学或许是理论上相关,甚至是在经验上也有意义的;但是出于政治的原因,仍然拒绝涉足于它。

《极限》与巴黎

我先前发现亨利·列斐伏尔(Henri Lefebvre)已经写过有关城市问题的文章(在《社会公正与城市》一书中我简要地对其进行了引用),而且似乎城市问题在法国也被认为是非同小可的。曼纽尔·卡斯特尔(Manuel Castells)1972年在法国发表了《城市问题》(La Question Urbaine)。在1970年代中期,我带着极大的兴趣与他接触过几次。他鼓励我去法国并在巴黎待上一段时间。在1976年至1977年,我获得了古根海姆学会奖①,并到了那里。

在法国的经历使我想要转变我的方法,尝试去构建一种更好的城市政治经济学,使之像一项对马克思主义理论进行全面翻新的工程一样,从而能更充分地囊括进一些历史的和地理的问题。我构思并写作了《资本的极限》(Limits to Capital)一书。

如果我从一开始便充满着得意忘形的自大与傲慢,那么这本书的质量一定是粗鄙卑微的。迪克·沃克(Dick Walker)(那时在伯克利),还有尼尔·史密斯(Neil Smith,他关键性的硕士论文后来成为《不平衡的发展》(Uneven Development)一书,与我的项目在各方面都联系紧密)和阿特丽斯·诺法勒(Beatriz Nofa,上述两位当时都是研究生)给予了我重要的支持,也和我一起承担了一些痛苦。我越专注于其中,它就变得越发地复杂。我当时感到绝望,《极限》一书也在考验着我的极限。在写作过程中我有一种挫败感,我当时意识到了有多少东西是我所不知道的。然而,这也是一个重要的成就。使我感到惊讶和失望的是,《极限》一书没有被广泛地阅读;而且就我所知,除了那些对地理和城市问题有着特别兴趣的人之外,它也没有对任何人有什么重大的影响。我当时发觉了学科部落主义(disciplinary tribalism)对于自由交流的限制。经济学家不会认真地对待地理学家,而社会学家也有其自己的理论世界体系等。

写出那样的一本书给了我很大的打击。幸运的是,朋友们和同事们将我拉到政治活动中。尤其是尼尔·史密斯,在那几年中他反复地指出,缺乏政治实践的研究会跌入理论的陷阱(我已经记不清他给我划定了多少条警戒线!)。我也参与到了中美洲的团体工作中,与一位以前的同事以及他的妻子——查克·施内尔(Chuck Schnell)和弗洛尔·托雷斯(Flor Torres,她

---

① Guggenheim Fellowship 由是美国国会议员西蒙·古根海姆及其亲属于1925年设立的古根海姆基金会颁发的。该基金会每年为世界各地的杰出学者、艺术工作者、艺术家提供奖金以支持他们继续在各自的领域的发展和探索,涵盖自然科学、人文科学、社会科学和创造性艺术领域。——译者注

后来成为了丹尼尔·奥尔特加①的特别助理）——共同度过了一段时光。我们所做的工作是在哥斯达黎加以外，从事支持桑地诺政权（Sandinistas）的活动（偶尔还有一些新闻业活动，合作者是我后来的搭档巴巴拉·科佩尔（Barbara Koeppel））。在那里我直接地目睹了美国霸权主义扩张带来的毁灭性打击。

在我看来，对于真正的地理知识的无知（与技术地理信息系统的技术竞争力形成对照）越来越成为一种美国为获取其狭隘和自私的帝国主义利益而蓄意行使的手段。所以，地理学在美国是如此地被边缘化，在美国的教育体系里，地理学传授得如此糟糕也就不足为奇了！它容许特权精英在这个世界里为所欲为，而不会有任何的反对者。

牛津与后现代主义

让我感到十分惊讶的是，我得到了牛津大学地理学的哈尔福德·麦金德教授职位（Halford Mackinder Professorship）。出于各种奇怪的原因，我于 1987 年 1 月到了那里，尽管我很不情愿离开巴尔的摩（那已经是我的第二故乡），而且我的薪金也减半了。

最重要的是，我认为牛津唤醒了我的初衷。有关英格兰及其与帝国主义过去的关系的问题到处都是。我清楚地回想起很久以前我所反抗的那些东西。在牛津，很多人的骄矜使我十分反感，我不能理解英国的左翼人物，无论是不是地理界的，在对待撒切尔主义上也采取这样一种优柔寡断的态度。我就这种现象写了一些有倾向性的文章，使每个人感到不悦。我在这时开始投入写作《后现代的状况》一书。

《状况》是我写过的最为简单的书，只是极快地倾诉，不带一点担心和犹豫（也许这就是为什么它读起来那么有趣的原因所在）。我想要证明马克思主义不是像一些人所宣扬的那样是无效的，它可以为任何事物的成长发展提供一些有说服力的解释（很多已经体现在我先前研究的巴尔的摩住房市场的工作中了）。这一观点足以在许多后现代者中激起可观的、偶尔的愤怒（特别是对于坚定的女性主义派别来说）。我早已经饱受争议了，如今还能怎么样呢？随着时间的推移，人们清楚地看到，《状况》一书可以被看成是一个有力的、可靠的论据，而且它帮助很多人用一种一直以来所不具备的视角来看待问题。它成为一本畅销书（并被广泛翻译成各种文字）。

但这里有另外一件有趣的事，因为在这里所研究的马克思主义，相比于在 1970 年代早期流行的那种马克思主义，已经有了显著的不同。整体看来，马克思主义者从来没有认真考虑过城市化问题、地理问题、时空性问题、地方和文化问题、环境和生态变化问题以及不平等的地理

---

① Daniel Ortega Saavedra（1945— ），南美洲尼加拉瓜桑地诺民族解放阵线领导人。——译者注

发展问题。《状况》一书十分详尽地对这些进行了研究,因为它将这些地理问题当做核心,而不是像马克思主义一样认为这些只是次要的。

希望与梦想

1993 年,我重返巴尔的摩的瀑布线,这不是一次容易的迁居。我从一个规模庞大的地理学院的权力位置上退下,成为由工程师们占主要地位且非常抱团的工程学院里的一个微不足道的边缘化小人物。这里的人只关心有经费和赞助的科学研究。我在这样一种不利的环境下重返约翰·霍普金斯大学,不过在这里也给我的妻子海蒂(她是在流体动力学方面接受过良好教育的海洋学家)找到了一个职位,而且我也得到了很多其他院系学者的支持。

尽管我不知道,我自己的永恒性已经受到了心脏血流不足的严重威胁。我有时在想,我将辩证法表述为一种流与永恒性的关系,居然下意识地反映了这样一种状况! 在我完成《公正、自然和地理差异》(*Justice, Nature, and the Geography of Difference*)的索引之后,我做了一次心脏手术,心脏血管搭了五处桥。尽管《公正》一书存在一些小的失误,我仍然将它看作是我的最具有深远意义的地理学著作。这本书是从一个地理学的角度来阐述的,而《极限》一书是从政治经济学的角度出发的。

把经历、思想、著作和存在于世的感觉连接为组织的内容,就是我生命的全部。所以我写了一本名为《希望的空间》(*Spaces of Hope*)的书,重点探讨可能性和选择性(这也是《公正》一书里所缺失的部分章节)。这本书的写作灵感一部分是由在巴尔的摩以及约翰·霍普金斯大学(主要参与者里有我的一些学生)发生的"最低生活工资运动"(living-wage campaign)所激发的,并且就是以巴尔的摩作为前景和背景来探究乌托邦的幻想。但这是我在巴尔的摩的最后一次出彩。学院与大学里的糟糕处境实在难以用语言来形容,所以当一个充满吸引力的工作机会出现时,我便急切地接受了。我参与到纽约城市大学研究生中心的人类学计划中(与尼尔·史密斯和辛迪·卡茨(Cindi Kartz)成为同事)。这被证明是一针兴奋剂,是一个在更广阔的思想与活动舞台上施展才能的机会。其结果是一种奇怪的循环的结束。我就此正在写作一本新书《新帝国主义》(*The New Imperialism*),它把我从青年时代江河日下的英国帝国主义时期,突然带进了今日美国这样一个明显的军国帝国主义时期。写这本书凭借的是 30 年讲授马克思"资本论"的教学经验,以及我先前的一些作品,同时也加入了一些新的东西。但是,如果它能够帮助我找到旧时那种蠢蠢欲动的感觉,就像一个研究生在悠长的夏日读着当地的报纸;或者如果它能够帮助江河日下的英国,以帝国主义的方式注视富含知识的大陆以及世界……那么这本书就是要这样写!

　　我希望,因为我有着记忆与渴望,所以我想要把这个世界改变成远远好于现在状况的一个地方。没有希望的生活意味着人心已死。但是从整个世界来说,万物皆有价值。生产那些事物的重要过程都将逐渐消失化为乌有。当然,我们可以希望,事物能在产生的过程中捕捉到瞬间的喜悦与沮丧、猥琐与崇高。但是我将我的书看成是实质上死亡的事物,它成形于不断的、鲜活的学习与探索过程。现在,我必须使这篇文字成为确定的、固定的、不变的文件,以存留在这个世界上。但是生活的辩证法没有就此打住,对于你或者对于我都一样。对于那些小的时空片断来说,只要我们能够维持住它们,它们的梦想就会实现。

第十六章　经历与情感

罗宾·卡恩斯(Robin A. Kearns)

远方的诱惑

高中时期，我房间的墙上钉着一张我所珍视的海报。当同龄人纷纷悬挂摩托车或者电影明星的海报时，我所关注的则是描绘美国国家森林公园的海报。我的童年是在新西兰北部风景秀美的海岸和山边度过的，当时我总是梦想着能够去黄石公园或者杰克逊城[①]这样远方的景点游玩。我对名字怪异的景点着迷，这是我母亲希瑟的遗传。母亲喜欢从飞机上欣赏风景，甚至开玩笑说她一出生血液里就含有航空燃料，她很乐于去像艾伯塔省的贾斯珀(因约翰·丹弗的歌曲而出名)那么远的地方游玩。

我的父母为了寻找新的体验从英国移民到新西兰。对身为兽医的父亲而言，在偏远的新西兰北部的工作机会要比在景观优美的萨福克郡更具挑战性。尽管我的母亲时常怀念苏格兰的幽谷，但是他们再也没有回英国生活过。我四岁时的那次海上旅行途中停靠了库腊索、巴拿马和塔希提岛，给我留下了关于地理学的最初印象。

我在旺阿雷的一个小城市长大，一家人从来不会全部呆在家里。刚来时人生地不熟，我的父母就出去结交新朋友，而我也开始对周边的景色产生兴趣。我的父亲作为一个目光敏锐的鸟类学家，时常带着我在户外对鸟类进行识别练习。那时候我的姐姐爱好远足，于是我俩就定期在市郊崎岖的山路上步行。在青少年时期，我已经可以识别大部分的树木、岩石、鸟类以及昆虫，并且受我母亲的影响开始喜欢写作。后来虽然我放弃了学习自然地理学，但这一段时光使我对大地充满了热爱，深深喜欢上大自然。

---

① 美国怀俄明州的一处滑雪胜地。——译者注

到达美国

1977 年,我结束了高中课程,作为交换生来到美国,初步实现了自己探索北美大陆的梦想。这次旅行终于使我从最后一年糟糕的公共课考试中解脱出来(我只通过了两门)。所有成绩中我的英语成绩最好,而地理学只有 39 分,这说明课堂上没有什么让我感兴趣的东西。工业化的欧洲看起来遥远而且无趣,而那年唯一的一次野外实习是去老师家的养猪场。世界上比考试重要的事情还有很多,因此我的反抗就是尽早离开考场。

到达密西西比州的小镇萨迪斯,整个世界好像都变大了。在这里我学到了很多关于民族、历史和国家认同的知识。我进入了一所非裔学生占 95% 的学校,入校第一天还有人问我新西兰是不是"离怀俄明州北边不远"。很显然学校是一个进行文化体验的好地方,而旅游则是更好的教育方式。我抓住了每一个旅游的机会。因为我家曾经接待过交流生,所以我对这一项目的了解远远多于我的寄宿家庭。我每次打电话给当地的辅导员时他就会问:"你又要去哪里?"这一年我总共旅行了 37 个州,参观了一些小时候在海报上看到过的国家公园。

最疯狂的一次旅行是我陪同一位卡车司机去纽约,运送医用床被到长岛上的皮尔格里姆州立医院,这是当时美国最大的一家心理卫生保健机构。医院里痛苦的人群以及几乎三天没有合眼的经历,给我留下了持久的印象,而这在某种程度上引发了我随后对于心理疾病治疗场所的兴趣。

虽然我在 17 岁时就十分向往美国,但是在美国最南部待上一年并不是我特意选择的。但是事后想想,选择一个国家而不是它的某一地区是偶然的,因为那一年在密西西比河三角洲边缘的时光给我留下了深刻的记忆。

发现地理学

我从美国回来后就进入了奥克兰大学学习。第一年,我发现心理学是相当枯燥和富含技术性的,于是我成为一个心理学家的梦想就此破灭。我原以为心理学是研究社区机制的,实际上却相去甚远。饲养小老鼠和经实验室同学推荐认识了范·莫里森(Van Morrison)成为我仅有的乐趣。这一年我的心理学课程的成绩是 C,但是令我惊讶的是地理学成绩竟然是 A。地理学好像成了我收获关于世界知识和经历的地方。第二年,我开始学习英语,并且有点后悔最初没有学习这门课。同时经过协调,我开始重新攻读文学硕士,并且说服院长同意我修读地理学和新西兰文学。虽然英语是我的最爱,但是地理学最终可以给我提供更多的就业机会。

奥克兰大学一直有着优秀的硕士课程体系。由于我来自新西兰北部农村地区,以及在熟悉的草场工作对我的吸引,因此我的论文选择研究与社区灌溉计划相关的政策和土地利用变化。依靠旺阿雷附近的富饶的火山土进行猕猴桃生产的潜力正逐步得到认可。社会以及空间秩序在不断地变化着。我借了一辆雅马哈 50 去参观一家接待夏季游客的农场,第一次欣赏到芒阿塔皮里地区的火山区风景。这一经历使我对乡村社区以及个人、社区和机构的利益冲突这一课题产生了兴趣。

1982 年末,我的论文导师沃伦·莫兰(Warren Moran)鼓励我申请博士奖学金,安妮·巴蒂默(Anne Buttimer)来访问时也提出了类似的建议,我这才意识到除了论文还有更广阔的地理学领域。我有一个叔叔在多伦多进行地质学研究,这使我对留学加拿大产生了兴趣。英联邦奖学金的申请优先考虑它所列的六所大学,但是布伦特·霍尔(一位在加拿大读完博士的新西兰人)告诉我只有麦克马斯特大学值得考虑,于是我接受了他的建议,并在五个月后收到了提供奖学金的电报通知。由于只申请了一所大学,我可以想象审批者肯定认为我的目标明确。但事实却正好相反,我对麦克马斯特大学几乎一无所知,而我不能拒绝一段已经付费的加拿大旅程。

1980 年代的安大略

当我适应了安大略八月中旬潮湿的环境之后,接下来需要适应的就是麦克马斯特大学的地理学课程。1980 年代我在奥克兰大学对以土地作为基础的研究已经结束,取而代之的是,我发现自己处于针对社会生活的城市与经济特点的辩论之中。同时我感觉自己关于整个世界的所有设想好像都被颠覆了。我努力地寻找着有趣的课程。在第一学期,我选修了鲁思·芬彻(Ruth Fincher)的城市政治经济学课程,第一次懂得了构成社会基础的深层次结构。

那段时间我强烈地感觉到自己与所知的世界隔绝。我走近大海时总是感到悲伤,五大湖看起来都是一片空虚。但是同时,我为自己身处于一个完全国际化的研究生团队而感到激动万分。我对学校老师和研究生之间的友好感到非常高兴。与阅读期刊相比,我往往更愿意在迈克尔·迪尔(Michael Dear)的寝室与德里克·格雷戈里(Derek Gregory)一起研究结构化理论。同时,我非常高兴发展与地理学研究没有丝毫关系的人际网络。我加入了天主教,这给我带来了新的朋友(其中包括我的太太帕特,她当时刚开始攻读医学院),同时也增加了我对加拿大国内外各种奋斗过程的见识。然而,这些努力没有一个是与加拿大土著居民相关的。所以,当我在一次偶然机会认识了凯瑟琳·维罗尔(Catherine Verrall)时,我的研究生生涯发生了巨大的改变。她是一个谦逊的教友派信徒,是加拿大原住民团结工会联盟当地分会的召集人。于是,我进入了一个既有加拿大印第安人(First Nation)又有非印第安人的机构(在当时这种机构是非常激进的)工作,在这里我开始对印第安人的精神以及土地抗争历史着迷。当时我有幸能够在自然保护区学习传统风俗,并与艺术家们展开对话。

　　这些经历使我对博士研究项目感到困惑,我曾一度考虑过转学,但最终放弃了。麦克马斯特大学当时对马克思主义论题以及定量性研究的热情使我感觉到如冬天逼近似的寒冷。然而这时一个机会给予了我希望,迈克尔·迪尔和马丁·泰勒(Martin Taylor)完成了社会对心理卫生保健机构态度的研究,其中马丁曾与我一起选修了环境感知学(environmental perception)课程,他建议我或许可以从城市中心区寄宿家庭的精神病住院患者角度来研究社会心理卫生保健机构。于是我开始了这项有趣而又充满挑战的尝试,至少来说部分地进入了心理卫生保健的世界。

　　在 1983 年到 1987 年期间,麦克马斯特大学对我思想体系的塑造从里到外都产生了影响。我进入伊利湖的生态学和生态思想研究中心,并在夏天参加了四次由托马斯·贝里(Thomas Berry)倡导举办的研讨会,他是一位睿智的生态哲学家,自称为"地神学家"(geologian)。在这些活动中我找到了自己的研究道路。最终,我发现了土地与深刻的生命意义问题的再次结合。同样,诗歌也与我越走越近。作为汉密尔顿诗歌中心的一员,我那时阅读诗歌并进行诗歌创作,同时我们会招待那些途经这里的加拿大诗人。我经常去加拿大湾的朗诵会并且有幸认识了大批作家,比如珍妮特·弗雷姆(Janet Frame)和劳伦斯·弗林盖蒂(Lawrence Ferlinghetti)。总之,以上的经历塑造了我对好的作品和好的地理环境的热情。有时,我的大学同学和导师会对我感到不解,但是对我来说,地理学是一门经常涉及感情和思想的学科。

　　随着我论文研究的展开,每周我都会去救助中心进行志愿者服务,然后穿着带有烟味的衣服离开,脑子转个不停。受救助者经常会改变我的看法,使我不得不相信一些疯狂的、奇妙的事情,而有些人仅仅只是在椅子上摇晃。大学校园和保健中心感觉就像是两个世界。在痛苦的综合测验(两场 8 个小时的笔试加上一场口试,口试的问题是那些我在笔试中选择不回答的问题)结束后,我终于有时间专注于论文研究。那时在麦克马斯特大学,定性研究方法是不被接受的。我开始摸索着进行研究,收集访问对象的访谈记录,这些受访者一定以为我的问卷与心理测验差不多。同时一些研究生针对我的论文提出了一些非常重要的观点。格伦达·劳斯(Glenda Laws)的福利结构重组以及苏珊·埃利奥特(Susan Elliott)的统计分析对我的研究尤其有帮助。

　　另外,诺曼·怀特(Norman White)对我影响很大,这位有趣的精神病学家关于健康的社会生态学思想在很长一段时间里对我的研究产生了影响,并且他喜欢结交一些地理学家,因为这样他可以用医学之外的方式进行思考。此外我至今依然受迈克尔·海耶斯(Michael Hayes)的影响。当时他攻读完药物学硕士学位后转读地理学,我们很快就成了密友,他对"对梯度的记忆"的关注不断提醒人们注意在社会中获取财富、健康和权力的内在系统性几率。迈克尔富于幽默感,对优秀的音乐有着很高的热情,乐于从事社会公正事业,这些都使我在多伦多的后几年过得更加愉快。当我的博士答辩临近时,我的导师问我:"你有没有发现自己正成为一个'职业学者'?"肯定的答复使我有些畏惧:学术界"不发论文就走人"的规则使我心里很矛盾。

回到帆之都

在返回新西兰的路途中,失重的感觉一直伴随着我,因为突然之间我的名字前有了博士的称谓。我获得了英国医学研究理事会的博士后奖学金,被派往奥克兰从事公共心理卫生研究。回到原来的学院,感到既舒适又有些不安。以前的老师现在变成了同事,但是任何一个同事好像都和我的研究方向不一样。于是我就准备继续做我的博士项目,但是这个项目好像有些缺乏新意。我尝试出版自己的博士论文,但被拒绝了多次。

接受一个地理学家的询问,在心理卫生领域工作的人们显得亲切又好奇。那段时期最离奇的经历是我在接触一位心理治疗顾客时,她选择在工作时间而不是在诊所接受采访。她住在奥克兰红灯区的 K 街,我觉得一个人前往有点危险,就说服太太陪我一起去。一进入屋子,我俩就受到屋子主人的围堵,然后进入了一间装饰着性虐待器物的房间。年轻的我俩匆忙地进入她的房间,就像两个卫生检查人员。这一不常见的情景,使我俩的尴尬绝对与被采访者有一拼。一系列这样的经历使我对社会伦理道德的研究始终保有兴趣。

在我进行博士后研究期间,纽约州立大学奥尔巴尼分校的克里斯托弗·史密斯(Christopher Smith)来新西兰休假,从大量申请者中选中我进入研究团队,进行住宅与心理健康关系的研究。克里斯的幽默感、谦虚态度以及对工人阶级的同情心使我感到了温暖。他离开前不久,科研基金获得通过。经营一大笔捐款,并且在两个城市雇佣一批调查员,这使我有些信心不足。我陷入了未曾料到的艰难处境。我的朋友托尼·沃特金斯(Tony Watkins)是位建筑师,他过去曾鼓励我去加拿大留学。这时他私下对我建议:"贪多嚼不烂。"这句话从此成为我的职业信条。

我和太太在新西兰的头一年,她在霍基昂阿港区找到了一个做临时医疗代理的机会,我有亲戚住在那个区域,并长期保持着联系。我很少从事教学工作,也不负责行政管理,因此我的研究时光是极为惬意的。我关注着、并且从事着对公共诊所的社会意义的研究。我每天早上都会"闲逛",装作在做报纸上的填字游戏,实际上在记录我周围人们的谈论。这种自创出来的方法,虽然在今天也许很难通过主管机构的伦理审查,但当时确实有助于找出诊所在社区结构中的空间分布规律的证据。(作为医疗诊所)形式的重要性几乎可以比得上(作为社区中心的)功能的重要性。这一临时计划最后演变成一项基础性研究,其成果在《社会科学与医学》(*Social Science and Medicine*)杂志上发表。该成果有助于当地的社区抵制社区合并行动,并向主要官员宣讲这一系统的重要性。这项研究给了我最初的而且是没有预料到的职业满足感。

寻找到自己的位置

在博士后研究快要完成的时候,我获得了奥克兰大学的研究基金,我的研究也变得多样化了。我的研究工作的最关键的构想就是把地方看作一种循环往复的关系,这种关系把明确的地点与人们对该地的经验和认知联系起来。这个观点有一部分是从对约翰·艾尔斯(John Eyles)的《地方感》(*Sense of Place*)一书的评论中总结出来的,它对我后来理解一系列公共研究以及相关论述起到了作用。那段时间里,我的同事史蒂夫·布里顿(Steve Britton)邀请我参与创作一本关于新西兰内部重构现象的书。我的第一反应是我帮不上忙,重构对我来说太不熟悉了。最后我被他说服撰写了一些章节,介绍毛利人住宅新方案以及霍基昂阿港的卫生保护系统。1980 年代,新西兰的政策发生了剧烈变化并影响了全国,而《变化的地方》(*Changing Places*)这本书不仅影响了我的思想,还成为了新西兰地理学家对于这一变化的集中印象。史蒂夫 1991 年的过早离世让我痛苦万分,但和阿伦·约瑟夫(Alun Joseph)的日益密切的合作使我得到了些许的安慰。他是我的一位朋友,来自圭尔夫大学。我曾与他在一起研究过农村卫生保健服务与更广泛的重构过程之间的联系。

在完成关于家庭分娩与农村卫生诊所的论文之后,我被邀请在 1990 年的新西兰地理学年会上做报告,介绍研究医疗地理学的方法与意义。按照小型会议的程序,我的论文需要长时间的等待才会出版,对此我觉得失望,于是我决定将论文寄给《职业地理学家》(*Professional Geographer*)杂志,令我惊讶的是论文被接受了。我提出了改良后的医疗地理学,对此业界反应迅速。两位地理学领域知名的专家乔纳森·迈耶(Jonathan Mayer)和梅琳达·米德(Melinda Meade)给予了措辞强烈的反驳,我也得到了为自己辩护的机会。我记得一位年长的同事这样告诉我:"伙计,你做了超出你能力的事情。"但是我豁出去了,列出了更多的理由,向大家解释为什么地理学需要摆脱医学的阴影,更主动地参与到一些关于健康与幸福的话题当中去。后现代主义因为其多样身份的合法性、兼收并蓄的机会以及对科学确定性的挑战,所以吸引了我。我们需要"为不同而创造空间",因此随后我在《人文地理学进程》(*Process in Human Geography*)中撰写了一篇论文。

对差异的诉求使我对研究方法产生了浓厚兴趣,1990 年代中期,我最后一次使用多重变量分析来处理数据,随后就换用定性分析。对我来说,方法的创造性应用促成了理论解释的进一步发展。无论什么研究方法,其关键目标都是要说明问题。空间鼓励说明,产生于说明,与说明共存。1996 年在奥克兰举行的跨学科研讨会对叙述与隐喻两种方法的探讨,使我从之前的案例材料中找到了新的分析可能。于是我对语言的热爱又兴起了!

当我接触到文化地理学时,这个学科能有一个本科生还是件新鲜事,多数学生都是从外系转来的。然而我发现在 1990 年代这门学科出现了令人兴奋的振兴迹象,地学界以及官方开始关注这一领域。我通过参加北半球的学术会议有幸结识了一批以前我所敬仰的学者。随后休·史密斯(Sue Smith)、彼得·杰克逊(Peter Jackson)、伊莎贝尔·戴克(Isabel Dyck)以及格雷厄姆·穆恩(Graham Moon)等一批学者对奥克兰大学的访问,开阔了地理学方面的视野,并在一些方面促成了新的合作交流。劳伦斯·伯格(Lawrence Berg)在 1990 年代对我产生了关键性影响。他是在怀卡托大学完成的博士研究,正是他使我批判性地思考了种族、地方和权力。对毛利人追求卫生与住房的强烈愿望,我个人是很支持的,上述思考为我的想法提供了新的、可用于从事教学和研究的理论依据。作为一个"批判性的"地理学家,我反对自我认同(对我来说这种认同有被视为自以为是的风险),但是新型文化地理学给我的思想注入新的活力。这些都与北卡罗来纳大学的威尔·盖斯勒(Wil Gesler)有关。尽管我们俩在一起的时光非常短暂(我访问北卡罗来纳大学仅两天),但是我们一共合著了两本书。这两本书介绍了关于文化、地方以及健康的一些思想,有助于拓宽卫生地理学的研究领域。

在家庭和朋友中研究

我的研究兴趣点常常与家庭发展有关。有些人更喜欢家庭与工作分开,我却从来没有划出一条泾渭分明的界限来。批判性地看待地球仅仅是看待世界的一种方式,而社会理论会有助于观察视野的清晰化。当我的儿子利亚姆出生时,我根据前人关于家庭分娩的研究,对孩子出生前后母亲的心理健康问题展开研究,取得了大量成果。后来当利亚姆被送进儿童医院时,他对寓言和地方之间的联系("爸爸带我去有机器人的飞船上")启发了我,于是我和坎特伯雷大学的罗斯·巴尼特(Ross Barnett)一起对公共卫生的空间进行了一系列的研究。作为又一位与我长期合作的同事,罗斯对于政策、资本等"大版图"能够精准把握,这对我关注细节和理解地方特性起到了补充作用。

后来,由于我家有两个学龄儿童,小学作为社区中心的地位凸显出来。交通会带来拥堵并威胁着学生的健康,于是需要有解决办法。1999 年在当地学校,我开展了一项小规模调查项目,内容是调查小孩和大人出行方式的不同喜好。这个调查促成了我和达米安·柯林斯(Damian Collins)的现有合作。不久奥克兰的第一辆"走路型校车"(成年志愿者在小孩上下学时走路护送)诞生了。在随后的四年中,有超过 100 项类似的固定措施在奥克兰被实施。看到研究获得支持以及政策上的推动,我心里感到非常地舒服。

在一个小国家,人际交流网络显得很重要。从大学时代起,我就热衷于与地理学界内外的众多人士保持联系。我加入新西兰公共卫生协会超过 16 年,这是一个重要的与非地理界人士进行交流的平台。我作为参加该协会年会的唯一一位地理学家,已经为众人所知,于是现在我可以带着学生到本国的一个地区,拜访该协会的成员,并与他就当地卫生健康和社会焦点问题展开交流。在小国家成为一名地理学家的另外一个关键因素是远离了整个世界的喧嚣,自己觉得精神爽朗。与参加很多一般性的地理学会议相比,参加每两年举行一次的医学地理学国际研讨会对我来说更重要,因为它可以维持我更广泛的人际交流圈。

我不喜欢被称为某一方面的专家,而我涉足于多领域的交流正好回击了这一点。对于通才的渴望促使我不断前进。现阶段我正在展开一些新的研究,比如基本医疗改革、肺结核以及可持续定居。在上述三个项目的研究者中,我是唯一的一位地理学家。我继续与散布在各地的地理学同事们保持联系,享受着我们之间的友谊,同时我的研究却快速地呈现出跨学科化趋势。我的教学也相应地发生了变化。我对文化地理学和卫生地理学的教学热情并未消失,而与此同时,我得到了在公共健康课程范围内教学的机会。每当看到非地理学专业的学生认识到空间与地方的重要性时,我的心里充满了满足感。

当我从学校回家等公交车时,一位社会学家告诉我,地理学家还远没有施展出自己的全部才华。在某种程度上来说,他的话是对的,还有很多领域需要我们去研究探索。在我的研究工作中,我不断地打破传统地理学家的工作范围。从早年开始,我就注意观察世界,一直到现在仍然是这样。地理学家的研究范围几乎没有什么限制。正如我所说的,地理学家的行为准则是:发掘思想、机遇以及吸引人的理论。但是对我来说,地理学吸引我的地方是其广阔的研究范围。当我遇到解决不了的问题时,我就依靠朋友或同事,或者向他们学习,从而帮助我解决问题进而完成研究。地方的实质可以为一个地理学家所欣赏,但无法被他独自搞明白。

第十七章　个人的和政治的^①

薇拉·乔纳德(Vera Chouinard)

一个人如何确定采用某一种而非其他哲学和理论视角来进行地理学研究？生活中一个人在特定地点、特定时间所发生的一切，会如何影响他们对于诸如特定城市或城市区域的发展等地理现象的理解？

在这一章里，我列举了一些影响我从事地理学研究的哲学和理论方法的因素，包括理性的、个人的以及政治的因素。我希望以此来说明，成为某种类型的地理学者，并不仅仅是因为在书本上学到了某种特定类型方法的缘故。更确切地说，它是一个理性学习、个人经验和政治因素相互混杂、相互作用的过程。看似理性的学习其实同样也是个人和政治因素作用的结果，其间的关系很难理得清楚。

早期：在父亲膝下学习

我对世界和地方的思考逐渐趋于激进和持有女性主义视角，这种取向其实在我身上早就有了征兆。最早的征兆之一是我对权力的兴趣：痴迷于思考谁拥有它，谁没有，以及拥有与否会使人们的生活产生怎样的差异。虽然我不能确定这种好奇源自何处，但回想起来，我确信它是孕育在我的童年。那时伴随我成长的是一位在家里热衷于享有绝对权威的父亲。挑战父亲的权威是几乎不可能的，这种冒险只会导致肉体和精神的惩罚。加之我的父亲确实高大威严，毫无疑问，我只能在对他的畏惧中长大。因此，青少年时期我与父亲在一起的生活充满了"暴风雨"，因为那时我开始叛逆家长的权威。至今我还留有一些特别生动的记忆，当我放学回家，坐到父亲餐桌旁时，我特别渴望探讨诸如环境污染、贫困的问题，希望表达对当今这些议题的

---

①　女性主义运动有一个著名口号"个人的是政治的"(Personal is political)，认为女性的个人经验或感受都可以追寻社会根源，个人经验其实是集体经验，是妇女运动制订政治方案的基础。这一口号实际上是向传统的公众/私人领域的分界挑战，认为性骚扰、家庭暴力等原认为属于私人领域的个人经验也是属于政治的范畴。本标题反映了上述概念及其语境。——译者注

一些新的观点。但是当我坐定开始讲时,父亲总会生气地坚持:我对这些事情唯一允许有的见解就是和他一样的观点。每次当我想要声明我们的政治见地是多么不同时,他的拳头就会落到餐桌上,通常是豌豆等食物,或者是我的整个餐盘便飞了出去。一边是他在大喊:"我是对的你是错的!",一边是我母亲冲过去赶紧收拾那些打碎的盘子,并且安抚父亲。这时,我会生气地陷入短暂的沉默。只是到了下一次,我依然会顽固地回击并试图说明我的想法,尽管父亲的气愤和威吓依旧存在。

我在父亲膝边和饭桌上学到的是,男人有压迫女人的权力,可以决定她们如何生活。尤其是在诸如家里这样可控制的地方,他们甚至可以决定她们能说什么或不能说什么,干涉她们想什么。到底是什么原因引起这种权力分配的不平等?为什么这种不平等会存在并得到持续?在我从研究和生活中逐渐开始得到答案之前,很长时间我都对这个问题好奇不已。

学习实证主义地理学

作为一个在家里一贯沉默寡言和受威胁的年轻女性,我盼望大学生活能给予我质疑和讨论的自由。然而我根本没有想到的是,在大学里,知识也有排斥,有时还会产生激烈的竞争。知识本身成为权力的有力表现形式,它可以用于压迫,也可以用于解放。

平心而论,我在大学时代的大多数时间里都没有意识到,社会学家们进行现象解释时所用的哲学和理论观点竟然不同。在心理学专业学习的时候,我了解了人的感知是如何产生,以及内心如何对经验性数据进行演绎推理的理论。后来我转到了地理学专业,因为一个关于第三世界发展的课程方向吸引了我(不像其他地理学方向,在这个方向我们可以关注诸如第一世界和第三世界国家之间的权力的不平等)。我学习了用类似的实证主义的方法解释地理现象。我所在的地理系,是实证主义和城市与区域发展的微观理论占支配地位(比如将郊区化或绅士化的现象归因于微观方面的原因——如个体经济利益最大化的理论解释),而其他与之相左的科学哲学以及社会空间变化理论都很少被提及。这种思想贯穿了我们所做的每一件事。因此,当我在地理学思想课上被要求读大卫·哈维(David Harvey)的《地理学中的解释》——一本对地理学实证主义方法进行进一步解释的书的时候,我只是把它当作了对地理学的科学的解释,而并没有把它理解为对地理学的一种可能的哲学方法的讨论。当然,心存怀疑的时候也有,当我学习城市和区域变化的微观理论时,某种程度上我已经感觉到,社会权力的问题被遗漏了。

激进的开始

在硕士阶段,我开始对地理学的实证主义方法产生了些许怀疑,也开始意识到,地理学者对一些他们用来解释地理现象的理论，比如关于老城区或区域衰退的理论持有不同的观点，并且有时对立强烈。多伦多大学的多数讲师都推崇微观经济和行为科学的解释方法，而我在社会权力问题上长期的兴趣使我对此不以为然。然而，像大多数学生一样，我却对此也无能为力，因为我不知道该做什么。尽管系里有一两位人文地理学者也在尝试采用激进理论讨论一些诸如曼纽尔·卡斯特尔关于城市是发达的资本主义消费地的研究，但总的来说，这是一个保守的地理系，后来影响力逐渐增强的激进地理学的分支学科多数都没有和这个系结缘。

结果是，这个系的所有教师都不鼓励学生尝试探索更多的地理学的激进研究方法。当与学生谈起如何能够或不能作出"好"的地理学研究时，几乎绝大多数男性教师都表现出强烈的统治和特权意识。举例来说，当我和一个教授交流时，他坚持认为只要我努力，就会喜欢上从微观经济模型的角度来开展我的研究。于是我一方面在激进理论上继续深入，阅读诸如罗尔斯(Rawls)的正义理论这样的重要作品，同时也致力于多元统计方法的研究。但是，我发现自己还是更加迷恋利用数据和解释数据的方法背后的那些难以解决的假设，而不是那些在空间上显而易见的关联。或许，微观个体尺度上的城市与区域变化理论以及多元统计分析并不适合我。

随着对作地理研究的方法的困惑日益增长，我也对找出"激进地理学究竟是什么"更感兴趣。有一次，我无意中听到一个博士生和另一个学生在过道里，讨论他与一个从事激进研究的教授所做的工作，我决定和他探讨一下。我叫住他，询问他们在讨论什么，我记得当时有一点害羞，并且有一种认为这个话题是禁忌的感觉。不知什么原因，他不愿对这方面说太多，说了只言片语后就离开了。所以我决定自己找出答案。由于我还不知道这个领域的许多地理学者，因此我从阅读基本资料——卡尔·马克思的作品开始。这是一段孤独但令人着迷的学术旅程。读得多了，我渐渐明白，马克思主义理论认为，社会权力的宏观层面的差别，尤其是人们在社会阶级结构中地位的显著差异，是造成一些人和地方兴盛而其他人和地方却挣扎在死亡线上的根本原因。举例来说，我意识到，当资本投资进入或转出某个地方——城市社区或一个产业城镇时，是这种突然和迅速的转移，决定了谁住在这些地方，以及他们怎样生活（有没有钱，有没有家，有没有工作）。我开始读更多近期的马克思主义作品，它们大多受到法国结构主义思想家启发，问题涉及诸如为什么城市环境是为富人而改善，与此同时穷人却在失去家园等。尽管有时这些作品的语言晦涩难懂，但渐渐地，对城市和区域的变化方式为什么会造成无家可归者、逆工业化以及第三世界国家劳工的剥削等问题，我对其原因开始更多地从宏观上来理解（与原来从个人或统计相关性的原因来理解产生了对立的变化）。

事后看来，即使是在探索更多解释社会和空间的激进方法的相对早期的阶段，这种新的哲学和理论方向也在改变我理解世界的方式，同时也改变了我的生活和政治观点。我当时对于用历史的眼光来理解城市和区域变化过程感兴趣，与历史唯物主义哲学的传统一样，它关注的是社会和空间中物质生活的变化状况。在生活和政治上,我开始变得警觉,比如,关注权力的不平等采取何种方式塑造学术环境。权力不仅在决定哪些算、哪些不算地理知识的斗争中至关重要,而且连我们的工作生涯也被我们在更广泛的社会权力结构中的不同地位所塑造。比如,做助教的研究生们缺少工作保险、奖金和反抗剥削的工作环境的权利。当我开始把激进的权力理论与我自己的生活联系起来时,我开始对影响弱势群体的问题更加积极(至今这也是我作为一名地理学者工作的主要部分)。因此,我同意作为助教联盟的副主席,并且了解到同大学中的权力进行斗争的其他方面:我们不能用办公室电话公开谈话,因为这些电话被加拿大皇家骑警队监控,他们负责监视可疑的"激进学生";还有,一旦涉及讨价还价及劳动力问题——特别是当对象为学生等相对无权群体时,学校就不再是"同事间具有平等权利"的地方。当然,我们在更广泛的社会范围内享有特权,因为大学教育费是难以负担的,能负担的人则比其他人更有可能成为一些学者所谓的劳动力的核心精英。我逐渐觉醒,开始意识到权利和压迫的政治现实,以及我和其他人发现我们自己处于社会和空间中有权和无权的关系之间的矛盾境地。

同样我开始明白,我对激进地理学的兴趣在多伦多大学地理系不可能进一步发展。幸运的是,附近的麦克马斯特大学已吸纳了激进地理学派的一个学术团队(Michael Dear,Ruth Fincher,Michael Webber),于是 1981 年 9 月我去了他们那里攻读博士学位。事实证明,这是一个学习更多地理学激进方法的好去处——有活跃的讨论会和有趣的研究生来分享这方面的想法。1980 年代早期,关于城市和区域变化的马克思主义方法在地理学中开始繁荣,但同时也开始受到其他哲学和理论方法的拥护者攻击。我记得曾被激怒过,因为一些人文主义评论宣称地理学的马克思主义方法在结构上是近乎决定论的,忽视了人的能动性和斗争在社会变化中的作用。我写了一篇文章(与 Ruth Fincher 合写)回应,指出马克思主义关于社会和空间变化的因果解释更复杂,它将社会结构看作一种受限但并非是决定性的结果,它也会受到人的能动性的影响(Chouinard and Fincher,1983)。

那段时间,我没有意识到在各个地理系,比如我们系,马克思主义与其他激进的地理学研究方法正在被如此激烈地批判。正是那些曾经指导过我的教授们站在保守派反击的前沿,抵制其他所有对地理学中传统实证主义方法的挑战。尽管如此,我还是在工作中表述了我的观点。在我和鲁思·芬彻、米歇尔·韦伯(Michael Webber)1984 年发表的一篇题为《科学人文地理学解释》("Explanation in scientific human geography")的文章中,我们说明了后实证现实主义的科学哲学是如何为社会与空间变化的马克思主义解释提供严密而科学的假设验证基础的(Chouinard et al,1984)。当时,出于长期以来对科学哲学问题的兴趣,我写了这篇文章。然而后来我也意识到,这成为对我们系全体教师的一次反驳,他们坚持认为人文地理学研究只有一种科学方法,而马克思主义地理学被定义为是非科学的。但同时这也成为一次尝试,鼓励其他人开阔视野,承认可以从各种哲学和理论的角度做同样严密而重要的工作。

我的博士研究选择的主题是加拿大低收入人群合作社住房①斗争。我感兴趣的是,资本主义的政府在处理选择性住房(如非商品化的)的斗争中所起的协调作用,以及在政策和程序允许的范畴内草根组织所能实现的改革效果。基于马克思主义理论的复杂因果方法(Edel,1981),政府并不是作为城市和区域中决定结果的组织(比如特殊类型的社会住房项目),而是作为一个"斗争的平台",通过权力来决定低收入和中等收入者如何居住(Chouinard and Fincher,1987)。② 最终,我运用一种理论方法,成功地对权力斗争进行了解析,并且得出谁是最终的胜出者。

在我做论文的日子里有许多难忘的时刻,其中一个尤其突出地影响了我作地理研究的政治视角。那是我和加拿大合作社住房运动的领导者第一次见面,我们在多伦多的皇后大街吃午饭,我希望能说服他帮我联系社会运动人士以及有助于我工作的政策制定者。我们的谈话转向了他为什么应该帮我推动这个项目。我记得说到它如何有助于记录那些政策的演变,有助于记录某些地方(诸如多伦多)争取合作社住房斗争的历史,因此会增加我们关于社会运动及其成果的了解。"但是",他在空中晃动叉子强调说,"这些我们都已经知道了"。我坐在那儿,自尊心迅速地萎缩。我意识到他是完全正确的。作为一个研究者,我可能充其量是将一件件有关合作社住房的故事碎片整理一下,但那毕竟是"他们的故事",是站在第一线为得到不受通货膨胀影响的住房而一直战斗的人们的故事。研究者除了对故事和知识的简单重述外还能贡献什么! 我们怎样作激进研究才能促进我们所研究的弱势群体自我实现? 不管是在那时还是现在,我都不能回答这些难题,但我非常清楚,我们对自己所作的任何地理研究都追问这些问题是非常必要的。因为它提醒我们,我们试图在学术研究的世界里展现真实世界中那些为实现社会变革而进行的斗争,但两者之间有严峻的鸿沟和权力失衡。作为一个激进的地理学者,我们必须超越行动主义所带来的这一顽疾,实现学术和现实的通融③。

水深火热:初级、激进的女教授的生活

我的博士学习接近尾声。我也即将发现自己会面临作为一名学术界激进分子所带来的挑

① 加拿大合作社住房(Co-operative Housing):加拿大廉价住房的一种。这些住房由居住于合作社内的成员共同拥有及管理,是非牟利及不能出售或购买的住房。所有成员必须参与合作社内的决策,共同商议解决问题。每个合作社住房都设有委员会,负责拣选新住客加入成为会员。——译者注

② 详见作者论文 State Formation and the Politics of Place:the Case of Community Legal Aid Clinics. *Political Geography Quarterly*,1990,9(1):23-38。斗争平台(terrain of conflict),是指政府在各种政策及程序的实施过程中发挥着为各方力量的斗争提供平台的作用。——译者注

③ 详见文章 The Academy in Activism and Activism in the Academy:Collaborative Research Methodologies and Radical Geography。指激进地理学意欲打破学术和现实社会之间的阻隔,在研究和现实中建立一个"接触区域"。——译者注

战。当我被授予我博士学位的系招聘并有望获得终身教职时,那些指导我的学者们已经离开了,我面临这样一种状况,即我是系里唯一一位激进的马克思主义女教授。不幸的是,这些差异还构成了我的同事们贬斥我、我的工作及我的学生的基础。被标记为反面的、另类的或是系里的异数是一个逐渐的过程(Kobayashi,1997,on processes of differencing),通过平凡的日常经历慢慢体现出来。我记得最初的疑惑和困扰是,例如,当一个接一个学生来到我的办公室告诉我,尽管他们对从激进的视角作地理研究很感兴趣,但是其他教授建议他们不要这样,因为"它不是真正的研究",或者"它不能给你们带来一份工作",诸如此类。我会反对这些狭隘的建议,提醒学生们大学是一个多种视角和研究方法并存发展的地方,至少从原则上来说是这样。毕竟,知识的进步正是通过一系列视角的辩论得以促进,而非通过每个人都在做和考虑完全相同的事情来实现的。

作为女性所造成的差异化也越来越明显。尽管在研究生阶段,我曾天真地认为男女平等,但是作为年轻教师的一员,我非常清楚我们并非如此。从个人层面来说,不平等表现在方方面面,从男同事提醒我,如果职业生涯不出成果我还可以在家带孩子,到对我的外貌和生育意向进行不当评论,再到在教工会议上发言被忽视(除非一个男教师强调我的话很重要,应该得到回应),还有遭受职业困扰。后者尤其令人痛苦和沮丧,我的健康和工作能力因此而受到了损害。

另外一些事使得我更清楚,我遭受的这种消极的区别对待只是地理界歧视女性的整个体系中的一部分。例如,我记得很清楚,成为初级教授后我才知道,招聘过程令人震惊,同男性对手相比,评价女候选人所采用的标准非常不同且很不恰当。对于男性,评价标准是通常的学术荣誉,诸如发表文章的数量、获得的证书和特殊奖励;而对于女性,评价标准在我看来当时非常奇怪,是可能影响她工作的个人情况,特别是是否有男性伴侣在其他城市,因为这样产生的通勤会潜在地减少投入在学校的时间。在诸如此类的评估中,性别不平等是很明显的:应该用基于工作能力的同样的标准来评估候选人。

诸如此类的经历,使我对地理变化中不同性别的作用变得敏感,我的女性主义意识逐渐觉醒。持女性主义观点的同事和学生推动我的思考一直向前,也鼓励我把两性关系及性别角色的斗争整合进我对于地方政府的地理学研究的工作中(如 Chouinard,1996)。

回顾我在一个保守大系里,作为一名孤独的激进地理学女教授的早期生活,可以公正地说,我无意中成为了聚集所有对激进的马克思主义女地理学家的错误印象的避雷针。对我来说,这是一个充满敌意、孤独和困难重重的地方。在这里,伴随而来的压力最终让我付出了自己的健康和家庭幸福的代价。

残疾和差异

1990 年,我被诊断出患有类风湿性关节炎,一种难以治愈的免疫系统疾病。每到发病时,我全身的所有关节都会出现严重持续的炎症。这种疾病对于一个刚刚三十多岁,事业和家庭刚起步的女人来说,是一个致命的个人打击。事实证明,这也是一个致命的职业打击,因为它标志着一位残疾人教授要求提供方便的、漫长的、艰苦的斗争的开始。按照加拿大人权法,诸如大学这样的雇佣者在照顾残疾员工的特殊需求方面,应达到"过度重负"(通常被定义为"禁止性的财政花费")的限度。[①] 然而,一般情况下,对我来说原则上应享有的法定权利在实践中很难实现。而且,进一步说,相比作为一个激进的女性主义地理学家,我的残疾和争取方便的斗争也帮助我变得更加与众不同。

作为一名残疾人教授,争取某些方便的斗争实际上充满了我工作的方方面面。要求一个邻近我工作大楼的无障碍停车位,奋斗了 8 个月;争取一楼到我办公室的电梯,努力了 2 年多;反对评估工作表现和薪酬支付中的歧视,则超过 10 年。这些以及其他的斗争帮我认清了激进地理学和女性地理学中"差异"的重要性,认识到需要开辟诸如"女人"、"孩子"、"男人"的范畴——正如残疾和不残疾、异性恋和同性恋的范畴一样,来表达人们"生活在哪里"、"如何生活"的差异(Chouinard and Grant,1995)。

这些斗争也使我意识到残疾妇女、儿童和男人在争取方便的斗争中面临很多社会和空间障碍。通过残疾研究和切身行动,我开始意识到,有多少残疾人为了拥有正常人习以为常的机会而日夜奋斗。这时,我的个人经历——诸如利用法律手段同学校进行斗争和超过 12 年的争取通融的努力——就带有了政治意味。当我被迫忍着剧痛在会议上站着,即使乞求也没有人给我一个座位时;当我看到身体残疾的妇女挣扎着进入没有自动门的房间时;或一个面部毁容的孩子躲开其他孩子的嘲笑孤独地玩耍时,个人的经历充斥着我的脑海。个人的行为具有深刻的政治性——在我们被边缘化、激起愤怒感和各种不同遭遇中连接起了我们。

地理学的启示:用哲学和理论把个人的和政治的连接起来

现在的地理学已经包含了丰富多样的哲学和理论视角。在这里,我讲述了成为一个激进

---

① "过度重负"(undue hardship)是一个法律术语。一些国家的人权法律对其有专门规定。在加拿大人权法中,"过度重负"指一个限度,在这个限度内,雇佣者有责任为残疾员工提供方便设施;但如果这些方便设施会影响公司或企业运作,或是影响到其他员工,或是带来财政困难,法律会判定这种情况超过了限度,为残疾员工提供的方便设施是一种禁止性的财政花费(prohibitive finance costs),雇佣者有权不提供。因此文中说,"应达到'过度重负'的限度",即在这个限度内,雇佣者应为残疾员工提供方便设施。——译者注

的、女权主义的残疾人地理学者的过程和在这个过程中所获得的经验教训。其中,我们不可能同我们所处的位置以及我们所经历的差异化的过程分隔开来,它们决定了我们是谁,我们怎样作地理研究。或许从边缘的视角来分析是最容易的,比如从作为院系里唯一的女教师或唯一一位残疾教授这样的视角。从主流视角来分析要难一些,因为这附带着一种认为一切正常和理所当然的看法,例如使人认为"在白人的地方就会成为白人"[①]。然而,至关重要的是,要把怎样作地理研究和为什么以这种方式作地理研究联系起来,这样一来,不仅可以尊重和学习哲学理论观点的多样性,而且还能了解到在地理学研究中哪些人和哪些观点被忽略了。通过这样做,一些群体——诸如残疾人的视角和经历——注定会教给我们许多事情,关于世界如何运行及为谁运行,关于我们要共同建造一个更包容的世界还需要改变什么。通过这样的方式来推进地理学研究的边界和界限,就开拓了我们的学科和我们自己的视野,走向了新的令人激动的理解和改造我们共有世界的道路。

参考文献

Chouinard,v. (1996)'Gender and Class Identities in Process and in Place:The Local state as a site of gender and class formation?'. *Environment and Planning A*,28:1485—506.

Chouinard,V. and Fincher,R. (1983)'A Critique of Structural Marxism and Human Geography',*Annals of the Association of American Geographers*,137—45.

Chouinard,V. and Fincher,R. (1987)'State Formation in Capitalism:A Conjunctural Approach to Analysis',*Antipode*,December:329—53.

Chouinard,V. and Grant,A. (1995)'On Being Not Even Anywhere Near"the Project":Ways of Putting Ourselves in the Picture',*Antipode*,27(2):137—66.

Chouinard,V. ,Fincher,R. and Webber,M. (1984)'Empirical Research in Scientific Human Geography',*Progress in Human Geography*,8(3):347—80.

Edel,M. (1981)in Scott,A. J. and Dear,M. J. (eds),*Urbanization and Urban Planning in Capitalist Society*. London:Routledge.

Kobayashi,A. (1997)'The Paradox of Difference and Diversity',in John Paul Jones III,Heidi J. Nast and Susan M. Roberts(eds),*Thresholds in Feminist Geography*. Lanham. MD:Rowman and Littlefield Publishers. PP. 3—9.

[①] 语义近似于汉语的"近朱者赤,近墨者黑",或"与善人居,如入芝兰之室,久而不闻其香;与不善人居,如入鲍鱼之肆,久而不闻其臭"的意思,意指在主流中很容易丧失自身的独特立场。——译者注

第十八章　差异与地方

琳达·麦克道尔(Linda Mcdowell)

当面对以发表的形式来讲述自己的学术生涯和研究兴趣的机会时,我既兴奋又胆怯。通过这一评论来回想在学术领域将近30年的工作,我意识到我正在进入事业的最后一季。我是英国女性幸福一代的代表——出生于战后时期,通过英格兰和威尔士1960年代的文法学校制度接受了上等且免费的教育,接着得到了大学的资助——现在看来是政府施予的难以想象的慷慨,又在更高的教育中得到对少数优秀学生的财政支援。1968年我进入大学的时候,与我年龄相仿的女生中不到8%拥有这样的机会。现在,尽管迁移成本对于个人及其家庭是巨大的,仍有超过40%的适龄人群接受了高等教育,而且男女数目基本持平,这应当算是重要的进步。但是,与我年龄相仿的学者尽管数量相对少,却起着重要作用——至少对于第二次女性运动浪潮和女性主义理论学术的发展,她们的作用是不可忽视的。这是我此篇文章的核心,因为地理学内外女性主义启蒙工作的极大成熟,深刻地影响并奠定了我的研究工作。作为一个正在慢慢地被经济地理学者所改变的城市地理学者,我开始了自己的学术生涯。由于女性主义者的长期坚持,工作与家庭、城市与经济、日常生活与工作生活的分离在分析上不令人满意,最主要的挑战在于女性家庭劳动力已经成为区域中显而易见的关系。在我过去几十年出版的著作中,关注被地理学者割裂的领域的关系成为这些著作相互关联的主线。

在我探索这些关系和改变重点之前,我首先强调学术研究常常是合作的产物。在近期和远期的学者、理论家和实践者之间的学术和政治争论中,即使只归功于一位作者的论文或书籍,也在很大程度上受到了来自电子邮件和网络信息激增的推动。我很幸运,从1970年代末以来,女性主义地理学者和左派批判社会理论学者的团队与我一起研究或者在交谈和协作中影响我。如同地理学中女性主义研究仍处于起步阶段,地理学者中联系紧密的有英国的乔·福德(Jo Foord)、简·刘易斯(Jane Lewis)、杰基·蒂弗斯(Jackies Tivers)、埃利诺尔·科夫曼(Eleanore Kofman)、索菲·鲍尔比(Sophie Bowlby)、加拿大的达马里斯·罗斯(Damaris Rose)和故去的令人怀念的苏珊·麦肯齐(Suzanne MacKenzie)。这些会谈部分是在IBG会议中关于女性与地理的研究会上展开的(后来成为女性与地理小组;参见Women and Geography Study Group,1984;1997),也包括梅利莎·吉尔伯特(Melissa Gilbert)、苏珊·哈尔福德(Susan Halford)、米歇尔·洛(Michelle Lowe)、吉尔·瓦伦丁(Gill Valentine)。所有这些学者丰富了我对城市问题的理解,作为女性主义的更大团队,还包括我开始学术研究的肯特大学的玛丽·埃文斯(Mary Evans)、南尼克·莱德克莱福特(Nanneke Redclift)和克莱尔·翁格松(Clare Ungerson)。确实,最为清晰地树立起我的女性主义立场的论文之一就源于在肯特大学的一篇会议论文(McDowell,1983)。我记得很清楚,因为我那时刚好发现自己怀孕了。分娩和育子是另一件直接与我的写作和研究相关联的事件,它不仅影响我的可利用的时间,而且影响我对于建成环境的限制性影响、不同城市活动的空间隔离以及工作场所的性别差异等问题的理解。

我在 1983 年的文章中提到,解决和整合在时间和空间上相隔离的现有城市的构造和服务设施,这一问题具有一种新的意义和物质性。因为我从流动的年轻学者成为了有负担的孩子母亲,或者更确切地说,在朋友的帮助下,我努力协调已有环境苛政和大学日常安排,并试图将两种身份相结合。我采用一种新理解来重读哈格斯特朗有关时空制约的研究。谈到女性的"双重身份",不只我一人将工作与母亲身份相结合,因为即便在 1980 年代,无数的女性主义朋友仍进行着同样的结合。正如第二次女性主义浪潮所提及的,变化涉及反映我们/她们各自生活的论述,因为重点已从对家庭劳动的争论,通过分娩和育子转移到"变化"和成熟。我最近的文章(McDowell,2003a;2004)是基于对与我母亲年龄相仿的老年女性进行的调查。我曾对工作在压力环境下的中产阶级男性和女性进行调查——商业银行(McDowell,1997)而不是大学,但两者其实有共同之处(Doreen Massey 在 1995 年的一篇文章中对高科技产业的研究也有类似说法)。最近又对受到去工业化和服务部门就业女性化影响的年轻男性,进行了关于男性认同的社会建构的调查。在这些研究工作中,均存在着同时作为职业学者和儿子母亲的明显的联系和反思。

当然,作为女性主义理论家的乐趣之一,是可以在分析性别认同的社会空间建构时引入个人经历。然而,这既是优点也是缺点,因为 1980 年代中期关于白人中产阶级异性恋者的争论重点在于,女性活动的理论和政治需求都受到了有色人群及同性恋女性人群的挑战。那十年间,作为女性生活的多样性而非普适性倍受关注,而大部分学术女性主义的权威和右翼分子要么是白人,要么是中产阶级,因而其代言人地位饱受争议。作为对多样性的部分认可,同时与更广泛的学术转向相联系,自从我在 20 多年前开始从事女性主义研究以来,女性主义和城市理论已经以多种形式转变和发展(参见 Fincher and Jacobs,1998)。例如,1980 年代初,城市理论开始从寻找自身"理论对象"的束缚中走出来。受到曼纽尔·卡斯特尔(Castells,1978)所阐述的阿尔都塞[①]式马克思主义的影响,许多地理学者和社会学者将他们的分析对象定义为集体消费的服务和产品的供给者,随后在成熟的撒切尔主义和里根主义[②]揭示我们的错误之前,又将其视为城市维持和再生的根本。

在类似的理论框架之下,女性主义者也同时声称,在快餐店、按摩院、熨衣店和单身酒吧出现之前,家庭劳动对于男性、儿童,以及日常生活和资本体制的维持与再生是必要的(Ehrenreich,1984;MocDowell,1991)。更确切地说,国际资本流动的增长表明特定地方的上班族家庭的再生产几乎没有受到关注。但是,在当时对于集体和家庭供养系统的共同关注就是生产性的。虽然为那个时代多数知名城市分析家所忽视,但女性作为中央和地方政府的雇员以及无数家庭的主妇和母亲,已经成为保证城市运行的两类服务的重要提供者。然而,女性主义者关于内部联系和复杂性的讨论始终没有受到学科的关注。但是,他们也转向讨论其他的社会科学在理解社会经济生活的特征与分布时忽视了空间和地方的重要性。以上断言在今天都经不起考验。社会科学中对空间差异重要性的关注,以及不同空间尺度内的构成研究,已经惊人地膨胀。这一点我在后文还将作详细阐释。首先,我想通过1983年关于城市空间性别隔离的论文,来阐述差异的重要性。

论文写作时期的显著标志是对"女性"的特别关注。这里,女性主义理论和城市研究都发生了转向。近期,更多关于城市生活多样性以及不同阶层背景、种族、国籍、性别特征、能力、年龄和家庭环境女性的经历研究,都被融入了这一特别术语。这里所关注的"女性",并不是从被忽视的角度而言的,尽管"忽视"是女性主义者长期以来的逻辑基础和议题。同时,地理学对于空间隔离和城市问题的研究传统,已使得城市作为多元舞台的认识越来越清晰。但是,将这一认识与毫不含糊的女性主义分析相联系的理论工具还未发展起来。1980年代早期,女性压迫和平等的异议言论给我们的研究以活力。有关"平等/差异"的辩论(Phillips,1987)现在已融入了关于再分配的意义和对公平的界定等更大范围的讨论中(Fraser,1997),这与对于女性主义多样性和地理学场所独特性的关注转向的情况类似,至今都没有得到很好的发展。这是因为古老的理论传统对于规律的强调,对空间法则或者至少空间过程的探究依旧显著。因此,1983年的论文如我所料,重击了唯物主义方法中的区位分析和它的唯物主义立场。但是,家庭和性别假设使城市形态趋于混合,对它们的讨论日益重要并且受到经验主义分析方法的影

---

① Althusserian,法国当代著名的马克思主义研究者,"科学马克思主义"的代表人物。他从捍卫马克思主义的科学性的愿望出发,反对把马克思主义人道主义化,认为马克思在其思想发展过程中经历了一个从"意识形态到科学"的认识论断裂的转变过程。——译者注

② 撒切尔主义和里根主义是指撒切尔夫人和里根总统上台后,英美出现的一股占统治地位的"新右派"势力的意识形态,是当代西方"新自由主义"与"保守主义"的混血儿。它一方面坚持新自由主义的自由市场经济理论,另一方面却又主张新保守主义的右翼政策。它反对建立在凯恩斯经济学和福利国家之上的"共识政治"。从某种程度上说,撒切尔主义和里根主义是20世纪后期国际性的反对平等主义和集体主义倾向的一部分。——译注者

响。例如,独身女性、单身母亲、双职工家庭数目的增长与绅士化的关系:不只是一种"地租缺口"①或生活方式选择,而是对当代城市女性地位变化问题的一种回应(Bondi,1991)。关于城市形态与性别的对应性分析已拓展了城市结构的早期分析。

　　也许女性研究中对于性别和城市形态之间关系研究的一个最重要的转向以及将国家制度作为女性压迫分析因素的转变,就是对矛盾、女性生活和地理学的多样性有了更丰富的认知(Women and Geography Study Group,1997;McDowell,1999)。回顾过去,早期的第二次女性运动浪潮②是相当严谨的,例如有价值的劳动力理论以及它与家庭劳动力的联系、婚姻与核心家庭压迫本性的坚决主张。因此,我论文中所缺少的是女性生活中家庭的矛盾角色,即其不仅是繁重劳动和不平等的场所,也是爱情与乐趣、休息与娱乐、尊重与欢乐的场所。当我们这一代女性主义者相当轻视地写着女性"在打扫中度过她们的生活",或者她们遵从婚姻并通过无偿承担家务的形式膜拜男人等错误意识时,我们忘记了家庭也是亲密的私人场所,而且正如贝尔·胡克斯(hooks,1991)提醒我们的,无论是上班族还是少数群体,家是一些最受剥削女性的避难所,以及政治抗议和抵制胡克斯所称的组织白人异性恋父权制的地方。因此简·汉弗莱斯(Humphries,1977)在早期争论19世纪女性职工所受的敌对待遇的论文中,坚持强调工作家庭中劳动力性别的传统分工背后的合理性和相互支持,以及在此基础上的女性剥削。她的分析是经得起考验的。我现在论文中大体的主张是,中产阶级白人女性在工作地和家庭中对平等的需求往往显得突兀却缺乏探究。

　　我的论文也反映了对物质条件的强调,进而支配女性主义的理论化。20多年过去了,当我为一本有关女性主义的理论书籍写关于城市的新文章时(McDowell,2003c),我现在关注的是意义和表现的问题,以及不同空间尺度社会建构的意义,这使我感到吃惊。在最近的城市研究和城市空间的女性主义理论化方面,关注点迂回地移动到空间尺度上,当然也包括对他们相互作用的强调。我们现在认识到,一个地方或城市,是一个社会空间相互联系的场所。在这其中,"地方"和"全球"以及它们之间的任何尺度,是相互建立与构成的,正如多琳·玛西(Massey,1984)所坚持的。我很荣幸与她一起在开放大学共事十余年,她在劳动力的空间分异以及空间、地方、尺度构成方面的分析,不仅对我自己的研究,而且对整个学科有着深远的影响。因

　　① 指尼尔·斯密斯(Neil Smith)的"地租缺口"(Rent gap)理论,用于解释绅士化地区的出现。该理论从投资角度出发,认为绅士化地区的出现主要是由于城市中心废旧地区的当前房价、地价与预期的环境改善后的高房价、高地价之间的差值的存在,吸引投资者将该地区改造升级。参考 N. Smith. (1978)Gentrification and the rent gap, *Annals of the Association of American Geographers* 77:pp. 462-465。——译者注
　　② 两个世纪以来,世界经历了两次女性主义运动的高潮。第一次女性主义运动浪潮发生在1840年到1925年间,运动的目标主要是为了争取与男性平等的政治权利。第二次浪潮发生在20世纪的60—70年代,最早兴起于美国。第二次浪潮的主要目标是批判性别主义、性别歧视和男性权力,认为当时虽然女性有了选举权、工作权和受教育权,但是表面的性别平等掩盖了实际上的性别不平等。这次女性运动的基调是要消除两性差别,并把这种差别视为造成女性对男性从属地位的基础。——译者注

此,现今对于城市内部或其上的女性主义研究,包括我自己在内,可能讨论"居住"在一家之内最小尺度中的作用,也处理在民族主义妇女独特视角中的"本国"、国家、理想结构之间的联系。它们反映了国家信念和家中的日常生活。在最近的研究中,关于家庭的其他视角被构建、提出并通过多种方式与地方和领土相联系,同时也被斗争和抵制,比 20 年前更为广泛的新领域已经进入了分析的视野。

与社会科学中广泛的"文化转向"一样,女性主义地理学者现在对意义和再现问题给予重视,同时更得心应手地利用艺术和文学资料来探索女性与城市性的联系,城市空间的性别意义和女性生活经历,拆解物质不平等和差异的文化意义,以此来理解仍旧稳固的性别区分。在这一研究中,女性主义地理学者和社会哲学家的努力得到了生产性的一致。这里我想起了近期一些有影响的人物,美国理论家艾里斯·扬(Young,1990)、南希·弗雷泽(Fraser,1997)和其他人关于不平等和差异性的分析,朱迪斯·巴特勒(Butler,1990;1993)对于性别作为一种扮演的极有影响力的分析,以及最近马莎·努斯鲍姆(Nussbaum,2000)对阿马蒂亚·森(Amartya Sen)的能力和才能概念所进行的扩展,这一概念用于后现代社会理论景观中社会公平问题的分析。过去几年是批判女性主义思想苛求但蓬勃发展的时期。

这也是城市理论化蓬勃发展的开始。对我来说,1980 年代末和 1990 年代初总体上是女性主义城市研究理论化的标志性时期,尽管勿庸置疑的重要研究多采取绘制和度量特定城市男女机会与生活差异的方式,我认为主要是因为怎样定义"城市"这一难题一直困扰着许多城市地理学者。最近研究中有趣的一点是——当然很重要的是大部分理论家现在讨论的是"多个城市"而不是"单个城市"——强调以城市为结点、网络、流动空间的全球联络,跨国移民在其中铸造新的生活,同时也以新的方式维持世界不同区域之间的相互联系。像社会学家斯图尔特·霍尔(Hall,1990)主张的,以及女性主义理论家钱德拉·坦培德·莫汉提(Mohanty,1991;2003)论证的,第三世界现在已经在第一世界中,女性移民正转变着对于空间分异和联系以及个人生活的理解。关于认同、女性带薪和无薪的工作、正规与非正规就业、商品化的家庭劳动、国际城市的艺术文化活动、城市中的政治抵抗的新研究正在进行。它们超越了公认的"城市"的过程和模式,模糊了城市、经济、社会和文化地理学的差别,鼓励借助更新的原理和更高的热情进行城市研究。成为这种新颖而振奋的浪潮的一部分是一种快乐,同样地,成为女性主义理论化早期成果一部分的既是快乐也是特权。对我来说,丰富多样的女性主义理论已经从学科类别或次学科"排外计划"的冷遇中走出(Christopherson,1989),已经成为主流地理学分析的重要组成部分。

参考文献

Bondi,L. (1991)'Gender divisions and gentrification:a critique', *Transactions of the Institute of British Geographers*. 16:190—8.

Butler,J. (1990)*Gender Trouble*. London:Routledge.

Butler,J. (1993)*Bodies that Matter*. London:Routledge.

Castells,M. (1978)*The Urban Question*. London:Arnold.

Christopherson,S. (1989)'On being outside"the project"', *Antipode*,21:83—9.

Ehrenreich,B. (1984)'Life without father:reconsidering socialist-feminist theory', *Socialist Review*,73:48—57.

Fincher,R. and Jacobs,J. (eds)(1998)*Cities of Difference*. New York:Guilford.

Fraser,N. (1997)*Justice Interruptus:Critical Reflections on the 'Postsocialist' Condition*. New York:Routledge.

Hall,S. (1990) 'Cultural identity and diaspora', in J. Rutherford (ed.), *Identity:Culture,Community, Difference*. London:Lawrence and Wishart,pp. 222—37.

hooks,b. (1991)'Homeplace:a site of resistance', in *Yearning:Race,Gender and Cultural Pofitics*. London: Turnaround. pp. 41—9.

Humphries,J. (1977)'Class struggle and the persistence of the working class family', *Cambridge Journal of Economics*,1:241—58.

Massey,D. (1984)*Spatial Divisions of Labour*. Basingstoke:Macmillan.

Massey,D. (1995)'Masculinity,dualism and high technology', *Transactions of the Institute of British Geographers*,20:487—99.

McDowell,L. (1983)'Towards an understanding of the gender division of urban space', *Environment and Planninq D:Society and Space*,1:59—72.

McDowell,L. (1991)'Life without father and Ford:the new gender order of post. Fordism', *Transactions of the Institute of British Geographers*,16:400—19.

McDowell,L. (1997)*Capital Culture:Gender at Work in the City*. Oxford Blackwell.

McDowell,L. (1999)*Gender,Identity and Place:Understanding Feminist Geographies*. Cambridge:Polity.

McDowell,L. (2003a)'The particularities of place:geographies of gendered moral responsibilities among Latvian migrant workers in 1950s Britain', *Transactions of the Institute of British Geographers*. 28:19—34.

McDowell,L. (2003b)*Redundant Masculinities? Employment Change and White Working Class Youth*. Oxford:Blackwell.

McDowell,L. (2003c)'Space,place and home', in M. Eagleton(ed.),*A Concise Companion to Feminist Theory*. Oxford:Blackwell. pp. 1—11.

McDowell. L. (2004)'Workers,migrants,aliens or citizens? State constructions and discourses among postwar European labour migrants in Britain', *Pofitical Geography*,22:863—86.

Mohanty,C. T. (1991)'Cartographies of struggle:third world women and the politics of feminism', in C. T. Mohanty,A. Russo and L. Torres(eds),*Third World Women and the Pofitics of Feminism*. Bloomington,IN:University of Indiana Press,pp. 1—47.

Mohanty,C. T. (2003)""Under western eyes"revisited feminist solidarity through anti-capitalist studies',

Signs：Journal of Women in Culture and Society，28：499—535.

Nussbaum，M. （2000）*Women and human development：the capabilities approach*. Cambridge：Cambridge University Press.

Phillips，A. （ed. ）(1987)*Feminism and Equality*. Oxford：Blackwell.

Valentine，G. （1993）'Negotiating and managing multiple sexual identities：lesbian space-time strategies'，*Transactions of the Institute of British Geographers*，18：237—48.

Women and Geography Study Group(1984)*Geography and Gender：An Introduction to Feminist Geography*. London：Heinemann.

Women and Geography Study Group(1997)*Feminist Geographies：Explorations in Diversity and Difference*. London：Longman.

Young，1. M. （1990)*Justice and the Politics of Difference*. Princeton，NJ：Princeton University Press.

第十九章　本土化与全球化

理查·纳格(Richa Nagar)

有传言说戈提萨基(Kothi Sahji)的建造材料是从阿萨夫-伍德-道拉-艾曼姆巴拉[1]偷来的,戈提萨基是18世纪勒克瑙(Lucknow,印度北部城市)的一座华丽的房子,勒克瑙是我长大的地方,并且是英勇善战的贝古姆·哈兹拉特·曼豪尔[2]在印度反抗英国殖民期间避难的地方。我的祖父在我出生的时候正逐渐成为北印度一位杰出的小说家,1958年,他开始把位于历史上著名的柴克(Chowk,印度集市)附近的戈提(kothi)以100卢比的价钱出租出去。正是在这个戈提里面生活的时光里,周围狭窄拥护的小路,以及周围的世界与那些小路和戈提相联系的方式里,使我第一次深深地感受到了有差异的、不平等的和社会不公正的地理。

我童年的记忆里面装满了与表亲、邻居、家里的工人以及他们的孩子在大大小小的庭院里相处的时间——在弯曲而狭窄的楼梯井里,在那些连接柴克的许多老房子和紧挨着的小路的"秘密"出入口和地道中。顺便提一下,柴克被认为是勒克瑙唯一真正吸引游客的地方,因为在这里,什伊纳瓦布斯(Shi'i nawabs)过去的辉煌不仅孕育了谦逊、圆滑和好客的文化,而且孕育了当地逊尼派和印度教派手艺人的技艺,以及雇用(和利用)他们的客哈怀(Khattry)商业家庭的惯例。

一走进戈提的空间,立刻就会受到强烈的影响,感觉沉闷,受到教育。慢慢地,我开始崇敬我祖父的天赋和他在所有阶层人们当中的声望。在同样的空间里,我注意到我的母亲因为她父母的贫困而被家人回避。通过养育了我和我妹妹的巴巴[3]的故事,我了解到了儿童劳动力是怎样转变成终生的合同劳动力的。作为大家庭里年纪最大的女孩,我被告知社会空间和行为的限制有哪些。我看见我年轻、有雄心的父亲慢慢地变成了他自己身体的俘房,因为他与顽固的、严重的营养失调作斗争。在戈提外面,我碰见居住在路对面邦奇(bhangi)的女人和男人,他们每天带着篮子来我们家收集垃圾并帮助冲洗厕所。在戈提外面的小路上,我认识了那

---

① Asaf-ud-daula Imambara,印度著名清真寺。——译者注

② Begum Hazrat Mahal,印度历史上反抗英国统治的历史人物,印度阿瓦德(Awadh)公国(今印度北方邦)的末代王妃。——译者注

③ Baba,印度语中的小孩、婴孩。——译者注

些与他们的家人一起做饭、吃饭、睡觉的跟我年龄相仿的女孩,在她们的头上只有一个18世纪拱门的装饰。这些女孩没有去学校上学或使用一个真正的厕所的机会;她们日趋发育成熟的、几乎没有穿衣服的身体装满了她们母亲内心的恐惧;她们很早就嫁出去了,当我读大学的时候她们已经有孩子了。

当我七岁的时候,我的母亲已经是北印度一所小学的助理教师,她竟然在以一种令人吃惊的方式造反。在一个以服务于印度斯坦文学和人民戏剧为荣的家庭,在一个把英语学校视为精英专利的社区,她竟然要求把她的女儿们送到安格利兹语(Angrezi)学校,并宣称她将用她的收入来支付学费。她的胜利导致我在1976年(接着是我妹妹在1979年)允许进入拉马蒂尼埃(La Martiniere)——一所由法国将军建立的以高质量教育闻名的学校,它更以其学生在1857年反抗斗争期间反对印度支持英国的统治而闻名。回想起来,去拉马蒂尼埃的路程离戈提萨基只有仅仅两英里,但这段最痛苦难忘和被动的旅程改变了我未来生活的轨迹。

从柴克到马蒂尼埃

来到拉马蒂尼埃之后,我开始变得沉默起来。柴克生活中那些充满活力的人们、声音、感觉从这个世界消失得很远。我的周围都是印度的英国侨民教师、行政官和寄宿生;周围还有官僚、自由职业者、军官、地方立法者和商业家庭的女儿,她们生长在勒克瑙现代殖民地居住区的核心家庭,经常说着娴熟的英语,聊那些我从来没有听说过的旅行、电影、小说和聚会。对于她们当中的大部分人来说,柴克是穆斯林地区比较落后的地方,在这里每个人都穿着赤坎布,咀嚼枯萎的叶子,放风筝或者寻花问柳。我努力使自己不因为属于柴克、来自没有汽车或房屋的家庭,或只能说不标准的英语而感到局促不安。我坐人力车在柴克和拉马蒂尼埃之间反复地来回移动,以此寻找二者之间只言片语的连接点。在接下来的九年里,我努力收集方法,以使把我童年和十几岁的早期世界的片段转变到另外一个世界。

但是我在拉马蒂尼埃的后来的时间不像一开始那么艰难了,这部分是因为我的妹妹和我一起设计出了一些生存策略,部分是因为我开始在以北印度语创造性的写作中找到安慰,另外一部分是因为我获得了非英语写作印度学者的名声。在拉马蒂尼埃快结束的日子里,我还发现了麦克卢尔(McClure)女士。生长在缅甸的麦克卢尔女士反对两件事情:她丈夫的香烟和她的缝纫班里做工太糙的女孩。她喜欢拉迪亚德·基普林(Rudyard Kipling)写的故事和宫郑梁(Goh Cheng Leong)写的地理教科书。虽然她只是喜欢亚洲季风气候区域的地理,麦克卢尔女士还是与我们进行了有效的沟通,我们讨论了在空间和地方发生的所有事情以及一个人不可能逃脱的地理性的问题!麦克卢尔女士并没有用很多话语来表述,但是她对地理学的崇拜在一定程度上使我相信,对于地理学者来说,在各世界之间穿行而又不丧失他们独特的热情是可能的。我认为直到 1983 年我听过麦克卢尔女士的一次演讲后,才决定要成为一名地理学者。三年后,这个决定成为我家庭中的第二个导火点。

阿拉哈巴德之行的流产

对地理学的热爱促使我开始在阿瓦德哈(Avadh)学院研读学士学位。在这里,我学习了人类学、地理学和英语文学,但是在勒克瑙还没有地理学的硕士点。在我的整个宗族里从来没有听说过把女孩子送去读像地理学这样不引人注目的专业。得有一百个亲戚询问我的父亲:"你将来怎么养活她?"要是我选了医学或者工程学这样的专业,将来是有利用价值的。"她在地理学方面获得硕士学位能带来什么惊喜吗? 为印度地质测量局工作吗?"这些担忧后面潜藏着更大的问题:"她这样做是否会令家庭蒙羞?"

也许我的父亲在一定程度上知道这些担忧,但是他内心深处还是对他的孩子怀有信心。当印度政府同意每月给我 150 卢比奖学金进行深造以后,他准许我去阿拉哈巴德研读地理学的硕士学位。阿拉哈巴德离勒克瑙只有四个小时的火车路程。

但是持续一年的学生激进主义运动导致阿拉哈巴德大学在 1986—1987 年这一学年宣布停课。在此期间,我阅读了大量孟加拉和俄罗斯的名著(翻译版本),徒然地等待着课程的开始,我的父亲让我相信现在是一个发展创造性才能的好时机。我为教育电视台工作,写作并指导儿童游戏,合作改编剧本,在地方日报上对卡塔克(Kathak)的舞蹈表演进行评论。北印度语文学写作继续激励着我,因为我开始在诸如《德哈玉格》(*Dharmyug*)和《莎莉嘉》(*Sarika*)这样的杂志上发表小说和诗。我也成为了我祖父的非正式的个人助手,那时祖父已经在与青光眼和糖尿病做斗争。祖父叙述他最近的小说,我就把它听写下来,帮他回复邮件,陪伴他去勒克瑙和新德里的研究会,当著名的电影制作者西亚姆·贝内加尔(Shyam Benegal)为了一个电影计划邀请他去讨论一部小说的时候,我陪同他去了孟买。

陪祖父去孟买的一个月时间给我留下了深刻的印象。它展示给我的是一个充满生气的政治和艺术气氛,以及置身于作为一个国家先进部分的大城市的激动;它还引起我搬离北方邦的愿望。我决定学校复课的时候不去阿拉哈巴德了,转而去孟买和浦那的大学。1987 年 8 月,当孟买因为学生政治运动而拖延开学的时候,我在浦那的三味吹拜福乐(Savitribai Phule)旅店开始了新的生活。

从浦那到明尼阿波利斯

浦那大学是受资助的州立大学,它的地理系是印度最好的几个地理系之一。在浦那大学学习地理学的学生,几乎百分之八十是来自邻近地区的中层和下层农民家庭的说马拉地语的人。在小部分受英语教育的学生中,1987—1989 年有四个学生来自浦那的大城市地区,有两个学生(包括我)来自曼尼普尔和北方邦的首府城市。我们的地区、阶层和教育背景的混杂使得使用何种语言教学对教师和学生来说成为一个有趣的挑战。然而,系里还是设法在两年的时间里让所有的学生沉浸在所有关键的专业领域里:地形学、气候学、人文地理学、经济地理学、制图学和研究方法。虽然这些领域涉及的所有东西都由英国、美国和德国地理学者的著作所主导,但系里也做了很多工作向我们介绍在马哈拉施特拉邦工作的地理学者——迪克西特(Dikshit)、狄德黛(Diddee)、萨翁特(Sawant)和阿鲁纳恰拉姆(Arunachalam)等人,以及他们的工作。

具有讽刺意味的是,所有这些地理学都没有涉及那些最能捕获大学生想象力的政治事件:对于拉什迪(Rushdie)《撒旦诗篇》(*Satanic Verses*)邪恶诗篇和对拉贾斯坦邦(Rajasthan)发生的殉夫的妻子鲁普·坎瓦尔(Roop Kanwar)被谋杀事件的愤怒。诸如马克思主义、女权主义、政治经济学、帝国主义甚至是殖民主义,都没有成为我们课堂讨论的一部分。我们的训练还是严格遵守实证主义、马尔萨斯学说和新古典主义的范例,不管我们在上个学期的计划中选择了研究什么。对我来说,所有这些社会政治影响在课外的领域也还是存在的,我没有设想它们可以成为地理学的一部分——直到我来到明尼苏达州大学为止。

在我的人生中,去明尼苏达州是最不可思议的事情。三个因素推动了这件事情。第一,珈雅玛拉·狄德黛催促我与约瑟夫·施瓦茨贝里(Joseph Schwartzberg)联系,因为他已经创作了《南亚历史上的地图》(*An Historical Atlas of South Asia*)一书。第二,我足智多谋的室友决定参加 TOEFL 和 GRE 考试,从而使得她可以申请加利福尼亚州的电子工程学专业。第三,我从未在世界地图上寻找过明尼苏达州,直到我获得了麦克阿瑟奖学金去那里学习地理学。

从明尼阿波利斯到达累斯萨拉姆

1989 年 8 月 31 日,从新德里到明尼阿波利斯是我所去过的最艰难的一次旅程。家族出现了裂痕:我的家庭被一些严重的疾病和经济困难所困扰;勒克瑙需要我回去。虽然我去美国的决定得到了家人的完全支持,但是我将离开这个环境使我感到内疚和恐惧。

但是也有高兴的事情在等着我! 麦克阿瑟计划开始带来极大的机会,因为 1989 年之后,明尼苏达州一群来自国际和美国的学生聚集到一起形成了一个充满活力的左倾团体,共同创造新的交叉学科的议程。我特别被麦克阿瑟计划中非洲研究学者之间的谈话所吸引,就像被关于口述历史、个人叙述和鼓舞明尼苏达州大部分女权主义学者的充满活力的辩论所吸引一样。同时,后殖民主义开始激起关于女权运动和民族志学的激烈的对话。

麦克阿瑟计划所创造的能量滋养着地理系,而正是地理系鼓励我沿着那些吸引我的理论和方法论的方向成长,在六位给予我极大鼓舞的指导者的支持和建议下,我决定把我博士研究的方向聚焦在后殖民主义时代坦桑尼亚的南亚社区。我的两位导师菲利普·波特和苏珊·盖格(Philip Porter and Susan Geiger)教给我在学术生涯中讲故事的重要性——对我正在研究的人,或是我期望去面对和努力的事情,都不要丧失责任和承担义务的意识。埃里克·谢波德和埃尔加·莱特(Eric Sheppard and Helga Leitner)指点我面对社会和经济地理中最令人激动的观点,并且提供空间让他们的学生可以聚集起来发展他们自己的地理学视野。罗恩·阿明扎德和普兰博汉克拉·吉哈(Ron Aminzade and Prabhakara Jha)使我留意于时间性和后殖民性,并且给我展示了所有关于交叉学科的东西。

在浸淫于美国的种族政治,和拥有一个有色人种妇女强烈的身份感之后,再亲自面对东非的种族现实实在令人震惊。作为一个来自印度经由美国来到达累斯萨拉姆的女学者,我并不简单地符合当地人对亚洲妇女的刻板印象,我有时会被当作名誉上的欧洲人来对待。但是不久我就发现,自己在坦桑尼亚同样商议并积极地探究其他阶层的政治,如阶级、职业等级、宗教、语言、邻里关系,性别的惯例与特权等。坦桑尼亚正经历一个从尼雷尔(Nyerere,坦桑尼亚总统)的梦想转变为彻底的自由化的多党民主的过程。我从柴克和拉马蒂尼埃搬到浦那和明尼阿波利斯的世界,还有我与古吉拉特(Gujarati)语言祖传的联系,给予我工具和热情去分析达累斯萨拉姆日常生活空间和南亚移民身份中的性别、种族和社区的复杂性。所有这些在我家乡附近的阿约提亚的巴布里清真寺被夷为平地时都发生了,印度人民党(BJP)上升的效应在达累斯萨拉姆印度上层的职业等级中可以明显地感觉到,就像阿亚图拉·霍梅尼(Ayatollah Khomeini)的说教可以在艾斯南舍利贾曼特(Ithnasheri Jamaat)的什叶派穆斯林教师那里能听到一样。所有这些混杂的过程成为我学位论文的主题,成就了1995—2000年我的九篇系列文章和论著的章节。

从地理学到女性研究

1995年,我在科罗拉多州博尔德大学地理系开始了我的第一份教师工作。博尔德与明尼苏达是不同的,我并不是简单地意指自然地理学。在科罗拉多,交叉学科研究和跨国政治参与的实现都是很困难的,特别是对于那些具有一些显明特征的教员来说,经常会面对明显的敌意(比如那些相对年轻的,在对本科生的演讲里经常提到美帝国主义的激进的有色人种女性)。但是,我确实发现了极好的值得学习和一起成长的同事。特别是地理系的唐·米切尔(Don Mitchell)、林恩·斯德荷里(Lynn Staeheli)、托尼·贝宾顿(Tony Bebbington)和汤姆·佩罗

(Tom Perreault)，以及从事女性研究的长谷美智子(Michiko Hase)、卡玛拉·凯姆帕杜(Kamala Kempadoo)和艾莉森·贾格(Alison Jaggar)，他们在思想和精神上给予我很大支持。戴维·巴萨米安(David Barsamian)的"另类广播"①变成政治营养的一个来源，埃米·古德曼(Amy Goodman)通过每天早上的广播也做了其中的一些工作。

博尔德使我的生活在制度化的文化和背景开始了巨大的变化，这些变化激发了超出博尔德的问题的提出。因为我从一个被达累斯萨拉姆收养的"女儿"变成了科罗拉多州的一个助理教授，我发现自己在知识的、政治的和个人的信奉中游走，这些都是我为三个大陆的社区所做的。在策略上，我学会了对行政部门"发表还是毁灭"的信息作出回应。但是，我为只有在西方学术圈能被讨论或受到吸引的问题才是有价值的这一事实感到焦虑。要想按照我在达累斯萨拉姆所研究的人和事的责任意识去行动，几乎没有任何制度上的空间。任何使我的研究超越英语学院派的努力都被认为是业余的，尽管这对达累斯萨拉姆和新德里的人来说很有意义——同样地，环绕着鲁普·坎瓦尔和拉什迪的政治背景所作的研究在浦那也成为业余的了。

我在坦桑尼亚的工作也让我意识到学术性知识写作的一些其他困难。为了挑战把所有坦桑尼亚的亚洲人的主要形象定格为剥削性的男性商人，我突出地叙述了来自不同职业等级、阶级、宗教、宗派主义者和语言区域的人。为了突出身份、空间和权力的关系，我聚焦有钱的商人、自由职业者和社区领导人，也同样聚焦出租车司机、性工作者和混血人群(他们被认为是纯种的亚洲人，同时又回避被作为纯种的亚洲人)的生活。但是，作为一个非坦桑尼亚人，我无法享有坦桑尼亚富有的亚洲人所拥有的社会政治权力，我无法体验他们的日常社会生活，也无法体验自认边缘的亚洲人所组成的组织和领导人所受的批评。对于那些有志于促进坦桑尼亚族裔融合的人来说，我的工作本来可以很有帮助，但社区领导人对反动言论的恐惧却阻止了我的研究著作的出版。一种关注精英实践的民族志学，无论在理论上和在经验研究的方法上多么使人兴奋，却严重地限制了我可以用来产生知识的空间，这些知识本可以使坦桑尼亚的政治进步"脚踏实地"地进行。

与这些问题作斗争使我自问为何还要呆在美国的学术圈？我究竟想做什么样的学术工作？与萨拉斯瓦蒂·拉朱和萨蒂什南比亚·库马尔(Saraswati Raju and Satish Kumar)在新德里的交谈，以及与戴维·福斯特(David Faust)一起做的关注后殖民主义的印度由英语教育所造成的话语与实际的分离研究项目，更增加了这个斗争的复杂性。在我努力完成这些工作的过程中，我为批判的学术研究对于反思性(reflexivity)的狭隘的概念化所造成的局限而灰心，这些批判的学问很少涉及怎样产生交流(制造知识)以超越学术、阶级和人种的边界。顺便提一下，完成了《坦桑尼亚妇女》(TANU Women)这本书的苏珊·盖格(Susan Geiger)对于反

---

① Alternaire Radio，地方广播电台的一套谈话节目。——译者注

思性的流行方法也变得有所觉悟。共同增长的不满为我们创造了肥沃的土壤来播种合作项目的种子,一个名为"女性主义研究实地调查中的反思性、立场性和认同:突破僵局"的研究诞生了。

在此期间,我决定把我的研究方向转向女性研究——一个我觉得可以用更加没有约束的方式来融合许诺、流派和理论的领域。通过一些振奋人心的进展的融合,我于1997年秋天回到明尼苏达州,开始了新的女性研究。

从姆赫加瓦波杜到玩火

苏珊·盖格于2001年过早地去世残酷地中断了我们的合作。白血病摧毁了苏珊的身体却不能毁掉曾鼓舞我们的追求:寻求在女性主义知识生产中创造一种新的具有可说明性的形式,不仅通过反思研究者是如何经常嵌入于认同与分类的政治中的,还通过严厉审问我们的制度和地理政治立场对于使我们的研究跨越北方学术的边界有何帮助(无论什么情况下北方可能只是地理上的位置)。对于我来说,这个寻求——结合了与印度女性主义激进主义分子先前的联合——转换成了一个想象的与北方邦的非政府组织的工作人员和行动主义分子新的合作过程。

这个过程以姆赫加瓦波杜(Mujhe Jawab Do)作为开始,这是一个关于古德勒古德地区反对家庭暴力的农村妇女街头话剧活动的研究。这项工作采用了后殖民主义的女权主义语言,目的是动摇那种认为第三世界只有女性生活,而没有女性主义的机构和主题的民族志学实践。但当我面对非政府组织和正在被捐赠驱动不断侵蚀而变得不再激进的草根女性主义时,有一点对于我是越来越清楚了:知识生产的跨国政治要想实行任何有效的干涉,都必须伴随着主流知识实践的改造。其中,需要与基层的激进主义者共同规定联合议程来具体地与新知识生产的形式和语言作斗争,新的知识可以通过跨越社会政治的、制度的和地理学的边界被共享、批评、使用和修改。在与八个非政府组织激进主义者在锡达布尔地区旅行时,这些关注点得以表达出来,这首先导致了一本叫《桑丁·亚乍》(Sangtin Yatra)的书在北印度的问世,然后是它的英语版本《玩火》。

这本书在北印度受到好评同时也备受争议,两方面都推动了作者与一种去政治化的趋势作斗争,这种去政治化是伴随一些为南半球农村妇女寻求权力的捐赠驱动型项目而传播开的。我们在等待读者对《玩火》的反应,我的合作者和我仍然相信只有通过更多的跨越边界的集体旅行,我们才有创造出新知识和政治的可能性,从而用我们自己的术语,在我们自己的空间,以我们自己的语言来发展和繁荣。

第二十章　迁移与相遇

劳伦斯·诺普（Lawrence Knopp）

前言

我的理念和工作的形成受到各种力量和环境的影响，包括各种个人体验、与其他人的交流与合作，以及跨越时空的旅行。当然，这些都不是孤立的，我已经在其他场合通过各种不同的主题、反对意见、紧张关系和变革把它们作为一个整体进行了讨论（Knopp，2000）。在我逐渐成为一个地理学者、一个男同性恋者、一个激进派以及一个行动者（在其他方面）的过程中，这些已经成为并将继续属于我的特征。

至于本章的目的，我更关注于一种特殊的棱镜意义，透过它能够思考这样一些过程：迁移的体验。当然，移动（being in motion）是体验的一部分，但是，不同的身体和意识对于移动的建构和体验是不同的。对于许多现代派来讲，特别是对现代酷儿①（queer moderns）而言，令人炫目的多种形式、数量和规模的迁移是深刻的共同体验。我们的身体、意识以及创造力作为生产、消费和创造意义的行动者通过空间进行传播。

毫无疑问，这种超机动（hypermobility）的体验影响了我作为一个地理学者的思想和工作，并且作为一种（影响为）不断提升的（后?）现代性重要特征，它对地理学思想的广泛影响也应该受到详细审查。[1] 然后，本章我会对这两方面进行讨论，分析我自己的和其他酷儿的迁移如何影响地理学者关于空间的本体论的思考，特别是关于地方、无地方和迁移的本体论。

我把我的讨论置于社会科学和地理学的当代危机这样一个广泛的背景之下，因为我相信它会成为当代社会广泛危机的一部分。[2] 我关注空间的本体论（而不是认识论或方法论），因为我相信在当前的危机中，认识论和方法论问题较之本体论问题通常已经受到了更多的关注（一个主要的例外是关于实在论的辩论，特别是与身份和主体性相关的问题[3]）。

---

① 指同性恋群体。——译者注

我还关注一种特殊类型的迁移,即我所谓的身份找寻,我认为这对我自己的转变过程至关重要,就像我猜想这对许多其他(后)现代派酷儿至关重要一样(事实上,一般来讲多数现代派要么是酷儿,要么不是)。通过身份找寻,我的意思是通过身体的、心理的以及不同规模的时空旅行,可以像每一个生活在社区(或者社会)中的人一样,寻找一个完整的自我存在,并从内心构建这种存在。在我的意识里,这意味着一种对情感和本体安全的找寻。脱离混乱建立秩序的一种努力是将断裂的身份与权力的压制性结构相结合。尽管这种现象一般来讲不会有许多新颖之处,但我确信在当前的历史时刻(总之是西方个人主义文化的历史时刻),它会采取一种特殊的形式。这是一种创新,从社会学家们所谓的"有限责任社区"[4](Janowitz,1952)转变成集体身份,这种集体身份具有自由的想象力,对于男性同性恋者而言,就像其他受压制群体一样,意味着找寻人群、地方、相互关系,提供身体和情感安全的存在方式,找寻既作为个体又作为集体身份的完整性,以及一个在异性恋世界里遭到否定的团结。

男性同性恋者的旅行:唐吉诃德式的找寻?

我个人的故事,就像多数男性同性恋者一样,带有非常显著的在实体地理上找寻身份的特征,其意义我已经描述过了。当然,这种体验的基本状态对于许多在性/性别选择上"不合法"的人来讲是共同的;并且,事实上对于任何一个类似群体的成员来讲——他们正在与某种基于强烈的社会心理体验的污名化进行斗争,并且期望能够作为一种病情(例如性别"焦躁症")在文化上得到治疗和解释——都是如此。

其中最明显的表现之一就是为了"出来",我远离了家庭和原来的社区。这种对男性同性恋者来讲十分普遍的做法在男性同性恋研究的文献中有很多记载(Leap,1995;Miller,1989;White,1982)。一个个故事背后的专访人物不是遭到摈弃,就是自动地否认他们自己的立场,然后为了"找寻自我"而迁移。通常,这需要经过长时期的旅行。并且,一般来讲,不仅仅包括那些从来得不到家庭和社区支持的男性同性恋者,有趣的是,也包括那些得到支持的人。我就是属于这种情况的人。当我几年前在正常情况下离开支持我的家人和朋友出来时,并且当作为一名男性同性恋者的几个关键性体验都发生在我的家乡——华盛顿州西雅图,那个处于萌芽阶段和一般来讲能得到有力支持的同性恋社区时,我并没有感受到任何像来自我家人和家乡的令人难以忍受的注视,直到我现在离开西雅图。爱荷华州的这个小得不讨人喜欢的大学城环境给了我自由和机会去探究成为一名男性同性恋者对于我的真正含义。具有讽刺性的是,这种环境——一般意义上典型的中产阶级美国人和保守派社区,却透过一种非典型的自由学术文化获得某种调和——展示给我的是,在没有家庭和原来社区保护伞的情况下,在美国社会成为一名公开身份的男性同性恋者的代价不只是失去与社会地位、性别和阶层相关联的特定权利。的确，我明白这些特权中的一部分，尤其是男性的特权，在一些情况下是能够战胜对同性恋者的憎恶（或恐惧）以及来自异性恋者的歧视的。并且在这个过程中，它将我置于应对烦扰的伦理道德的两难境地（Knopp，1999 中一个更加详细的讨论）。

在那里以及随后在不同地方的体验使我更加确信，对于多数人，甚至是绝大多数男性同性恋者而言，"出来"是比仅仅找寻，或者组建新的家庭、新的关系、新的社区和新的地方（反霸权范式无疑占主导）有更多的含义，并且认识到自我现实是有可能的。这也是关于测试、探究以及与选择的存在方式相关的体验，基于此，不必为关系密切的家庭、血缘或者社区的相互关系的期待所拖累。当我 30 岁时居住在新奥尔良为我的博士论文进行田野调查工作时，在一个男性同性恋社区我受到了成员和参与者的挑战。一般来说他们的种族主义是赤裸裸的，而我作为一名白人自动获得了一种优势。在这一过程中，我的目光盯住了一些更微妙的方式，通过这些方式，我不仅在男同性恋社区，而且在更"自由"的西雅图和爱荷华更宽泛的社区里，从作为白种人的特权中都已经得到了好处。这帮助我认清了相同的过程——不得不面对的种族问题，以及同样不得不面对的阶级问题。我迁移到了另外一个具有自我意识的"自由"之地，那是一个白人工人阶级占主导的地方（Duluth，Minnesota），我在那里居住和工作直到现在。

说来应该没有什么令人吃惊的，这为许多男性同性恋者逃避压抑的家庭和原来的社区提供了动力。男性同性恋者从乡村向城市迁移是普遍的（Grebinoski，1993；Fellows，1996）。尽管如此，我的体验和建议是迁移到下一个层级的城市（我就是这样），或者是跨国的、跨区域的和城市内的迁移和移动，寻找一种普遍的世界大同主义的氛围（Bech，1997）。这是因为对于热衷于找寻身份的男性同性恋者（以及其他人）来讲，环境以及他们自身迁移和变化的每一点可能都像他们的起点和终点的特殊性一样重要。

显而易见，这些不同类型的移动实践，在当代个人主义社会和文化背景下对许多人来说都是非常普遍的，特别是那些伴随阶级、种族和性别特权的移动。当然，这种特权已经成为我自己叙事的一个特色。然而，这些与一种相当紧迫的认知需求相联系的实践，通过对许许多多男性同性恋者生活（而不仅仅是那些特权）的强有力的说明所焕发的光芒，重新塑造了自我（Northwest Lesbian and Gay History Museum Project，2002）。

同时，我的体验和许多其他人的体验揭示了男性同性恋者与他们相遇和营造的新地方之间充满着紧张的关系，并且时常对他们离开的地方怀有一种乡愁。对每一个我相遇过（并试图营造）的新环境的一种持久失望，导致我开始以一种新的方式重新融入过去那个我已经疏远的地方。这反映了一种单纯的乌托邦式想象可以预料的完全失败，这种乌托邦曾经是任一自我找寻的核心。生活虽然可能会因为迁移而变得美好，但也不尽然，并且在任何情况下都无法逃脱性和性别的主流文化，我们几乎所有人既归属于此又由此而来。威尔·费洛斯（Fellows，1996）在他的第一人称故事集里对这种矛盾心理给予了非常好的阐述，故事里的人物大多是脱离国籍的"农家男孩"：尽管他的讲述者中的绝大多数不再生活在农场或者乡村地区，但都对此表达了一种失落的情感，并且伴随着一种与他们选择的新环境疏远的情绪。弗兰克·布朗宁（Browning，1996）在他的私人旅行记述中表达了一种相似的与另一个地方的紧张关系，这些连同其他人的记述一道被收入在他的那本《酷儿地理学》（*A Queer Geography*）中。在我自己的案例中，一种对我的男同性恋起源地城市的中年乡愁，以及一种对我选择的明尼苏达的"家"的持续的矛盾心理，导致我心里生出营造"两个家"的解决办法，而在它们之间旅行完全就像简单地在这里或者在那里一样，对我的自我意识至关重要（较全面的解释请参见 Knopp and Brown，2003）。

　　我发现我特别感兴趣的就是这个迁移的附属物，伴随着一种与两个地方和两种身份相关的矛盾关系。我和许多男性同性恋者都发现，找寻自身就是一种十分快乐的源泉（Bech，1997）。对于我们中的多数而言（自然包括我在内），它也变成一种本体和情感安全的源泉。尽管它也有令人失望之处，但迁移、变动和流动的理念自身就是重要的本体论场所，对于男性同性恋者和地理学思想而言，这两方面在文献中都未得到正确的评价和发展。事实上，同时在地方进进出出，以及在迁出、移动和无地方中寻找舒适和快乐，这种体验对于许多人来讲是普遍的。

地方、无地方和迁移的本体论

　　那么这些体验如何形成了我的理念和研究，它们对于地理学思想的更广泛的含义是什么？这里，我集中讨论受到我和其他地理学者广泛关注的三个问题：地方、无地方和迁移（特别是扩散）。其中第一个问题已经包含在我的基于地方背景的男同性恋者和女同性恋者的政治和社会迁移（尽管我也讨论与民族主义和民族构建相关的地方问题；比较 Knopp，1990；1995a；1997；1998）相关部分的研究中。第三个问题我也已经在大都市区和非大都市区环境之间的同性恋男性群体、文化以及政治是如何运行的相关部分开始探讨（Knopp and Brown，2003）。但是第二个问题我直到最近才开始思考。尽管如此，所有这三个问题都有不同的学者从多方面进行思考，并发表了基于各种哲学的、认识论的和本体论的评论。

　　从我个人的视角来看，找寻身份的体验所引发的很多问题几乎都是关于地方、无地方和迁移的现实问题，特别是对那些对他们的起源地具有某种现代主义或结构主义思想的人而言。这种思想几乎都是基于各种类型的二元论和实在论（例如"男同性恋者"、"异性恋者"、"男人"、"女人"、"公共的"、"私人的"、"在内的"、"在外的"）来定义的。然而，我和许多人找寻身份的体验非常清楚地说明了人类的主体性是多样的、流动的和断裂的。就像海森伯格（Werner Heisenberg）的亚原子粒子一样，它们拒绝受约束，秩序很少能影响它们。有一种新的具有混合性和流动性的激进的反身份政治学,不同的术语称之为流散的(diasporic)、后殖民主义的、后女性主义的以及"酷儿",它以一种我认为非常具有强制力的方式反对那些现代主义者和结构主义者的实在论。但是正如我在其他场合所陈述的那样,否定实在论的物质性和物质结果也有它的危险性(Knopp,1995b)。因此,对于我来讲,一些带有明显的伦理和政治底色的后现代或者后结构主义的本体论观点的提出是善待这一体验的最好希望。但这可能是什么呢? 就像保罗·吉尔罗伊(Gilroy,1996)的《黑色大西洋》(*Black Atlantic*)一样,可以帮助我们清楚地理解身份流散的概念,但是较之迁移本身,这些后殖民主义的努力似乎对与身份相关的迁移的本体论意义更感兴趣。相反地,奈杰尔·思瑞夫特(Thrift,1998)的带有"弱本体论"概念的非表征理论,以及行动者—网络理论的某些方面(Serres and Latour,1995),在这里是特别迷人的。让我来解释。

格雷戈里(Gregory,2000)认为,我想我也同意,对于本体论来说,不管是传统科学的方法还是存在主义和现象学的方法,两者在很大程度上都是一种"基础主义"的方法。对于这个问题,格雷戈里似乎认为它们在相当程度上以绝对论者的"真理"概念为基础,或者至少在一定程度上如此。即那个"是"是一种可以展示的存在,而作为存在的证明,它应该可以纳入某种因果分析。这在传统科学方法中容易看到,诸如实证主义、现实主义和理想主义,因为就它们的寻找什么和隔离什么而言,它们的自我定义非常直接。例如"地方",被认为是一种真正的、通常拥有因果权力的物质实体,其本体论地位是通过对其效应的检测而得到证实的。这种检测既可以是直接的(例如实证主义社会科学的"邻里效应"),也可以是间接的(例如,就像先验实在论一样通过理论进行沉思和反省)。但是,现象学和存在主义的方法,将地方既看作是物质的,更看作是形而上学的,而且涉及一种更宽泛的特定的人类体验。例如,皮克尔斯(Pickles,1985)赞成一种"人类空间性的地方中心本体论"(place-centred ontology of human spatiality),他将它描述为话语和存在主义的参量,知识便创生于其中。在这种意义上说,地方成为人类存在的一个基本条件,虽然它尚具有潜在的灵活性和重塑性。因此,对地方而言,尽管在方法中可以有非常多的空间呈现多样性和流动性的特征,但是皮克尔斯的本体论仍然被格雷戈里认为带有基础主义的特点,这是因为它被看作人类生活中可资参考的或者因果力量的一个基本框架,虽然它需要在与人类能动性的相互关系中塑造和再塑造。

与之相对照,非表征理论和行动者—网络理论怀疑在表征的本体论中,人类能动性和地方之间的差别太过尖锐。思里夫特(Thrift,1996)特别提倡他所谓的"弱本体论",这一理论关注生活体验和直接的社会实践,而不是抽象的概念和解释。于是,地方变成了时间和空间中特定物质实践的结合点,仅仅通过诸如抽象化和解释这样的表征过程进行最小尺度的调节(如果需要的话)。这个表达式的迷人之处就在于它是"不固定的相遇、邻近和分离"的本体论(Gregory,2000:564);并且它有着对精英人物表征实践的批判;它同时坚持参与那些由亲历者进行的检验过程。在我自己(我相信也包括其他同性恋男性)的身份找寻过程中完全充满着所有这些反响。我们积极地投入个人重新发现的过程,这个过程本质上包含对我们自身和我们周边环境的检验。因此,我们与地方和身份之间存在着矛盾关系,并且我们深爱着无地方和迁移。

尽管我对具有自我意识的人类不经调节的实践可能意味着什么多少有些怀疑,但我还是接受思瑞夫特的观点,明白将实践作为任何空间本体论的核心(或者至少是地方和迁移的本体论的核心)是多么重要。我也赞成行动者—网络理论对于实践这一概念的扩展,从而将通过网络产生的能动性也包括其中。这个网络也包括非人力的"媒介和中间物",例如"自然"与"环境"(Thrift,2000)。两者都批判表征行为固有的精英主义,同时赞扬直接参与所表现出的政治和伦理价值。一种地方的本体论,它包括细致入微的具体扮演,能够像任何修辞或表征那样令人有一种身临其境的感觉,在我看来,就是在多方面把握住了身份寻找的真实体验,以及它们的含义(Bulter,1990)。

无地方的存在本体论甚至不是处理身份找寻体验的好办法。地理学者们大部分已经将无地方看作是地方的对立面,也就是说把它作为一种缺失或者缺席,而不是作为一种具体化的体验或者某种能够提供积极意义的实践。但是,如果无地方被设想是鲜活的、有些实践性的或者体现了人类能动性的一种具体形式,对于男性同性恋者和为身份奋斗的其他人而言,它就变得更加可以认知。因为,无论是它可见的同质性,它宣称的易变特征,它设想的匿名性,还是它的世界大一统主义,无地方的体验和实践确实能给我们这些处于如此环境中的人释放大量的愉悦和本体性的情感安全,特别是当我们被边缘化或者受到压抑时。因此,尽管思瑞夫特的"弱本体论"具有明显的相互矛盾性(例如,它的反表征性表达),但也再次提供了一种作为无地方设想的实践方式,这种实践与身份找寻体验十分一致。行动者—网络理论的根状类推法阐述的是相同的道理,即通过网络的联系和交往组成了意义的流动性和令人困惑的拓扑结构。

在我的意识里,与无地方密切相关的是迁移。但是,这两个又不是完全相同的。如果无地方是一组能够释放特殊意义的实践,那么迁移就是一组能产生更广阔意义的实践。在地理学里,迁移研究包括多种尺度上——小至身体大至全球——各种类型的空间活动和相互作用。所以,我在这里只评论一种已经吸引地理学者很长时间的迁移形态:扩散。我认为,大多数"科学的"扩散本体论关注起源地、目的地、模式、路径、向量和流量,并且将这些看作目的和信息的静态携带者和搬运者(例如 Hagerstrand,1967)。特别是路径、向量和流量,没有被看作是与它们联系的地方和场所具有相同的本体论意义。它们也很少被看作是包含复杂的权力和社会关系的社会实践的集成。关于它们从本体论上创造的自我是什么还很少被评论。一些现象学的和后现代的方法可能承认这些路径、向量和流量具有场所本体论的地位(也许从罗斯 1993年对时间地理学的批评中可以看到这一点),并且它们甚至可能被设想具有社会实践性

(Blaut,1987;1992)。但是关于扩散的批评观点到目前为止已经少有围绕这样一个理念展开的了——这些迁移,通过它们的偶然性、流动性和不完整性,组成了反思和再造的实践,其本体论意义就像它们联系的场所、它们承载的现象或者它们的实体描述以及它们的轨迹一样重要。换句话说,旅行本身,就像人类的参与那样,是各种重要的情感和本体"原料"的创造者。它或许就是他们感受到的无地方本身,以及他们的偶然性、流动性和不完整性,这些居于中心位置。

结语

找寻身份,像我自己那样,然后,提出一些饶有兴趣的路径重新思考我们的地方、无地方和迁移的本体论。我们可以思考诸如流动性,"正在建设中"的项目,一系列释放愉悦、安全和赋予力量的空间实践这样的概念,而不必仅仅拘泥于起源地、目的地、搬运者、携带者、缺失,或霸权话语参考框架。这样的概念化具有最小化精英主义抽象表达的潜在优势,同时具有尊重人类体验的混杂性和不确定性的潜在优势,以及通过关注最低限度调节的实践——特别是通过对自我和周围环境的批判性检视——具有强迫政治和伦理参与的优势。当然,没有什么能保证这种参与将会合乎我们的意愿,但至少可以进行。至于说到一个学科长期以来在众多方面所表现出的非政治性,那确实是一个问题。

注释

本章的展开详见《性别、地方和文化》(Gender,Place and Culture)第 11 章的第 121—134 页,题目是"地方、无地方和迁移的本体论:找寻身份对当代地理学思想的影响"("Ontologies of place,placeness and movement:The effects of quests for identity on contemporary geographic thought")。

1. 这里,我并不希望就"现代性"或者"后现代性",对当前历史阶段的特征进行讨论。但是,我的确希望了解当前众多矛盾中的一个,即这种超流动性自身就是一种不稳定的体验。资本和商品的流通较之大多数人类的迁移来讲更加自由和宽泛,而人类的体验则来自不同的等级、阶级和地位群体(也包括那些以"种族"和"性别"定义的群体)。

2. 我所指的危机包括从所谓的"表征危机"(Barnett,1997;Duncan and Ley,1993;Duncan and Sharp,1993)到为科学和地理学"精神"而奋斗,再到全球资本主义矛盾在内的任何一个危机。

3. 例如,比较斯皮瓦克(Spivak,1990;1993)、巴特勒(Butler,1990)、福斯(Fuss,1989)、小林和皮克(Kobayashi and Peake,1994)、吉布森-格雷厄姆(Gibson-Graham,1996),以及派尔(Pile,1996)。

4. 有限责任社区(communities of limited liability)是人们的松散联盟,它的出现是由于这些人拥有一些相对狭窄的共同兴趣,主要是作为个人自我现实的手段。

本章翻译的过程中得到了澳大利亚弗林德斯大学地理、人口与环境管理学院的伊恩·海

(Iain Hay)教授的无私帮助,在此表示衷心的感谢。

参考文献

Barnett,C. (1997)'Sing along with the common people:politics,postcolonialism and other figures',*Environment and Planning D:Society and Space*,15:137—54.

Bech,H. (1997)*When Men Meet:Homosexuality and Modernity*. Chicago,IL:University of Chicago Press.

Blaut,J. (1987)'Diffusionism:a uniformitarian critique',*Annals of the Association of American Geographers*,77:30—47.

Blunt,J. (1992)*The Colonizer's Model of the World:Geographical Diffusionism and Eurocentric History*. New York:Guilford.

Browning,E(1996)*A Queer Geography:Journeys toward a Sexual Self*. New York:Crown.

Butler,J. (1990)*Gender Trouble*. New York:Routledge.

Duncan,J. and Ley,D. (1993)*Place/Culture/Representation*. New York:Routledge.

Duncan,J. and Sharp,J. (1993)'Confronting representation(s)', *Environment and Planning D:Society and Space*,11:473—86.

Fellows,W. (1996)*Farmboys:The Lives of Gay Men: the Rural Midwest*. Madison,WI:University of Wisconsin Press.

Fuss,D. (1989)*Essentially Speaking:Feminism,Nature and Difference*. New York:Routledge.

Gibson-Graham,J. -K. (1996)*The End of Capitalism(As We Knew It)*. Oxford:Blackwell.

Gilroy,P(1993)*The Black Atlantic:Modernity and Double Consciousness. Cambridge*, MA:Harvard University Press.

Grebinoski,J. (1993)'Out north:gays and lesbians in the Duluth,Minnesota-Superior,Wisconsin area',presented at the Annual Conference of the Association of American Geographers,Atlanta,April.

Gregory,D. (2000)'Ontology',in R. J. Johnston,D. Gregory,G. Pratt and M. Watts(eds),*The Dictionary of Human Geography*,4th edn. Oxford:Blackwell,pp. 561—4.

Hägerstrand,T. (1967)*Innovation Diffusion as a Spatial Process*. Chicago,IL:University of Chicago Press.

Janowitz,M. (1952)*The Community Press in an Urban Setting*. Chicago,IL:University of Chicago Press.

Knopp,L. (1990)'Some theoretical implications of gay involvement in an urban land market',*Political Geography Quarterly*,9:337—52.

Knopp,L. (1995a)'Sexuality and urban space:a framework for analysis',in D. Bell and G. Valentine(eds), *Mapping Desire*. New York:Routledge,pp. 149—61.

Knopp,L. (1995b)'If you're going to get all hyped up,you'd better go somewhere!',*Gender,Place and Culture*,2:85—8.

Knopp,L. (1997)'Rings,circles and perverted justice:gay judges and moral panic in contemporary Scotland', in M. Keith and S. Pile(eds),*Geographies of Resistance*. New York:Routledge,pp. 168—83.

Knopp,L. (1998)'Sexuality and urban space gay male identities,communities and cultures in the U. S.,U. K. and Australia',in R. Fincher and J. Jacobs(eds),*Cities of Difference*. New York:Guilford,pp. 149—76.

Knopp,L. (1999)'Out in academia:the queer politics of one geographer's sexualization',*Journal of Geographyin Higher Education*,23:116—23.

Knopp,L. (2000)'A queer journey to queer geography',in P Moss(ed.),*Placing Autobiography in Geography*. Syracuse,NY:Syracuse University Press,pp. 78—98.

Knopp,L. and Brown,M. (2003)'Queer diffusions',*Environment and Planning D:Society and Space*,21: 409—24.

Kobayashi,A. and Peake,L. (1994)'Unnatural discourse:"race" and gender in geography',*Gender,Place and Culture*,1. 1225—43.

Leap,W. (1995)*Beyond the Lavender Lexicon:Authenticity,Imagination,and Appropriation in Lesbian and Gay Languages*. Langhorne,PA:Gordon and Breach.

Miller,N. (1989)*In Search of Gay America:Women and Men in a Time of Change*. New York:Atlantic Monthly.

Northwest Lesbian and Gay History Museum Project(2002)'Life stories:from isolation to community',Mosaic 1. Seattle:Northwest Lesbian and Gay History Museum Project.

Pickles,J. (1985)*Phenomenology,Science and Geography:Spatiality and the Human Sciences*. Cambridge: Cambridge University Press.

Pile,S. (1996)*The Body and the City:Psychoanalysis,Space and Subjectivity*. New York:Routledge.

Rose,G. (1993)*Feminism and Geography:The Limits of Geographical Knowledge*. Minneapolis:University of Minnesota Press.

Serres,M. and Latour,B. (1995)*Conversations on Science,Culture,Time*. Ann Arbor,MI:University of Michigan Press.

Spivak,G. (1990)*The Post-Colonial Critics:Interviews,Strategies,Dialogues*. London:Routledge.

Spivak,G. (1993)*Outside in the Teaching Machine*. London:Routledge.

Thrift,N. (1996)*Spatial Formations*. London:Sage.

Thrift,N. (1998)'Steps to an ecology of place',in D. Massey,J. Allen and P. Sarre(eds),*Human Geography Today*. Cambridge Polity,pp. 295—322.

Thrift,N. (2000)'Actor-network theory',in R. J. Johnston,D. Gregory,G. Pratt and M. Watts(eds),*The Dictionary of Human Geography*,4th edn. Oxford:Blackwell,pp. 4. 5.

White,E. (1982)*A Boy's Own Story*. New York:Dutton.

第二十一章　空间与流动

贾尼丝·蒙克(Janice Monk)

为了寻求一个能够覆盖我 40 年来关于地理的研究、写作以及职业活动的隐喻，我选定了"交叉河道"。这个连续的形态被定义为分歧和汇聚的过程与现象，大多数发生在"几乎没有侧面堤岸限制的地方"(Fairbridge,1968:90)。[1] 两个渠道解释了我最重要的研究成果——女性主义研究和地理教育，尽管这两个部分经常交叉，但主要是与高等教育相关的内容。对于其他领域，我也明显有所涉及，并与这些部分重叠，包括在白人主导的社会中与种族和少数民族相关的研究以及乡村社区变化的研究。

这些研究反映了我生命历程中的迁移和遭遇，受其激励，我已经撰写了关于澳大利亚、加勒比海地区、欧盟、美国西南部以及美国－墨西哥边境地区的一些文章。我的英文论文已经在澳大利亚、英国、加拿大、加勒比海地区、新西兰、美国出版，并已被翻译成加泰罗尼亚文、中文、德文、意大利文、日文和西班牙文等多国语言。[2] 我作了实地调查、观察、档案资料研究，口述历史记录以及文本的解释。编辑事务也是我工作的重要部分。职业联系以及因此建立起来的友谊使得我能够以短期委派的形式作为访问学者或者顾问远赴澳大利亚、加拿大、印度、以色列、荷兰、新泽西、西班牙和瑞典等国从事研究。我已经在大学地理系和与妇女研究相关的跨学科研究所进行了访问，并且积极参与各种职业组织。通过这些努力，我的研究得以积累和持续。我关注社会公平问题，既是从行动的层面也从研究的层面，同时关注那些与我有过联系的人们和地方。在工作中跨越学科界限，改变惯例并对国际交流进行评估，这些在我的研究实践中都是普遍存在的。可能有人不认为我的工作像我在此描绘的这样，我希望我的评论不会显得太为自我服务。这个认识来自于事后的反思，也来自对我在工作之时可能没能表达清楚的想法的补述。在一个可以考虑的范围内，新的方向出现了，但不是被计划的。

地方、人和认知方式

我常常求助于其他学科，但保留了一个深深根植于地理学中的信仰，认识到地方的重要性和特殊性。[3] 我的关于新南威尔士土著社区之间差异的博士论文,就证明了这一点(Monk,1974)。当我在 1960 年代中期刚刚接触这一主题的时候,澳大利亚的地理边界大部分还不包括土著地区。渐渐地,我的兴趣日益集中于对其他地方所提出的空间理论进行验证。对于少数民族人口或种族问题的地理那时候并没有引起太多的国际关注。我的选择出自于个人经历,而不是文献综述。在我刚刚获得学士学位之后,成为一名为新南威尔士一个城镇的土著家庭建设房屋的志愿者。这个项目由一个教会团体组织,年轻的白人男女(大多数是刚毕业的大学生和在职人员)提供劳动力。为了将他们从白人社区边缘的保留地迁移到城镇之中,州政府提供物质条件作为"同化"土著政策的一部分。这个计划对我而言提出了很多问题,包括种族方面和地理方面。十年之后,在 1960 年代的民权运动时代,作为美国的研究生,我构想出一个研究主题,转向了新南威尔士白人和土著社区之间的社会和经济关系问题的研究。

为了寻求对问题的理解与洞察,我超越了地理学并明显涉及了澳大利亚人类学领域,但是它并没有提供对我的地理学工作有帮助的启发。传统的英国社会人类学提出了一个对特定社区进行参与式观察的研究方法,并且用对传统文化方式的坚持或者封闭的制度性社区的心理来解释它们。我发现一些美国人类学家和社会学家的思想更有益,他们带来了生态学的和唯物的观点来研究文化变迁和种族关系。当规划我的研究之时,我遇到了查尔斯·罗利(Charles Rowley)——一个政治科学家,他当时正在主持澳大利亚社会科学委员会的一个关于土著人历史和当前状况的大型课题(Rowley,1970a;1970b;1970c);这些研究与后来的国家政策的重要变化相关。他支持了我在物质关系方面的研究兴趣,并且最后将我的成果也吸纳到了他的著作《被白人澳大利亚世界遗弃的人》(*Outcasts in White Australia*)之中。

我的博士论文阐述了一种处于当时地理学普遍领域之外的运动,它代表了一个我所坚持的方向——利用我的个人阅历促进公共政策和个人经验之间的联系。另一个例子是我对 1970 年代亚洲职业移民在悉尼的居住模式和社会网络的研究(Monk,1983),而当时学科还不是特别强调种族和移民问题。这一选择毫无疑问地反映了我在白人澳大利亚政策仍处于争论中的社会成长的经历。在那里,一个人口占多数的相对同质的盎格鲁凯尔特(Anglo Celtic)民族开始随着不同国家移民的大量涌入而变化,而我自己的生活状态是作为一名美国多种族社会中的外国学生和资历较浅的单位职员。后来当查尔斯·亚历山大和我被分配去为伊利诺伊大学在波多黎各的暑期班级授课,我开始了在加勒比海地区的工作。我们所看到的景象促使我们去思考变化中的发展政策对乡村社区的影响。一个早先研究过委内瑞拉玛格丽塔(Margarita)岛文化历史地理的自然地理学家,表示愿意与我们合作并采用多样化的探索方式。我们整合了调查和访谈方法,对比我已经有经验的积累。查尔斯·亚历山大的专长是进行实地观察,他的西班牙语已经生疏了,而我则是初学者(Monk and Alexander,1979;1985)。对波多黎各的研究成为了我的第一篇女性主义著作,它也是被 1970 年代的妇女社会运动及其对跨学科学术工作的影响所鼓励的结果。我们研究了波多黎各,后来则研究了玛格丽塔岛的性别、阶级以及迁移的相互交织(Monk,1981;Monk and Alexander,1986)。

　　1970年代后期,另外一系列遭遇又将我的研究工作引入新的领域,但是它们与我以前对于权力中心之外人们的研究是兼容的。女性主义运动促使学者对于研究和教学如何反映社会、文化、政治价值,以及性别不平等有了更清醒的认识。在女性主义地理方面,人们开始组织会议论文、建设网络、支持相关活动,同时培育新的课程和教学素材,指引新的妇女和性别问题的研究。邦尼·劳埃德和阿琳·莱恩格特(Bonnie Loyd and Arlene Rengert)是在美国妇女教育公平行动(WEEA)的资助下获得学习机会的,她们接近我是为了合作写作一个项目建议,支持课程模板的建设并引导测试,从而将女性主义内容引入了人文地理学导论的课程之中。在美国地理协会的资助下,我们成功地提交了一个申请,这样就对女性主义研究给予了职业认可和承认。研究产出是一个供学生和教师讲课参考的小册子,名字叫《女性和空间变化》(*Women and Spatial Change*,Rengert and Monk,1982)。邦尼和阿琳(Bonnie and Arlene)也组织在《地理杂志》发表了一个专辑"地理课程中的女性"("Women in Geographic Curricula")。其中,我贡献了一篇对语言和角色方面的性别偏见的分析,出版在该学科的模拟竞赛中(Monk,1978a)。这些论文意在批评现有的实践并倡导一个更加包容的人文地理学。相同的目标也成为与苏珊·汉森(Susan Hanson)合著论文(Monk and Hanson,1982)的动力,该论文提出了流行的地理学研究的理论、方法和目标存在的性别偏见。自此,努力将课程导向女性主义成为我所从事工作的主流,它打破学科边界,包括了对少数群体的关注和跨文化的视角,同时对性别研究给予特别关注(如 Monk,1988;2000;Monk et al.,2000;Lay et al.,2002)。

变化的岗位

　　从两种意义上讲,变化的岗位已经是我职业生涯的关键部分。一方面,我参与教育工作是努力将研究与行动连接起来并试图在高等教育教学中有所创新。另一方面,我从地理系转到一个区域指向的女性研究机构,这一变化明显地影响了我的机会和义务。

　　从事教育工作几乎是偶然的,当时伊利诺伊大学厄本那-香槟分校教育资源办公室(OIR)的研究人员找到地理系,想寻求一个合作者以共同申请应用研究课题,这个课题的目的是试验使用一些别的方法以改善对学生学习状况的评估。我当时即将完成我的博士论文,系里请我接受一个有津贴资助的初级教师任命,为自然地理方面的一个荣誉班级授课,并从事那个合作研究项目。接着,为了评估课程和教学,教育资源办公室寻求进一步的合作,这项工作扩展了我的学术领域。两项工作要求我学习新的文献,创新教室授课方法,管理研究生教学助理,并且共同出版一些著作(如 Monk,1971;Monk and Stallings,1975;Monk and Alexander,1973;

1975)。它们也意味着致力于试验性研究设计,掌握定量和定性方法,描述其长处、限制和互补性。这些试验提高了我对接受多种认知方式的价值的理解。

大约就在这个时期,美国地理协会进行了一系列课题研究以提高大学地理学教育,他们从国家科学基金处获得了资助,进而为博士研究生的教学作好了准备。随着我专业技能的增进以及系里想成为国家课题一部分兴趣的增长,我成为了这个多所院校共同参与项目的地方课题负责人(Monk,1978b)。它激发了我在高等教育方面的兴趣以及改变高等教育实践的想法,通过教师培训和课程发展,将我与国家网络(后来是国际网络)连接起来,并促使我加入多人、多机构参与的大规模的课题研究。

当地理学学术研究市场比较冷清,我被迫寻找一个新位置的时候,早期职业生涯阶段的多种经历和我的女权主义观点为我确立了一个很好的位置。我后来去了亚利桑那州大学做西南妇女研究机构(SIROW)的助理主管(后来成成执行主管)。西南妇女研究机构致力于跨机构的、跨学科的研究,以及教育和推广的项目,主要关注妇女的区域多元化以及该区域学者感兴趣的其他主题。作为一个地方意识强烈的地理学家,我在多人跨学科项目中积累的经验,以及我在女性研究方面的成就,让我很好地适应了新的工作。但是岗位变动还是阻碍了我继续在澳大利亚和加勒比海地区进行以个人和田野调查为基础的研究。我承担了更多的教材编写、图书评论和编辑的工作。

在西南妇女研究机构的 20 年中,我和我的同事以及社区组织主要关心女性的健康、经济状况、所受教育(尤其是在科学、数学和工程方面)和文化表现形式。在一些项目中,我的角色主要是向合著者提出建议、管理工作,并确保它得到有效的传播。在其他方面,则由我来带头。持续的努力最终将我对地理的兴趣和女性主义信仰的意义相结合,形成了《沙漠中没有女人:妇女写作和艺术中的西南地区景观》(*The Desert Is No Lady:Southwestern Landscapes in Women's Writing and Art*,Norwood and Monk,1997)这本书,它后来还被改编成了电影。薇拉·诺伍德(Vera Norwood),一个在新墨西哥大学研究美国的学者,和我一道组成了一个文学、人类学和艺术史研究团队,来探索墨西哥裔、印第安裔和盎格鲁裔的美洲女性在过去一百年中如何连接她们的认同感和地方,并展示她们的创造性的工作。我们的解释与在西南学术界占主导地位的白人男子的研究形成对比。他们把土地表述为即将被征服的原始土地,就像一个正在喂养的母亲,是一个需要发展的或者相反,是一个需要被保护的地方,并以此作为他们研究的主要特征。我们看到妇女的研究工作更关注从土地中获得能源,同时赞美它的野性与感性。我们探索历史背景、民族和文化的差异以及具体的地理位置怎样改变了妇女的陈述。这个项目把我带进了新的方法领域,并且促进了我关于性别和景观的进一步写作(Monk,1992;Norwood and Monk,1997),也促进了我在电影方面与英国同事的合作(Williams,1995)。虽然我的义务在很大程度上是努力筹资和提供咨询,但这个项目表明了编辑过程可以在怎样大的程度上操纵表述,也使我更加深刻地认识到一项研究代表了谁的声音这个问题的方方面面。

评估国际性

我最后论及的方面涉及各种渠道的汇合。从 1980 年代,我就开始寻找不仅可以将"地方的"与"全球的"联系起来,而且可以将女性主义、教育工作和职业网络结合起来的方法。在西南妇女研究机构,我创办了一系列教学与职业发展项目,通过将多学科及国际化观点纳入女性研究,从而也将女性主义工作介绍到各种国际性的课程中来。通过这些项目,产生了很多专门的顾问公司与合作编辑的文集,将女性主义的教学与国际性的研究相结合的方法得到了传播。1990 年代中期以来,这个方向的研究也包括在美国与墨西哥边境与墨西哥的同行们合作,共同推动性别与健康主题在研究、教学以及社区推广方面的发展。尽管长期以来我一直与人合作,但这次跨边境的项目还是强化了我关于女性权利的思考,我一直在思考这个项目中到底是谁设置了规范又是谁获得了利益,又该怎样把研究与行动联系起来。我们发展了平等的共享决策和资源的方法,并且仔细思考了研究人员与社区工作者的关系。

至于地理学,自 1980 年代起,我就与一群志同道合的同行们在国际地理协会中呼吁设置性别研究奖。这么做的重要目的不仅是要提高地理学中性别研究奖项的知名度,更主要的,是想尝试促进美英主流研究领域之外有价值的观点和声音的发展。这促使我和珍妮特·莫姆森(Janet Momsen)一起编辑了《妇女与地方国际研究》(*International Studies of Women and Place*)系列图书,还与多个国家的作者共同编纂了两本书,基于女性主义地理学比较的视角,访问求教于世界各地的大学,并且从 1988 年开始为 IGU 性别与地理学协会编辑新闻信件,成为其中的活跃分子。只要能够,我就摘录和刊登非霸权主义国家学者的作品,并且关注跨国境的地理学教育问题,促进美国内外致力于人类多样性的教育。这些观点同样影响了我后续道路的选择。2001—2002 年,我很荣幸地成为了美国地刊协会的主席,同时应邀成为四方地理学联盟(包括澳大利亚、加利福尼亚、加拿大、加泰罗尼亚(属西班牙))的女性主席,在联盟年度全体会议上以"观点与行动"(points of view, sites for action)为主题发表了主席演说,并且举办了招待会欢迎参加美国地理协会年会的国内外地理学家。

回首往事,我感到自己的事业不管在地理学方面还是职业方面都反映出某种程序的边缘性——我作为一个澳大利亚籍的女性主义者;一个出生在 1950 年代的女性,那个时代人们不希望女性追求学术的事业;同时也是一个在美墨边境生活了 20 多年的移民;并且,受聘于一个交叉学科的女性主义研究机构。所有这些因素构筑了我后半生工作生涯的内容,这些相互交织的道路,虽然受"没有堤岸限制"的影响,却独守着对地理学的热爱,并把我的个人价值一道融入了这门学科。

注释

1. 其他的试图的选择,可能包括"不适应的流派"和"不规则",但是我不希望"打乱排水系统"、"碎石漂浮物"或者"行星的晃动"。

2. 同行承担了翻译工作。

3. 关于我博士论文研究的解释摘自贾尼丝·蒙克和鲁思·莱平斯(Janice Monk & Ruth Liepins,2000)的论著。感谢我的合著者及杂志出版商的允许。

参考文献

Fairbridge,R. W. (1968)'Braided streams',in R. W. Fairbridge(ed.),*The Encyclopaedia of Geomorphology*. New York:Reinhold,pp. 90—3.

Garcia-Ramon,M. D. and Monk,J. J. (eds)(1996)*Women of the European Union:The Politics of Work and Daily Life*. London and New York:Routledge.

Garcia-Ramon,M. D. and Monk,J. J. (1997)'Infrequent flying:international dialogue in geography in higher education'. *Journal of Geography in Higher Education*,21:141—5

Katz,C. and Monk,J. J. (eds)(1993)*Full Circles:Geographies of Women over the Life Course*. London: Routledge.

Lay,M. M.,Monk,J. J. and Rosenfelt,D. S. (eds)(2002)*Encompassing Gender:Integrating International Studies and Women's Studies*. New York:Feminist Press.

Monk,J. (1971)'Preparing tests to measure course objectives',*Journal of Geography*,70:157—62.

Monk,J. (1974)'Australian aboriginal social and economic life:some community differences and their causes', in L. J. Evenden and F. E Cunningham(eds),*Cultural Discord in the Modern World*. Vancouver:Tantalus,pp. 157—74.

Monk,J. (1978a)'Women in geographical games',*Journal of Geography*,77:190—1.

Monk,J. (1978b)'Preparation for teaching in a research degree',*Journal of Geography in Higher Education*,2:85—92.

Monk,J. (1981)'Social change and sexual differences in Puerto Rican rural migration',in O. Horst(ed.),*Papers in Latin American Geography in Honor of Lucia Harrison*. Muncie,IN:CLAG,pp. 29—43.

Monk,J. (1983)'Asian professionals as immigrants:the Indians in Sydney',*Journal of Cultural Geography*, 4:1—16.

Monk,J. (1988)'Engendering a new geographic vision',in J. Fien and R. Gerber(eds),*Teaching Geography for a Better World*. Edinburgh:Oliver and Boyd,pp. 91—103.

Monk,J. (1992)'Gender in the landscape:expressions of power and meaning',in K. Anderson and F. Gale (eds),*Inventing Places:Studies in Cultural Geography*. Melbourne:Longmans/Cheshire,pp. 123—38.

Monk,J. (1994)'Place matters:comparative international perspectives on feminist geography',*Professional*

Geographer, 46:277—88.

Monk, J. (1997) 'Marginal notes on representations', in H. J. Nast, JIR Jones III and S. M. Roberts(eds), *Thresholds in Feminist Geography. Difference, Methodology, and Representation.* Lanham, MD: Rowman and Littlefield, pp. 241—53.

Monk, J. (2000) 'Finding a way: a road map for teaching about gender in geography' in *Learning Activities in Geography for Grades 7-77.* Finding a Way: A Project of the National Council for Geographic Education. Indiana, PA: National Council for Geographic Education.

Monk, J. J. and Alexander, C. S. (1973) 'Developing skills in a physical geography laboratory', *Journal of Geography*, 72:18—24.

Monk, J mJ. and Alexander, C. S. (1975) 'Interaction between man and environment: an experimental college course', *Journal of Geography*, 74:212—22.

Monk, J. J. and Alexander, C. S. (1979) 'Modernization and rural population movements: western Puerto Rico'. *Journal of Interamerican Studies and World Affairs*, 21:523—50.

Monk, J. J. and Alexander, C. S. (1985) 'Land abandonment in western Puerto Rico', *Caribbean Geography*, 2:1—15.

Monk, J. J. and Alexander, C. S. (1986) 'Free port fallout: gender, employment, and migration, Margarita Island', *Annals of Tourism Research*, 13:393—414.

Monk, J. J. and Hanson, S. (1982) 'On not excluding half of the human in human geography', *Professional Geographer*, 34:11—23.

Monk, J. and Liepins, R. (2000) 'Writing on/across the margins', *Australian Geographical Studies*, 38:344—51.

Monk, J. J. and Stallings, W. M. (1975) 'Classroom tests and achievement in problem solving in physical geography', *Journal of Research in Science Teaching*, 12:133—8.

Monk, J. J. , Betteridge, A. and Newhall, A. W. (eds)(1991) 'Reaching for Global Feminism: Approaches to Curriculum Change in the Southwestern United States', collection, *Women's Studies International Forum*, 14:239—379.

Monk, J. J. , Sanders, R. , Smith, P. K. , Tuason, J. and Wridt, P(2000) 'Finding A Way(FAW) a program to enhance gender equity in the K-12 classroom', *Women's Studies Quarterly*, 28:177—81.

Monk, J. J. , Manning, P and Denman, C. (2002) 'Working together: feminist perspectives on collaborative research and action', *ACME: An International E-Journal for Critical Geographies*, 2(1):91—106.

Norwood, V. and Monk, J. (1997) *The Desert Is No Lady: Southwestern Landscapes in Women's Writing and Art*(1st edn 1987). New Haven, CT: Yale University Press.

Rengert, A. and Monk, J. (1982) *Women and Spatial Change.* Dubuque, IA: Kendall/Hunt.

Rowley, C. D. (1970a) *The Destruction of Aboriginal Society: Aboriginal Policy and Practice.* Canberra: Australian National University Press.

Rowley, C. D. (1970b) *The Remote Aborigines.* Canberra Australian National University Press.

Rowley, C. D(1970c)*Outcasts in White Australia.* Canberra: Australian National University Press.

Shepherd, I. D. , Monk, J. J. and Fortuijn, J. D. (2000) 'Internationalizing geography in higher education', *Journal of Geography in Higher Education*, 24:163—77.

Williams, S. (1995)*The Desert Is No Lady*, video recording. London: Arts Council of England.

第三部分　实　　践

这一部分探索了理论与方法论/方法之间的联系。这些章节并非是为"如何做"提供一种向导,而是集中解释了研究设计,特定方法的发展以及不同哲学方法之间的联系(例如数据或证据是由什么构成的)。

在第 22 章中,斯图尔特·福瑟灵厄姆(Stewart Fotheringham)对定量方法提出了充分的理由,认为由于定量方法对空间过程的性质提供了强有力的证据,所以它们是非常重要的;他还声称,比起其他方法所提供的证据,定量方法所提供的更为有力。他说明了定量方法如何扎根于实证主义哲学,但是他又指出,尽管许多人交替使用"实证主义"与"定量化",但是它们并不是同义词。例如,他认为尽管实证主义者的目的是用绝对法则的形式揭示有关现实的真相,但是量化的地理学者却认为要想找到这种绝对主义基本上是不可能的。此外,地理学家使用定量方法对于怎样对现实作出判断提供了充足的证据。福瑟灵厄姆特别强调了定量方法作为连接人文地理学者与自然地理学者的角色,给它们提供了一种相互交流的语言和共同研究的基础。最后他通过概述定量方法对一些普遍存在的批评的回应对这一章进行了总结。

在接下来的一章里,迈克尔·F. 古德柴尔德(Michael Goodchild,第 23 章)首先呈现了把 GIS 引入地理研究的一个简短历史,然后他又描述了两种观点:第一种观点是 GIS 领域的研究者所普遍持有的,即技术是价值中性的,它的使用者则各种各样,从自然地理和人文地理中部分持强烈实证主义立场的研究者,到以人为核心的领域如公共参与的 GIS 和批判的社会理论。第二种观点起源于 20 世纪 90 年代早期出现的对 GIS 的强烈批评,即 GIS 是内在价值负载的。古德柴尔德继续探索这两种立场之间的紧张关系,并致力于将这两种观点进行调停与和解。与福瑟灵厄姆(第 22 章)一样,古德柴尔德也认识到了实证主义方法中理性的限度以及需要发展定量方法以模拟人类的非理性行为,并且他对围绕 GIS 的使用的方法论问题所体现出的不确定性和科学准则进行了反思。

保罗·罗德威(Paul Rodaway)以人为中心的方法的章节(第 24 章)不是把知识理解为一种通过一个中立的观察者而能够获取、检验及证明的对象,而是主要关注了那些把知识理解为主观的、局部的以及偶发的地理学家,是如何形成方法论以探索人们与他们所身处的世界之间的个人关系的。这里,他对于人文主义地理学家如道格拉斯·波科克(Douglas Pocock)和格拉汉·波尔斯(Grahan Powles)如何发展或改造其他学科的方法以看待个人经历的意义,以及人们如何解释他们与某些地方的邂逅进行了识别。重点是遇见、约定以及参与的方法—包括参与式观察、访谈及对文本的解释性阅读。

在第25章中,迈克尔·萨默斯(Michael Samers)认为研究的要点不仅是理解世界,更重要的是要改造世界。为了达到这个目的,他强调了社会理论与实践之间边界的流动性及模糊性,并且探寻了一些固有的机会和限制以便在学术研究及更广泛的世界之间来回移动。对萨默斯而言,作研究和写学术文章本身就是一个政治实践的过程,因为通过这个过程我们学习并理解了排外主义以及边缘化的过程。然而这些做法被这样一个问题给削弱了,即如何代表"受压迫的"或"脆弱的"组织(参看第12章)。关于代表性的问题是激进地理学家所特有的,他们通过与学术界以外的群众如政府官员、律师以及社区组织等进行论战而产生影响。当马克思主义激进地理学家考虑向"容易受到伤害的"人们提供协助而非领导他们斗争时,萨默斯认为学术与实践之间的边界已变得非常模糊。

研究者与研究参与者之间的关系问题是女性主义地理学家共同关注的一个问题。在第26章,金·英格兰(Kim England)认为女性主义方法论对研究者及研究对象之间的权力关系非常敏感。对英格兰而言,这与一个研究者是否使用一个定性方法或定量方法是不相干的,而要判断一个研究是否称得上是女性主义的研究,则要看研究者是否形成了一种基于同情心和尊重的研究关系,以及他们是否寻求缩短自己与那些共同工作者之间的距离。这意味着有意识地寻求与参与者之间的联系,而非试图保持分离。在这里,英格兰概述了女性主义者如何通过立场性(人们如何从某些特定的位置来看待世界,以及反过来,他们如何被他人所定位和回应)和反思性(研究者对他们自己在研究过程和研究关系中所扮演这样角色的一个自觉反省的过程)这样一些概念使这种关系理论化。

第27章关注的焦点从对与人们一起工作的方法的反思转移到了文本方法。这里,约翰·W. 怀利(John W. Wylie)阐明了德里达的"解构"这一概念的重要性,以及福柯对作为地理实践形式的"话语分析"的表述的重要性。然后,怀利继续审视了最近迪莱斯·德勒兹(Dilles Deleuze)的影响以及他对情感、创造力和变革的强调。怀利展示了德勒兹如何偏爱写作及表达的试验模型,而不是无休止的批判。

第28章对如何在各种哲学方法之间调解进行了反思。这些哲学方法对镶嵌于社会和学术中的力量关系而言是至关重要的,需要形成对紧迫的社会问题用敏锐的方式去发表言说的研究方法。这里,保罗·罗宾斯(Paul Robbins)对他所称的"后殖民冲突"进行了反思。在从事非西方国家背景的研究时,他认为任何课题在某种意义上都不可避免地被认为是殖民主义的,这与研究者从事非殖民主义研究的努力或愿望是相违背的。为了说明这个观点,罗宾斯引用了他自己的关于西非和印度合并方面的研究,以体现他企图通过基于后殖民主义的环境研究来解决殖民遗留问题所作出的努力。

这一部分所讨论到的一些方法或者与某些特定的方法有关联，或者它们是起源于这些特定的方法。认识到这些方法之间并不是相互排斥的也很重要，例如定量方法被某些实证主义地理学家所使用，而同时它们也被一些女性主义地理学家所使用。同样，尽管文本方法被使用的方式不同，但是它们也可能被那些来自于人本主义视角或后结构主义视角的地理学家所使用，等等。此外，由于福瑟灵厄姆的那一章对实证主义哲学及定量方法的高度重视，所以在哲学的纯粹性以及由于实践性和日常限制（政策背景、时间、资源、资金背景等等）而形成的对实用主义的需要之间通常会存在一种紧张关系。在那些日常制约之下，学者（以及学生们）开展着他们的工作。

最后，认识到研究者在他们的科研设计中并不单独地使用一种方法而是综合使用多种方法这一点是非常重要的。例如，他们可能会使用统计学分析开展一个大型的问卷调查；他们同时也会对一些重要的信息提供者开展对话形式的深度访谈；或者对一些合适的文件/图片进行文本分析。

第二十二章　定量、证据与实证主义

A. 斯图尔特·福瑟灵厄姆(A. Stewart Fotheringham)

场景设定

计量地理学家并不经常把自己与哲学挂钩。尽管表面上我们通常被称为实证主义者(在很多情况下这是不正确的),但是这种称谓在我们进行科学研究时很少甚至不起作用。比如说,我们并不关心我们设定的研究策略是否违反了实证主义哲学的原则。其实,大多数人对这些原则也缺乏了解。根据巴恩斯(Barnes,2001)的观察,我们中的大部分人是由于受到了实证主义的批判才有机会第一次接触到它。我们并不经常用已经掌握的哲学思想来检查一些特定的做法。由于缺乏哲学的思辨,我们的同事花费很多的精力用统计、数学,尤其是地理学的理论对此进行补偿。在很大程度上,我们的指导思想是这样一个问题:"我所做的能否为更好地解释空间过程提供有用的证据?"大部分计量地理学家对哪一个是最好的哲学方法或者"主义"的持续争论不以为然,也很疑惑其他的学科究竟是怎么了。已故的理查德·费因曼(Richard Feynman)的一句话很贴切:"科学哲学对于科学家们的作用如同鸟类学对于鸟类一样。"(转引自 Kitcher,1998:32)

然而,在最近几十年,人文地理学所接受的各种各样的哲学思潮似乎越来越反对定量方法的运用,因为这些思潮更强调情感性而不是实质性。尤其令人担心的是,一些同事似乎不愿意从事我们的工作,尽管这与地理学家研究的任何实质性问题都相关。相反地,由于与他们所信奉的特定哲学信条不相符,他们放弃了整个领域。为了使大家能够公平的看待计量地理学对整个学科的贡献,有必要对计量地理学家所采用的方法进行适当的讨论和辩护。因此,接下来在假定我们都没有受到任何哲学方法限制的条件下,我想明确一下计量地理学家的定义。我也试图解释为什么我们受到目前人文地理学中大量的"主义"的困扰。此外,我也会围绕地理学中的定量方法在 1980 年代的相对沉寂及其在 1990 年代的复苏的相关问题进行探讨。我所要求的是,读者们要以开放的、公正的心态来看待这一切,但这是不大可能的。

计量地理学家都做些什么？

正如我对其他同事所说的：

> 无论是定量还是定性，经验还是理论，人文主义还是实证主义，地理学研究的一个主要目的是要形成一种关于影响地球表面空间格局的过程的知识，包括人文和自然两个方面。（Fotheringham et al. ,2000:8）

以这个为目标，计量地理学家的工作可以分成四大部分：

1. 将庞大的数据集缩减成少量的更有意义的信息。这在分析日益庞大的空间数据集时十分重要。数据可以从不同的途径获取，比如卫星图像、人口普查资料、私营公司或者当地政府等。在处理庞大、多维的数据集时，经常要用到概要统计和数据缩减技术。

2. 对空间数据集的探索。探索性数据分析包括一系列探索数据（包括模型输出）的技术，这些技术是为了提出假设或者检验数据集里面出现的异常值。通常，探索性数据分析涉及与地图相联系的空间数据的视觉显示。

3. 检查随机性在建立数据空间格局及其对空间格局的假设两方面所起到的作用。在这个过程中，我们可以推断样本集合的过程信息，并且即使在推测可能不正确的情况下，也能提供定量信息。例如，假设我们要研究某种疾病的空间分布以证实它是否与环境因素有关。首先，我们需要决定采用什么方法衡量该疾病的危险人群的空间集聚情况；然后，我们需要确定这种空间集聚扩大的可能性；第三，如果这种集聚不是偶然扩大的话，那么我们需要找出空间聚集与复杂的环境因素（比如有毒废弃物的堆积地或者污水源）之间的关系。我们并不是说通过这些统计检验就能给出疾病起因的明确答案，但是我们可以在此基础上判断可能存在的关系。

4. 数学建模和空间过程预测。通过模型参数的估算来校正空间模型能为空间过程的确定提供非常有用的信息。同时空间模型也提供了一个框架，在这个框架下，空间过程的预测可以是各种活动的空间影响：例如新建一个百货商店对交通模式的影响，在海岸侵蚀地带建设堤岸的影响等。

计量地理学的目标很简单但又非常重要：增进我们对空间过程的了解。这个目标可以直接达到，例如在商店选址的建模中，可以基于个人在一系列空间选择中如何作出决策的理论导出数学模型；这个目标也可以间接达到，例如在分析某种特殊疾病的发病率时，可以从该疾病发生的空间模式的描述中推断出整个空间过程。

计量地理学家认为他们的方法为探索空间过程提供了一个坚实的试验场地。所有理念

(特别是在社会科学中)被人们接受都需要一定时间,并且要经过相当严格的批判性检验。定量空间分析无论是在支持还是批判这些理念上都提供了强有力的论据。从这些理由中可以看出,计量地理学家拥有的技能是现实世界所需要的,而且预计能够为基于事实的决策工作提供依据。

实证主义与定量

"实证主义"和"定量"并不是同义词,但是人们却混在一起使用[1]。计量地理学家未必是实证主义者。这个重大误解越来越深,我想可能是因为许多地理学者都不清楚这两个词汇中的一个或全部的含义。不难看出这是如何发生的:"实证主义"这个词尤其存在理解上的分歧。正如库克尔利斯(Couclelis)和戈里奇(Golledge)所述:

> 虽然关于传统的实证主义的论据或具体工作几乎没有争论,但是实证主义本身作为一种哲学思想却很难给出定义……人们普遍认为,尤其是重述、工作哲学、方法论信条以及许多截然不同的本体信仰都试图或已经在"实证主义"的庇护下寻得安身之地。(Couclelis and Golledge,1983:332)

但是,我们还是可以发现实证主义的两条重要原则,通俗地讲,它们是:

1. 研究的唯一意义在于证实。严格地说这意味着我们应该能够判断什么是绝对的真理,但是在地理学研究中我们一般做不到。因此,我们通常放宽这个条件,仅要求能判断一个表述是正确的还是错误的。[2]

2. 研究对象必须能够被直接观察和测量。

综合考虑,这些原则意味着我们创造新知识的能力是受现实中所能观察到的事物限制的。例如宗教问题与实证主义无关,因为人们的信仰不能被证实或证伪。既然我们无法衡量情感和思想,严格的实证主义者也会将这些排除在调查范围之外。显而易见,经验性测试是实证主义的一个重要组成——不经过这样测试的就不是真正的知识。

当地理学家使用"实证主义"这个词的时候,他们通常表达的是一种更宽泛的信仰,并将之等同于某些人在研究中所遵循的科学原则。例如加特雷尔(Gatrell)把计量地理学定义为:

> 计量地理学依赖于精确测量和记录,寻求统计上的规律性和关联性。通过制图与空间分析,它强调什么是可观察和可测量的。由于计量地理学寻求确立一些可检验的假设(自然科学家也这样做),所以它也具有实证主义或自然主义调查方法的许多特征。(Gatrell,2002:26)

因此,实证主义者被认为是专注于寻求秩序和规则、最终目标是创造普适法则的研究者

（关于人文地理学中的实证主义，还有另一个语气较弱的版本，即试图对空间过程进行归纳，而不是制定"法则"）。实现这一目标的典型方法是定量化：分析数据、检验假设、确定理论联系、生成和校正数学模型。很多人认为，被称为实证主义者的计量地理学家忽视了行为背后的所有的情感和思想过程，而这些因素有时（至少在人文地理学的案例中）是具有某种特质的。本质上，实证主义、科学和定量化都被视为同义的、理性的、机械论的地理学研究方法。

因此人们容易将计量地理学家称为实证主义者或自然主义者（Graham，1997），但是这样就隐藏了计量地理学内部以及它与实证主义之间的重大差异。例如，计量地理学的一些拥护者主张寻求普适法则和联系，而另外一些人见可能认为根本不存在这样的法则。后者更专注于通过不同"地方"的分析模式来判断空间关系的变化（Fotheringham，1997；Fotheringham and Brunsdon，1999；Fotheringham et al.，2002），它强调要识别出发生了异常情况，并识别与其他地方有差异的区域。这种方法本身并不意在构建任何法则或普遍性结论，因此与实证主义的精神是对立的。计量地理学家越来越多地借助于地方调查研究，因为他们发现使用全球的分析方法会掩盖一些重要的地方变化，而这些变化恰能很好的解释空间过程。

计量地理学关注建立普适法则的热情并不像一些人想象的那么高，而且它在相当抽象的概念（比如人们的感情和心理过程）的理解上和建模上并不像人们认为的那样浅显（Graham，1997）。在那些不完全了解当代计量地理学的学者中有这样一种观点：计量地理学在研究人们对空间行为和空间过程的影响上是有缺陷的。虽然这种观点有一定道理，但是计量地理学家已逐步认识到，由人们决策而产生的空间格局需要归因于影响决策过程的各个因素。正因为这样，目前人们才会更愿意研究空间信息处理策略，以及空间认知与空间选择的关联性（例证见 Fotheringham et al.，2000：第 9 章）。有些学者比如奥彭肖（Openshaw，1997a），也尝试着通过模糊逻辑的运用将定性问题进行建模。其实，我认为批评计量地理学的人们应该读一读奥彭肖（Openshaw，1997a）等学者的著作，他们肯定会大开眼界。从中他们可以看到计量地理学家已为定性问题的空间分析研究作了很多努力。

计量地理学家认为，定量分析为解释空间过程提供的证据更有力——比其他任何方法都更有力。但是我们也认识到，与实证主义的主张相反的是，我们很少能证明什么绝对为真。通常，地理学定量分析的目标是收集足够的证据来让人们能够接受一系列想法。就像布拉德利和谢弗（Bradley and Schaefer）在讨论社会科学家与自然科学家的不同时所说的：

> 社会科学家更像夏洛克·福尔摩斯（Sherlock Holmes），通过仔细地收集数据调查无法掌控的特殊事件。像实证社会科学和"社会物理学"这样的愿景是不可企及的，因为如此多的社会现象都不能证实经验科学中的假设。这并不意味着社会科学中不应该采用科学的技术，比如仔细观察、测量和推断。相反地，社会科学家必须时刻关注所研究的内容是否和假设一致，以确保不会出现大的偏差。……因此，社会科

学中说服力的标准与自然科学不同。这个标准是运用所有数据得到的令人信服的解释,是一种明确的解释而不是对照试验。社会科学研究的目标也不一样:是为了提出令人信服的解释而不是形成法则性的规律。(Bradley and Schaefer,1998:71)

因此,实证主义者的目标是以绝对规律的形式发现事实中的真理,而计量地理学家意识到这种绝对论在大多数实例中是非常难以实现的。于是他们选择一种更容易接受的目标:基于所收集的足够的证据作出对于事实的判断,这一判断也是能被大多数通情达理的人所接受的。不被接受的对事实的判断或假设则会被摒弃,知识通过这样保留或拒绝的过程逐步累积。当然,保留并不意味着得到确认,只是这个想法暂时通过了检验。社会科学中的观点只有经过大量检验才能被广泛接受。

与此相关,定量方法的一个优势就是误差的检验。假定我们想找出某种现象的空间分布规律,而且这种现象是受一系列解释变量影响的。实际上大多数情况下有两组解释变量:一组是通过调查得到的对空间分布有影响的,并且能够衡量的;另一组是对空间分布的影响不明确、不能够衡量的。定量方法的一个明显优势就是它能够检验一些可衡量的决定因素(在许多情况下它们能为现实生活决策提供非常实用的信息);同时我们也需要认识到,由于各种各样的原因,这些检验可能要以一些不确定性为条件。我们能够衡量这种不确定性,并把它作为报告结果可信程度的一个指标。例如,如果模型程序中的误差很大,我们就可以推测该模型中忽略了一些重要因素,那么由此得到的结果也是不可靠的。能够评价一个模型的合理性、把可信程度作为该模型得到的结果的一部分,是定量方法的明显优势。具有讽刺性的是,这样做也使我们变得高度"自我批判",而我们过去称之为"具有批判性"的人文地理学,如今这一特色反而已经变得不很明显。

计量人文地理学与计量自然地理学的差异

至此我已经忽视了计量人文地理学与计量自然地理学之间的差异,现在应该改正这个缺点了。地理学中充斥着的大部分"主义"都发源并存在于人文地理学中。实际上,由于人文地理学中新的"主义"(非计量、甚至是反计量的视角)的涌现,人文地理和自然地理之间的知识距离已逐步拉大。这种分裂是非常明显的,目前一些自然地理学家几乎看不到人文地理学中地理学的东西,许多人文地理研究更像是起源于社会学的。正如格拉夫(Graf)所述:

当他们的人文地理学同事致力于首先由马克思主义引发的辩论,接着是最近的后结构主义、后现代主义和其他大量的主义时,自然地理学家感到很困惑,他们不清楚这些忙乱是为了什么……比如他们就觉得没有提出后现代气候学的必要,并且他

们怀疑……一些主义根本上是反科学的。(Graf,1998:2)

目前有一种观点是人文地理学中越来越强调定量方法的使用,因为定量方法为人文地理学和自然地理学搭建了桥梁而不是设置了障碍。定量方法中通用的语言和目标使得人文地理学家和自然地理学家不仅拥有共通的话语,而且彼此还能开展有意义的合作研究。

尽管计量人文地理学家和自然地理学家所采用的方法有许多相似性,但是由于研究题材的差异,仍然导致两个领域有着显著不同的分析方法。至少有四点是明显不同的。

对于自然地理学家,他们的研究题材有时可以完全独立于主观意识,进行绝对客观的分析。在某些情况下人文地理学也可以做到这一点。例如对一个地区的人口死亡率的统计是绝不掺杂主观问题的[3]。但是一般而言,对现实世界的认识在理解多数人文地理学问题上是十分重要的。即使不是全部,大多数空间决策也是基于感知现实而不是现实本身。可能有人由此认为使用客观的定量方法来解释人类行为是不合适的,有人则据此为人文地理研究的非定量方法进行辩护。但是,定量方法的地位可以从两个方面得到维护。首先,人文地理学中不同的定量方法的确考虑了人们的主观认知以理解具体环境下的人类行为。例如,计量地理学家利用感知现实的信息对空间选择行为(购物目的地的选择)建模。人们对超市的选择取决于对超市可达性的认知。计量地理学家甚至在模型中考虑了人们对备选空间的安排以及对从中作出抉择的方式的主观认知。分层信息处理和心智地图等概念也被引入,以建立更加准确的人类空间决策模型(Fotheringham et al.,2002:第9章)。另外,定量方法在如下情况也是有效的:通常我们对现实的感知与客观的测量结果十分类似,并且仅用于客观测量的模型仍然是有用的。由于有些时候缺乏一些感知现实的信息于是就认为所有的定量方法都应该抛弃,这种论断忽视了这样一个事实:完全基于对现实的客观测量的模型仍然十分有用,并且比任何可替代的方法都好得多。

理性这个概念与大多数物理性过程是不相关的。当讨论人类世界时,我们会很快意识到,并不是所有人都会像机器人一样在数学模型的设定下行动举止。人文地理学中一些非定量方法的拥护者试图以此作为反对定量化的论据。但是事实有两点与该论断大相径庭:一方面是我们的确不能为每个人的行为分析建模,但是人类总体上的行为通常是可预测的。因此,消费者购物行为的定量模型或者预测区域人口迁移的模型在私营企业和各个政府机构都得到广泛应用。另一方面,关于人类行为的定量模型正试图逐步解释从表面上看是非理性的行为(参见空间相互作用模型的新近发展,例如 Fotheringham et al.,2000:第9章)。这是一项艰难、具有挑战性的任务,但是同样使得定量方法变得有趣。它也带来了人们到底有没有非理性行为这个问题。难道说看似非理性的行为就是我们没有对其作为决定因素作出恰当反应的行为?例如,在购物调查中,一个人到比同类商店远20英里的另一家商店购物,这可能被看作是非理性行为。但是,如果被调查者是到那个商店购物,并顺便到附近的亲戚家探访,那么这种购物行为完全是理性的。

在自然地理学中有一些基本关系是处处相同的。例如，只要给定足够信息，气温随海拔升高而降低的比率和水分的土壤入渗率都是可以确定的。而人文地理学不可能做到这一点，或者至少是存在这样的基本原理但是我们还没有发现。这也为人文地理学无法采用定量方法给出了一定的解释。但有些人似乎想要凭借这些东西就宣判人文地理学中定量研究方法的死刑。可是，目前出现的大量关于地方统计和地方建模方法的文献表明，通过发展能够识别人文过程中固有的地方差异的技术，计量人文地理学家已经解决了这个问题（Fotheringham et al.，2002）。我们的方法不仅能检验是否存在地方差异，而且能指出地方差异看起来是什么样子的。后者为我们更好地理解地方性提供了一个很好的途径，毕竟地方性是人类行为的一个决定因素。

自然地理学中的一些结果可以复制，从这个意义上讲自然地理学是真正的"科学"。人文地理学中的结果通常不可复制。人文地理学中由于题材的细微差别，同一模型的标准在两个或两个以上系统中通常会产生不同的结果。庆幸的是在一部分情况中这种差异很小，另外一部分情况中的差异意味着地方对行为的影响，还有一些情况中结果的不同是由于模型的不完善，因此这种差异是我们改进模型的一个有用的诊断指标。

鉴于以上这些，对于计量地理学在人文地理学和自然地理学中进展稍有不同的情况，我们就不会感到奇怪了。具有代表性的是，人文地理学家更关注随机模型，因为他们的研究题材相对来说不可预测。人文地理学家会更多地借鉴心理学和经济学的概念，这同样与研究题材有关。而自然地理学中的一些分支，比如气候学与气象学，都与物理学相关，其他的比如河流地貌学，与工程学相关。

尽管存在这些差异，计量人文地理学家和计量自然地理学家之间还是有很多共同点的，因为他们在研究空间的过程中具有类似的兴趣，所以都认为通过定量分析可以更好地解释空间过程。随着自然地理学家与人文地理学中各种非定量化主义的支持者之间的分歧越来越大，定量方法的通用框架成为一种潜在的阻止地理学学科分裂的强有力的机制。

计量地理学家发现非定量方法有什么问题

很多计量地理学家一直对人文地理学中的各种非定量方法感到困惑，时下流行的"主义"好像每五到十年就改换一次门庭，而一些人则盲目地随波逐流。所有的"主义"中唯一的共同点就是一种反量化的趋势。但是，日益严重的对定量方法的边缘化已经产生了一定的反作用，这类似于后现代主义者的反科学攻击这种更宽泛的科学的回应。例如，可以参考以下两段引文：

我认识到了相对主义对科学的一种错误理解。大约30年前，英国的社会学家斯坦尼斯拉夫·安德烈斯基(Stanislav Andreski)把社会科学描述为一种巫术,认为社会科学是安抚特殊利益群体的胡言乱语(Andreski,1972)。最近,艾伦·布卢姆(Alan Bloom)把人文学科比作旧巴黎的跳蚤市场——通过辛勤的搜寻,一个人偶尔可以从大量废物中找到被低估的学术宝藏(Bloom,1987:371)。通常一个人的第一反应都是像暴躁的保守分子一样回击他们的评论,但是科学的文化研究使我认识到对这样的观点必须加以慎重考虑。(Sullivan,1998)

不管如何解释目前的糟糕状况,艾伦·索卡尔(Alan Sokal)的恶作剧都已经成为一场酝酿已久的暴风雨的爆发点:人文和社会学科的各个部门都在为维持学术标准和责任不至于崩溃而大声疾呼。谁要是仍然质疑这个问题的严重性,只要看看索卡尔的打油诗就会清楚了。(Koertge,1998)

索卡尔的打油诗在他的文献中能够找到(Sokal,1996a;1996b),也可以在他的网站下载:http://www.physics.nyu.edu/faculty/sokal,那里同时也有大量关于这个恶作剧的一些有趣的资料。讨论中的那篇论文完全是虚构的,它作为一个恶作剧被假想发表在一份高水平的批判性研究杂志上。它强调了计量地理学家们对最近存在的这些"主义"的一个主要质疑。如果没有评价研究的价值体系,那么该如何区分研究的"好"与"坏"?

下面这个测验可以作为一个例证。请阅读表22.1中的四段引文。这里面有三段是意译或直接摘自著名的地理学出版物,另外一段完全是胡言乱语。你能找出这一段吗?答案在这一章的尾注里公布。如果你对正确答案有任何的怀疑,那么说明你至少与计量地理学家有一些相同的忧虑。

表 22.1　引文举例

要认识话语的执行力就要认识到它的权力,那种产生了"它所指明的作用"的能力。不过,话语产生作用的过程是一种重复的过程,是以迟疑和干扰为特征的。与有条理的、理性的现代主体不同,后结构主义的经济主体不完全是"主体性的"。她的认同始终处于建构中,部分地由日常的、间断的实践所组成,这些实践为(重)虚构和"曲解"留下了空间。

这一重新描述的行为揭示了条件之间的构成关系,这些条件使得一个既定的现象充分表现其认同和意义成为可能;也揭示了这些相同的条件如何能够说明想要理想地、纯粹地认识这一现象是不可能的。因此,解构揭示了可能和不可能的条件。这并非指的是两种独立的、相反的条件,而是可能性和不可能性在相同的条件下重叠了。这种可能性与不可能性的重叠说明了既没有绝对的许可性条件,也没有绝对的禁止性条件。

这种在经验主义和"先驱理论"之间辩证的无共通性持续困惑着地理学的认识论。对某些人来说,这种二元性从基本语义学上讲是注定的;对另一些人来说,这代表着在可表述性和不可表述性之间的一种摇摆不定。但是,理论阐释和经验研究之间不可弥合的差异无疑已经在"存在论"或者"指代论"之外开辟了另一个领域。这种"在夹缝中生存"的困境就是方法论的概念二元化的一个例子,这在地理学的各部分之间造成了严重的分裂。

符号学是一个尚未界定的主体处理尚未界定的客体和空间之所在。这是一种"流动界定"的空间，它还没有自己稳定的领地。在领地中，正在成形的"我"不断迷失，还未界定的主体经历了"首先的模棱两可的"，然后是"没完没了的危险"，最后从母体中"暴力地、笨拙地脱胎出来"。实体的定位及其最初的领地化过程，就发生在这一首要的(源于母体的)竞技场中；它已经是社会的，充满意义的(至少部分是由于其母体是一种社会主体)，但是仍然不具有语言性——也就是说，比主体出现在语言里和(源于父体的)规律里的时间要早。

索卡尔的恶作剧和最近的对批判性研究的抨击(例如 Koertge,1998)反映出人们并不看好目前社会科学中所谓的批判理论学派。在目前的许多研究中，许多计量地理学家看不到可取之处，无法将其与被误划入人文地理学范畴的蹩脚工作相区别。这也反映出许多计量地理学家强烈认为学科中反科学与反定量化的拥护者数量过于庞大。例如，从奥彭肖的论述中我们可以体会这一点：

> 或许人文地理学将经历一个极端反对技术化的卢德主义(Ludditism)时代，这是由一些用意良好的学者和思想肮脏的幸灾乐祸者的奇怪组合倡导的。只要有出版发表的机会，他们就会通过对任何事没完没了的、猛烈的解构，进行目光狭隘、虚无主义的破坏。(Openshaw,1997b:8)

许多计量地理学家存在的另一个疑惑就是在地理学各种"主义"的指导下开展的一些(尽管不是全部)研究经常看不到"地理学"的影子。许多研究结果发表在表面上看是地理学其实更像是社会学或政治学的杂志上：在许多例子中，空间的作用是次要的甚至是不存在的。

如果地理学想作为一门学科继续发展，那么它需要一个有别于其他学科的共通的主题。计量地理学家明确指出我们需要研究空间过程，并批判地看待在一些哲学大旗下开展的研究；这些哲学可能声称是地理学的，但是并不关注空间或者空间问题。在这一点上，我们并不确定地理学其他研究方法的拥护者们是否和我们有同样的警惕性。

计量地理学家对非定量化"主义"的最后一个疑问就是它们缺乏有力的、公平的论证。例如，对我们而言只对少数人进行调查并不能构成一个可靠的样本集。通常他们也没有对样本的获得方法以及基于这个小样本集作出的推论的不确定性进行说明(毫无疑问，大多数情况下不确定性是很大的)。许多文章的写作风格更像新闻报道，只引用少量的参考文献来支撑作者的观点(而且有可能是断章取义)。这样我们发现这些文章都存在潜在的偏见，必然能够支持作者的政治或文化立场。以法律的观点，或者像上文引用的布拉德利和谢弗论述所讲的积累证据的必要性，对大多数计量地理学家来说，一大堆定性的"证据"是经不起盘问和推敲的。各种反定量化和反科学的"主义"对这种论证的接受是一种令人担忧的趋势，同样在社会上的反映表现为人们越来越多地相信神创论、占星术、天使、偶遇外星人和信仰疗法。如果没有一个逻辑框架来反驳这些错误的论断,那么最终任何事都变得可以接受:因为没有区分好的研究与胡言乱语的依据——正如索卡尔巧妙展示的一样。

为什么计量地理学一直在衰退?

很难确切地说地理学家在什么时候开始采用定量方法进行研究,通常认为是在 1950 年代末和 1960 年代初正式开始,虽然在此之前也有一些研究的个例。可以确定的是,在 1960 年代到 1970 年代这段时期,定量方法在学科中得到广泛传播。在整个 1980 年代以及 1990 年代的大部分时期,计量地理学的命运发生了逆转。我和我的同事认为这种改变是有一些原因的(Fotheringham et al. ,2000:第 1 章)。

首先当然是人文地理学中许多新范式的发展,比如马克思主义、后现代主义、结构主义和人文主义(Johnston,1997;Graham,1997)。这些新范式的拥护者都有反定量化的情绪,缺乏定量分析的能力。

人们好像永无止境地追求新的研究范式,不客气地说,"赶时髦"成了地理学研究的基石。到 1980 年代,计量地理学方法论在某种意义上已经寿终正寝,自然而然需要尝试新的范式。正如德莱乌(de Leeuw)对社会科学总体的描述:

> 这是社会科学的一个奇特之处。他们好像并不进行知识的累积,学科中几乎没有巨人,时不时地有几个小矮人把高山推倒。(De Leeuw,1994:13)

计量地理学相对衰落的另一个原因就是当它发展为一种稳固的研究范式时,不可避免地就会变成批判的焦点。但不幸的是,许多批判是由一些很少或者根本不了解定量方法的人发起的。正如古尔德(Gould)所述:

> 那些反对数学方法论的人几乎都不清楚他们真正面对的是什么。他们表示反对不过是因为他们自己掌握不了数学语言——这一通往另外一个研究框架的大门的钥匙,他们也没有静下心来,用一种对路的、合乎逻辑的方法来判断这种技术的实际应用效果。此外,他们把数学看作魔鬼的化身,根本没有进一步了解它的欲望。结果是他们一直反对某些东西,但除了情绪化的苦恼,很少能清楚表达其中的原因。(Gould,1984:26)

最后一个原因是计量地理学相对来说比较"难",特别是对于那些没有数学或科学背景的人。许多人认为采用其他的地理研究方法更简单,因此在他们独立的研究领域很少采用定量方法。这场争论已经出现并将在更广阔的空间分析领域中持续,但是事实上对很多地理学家来说已经无法理解这场争论的本质。同时有些人认为最好能抛弃整个计量地理学,所以就批判计量地理学正确性的有限性,而不是去理解这种方法。如鲁宾逊所述:

大多数针对定量方法的批判都是针对 1950 年代的定量研究,而不是基于近 20 年来定量研究更广阔的领域。(Robinson,1998:9)

计量地理学早期的研究的确过多地关注于形式而不是过程和法则的确立,但是现在还使用这种说法作为反定量化的批判口号则显示出有些人对近 20 年来计量地理学研究进展的无知。其实,我怀疑对早期定量研究的批判是源自计量地理学家自身,他们认识到了学科早期的缺点,并努力改善提高,这是学科发展的一个重要研究领域。

随着一些研究者越来越不适应空间分析技术和方法的快速发展,这种困难迫使他们脱离了计量地理学研究(关于这些的趣闻轶事可参见 Billinge et al. ,1984)。如赫普尔(Hepple,1998)所述:

> 我倾向于认为一些地理学家是由于定量研究对数学的要求越来越高而对其失去兴趣的,他们可能除了从 SPSS 中知道"hunter-gatherer"这个用于给最近一次符合条件的目标定位的术语,以及另外几个功能包以外,也就没什么其他数学本领了。

很难说清楚以上哪一个原因可以解释一个人对计量地理学的行为与态度(最后一个原因很多人肯定不会承认),但是不管原因是什么,对于许多地理学家来说,继续忽视定量方法的价值既是一种羞愧,也是一种讽刺,因为空间数据分析在其他学科和整个社会的发展都越来越快。现在社会对具备空间数据分析能力的学生需求很大,同时也需要地理学家能在这个领域具备领导力。除非我们加强地理学中定量方法的理解和使用,否则历史学家肯定会带着困惑和惋惜看待这一段历史。

总结

定量方法将会一直在人文地理学和自然地理学中发挥重要作用,这不仅是出于实用主义的考虑,而且是因为定量方法能为揭示空间过程的本质提供强有力的证据。不幸的是,许多地理系学生无法通过他们自己的研究认识到这种方法的潜力,因为在对使用这种方法的态度上他们被老师灌输以过时的、有严重偏见的观点。这些老师在这个领域没有直接的经验,并把他们自己的缺点和偏见传递给学生。目前地理学中严重的哲学对立造成的最可悲的一点是许多学生无法接受全面的地理学培养。正如奥彭肖所述:

> 目前存在一种以前并不明显的思想偏执的风险,因为隔阂不只是哲学上或范式上的,而是研究训练的严重不足造成的。(Openshaw,1997b:22)

因此,我提出以下地理学家需要扪心自问的命题:

- 对于定量证据可以支持自己感兴趣的研究这种情况,我能够正视吗?
- 我有足够的地理学知识以对定量方法作出理由充分、公平的判断吗?
- 对于定量方法,我或者其他人的态度在多大程度上是无知与偏见而不是理智与无私?

如实回答这些问题,我们最终才可能比现在更好地理解与接受定量方法。

如果地理学想作为一门学科继续发展,那么它必须具备以下特点:

1. 拥有一个核心的主题范围,能够确定研究主题并与其他学科区分,来解释空间模型与过程。

2. 与现实社会生活相关,学生能利用地理学课程中学到的技能找到工作。

3. 人文地理学家和自然地理学家能在相似的目标和方法论下合作研究。

以上三个特点计量地理学都具备;而其他一些地理学中流行的范式看起来都不具备,这也正是我对这个学科前景的担忧。

注释

这篇文章形成于一个相当特殊的地理环境,初稿是在南太平洋上的拉罗汤加岛(Rarotonga)上完成的。这个岛的纬度是纽卡斯尔大学的校长确定的,也正是他批准了我这次旅行的经费。

1. 这里(或许还有其他地方)可能显示出我对哲学的无知:我把"实证主义"作为"逻辑实证主义"、"逻辑经验主义"、"科学经验主义"、"新实证主义"、"逻辑新实证主义"等可能好多个相关的"主义"的缩写。

2. 在波普尔(1959)的著作发表之后,计量地理学家都倾向于遵循批判理性主义的原则:假设不能被证明是"正确"的,但是可以被证明是"错误"的。严格地说这与证实的原则相反,因此很快使大部分计量地理学家脱离了逻辑实证主义的阵营。但是,证伪的方法仍然是我们批判某些观点的有效工具,这一点在哲学流派的竞争中已逐渐缺失。

3. 这里有一个问题是统计死亡率的合适的空间单元是什么,但这是一个相对独立的问题。

4. 第一段引自吉布森·格雷厄母(Gibson-Graham,2000:104),第二段引自巴内特(Barnett,1999:279),第四段引自鲁宾逊(Robinson,2000:296)。第三段是从一些关于批判理论的论文中随意摘选的字词和短语拼凑而成的,据我所知完全没有任何意义。

参考文献

Andreski, S. (1972) *Social Sciences as Sorcery*. London: Deutsch.

Barnes, T. (2001) 'Retheorizing economic geography: from the quantitative revolution to the "cultural turn"', *Annals of the Association of American Geographers*, 91: 546—65.

Barnett, C. (1999)'Deconstructing context: exposing Derrida', *Transactions of the Institute of British Geographers*, 24: 277—93.

Billinge,M. ,Gregory,D. and Martin,R. (eds)(1984)*Recollctions of a Revolution*. New York:St Martin's.

Bloom,A. (1987)*The Closing of the American Mind*. New York:Simon and Schuster.

Bradley,W. J. and Schaefer,K. C. (1998)*The Uses and Misuses of Data and Models:The Mathematization of the Human Sciences*. London:Sage.

Couclelis,H. and Golledge,R. (1983)'Analytical research,positivism,and behavioral geography',*Annals of the Association of American Geographers*,73:331—9.

De Leeuw,J. (1994)'Statistics and the sciences',unpublished manuscript,UCLA Statistics Program.

Fotheringham,A. S. (1997)Trends in quantitative methods I:stressing the local',*Progress in Human Geography*,21:88—96.

Fotheringham,A. S. and Brunsdon,C. (1999)'Local forms of spatial analysis', *Geographical Analysis*,31:340—58.

Fotheringham,A. S. ,Brunsdon,C. B. and Charlton,M. E. (2000)*Quantitative Geography:Perspectives on Spatial Data Analysis*. London:Sage.

Fotheringham,A. S. ,Brunsdon,C. B. and Charlton,M. E. (2002)*Geographically Weighted Regression: The Analysis of Spatially Varying Relationships*. Chichester:Wiley.

Gatrell,A. C. (2002)*Geographies of Health*. Oxford:Blackwell.

Gibson-Graham,J. K. (2000)'Poststructural interventions',in E. Sheppard and T. J. Barnes(eds),*A Companion to Economic Geography*. Oxford:Blackwell,pp. 95—110.

Gould,P R. (1984)'Statistics and human geography:historical,philosophical,and algebraic reflections',in G. L. Gaile and C. L. Wilmott(eds),*Spatial Statistics and Models*. Dordrecht:Reidel,PP. 17—32.

Graf,W. (1998)'Why physical geographers whine so much',*The Association of American Geographers' Newsletter*,33(8):2.

Graham,E. (1997) 'Philosophies underlying human geography research',in R. Flowerdew and D. Martin (eds),*Methods in Human Geography:A Guide for Students Doing a Research Project*. Harlow:Longman,pp. 6—130.

Hepple,L. (1998) 'Context,social construction and statistics:regression,social science and human geography',*Environment and Planning A*,30:225—34.

Johnston,R. J. (1997)'W(h)ither spatial science and spatial analysis',*Futures*,29: 323—36.

Kitcher,P(1998)'A plea for science studies',in N. Koertge(ed.),*A House Built on Sand:Exposing Postmodernist Myths about Science*. New York:Oxford University Press, pp. 35—56.

Koertge,N. (ed.)(1998)*A House Built on Sand:Exposing Postmodernist Myths about Science*. New York: Oxford University Press.

Openshaw,S. (1997a)'Building fuzzy spatial interaction models',in *Recent Developments in Spatial Analysis:Spatial Statistics,Behavioural Modelling and Computational Intelligence*. Berlin:Springer,pp. 360—83.

Openshaw,S. (1997b)'The truth about ground truth',*Transactions in GIS*,2:7—24.

Popper,K. (1959)*The Logic of Scientific Discovery*. London:Hutchinson.

Robinson,G. M. (1998)*Methods and Techniques in Human Geography*. Chichester: Wiley.

Robinson,J. (2000)'Feminism and the spaces of transformation',*Transactions of the Institute of British Geographers*,25:285—301.

Sokal, A. D. (1996a) 'Transgressing the boundaries: towards a transformative hermeneutics of quantum gravity', *Social Text*, 46/47:217—52.

Sokal, A. D. (1996b)'A physicist experiments with cultural studies', *Lingua Franca*, 6: 62—4.

Sullivan, P. A. (1998) 'An engineer dissects two case studies: Hayles on fluid mechanics and Mackenzie on statistics', in N. Koertge (ed.), *A House Built on Sand: Exposing Postmodernist Myths about Science*. New York: Oxford University Press, pp. 71—98.

第二十三章　地理信息系统

迈克尔·F. 古德柴尔德(Michael F. Goodchild)

引言

　　地理信息系统(Geographic Information Systems，GIS)是具有一系列创建、获取、集成、转换、表现、分析、建模并储存关于地球表面及近地面信息功能的大型软件包。地理信息系统将空间位置(或时空位置)与属性数据进行关联，如温度、人口密度、土地利用或高程，目前已经广泛应用于支持地理学及关注地球近表面现象的相关学科的研究中(Longley et al.，2005)。

　　早期的开发者和使用者一般把 GIS 看作是与计算器、厨具一样的技术中立的工具，从来没有意识到 GIS 可能会引起道德问题和哲学争论。但在过去的 15 年中，社会批判大量涌现，GIS 的使用者也不断提出一些新问题。本章将介绍这些批判及其争论和分歧，首先从 GIS 发展简史开始，接下来对早期的 GIS 技术中立论与现在的人本主义观点进行对比。伴随着观点的转变，以及 1990 年代中期互联网开始普及，人们已经普遍认为 GIS 是一种交流知识的媒体，而不仅仅是用于个人分析的工具。本章回顾了这种转变的根源，及 GIS 在新世纪发展的重要性，最后讲述 GIS 的局限及其未来发展的展望。

GIS 简史

　　早在 20 世纪电子计算机问世以前，人们就已经通过各种信息技术记录和处理地理信息。纸张就是一种信息技术，纸质地图是人们表达地球表面知识的一种古老传统的方法。尽管纸质地图组织记录地理信息比较麻烦，但它便于大量复制，并具有丰富可视表现及简单测量距离等优点(Mailing，1989)。地图集可通过索引关联多页地图而具有更强的表达能力。但地图和地图集都在细节信息的分析和精确测量方面存在着致命的缺陷。

　　历史资料中有许多用于纸质地图的先进技术案例：通过多张地图的叠加来比较和综合同

一地区不同主题的地图集,在纸质地图上测量面积的仪器等。麦克哈格(McHarg,1969)通过简单的调整透明度手工叠加地图,作为复杂土地利用决策中综合多种因素的方法普及开来。然而,直到1970年代以后,使用计算机辅助分析地理信息的潜力才逐渐显示出来。一旦一幅地图以数字的形式记录,则通过程序进行精确的面积测量、不同主题的综合和比较,以及详细的统计分析都变得非常简单。

GIS真正的源头十分复杂,1960年代开始的至少有四个项目都可称得上是GIS的起源。大多数专家通常把加拿大地理信息系统(CGIS)作为GIS的起源,它是在1965年设计实施的,目的是管理加拿大土地清查资料,用于联邦和地方的土地利用和潜力评价。从根本上讲,加拿大地理信息系统的提出只是为了解决两个简单的技术问题:精确测量具有相同土地利用潜力的不规则地块,以及叠加、比较不同的专题。加拿大地理信息系统不同凡响的意义在于通过详细的成本效益分析清楚地证明了地理信息计算机化的巨大价值,尽管当时的计算机十分昂贵且功能有限。作为GIS的起源,其他有贡献的项目还有芝加哥地区的交通研究、美国1970年人口普查地理数据的计算机化、景观建筑师们对麦克哈格叠加过程的计算机化(关于GIS历史的更全面的介绍请参见Foresman,1998;Maguire et al.,1991),在这些项目中,GIS被视为直接解决管理问题的高效技术方案。

1970年代大量技术问题的快速发现和解决是GIS走向成功的基石。1980年代计算机的价格仍然很高,但GIS开始流行并成为政府部门、大学和私人公司的计算机应用标准配置。与此同时,两个重要的革命第一次使GIS的商业化成为可能:一个是关系数据库管理系统的发展,它接管了数据的管理,使GIS设计人员可以专心研究GIS的测量和分析功能;另一个是微型计算机的出现,使得计算机的价格以指数级的速度下降。现在,计算机的性能在以指数级速度提高的同时,价格却以指数级的速度下降。

一旦处理一种特定类型信息的基础功能实现后,其他程序员就可以很快地用很小的代价开发新的功能。在过去的30年中GIS的功能取得了突破性的进展。现在,一个典型的GIS系统可以操作大多数主流的地理信息数据,实现从可视化和数据转换到数据分析和建模的各种功能。由于功能强大、学习的门槛低,GIS已经广泛应用于从数据管理到科学研究,从教育培训到政策制定的各种领域中。事实上,在任何需要处理地球表面或近表面信息的领域,GIS都是必不可少的应用工具,它与统计软件、电子邮件和办公处理软件等应用工具一同成为最常用的信息技术工具。

对GIS的需求日益增长的原因很简单:手工处理分析地理数据非常枯燥、不精确,且需要花费大量的人力物力。在1960年代,人们很难想象原本用于大量计算任务的计算机能够应用于地图分析。但现在,计算机已经成为研究人员和管理人员手头高效的计算工具和个人助理。GIS的发展和计量地理的回归并不是一个巧合,正如统计学家认识到计算机在统计分析上的强大功能一样,计量地理学家也迅速认识到了 GIS 在空间分析方面的强大功能(Fothering-ham and Rogerson, 1994;Goodchild, 1998;O'Sullivan and Unwin, 2003)。GIS 商业软件靠将产品卖给用户挣钱,然而,GIS 软件获利最大的市场是数据存储和管理,而不是先进的分析和模型功能;因此,在过去的 30 年中学院派 GIS 的一个重要的任务就是将更加强大的空间分析功能植入商业软件中。当然,学院派 GIS 也在开发自己的 GIS 软件包,使之更符合地理研究应用的需求。

批判的出现

对早期的 GIS 用户来说,GIS 只是一个工具,用来完成一系列简单的机械操作。而对于 GIS 程序员来说,他们了解 GIS 如何工作,通常把 GIS 看作是与计算器、打字机甚至牙刷一样的价值中立的工具。但非 GIS 领域的用户对 GIS 的迷恋出现在 1980 年代后期,他们说使用 GIS 使他们能发现数据中一些其他人无法发现的模式和趋势,这让他们觉得 GIS 非常神秘又似乎有一些潜在的危险。GIS 专业的学生也倾向于将 GIS 系统作为一个黑箱,并不像人们期望的那样通过笔算或者手工量测去了解它的细节。

1980 年代后期,布雷恩·哈利(Brian Harley)的一系列论文表达了这样一个概念:可以从地图中揭示出制图者隐藏的意图(这些论文发表在他去世后的纪念文集中,Harley,2001)。这种解构地图的概念引起了极大的关注,因为它引出了一个长期隐没在制图学和地理学之中的课题:两个学科在建立和表达权利意志方面的角色。在 19 世纪,制图和测量是皇权的代表,而为了满足军队对详尽地理信息及其分析的需要,地理学总是在战争时期繁荣发展。哈利的论点得到了一些后来者的继承发扬,其中包括《地图的力量》的作者丹尼斯·伍德(Wood,1992)。该书借助史密森尼博物馆的展览提升了知名度,其中有一条警句"你的身上体现了谁的意志?(Whose agenda is in your glove compartment)"。

最初,GIS 似乎与这些指向传统制图学的批判无关,但 1990 年代初期的一系列论文表明上述批判以及其他方面的批判也是针对 GIS 的。泰勒(Taylor,1990)强调了 GIS 作为地球表面的信息资料库的概念,并对地理学中关注地理事实的概念与传统意义上的更高级的地理知识概念进行了区分,特别是地理景观如何被人类和自然过程所影响,以及现代人文地理学所关心的权利关系。对于泰勒来说,GIS 只关心琐碎的数据管理,不太可能加入对现实世界的地理学的解释,那是地理知识系统需要考虑的事情。而且,GIS 似乎只是 1960 年代至 1970 年代以来的一种地理科学方法的继承,并在实证主义的保护下,忽视了对其方法的社会批判:GIS 是实证主义者的报复。(查阅我的回应,Goodchild, 1991;Taylor and Openshaw 的论战,Open-shaw 1991,1992;Taylor and Overton,1991)。

史密斯(Smith,1992)又向这堆批判的烈火中添了一把柴,在一篇文章中他突出了 GIS 在军事和情报上的应用。早期的记录表明,地理和 GIS 与战争有着特殊的关系,我们会发现 GIS 以及遥感的很多技术进展都与军事应用有关。遥感作为一种情报收集手段在冷战期间迅速发展,大地测量学的发展则要归功于洲际弹道导弹精确打击的需要,地形的数字化表达技术很大程度上也是为了支持巡航导弹而发展起来的。作为对于曼哈顿计划是否为世纪科学的领导这一争论的回应,史密斯指出关于 GIS 在军事应用方面的学术资料明显缺失,还有就是人们对于 GIS 军事起源的避讳,并认为 GIS 的开发者应该承担这些技术使用的一部分责任。技术开发者是否要对其技术的最终使用负有责任? 抑或技术开发是价值中立的而与其使用后果无关? 在 1990 年代,随着关于 GIS 与军事和情报的历史关系的更多资料的出现,这场辩论也变得更加激烈。克劳德和克拉克(Cloud and Clark,1999)研究了 1960 年代的日冕(Corona)间谍卫星计划,文档资料揭示了这一秘密计划与民用制图的紧密联系,并推断出早期 GIS 和遥感的技术的进步对分类研究的依赖程度。

1995 年约翰·皮克尔斯(John Pickles)的《地面实况》(*Ground Truth*)一书的出版是当时最重要的事件,因为它集合了当时对 GIS 的各种批判。该专辑中的许多章节是关于早期批判的重新整理,还增加了一些新的元素,例如 GIS 在监视和侵犯个人隐私方面发挥的作用(Curry,1997;1998)。在这些批判中,有一些是由于其对 GIS 幼稚的假设而被明显误导的。比如,对许多地理现象的表现是通过一系列图层完成的,而事实上,分层虽然是 GIS 的一个共同符号,但绝不是 GIS 地图表现的唯一手段。类似地,由于 GIS 继承了地图对于土地利用、土地覆盖,以及土壤类别的清晰分界,所以导致了某种局限性;但事实上,GIS 允许地理学者突破边界限制,使用模糊分类或者其他方法,来表达更接近于现实的地理世界(Burrough and Frank,1996)。

综上所述,这些批判集中在两个主题上:GIS 表达的局限性,GIS 无法表达一些研究人员特别感兴趣的现象,以及无法表达权利关系含义的局限性;GIS 被邪恶势力操纵用于某种不可告人的目的。这两种批判主旨很清楚,而且从它们首次提出起就不断地有人以各种形式发展它们。随着批判的不断深入,关于 GIS 的朴素概念已经不复存在了。皮克尔斯(Pickles,1999)出版了关于这场争论的广泛讨论、争论焦点和结果,在我和舒曼(Schuurman,1999)的访谈中也作了一些回顾。有关组织相继召开了以 GIS 的社会背景及其影响为主题的会议,汇聚了大量的文献,在绝大多数公开发行的 GIS 研究议程中都有相关主题的内容(UCGIS,1996)。今天,将 GIS 作为个人助理,当作辅助人们解决琐碎、易错、费时数据的价值中立的工具的旧观点已经不复存在了,它逐渐被人本主义的观点取代。持新观点的人们更能意识到 GIS 应用的社会背景、GIS 任务的相对随意性和不可复制性,以及 GIS 不具有纯科学意义上的客观性。

另一方面,大多数 GIS 用户也会赞同有一个客观性的概念十分重要,并尽可能地向科学意义上的客观性标准努力。只有通过这样的一个标准,大家才能共同讨论,一个人的工作才能被其他人完全理解,得到更多的社会认可和法律保护,成为解决问题的合理方法。

这场争论中最受关注的一个主题是公众参与式地理信息系统(PPGIS),它研究的是 GIS 在公共决策方面的应用。对公众参与式地理信息系统的兴趣是由下面的争论引起的。早期只有政府部门和企业能负担得起 GIS 系统所需要的昂贵的软硬件,由于过高的成本费用和高级的专业技能要求,地理数据只能存入诸如美国地质调查局之类的政府机构的 GIS 系统中。因此 GIS 成了权力的象征,并进一步得到了强化。这样 GIS 就出现了一个现象,那就是管理员和领导人拥有真实的数据。但实际上,许多地理要素都是模糊的,并不满足科学意义上的可复制性,例如让两个专家分别制作同一地区的土壤图,他们不可能制作出完全一样的图。

如果从头设计 GIS,就像传播多种观点的媒介不只推崇一个观点一样,GIS 将会如何发展?这种概念就是 GIS/2,其研究焦点是在设计中如何让众多团体参与到宽泛的决策问题中,这已经成为公众参与式地理信息系统的研究领域。公众参与式地理信息系统在理解不同团体如何创建地理信息,在复杂场景下如何使用 GIS 制订决策,如何使用 GIS 标识、存储和展示多种观点,GIS 及其他信息技术如何影响团体之间的权力制衡等方面取得了很大的进展(Craig et al.,2002;Jankowski and Nyerges,2001;Thill,1999)。

互联网的影响

尽管人们最早从 1960 年代就开始尝试计算机互联的广域网络,但直到 1990 年代初,互联网的大发展和万维网的出现才真正令人惊叹。在不到十年中,这些网络技术使计算机界发生了全新的革命,创造出前所未有的大量需求,甚至重新定义了现代经济。对 GIS 界也产生了剧烈的冲击,新技术革命创造出了传播和共享地理信息的新产业(Peng and Tsou,2003;Plewe,1997)。早期 GIS 建设的大部分精力花在数字化上,需要把纸质地图和影像资料数字化。今天,再也没有几个 GIS 项目需要单独数字化了,因为所需要的数据几乎都能在万维网上找到。

在过去十年中,出现了一些用于数据共享的新技术。数字图书馆就是其中之一,其中地理信息图书馆(geolibrary)(National Research Council,1999)是一类特殊的数字图书馆,用于收集可以通过地理位置进行搜索的大量数据对象。地理信息图书馆是网络时代的一项重大革新,因为这在数字化时代之前根本无法实现。加州大学圣巴巴拉分校的亚历山大数字图书馆(http://www.alexandria.ucsb.edu)就是地理信息图书馆的一个实例,目前它提供了上千万条的地理信息数据。它通过设计的数据格式标准来描述数据集,创建了大规模数据的数据目录,并可通过自动化的程序检索分布在不同馆藏中的数据目录。国家空间数据交换中心(http://www.fgdc.gov/clearinghouse/clearinghouse.html)也是一个地理信息图书馆案例,它通过一个标准的元数据格式将几百个地理数据库连接起来,只用一个简单的操作就能实现对所有数据库的检索。地理信息的标准化是为了支持自动化地访问远程地理信息(http://www.opengeospatial.org),使 GIS 用户访问远程地理数据就像访问本地存储的数据一样方便。

在过去十年中,体制的变化与技术发展同样重要。美国国家政策法案要求将地理数据的生产和分发纳入国家空间数据设施框架下(National Research Council,1993),它是由联邦政府通过联邦地理数据委员会(http://www.fgdc.gov)协作制订的一系列规定和协议。其中有一个拼缀图概念:地理数据产品应该按适合当地需要的标准比例尺进行制作和分发,通过信息技术可以把分幅地图合成为一个整图。数据产品生产通过各级政府与私有公司的合作来完成,大规模的数据更新和集中式的系统数据生产则由联邦政府来实施。

隋和我(Goodchild,2000;Sui and Goodchild,2001;2003)讨论过这些体制变化引起的 GIS 基本范式变化,GIS 从作为单机单用户的智能化工具的传统模式,转变为传播和共享地理知识媒介的新模式。结构范式的变化意味着技术焦点要同步转移,从注重单机性能到注重网络带宽利用,并且越来越重视语义的互操作性问题而不是原来的句法互操作性问题——换言之,共享要求一致的意义理解和一系列共同的格式标准。从这个新视角看,GIS 原来的空间分析已经降格到附属地位了,它只是作为强化信息的手段,提取隐藏在地理信息中的模式和异常,帮助信息受众发现可能不被注意的信息。

从社会批判的角度——剖析地理信息的传播会引出一系列有趣的问题:是否有某种地理信息无法被 GIS 表达? 有哪些信息与 GIS 本质相悖导致无法用 GIS 来共享和交流? 能不能根据表现和交流的容易程度对各种地理信息类型进行排序? 与其他交流媒介相比,例如语音和文本,GIS 承载信息的能力怎么样?

国家空间数据交换中心之类的技术是通过一个门户网站来分发数据,其理念是信息技术可以通过一个统一的视图集成异构的数据,它引出了一个更宏伟的远景蓝图:数字地球。数字地球最初由美国副总统戈尔提出(Gore,1992),并进行了详细的描绘和憧憬。其中流传最广的一段描述是 1998 年戈尔为庆祝加利福尼亚科学中心落成时所做的演说,重点内容如下:

> 例如,设想一个小孩去本地的博物馆参观数字地球展览。在戴上显示头盔后,她看见地球从太空中出现,接着使用数据手套放大电子图像;随着分辨率的不断提高,她看见了大陆,然后是乡村、城市,最后是私人住房、树木和其他天然的和人造的景观。她找到了自己想去的地方,于是坐上"魔法地毯"在 3D 世界中遨游。(http://digitalearth.gsfc.nasa.gov/VP19980131.html)

数字地球向 GIS 提出巨大的挑战：为分布式地理信息创建一个统一的视图，并具有虚拟现实的可视化表现。我曾经说过，以现在的技术尽管存在数据量大、网络传输速率要求高的问题，但数字地球依然是可行的（Goodchild, 2001）。现在 Google Earth（http://www.google.com）已经实现了数字地球的许多特征。但是数字地球也在道德和哲学方面产生了很多问题，这些会在下一章详述。

令人瞩目的问题

尽管在 1990 年代中的争论解决了一些问题，但大量的更为基础性的问题以及这些问题与重要的社会理论之间的关系问题仍然困扰着 GIS 界，本节将回顾这样两个问题，作为关于 GIS 现状批判的重点。

世界的镜像和不确定性

当 GIS 用户坐在电脑桌前，计算机屏幕就成为他观察地理世界的一个窗口。但窗口中的内容却完全决定于数据库中的数据，而不是现实的情况。从本质上讲，GIS 是一个代替现实世界物理存在的虚拟环境（Fisher and Unwin, 2002），因为用户在使用 GIS 时不与现实世界进行感官接触，除非应用要求与用户的知觉环境相关；因此，用户对世界的认识受限于数据库中的内容和原本保留在头脑中的信息。而且，数字化的性质受限于两位符号的编码，这意味着虚拟世界是其试图仿效的现实世界的一个侧面，比真实世界粗糙得多。实际上，GIS 是一个镜像世界，声称自己是对现实世界某些方面的真实复刻。

现实和虚拟镜像的对比在戈尔宣称的数字地球中更加明显。假设孩子探索世界时不受任何限制，于是在虚拟世界中的探索就视同于探索真实的世界；但事实上这是不可能的，人们必然会怀疑孩子是否能意识到这些，或者他仅仅把从魔法地毯上的探索作为真实。

在过去的十年中，不确定性问题逐渐成为地理信息科学研究的一个最重要的主题。不确定性是根据虚拟世界和真实世界的关系定义的，表示的是用户通过虚拟世界认识真实世界的程度。不确定性有多种来源，包括传统的测量误差、地理数据编码定义中固有的模糊性、归一化过程中位数的省略和为了节省空间在编辑和表达时的舍入。张和我（Zhang and Goodchild, 2002）对这方面的研究作了回顾和总结。

不管怎样，地理信息表现总是不可避免地存在着不确定性，但能让用户在使用 GIS 时意识到不确定性的方法却很少。虽然大部分不确定性的影响不大，但虚拟与真实的差异依然存在导致截然不同结果的可能性。目前已经有了一些对不确定性进行可视化的方法，包括对象的灰化或模糊、动画方法等(Hearnshaw and Unwin,1994)。在过去的 20 年中无论研究有何进展,实际上绝大部分 GIS 应用仍然认为所用的数据是正确的,尽管可能存在承担法律义务和受到社会批评的风险。除非用户要求,GIS 商业软件的开发者似乎不愿意实现哪怕是最简单的追踪、报告和可视化不确定性的方法。在这种情况下,学院派有责任继续研究不确定性的问题,并教育 GIS 用户,使其能意识到不确定性的存在,并使其能借助某种软件工具或方法提出简单的解决方案。

科学标准

前面提到过,GIS 难以达到严格科学意义上的客观性,因此不得不接受 GIS 有相当程度的主观性。正如哈利和伍德所说,许多地图并不是 GIS 用户认为的科学测量,在制图过程中,为了让地图更具可读性和清楚地表达某个主题,经常会扭曲等高线、拖动路段等,不完全是精确绘制。当使用地图的人习惯性地认为地图是精确的,又缺乏精确测量地图的工具时,GIS 的精度就会造成一种客观性的假象,从而产生关于 GIS 精确性的误解。在 GIS 中测量精度一般认为受限于计算机精度,但事实上数据本身的不精确性影响更大。

在大多数情况下,地理数据的成本是与数据的精度及详细程度呈正比的。例如,要得到更精确的高程测量数据,就要花费更昂贵的费用,因为全自动测量仪器,如干涉测量雷达、激光雷达,是无法达到昂贵的地面测量精度的。测量的精度越高、采样越密,数据获取的成本自然就越高,所以选取兼顾精度和成本的折中方案是十分必要的。但事实上并不存在一种科学客观性与实际应用折中的科学框架。

与科学标准相悖的另一个问题是 GIS 在辅助决策中的应用。基于多准则、应用 GIS 评估各种可行方案越来越常见。评估过程是决策人在会上通过严格的多准则权重判定方法和过程,最终达成一致的方案。最有名的一个决策方法是萨提(Saaty,1980)提出的层次分析法:所有利益相关者投票决定各种影响因素的权重,然后使用矩阵代数分析输出一系列加权系数。在此情况下,利益相关者对决策过程的满意程度是成功的关键因素。利益相关者一般会在理论上力求达到一个科学目标,因此只有他们相信这个方法是科学的才会满意,但就如同一个参与者不熟悉基本的矩阵运算一样,决策者并不清楚该方法的结果和过程是否科学。

最后,在通常意义上,科学标准意味着结果要有充分的证据,并可重复试验。现代科学多数是由一个团队合作完成的,每个成员可能是一个领域的专家,但没有一个人是所有领域的专家。而且现在计算机实际上也往往在扮演着一个团队成员的角色,尽管它的程序并不是由团队成员编写的。GIS 软件通常也不提供足够详细的文档供重复编程。因此,很多现代科学和GIS 应用都不满足可重复性的标准。

上述例子清晰地表明,现代科学,特别是应用于团队研究的 GIS,已经偏离了几个世纪前建立的适于单人手工研究的传统经院派方法论,当前亟需建立新的科学理论体系,以帮助现代的科学家们有效地应对需要大型计算、团队合作,并与外界决策人员密切交互的现实问题。

结论

1990 年代初涌现出来的对 GIS 的批判大部分已经被很好地解决了,还引发了一系列富有活力和具有建设性的争论。毋庸置疑,GIS 将从中获益,因为现在的 GIS 用户更关注 GIS 的社会意义和社会背景,也积累了大量重要的文献。他们关于现实世界的知识和社会批判,推动地理学家更好地引领 GIS 的应用,教育和说服其他学科的用户要同样了解技术与现实世界和社会的复杂关系。但在多数情况下,GIS 用户,特别是非科学研究领域的用户,对科学哲学的问题不感兴趣,这完全符合福瑟灵厄姆(Fotheringham)(第 22 章)和基钦(Kitchin)(第 2 章)的意见。

上一节提到了两个令人瞩目的问题。其一是不确定性问题,它在过去的 15 年中备受关注,至今仍然是一个重要的研究关注领域。但 GIS 开发商好像是把不确定性问题扫地出门了,除非市场需要,绝不会实现任何方法。目前许多 GIS 应用仍然存在着大量的不确定性问题,其结果必然也充满着不确定性。一个吹毛求疵的人曾经评价土壤图"含有现实中不存在的边界",虽然这个评价有点偏激,但哪怕是 GIS 最坚定的拥护者也不得不正视这个问题,不确定性被称为 GIS 的阿喀琉斯之踵(Achilles' heel),换言之,这个问题可能会引起整个 GIS 大厦的倒塌。

另一个问题是关于科学的方法论,GIS 偏离传统科学的可重复性以及严格意义上的客观性可能会带来危险。1970 年代末,统计课老师要求学生在上机前先用纸笔完成每一次测试,因为他们认为手算更有助于学生的理解。今天,类似的原则已经被淡忘了,现代社会充斥着计算器、拼写和语法检查、驾驶导航等设备,基于此,现在比以往更需要这些软件的详细文档,让人们明白这些日益复杂的"黑箱"内部的工作原理。

虽然有一些著名的例外情况,但在大部分技术中,GIS 是价值中立的,力求坚持客观性的原则。当然,GIS 也有社会性的一面,其发展依赖于先驱者坚实的思想基础,但这似乎又走向了另一个极端,把 GIS 看作一个社会结构,对所有的各种可能性给予同等的关注,然而它却距离科学标准已经很远了。

专栏 23.1　GIS 的力量

　　图 23.1 展示的是现代 GIS 技术的一个简单应用。图中的区域为加利福尼亚州圣地亚哥市,包括城区、教会湾、墨西哥边界和圣地亚哥乡村的部分地区。本图由所获得的几种数据叠加而成。通过网络连接,GIS 访问美国国家跨部门防火中心(NIFC)的 GeoMAC 野火信息系统,提取出 2003 年 10 月的主要火灾范围(雪松火灾横跨图像上部的大片区域)以及地形阴影和主要的高速公路。再连接到人口普查数据库,取出区域边界内的人口普查数据,并在图中用黑色标示。另外还得到了这些区域的所有公开发行的统计数据。因此,现在可以分析火灾与人口密度、房屋价值等因素的关系了。GIS 的功能体现在以下几个方面:(1)快速获取、检索复杂的数据集;(2)将不同数据集叠加进行对比分析;(3)可以使用多种统计或其他程序方法分析数据;(4)功能强大的可视化方法。这个例子的展示使用的是 ESRI 公司的 ArcGIS 软件(http://www.esri.com)完成的,发现和访问远程数据用的是地理网络技术(Geography Network Technology)(http://www.geographynetwork.com)。

图 23.1　GIS 技术在分析野火与人口普查数据关系方面的简单应用

参考文献

Burrough, P. A. and Frank, A. U. (eds) (1996) *Geographic Objects with Indeterminate Boundaries*. London: Taylor and Francis.

Cloud, J. and Clarke, K. C. (1999) 'Through a shutter darkly: the tangled relationships between civilian, military and intelligence remote sensing in the early U. S. space program', in J. Reppy (ed.), *Secrecy and Knowledge Production*. Occasional Paper 23. Ithaca, NY: Cornell University Peace Studies Program.

Craig, W. J., Harris, T. M. and Weiner, D. (eds) (2002) *Community Participation and Geographic Information Systems*. New York: Taylor and Francis.

Curry, M. R. (1997) 'Geodemographics and the end of the private realm', *Annals of the Association of American Geographers*, 87: 681—9.

Curry, M. R. (1998) *Digital Places: Living with Geographic Information Technologies*. New York: Routledge.

Fisher, P. F. and Unwin, D. J. (eds) (2002) *Virtual Reafity in Geography*. New York: Taylor and Francis.

Foresman, T. W. (ed.) (1998) *The History of GIS: Perspectives from the Pioneers*. Upper Saddle River, NJ: Prentice Hall.

Fotheringham, A. S. and Rogerson, P. (1994) *Spatial Analysis and GIS*. London: Taylor and Francis.

Goodchild, M. F. (1988) 'A spatial analytic perspective on geographical information systems', *International Journal of Geographical Information Systems*, 1: 327—34.

Goodchild, M. F. (1991) 'Just the facts', *Pofitical Geography Quarterly*, 10: 192—3.

Goodchild, M. F. (2000) 'Communicating geographic information in a digital age', *Annals of the Association of American Geographers*, 90: 344—55.

Goodchild, M. F. (2001) 'Metrics of scale in remote sensing and GIS', *International Journal of Applied Earth Observation and Geoinformation*, 3: 114—20.

Gore, A. (1992) *Earth in the Balance: Ecology and the Human Spirit*. Boston, MA: Houghton Mifflin.

Harley, J. B. (2001) *The New Nature of Maps: Essays in the History of Cartography*. Baltimore, MD: Johns Hopkins University Press.

Hearnshaw, H. M. and Unwin, D. J. (eds) (1994) *Visualization in Geographical Information Systems*. New York: Wiley.

Jankowski, P. and Nyerges, T. (2001) *Geographic Information Systems for Group Decision Making: Towards a Participatory Geographic Information Science*. New York: Taylor and Francis.

Longley, P. A., Goodchild, M. E, Maguire, D. J. and Rhind, D. W. (2005) *Geographic Information Systems and Science*, 2nd edn. New York: Wiley.

Maguire, D. J., Goodchild, M. E and Rhind, D. W. (1991) *Geographical Information Systems: Principles and Applications*. Harlow: Longman.

Maling, D. H. (1989) *Measurement from Maps: Principles and Methods of Cartometry*. New York: Pergamon.

McHarg, I. H. (1969) *Design with Nature*. Garden City, NY: Natural History Press.

National Research Council (1993) *Toward a Coordinated Spatial Data Infrastructure for the Nation*. Washington, DC: National Academy Press.

National Research Council (1999) *Distributed Geolibraries: Spatial Information Resources*. Washington, DC: National Academy Press.

Openshaw, S. (1991) 'A view on the GIS crisis in geography: or, using GIS to put Humpty Dumpty back together again', *Environment and Planning A*, 23: 621—8.

Openshaw, S. (1992) 'Further thoughts on geography and GIS: a reply', *Environment and Planning A*, 24: 463—6.

O'Sullivan, D. and Unwin, D. J. (2003) *Geographic Information Analysis*. Hoboken, N J: Wiley.

Peng, Z. R. and Tsou, M. H. (2003) *Internet GIS: Distributed Geographic Information Services for the Internet and Wireless Network*. New York: Wiley.

Pickles, J. (ed.) (1995) *Ground Truth: The Social Implications of Geographic Information Systems*. New York: Guilford.

Pickles, J. (1999) 'Arguments, debates and dialogues: the GIS — social theory debate and the concern for alternatives', in P. A. Longley, M. F. Goodchild, D. J. Maguire and D. W. Rhind (eds), *Geographical Information Systems: Principles, Techniques, Management and Applications*. New York: Wiley, pp. 49—60.

Plewe, B. (1997) *GIS Online: Information Retrieval Mapping, and the Internet*. Santa Fe, NM: OnWord.

Saaty, T. L. (1980) *The Analytic Hierarchy Process: Planning, Priority Setting, Resource Allocation*. New York: McGraw Hill.

Schuurman, N. (1999) 'Speaking with the enemy: an interview with Michael Goodchild, January 6, 1998', *Environment and Planning D: Society and Space*, 17:3—15.

Smith, N. (1992) 'Real wars, theory wars', *Progress in Human Geography*, 16: 257—71.

Sui, D. Z. and Goodchild, M. E (2001) 'Guest editorial: GIS as media?', *International Journal of Geographical Information Science*, 15: 387—9.

Sui, D. Z. and Goodchild, M. F. (2003) 'A tetradic analysis of GIS and society using McLuhan's law of the media', *Canadian Geographer*, 47: 5—17.

Taylor, P. J. (1990) 'GKS', *Political Geography Quarterly*, 9:211—12.

Taylor, P. J. and Overton, M. (1991) 'Further thoughts on geography and GIS', *Environment and Planning A*, 23: 1087—90.

Thill, J. C. (1999) *Spatial Multicriteria Decision Making and Analysis: A Geographic Information Sciences Approach*. Brookfield, VT: Ashgate.

UCGIS: University Consortium for Geographic Information Science (1996) 'Research priorities for geographic information science', *Cartography and Geographic Information Systems*, 23:115—27.

Wood, A. D. B. (1992) *The Power of Maps*. New York: Guilford.

Zhang, J. X. , and Goodchild, M. F. (2002) *Uncertainty in Geographical Information*. New York: Taylor and Francis.

第二十四章　人文主义和以人为中心的方法

保罗·罗德威(Paul Rodaway)

引言

人文主义对地理学实践产生了多方面的影响,其中最显著的是在 20 世纪下半叶,它作为一种反对实证主义社会科学的主要力量。既然表现为"人文主义地理学",它也就给地理学家们提供了重新评价人类经验重要性的机会。这是一种对于个人以及人与地方独一无二的主观体验的关注,是一种感觉和情绪的地理学,是一种参与式的地理学。人文主义地理学家们逐渐形成了一套与众不同的研究策略以及一系列以人为中心的方法(或是在原有方法基础上进行改进),从而对人地关系进行详尽而具反思性的理解,这是一门将世界作为家园的地理学(Tu-an,1974;1977;Relph,1976;1985;Seamon and Mugerauer,1985)。在反思了过去十多年的人文主义地理学之后,波科克(Pocock)曾试图指明它的关键特征:一种对于所研究的人和地方的感情相通(empathy)(或者说交流)、一种敏感和一种尊敬。

人文主义地理学家以唯心主义、存在主义,尤其是现象学(特别是海德格尔[①]、胡塞尔[②],梅洛·庞蒂[③]的研究工作)为支撑,发展到各种不同的程度。实证主义地理学家对事实进行详细记录,寻求普遍规律和因果解释;与之相反,人文主义地理学家们更加关注主观体验,特有的、独一无二的主观体验。它的重点是对人类和生活在世界上的意义的一种细致的解释和反思(Tuan,1979;Relph,1985)。人文主义方法力图阐述个体体验(及社会体验)和对地方(及世界)的感受,这种感觉存在于或者伴随于存在者生命整体性的流动之中,所谓"存在者"即我们(Heidegger,1983)。研究者们经常(或已经)深深地沉浸在他/她的研究中,而且这个研究影响

---

① Martin Heidegger(1889—1976),德国哲学家,在现象学、存在主义领域有重要影响。——译者注
② Edmund Husserl(1859—1938),德国哲学家,20 世纪现象学学派创始人。——译者注
③ Maurice Merleau-Ponty(1908—1961),法国著名的哲学家、思想家,是法国存在主义的杰出代表。——译者注

到他/她对自我的感觉,也影响到他/她对于世界的理解(Pocock,1988a:6)。没有什么"事实"是不受研究者的个人价值观影响的(Olsson,1980)。

我们注意到,"但是从方法论上说,人文主义关于现象学和存在主义的一些思想很难被转化成实践"(Hubbard et al.,2002:41)。不过,一些优秀的地理学家成功地发展了实践研究的方法论(如 Rowles,1976;Seamon,1979;Pocock,1992)。一些人文主义地理学家们采取自我反思的策略,这在实质上是"以研究者为中心的"或者说是完全依赖于研究者们对于文化文本、景象和实践的解释。它的重点放在详细解读和批判性反思上,旨在认识特定地方和社区的本质及独特性(如 Tuan,1974;1979;1993;Pocock,1981;Seamon,1985)。这种解释最终是一种个人化的东西,或许它告诉我们的关于所研究的东西与关于研究者自身一样多(Monaghan,2001)[1]。

以人为中心的方法论采用一种更加经验性的方法,而且已经被地理学家们逐渐发展起来,用以阐述和探究特定时间和地点下个人和集体的地理体验。直接的冲突、接触以及参与等等,这类方法都已经发展起来(如 Rowles,1976;Seamon,1979;Pocock,1996;Meth,2003)。当今的文章都是关注于这样一种作为实践方法的人文主义(Harper,1987)。

人文主义策略的特征

尽管涉及人文主义哲学,地理学家们并不倾向于采取一些特殊的哲学技巧,而是从实际出发,对现有的地理学、社会科学和人文科学里的研究方法作出一些改变。因此,它的关键特征,也即它的研究手段之一,是对研究主体的选择、对证据的定义和以阐述事实为基础。

在这个研究策略的基础上,有三个基本的相互关联的观点:

• 期望避免深刻的先入为主的观点(概念、理论),并且能捕捉到"回到事物本身的东西"(Husserl,1983)。现象学哲学家海德格尔这样描述这种方法或者说这种态度,"事物的样子要由它自己表现出来,表现方法是自我表现"(Husserl,1983:58)。这种态度的基础是谦逊、尊敬和与世界的感情相通(Pocock,1988a;Relph,1985;Tuan,1971)。

• 所有有意义的知识,都是随着人类的"意向性"(intentionality)而产生和结束的,那么从这个意义上说,一种本质上以人类为中心的或是以人为中心的方法必然都是主观的。换句话说,我们对世界的认识来自于人类的意识以及我们与其他构成个人和社会日常环境(或者说"生活世界")的事物(客体、人、地方)之间的联系。我们通过与那个充满感觉和情绪、记忆和期望的世界的有意识的联系,形成了对这个世界的认识。要在这个世界中维持一种客观而超然的态度是不可能的。我们和我们所研究的内容相互影响。

• 理解从本质上说是整体的,但是当研究者试图去鉴别我们"存在于世(being-in-the-world)"和"居于世(dwelling)"的复杂性时,它就变得有片面性和含蓄性(Heidegger,1983)。因此人文主义地理学家对复杂而充满活力的整体——经历、地方和生活世界十分感兴趣。

如波科克(Pocock)总结的这一策略:

> 人文主义者不接受这样一种二元论:有一个外部的客观世界和一个内在的主观世界或主观表述。这个世界是一个"用于生活的世界"(lived world),它所表现出来的样子就是它本身,而不承认那种认为思想创造了自身世界的唯我论(solipsism)。由于存在多源性的(multiple-emergent)世界和事实,只能整体地来进行研究。再者,人文主义者不认为认识者和被认识者构成一种不连续的二元论;相反地,他们之间不可分离,并且互相作用、相互影响。因此,任何的调查研究都是受价值观限制的。(Pocock,1988a:2)

从很多方面说,以这种方式来理解的人文主义的形成是一种方式或者态度,而不是一系列具体和独特的以人为中心的方法。它强调整体论、参与、感情相通、阐述、归纳、证实和信任。

所以,人文主义地理学家改变、发展了一些已有的方法论——尤其是参与式观察、深度访谈以及以群组为基础的方法——辅以对文本、图像和文化实践的解释性阅读,以及将自身的参与作为所研究世界的一部分,并批判性地反思它们作为被研究世界的一部分的"自身参与性"。

感情相通和体验性认识

在几年中,道格拉斯·波科克(Douglas Pocock)通过一系列感情相通和体验性的研究策略对地方召唤(place evocation)进行了探索。其中的例子包括制作一盘名为"有大教堂的城市的声音肖像"的录音带(Pocock,1987;1988b),结合到"凯瑟琳·库克森镇"(Catherine Cookson Country)游览的经历(Pocock,1992),开展实地训练以激发学生们对于环境的体验参与和理解(Pocock,1983)。在他对实践方法和以人为中心的方法的长期推崇之下,体现出的是这样一种信仰:"一种关注通过感情相通或者交流获取知识的心灵认识论,它建立在一种亲密的接触和亲密的感觉之上。"(Pocock,1996:379)

这种个性化的方法大致在他对达勒姆大教堂的加利利礼拜堂的延伸研究中得到了最强有力的阐述(Pocock,1996)。他的方法基于现象学研究,但却是实用的、兼容并包的、自省的。这个项目的核心是二十多年的漫长探索过程,收集整理"个人日记",其中的"话语和文本是私人化的东西,代表一种强烈的要求,要向外界表达出无数的内心感受和冲动"(Pocock,1996:384)。通过对与这个礼拜堂的历史和意义有关的文献的阅读,反复地参观和思索,以及对其他参观者进行观察并与之交流,波科克投入到了"这个地方独一无二的特性"之中。

这种感情相通和体验上的认知要求尊重、耐性和批判性的反思,这取决于个人的体验、对文献的掌握以及观察力。这是一种对真正的知识的追求。波科克的方法是整体的、经验的、私人的(从官能上和情绪上来说)和(自我)反思的(亦见 Pocock,1983)。它没有试图强制推行或者检验先前的理论,也没有去寻找一种客观的超然状态,而是追求"参与"或者投入到那些现象中,通过研究者自己的参与,帮助或者准许将地方召唤呈现出来,从而找到它。波科克在文章的后记中写道:

> 加利利是我的世界⋯⋯我的简单描述表现的是一种通过相互理解而逐渐发现真知的个人经历:世界如何呈现给我取决于我是怎样向它敞开的。这种共享的结果是一种社会建构。我是一个常人,有着特定的文化和语言;反之加利利是一个八百多年来悬浮在意义之网中的世界。(Pocock,1996:384)

尽管研究者在这个过程中成为了一种渠道,现象(在这里是加利利教堂的地方特性)通过这种渠道展示给我们,但研究者们依赖的更多的是证据而不是个人对空间的体验。波科克所依据的是有关加利利教堂的历史和传统的文本,以及对其他来到这个空间的行为者或者参观者的反应的观察。然而,在这种方法里,研究者是十分主观地参与进来的,并且"我被改变了而且变得更充实了"(Pocock,1996:384)。教堂与其说是一个研究客体,被设定在一个客观的距离上,倒不如说是一个研究者参与其中并与其紧密关联的主体,"一个我愉快地服从的主体"。因此,这种关系是亲密的、参与式的、相互的、需要尊重和耐性的,来使"教堂在特定的时间内以自己的方式把自己展示出来"(Pocock,1996,384)。

研究者们不是试图验证一种先验的理论,而是去证明一个地方的特定知识是真实的。因此,波科克用了很多不同的词汇来形容他的文字,说它们是一段小品,一篇译文或是一种解释。而且他认为其是否成功必须由"它所传递、说明或证实的在某处的存在感的程度"来评判,"于是,对于作者和读者来说,文字与世界之间的对比正是挑战之所在"(Pocock,1996:384)。他将他的作者身份形容为"大概是首先要与自己交谈,言语中描述着所指的世界,也描述着自己"(Pocock,1996:385—386)。与其他人文主义地理学家一样(尤其是 Tuan,1999;Rowles,1976),他从根本上将这种方法看作是发现世界、也是发现自我的一种旅程。从某种意义上来说,撰写研究论文的过程也是矛盾的,而且有潜在的破坏性,因为具体到特定的(部分的或者某些时候的)观察活动,它不可避免地带来某种程度的固定化、特权化和客体化。换句话说,由现象学激发出来的关于地方动态的、真实的知识或理解,是在与地方的亲密性和对地方的不断反思中出现的。虽然书面的形式也能提供一种共享这些知识和理解的渠道,但是在可靠性上不及实际的参与。

波科克认为,与作者分享他们的职权(authority)的不仅是主体(如前面所提到的),而且也包括"参与并活化这些文字的读者们"(Pocock,1996:386;1988a)。因此真理总是以一种自然发生的、不明示的或者不完全的方式表现出来,任何文字的记录(比如研究论文)就其本身来说不可能是绝对可靠的陈述,而是一篇概要,一种工具,使读者参与到反思和证实的旅程中。这种工作将知识描述成一种过程而不是一种成果,并阐明了研究者/作者和读者/解释者所需具备的最基本的谦逊和尊重。方法论上的核心是通过对加利利教堂的重复的参观、观察、沉静地冥想和反思,体验性地、亲密地投入空间之中。这不是一种快捷的过程,而是需要人反复地参观,花时间沉浸在地方的"感觉"中。对方法的补充是阅读有关这个地方历史和意义的文本,而不是去鉴别要检验的"理论",不要在观点中加入一大堆先入之见,只需将反思和理解的合理路线贯彻到底。判断的标准就是要让现象揭示自身,"向我们诉说自己"。取代具体技术的观察和解释方法的是,我们对于亲密性的感知有一些原则——耐性、尊重、观察、倾听、反思和证实。

人际认知以及参与式方法

波科克的研究工作阐述了一种本质上个人的体验性参与和自我反思策略。一些地理学家们已经试图采取一种更为社会性的方法,与个人和人群相联系。这些参与式方法吸收了深度访谈、群组讨论和反思记录等研究手段,使之成为主要的来源(Rowles,1976;1978;1988;Seamon,1979;Roadway,1988;Harper,1987)。在这里,我们通过一个共享知识或者"人际认知"(interpersonal knowing)的概念,寻求一种真正的理解。

格雷厄母·罗尔斯(Rowles,1978:175—176)注意到这样一个窘境:主观认知最终无法触及,因为它是处于个人的情感水平上的,而客观认知又经常是极度抽象和概括性的,因此与实际经验有一段距离。根据马斯洛①的说法,他认为存在第三种模式的认知:人际认知。比如说,两个朋友互相了解,两个人相互爱慕,父母了解孩子或者孩子了解父母(这并非总是相互的)。在这里,关键的特征是认知是自然发生的,是不完全(partial)的,它处在认识者和世界(客体或者存在)之间的关系中。它通过日常活动、人际关系、谈话、姿势和行为而存在。认知者倾心于他们所认知的东西。他们参与到已知的知识中,被其影响并影响着它们。在这里不存在距离或者隔阂,有的只是一种亲密和参与。这是一种感性的和情绪化的东西。所了解的东西,就和表达的或者所能表达的东西一样,是一种感觉。人际认知这一概念的核心是感情相通、直觉和感觉。在罗尔斯的方法里,传统的研究者(认识者)和主题(被认识者)之间的等级关系已经被打破了,研究过程成了这种合作关系中的一部分。信任和友好是研究者和参与者关系之间的重要部分。罗尔斯把他和一个参与者斯坦(Stan)之间的关系描述为"亲密的朋友",

---

① Abraham Maslow(1908— 1970),美国人文主义心理学家。他的需求层次理论(Need-hierarchy theory)最为人所熟悉。——译者注

包括一起购物、在酒吧喝上几杯、甚至在斯坦自己家正式交谈来深入"研究"。这种亲密的关系反映在斯坦的去世对罗尔斯的影响上，那是一种"我的人类感情和研究目的"之间的冲突。

在《空间的囚徒：探索老年人的地理体验》(*Prisoners of Space：Exploring the Geographical Experience of Older People*)(Rowles, 1976)一书中，罗尔斯运用了一种明确的人文主义的和以人为中心的方法论。特别的是，他的工作挑战了将研究者作为认知主体而将老年人作为研究和记述客体的观点；相反，他对一组老年人进行个别的研究工作，采用深度访谈技术、参与式谈话、分享记忆、尾随观察日常生活，以及作为一名留心的参与者等方法来进行研究。他设法剔除掉有关老年人地理(社会)体验的文献所带来的先入为主的观念，尝试着从老年人所感知和所经历的东西去理解他们的体验。他的兴趣不仅仅在于通过一种人际认知形式来获得真实可靠的理解，而且是要通过对家庭中或邻里间——也就是"生活世界"中的个体的研究，来实现一种整体的方法。这个研究过程的关键是友爱和信任。在详细记述他的研究时，他记录了一些小插曲，来描述五个参与者每个人与众不同的特征、生活世界以及经验。

罗尔斯(Rowles, 1976)把自己的研究方法形容为归纳性的，是将日常生活中通过谈话和观察而形成的证据与参与者对这些证据的反思拼凑起来。为了试图证实自己对他们生活的理解，罗尔斯没有企图让自己的理解和先前的学术文献(理论)相一致，他采取了两种基本的策略。通过参与者的体验和反思，他寻找着一种一致性和共同的主题，并且尝试着与参与者们分享自己的理解，以提炼、发展或者说是协商出一个真实可靠的理解。换句话说，研究过程不仅仅是归纳性的，同时也是协商和反思的，需要内心的反馈和提炼，来确定最重要的主题思想。他试图从他所遇到的人的"文本"中，从老年参与者的体验和反思中以及他们每个人的"生活世界"中，获得他全部的或是主要的理解。为了减少对研究者的解释和翻译带来的曲解，他使用了参与者自己的语言表达，然后将"结果"返回给参与者来进行反馈和提炼。罗尔斯把自己的角色定义为翻译者——一个波科克也用到了的定义。他把整个过程形容成开放式的关系，不带有任何故意以使"污染"降低到最小，并强调观念的共享。这种研究互动称为"一种互相的创造性过程……因此我的工作是在一个有一致概念的框架内，翻译这些文本，提炼最重要的地理主题"(Rowles, 1976：39)。

为了把工作从研究个人生活世界再向前推进一步，他建立了一种感知模型。这个模型由具有四种特质的识别组成——时空交织的、物质的和认知的、同属于一个邻里的，以及替代环境中的同感参与。这些经验上的形式相互重叠，在每一个参与者的生活世界中的配置是动态的、唯一的。但是，在鉴别这些行为、定位、感觉和幻想的形式时，罗尔斯没有把这些表达成某种抽象的理论或模型，而是搭建出一种用来简单勾勒出有他个人特性的线条的动态框架，或是在未来反思性地参与人与地方的探寻活动的等势线上找到一个点。罗尔斯是这样来总结他的方法的："这种研究策略的精髓是对亲密的要求。我与五个老年人之间建立起牢固的联系。我的结论来源于与这些个体将近两年的接触。"(Rowles,1976:xviii)他与参与者们最密切的互动关系持续了大概六个月,这种参与性体现出了研究方法的共享性、阐述性和真实可靠性。

人文主义策略的反思

波科克把人文主义方法描述成"主要依靠研究者的直觉和创新精神。因此,成败依赖于个人能力和个性,这在常见的研究中是不可想象的。人文主义工作的反思性是对个人而非对社会而言的。它也是以个人为中心的,将个人和人类能动性提高到社会结构之上"(Pocock,1988a:5)。它不依赖于结构上的解释,而是采用人际认知和群组反思方法(如 Seamon,1979;Roadway,1987;1988);因此有的人主张,以人为中心的方法也可以是社会性反思的。然而,从根本上来说,人文主义策略中以人为中心的方法意味着知识或者认知是主观的,存在于研究者和被研究事物的关系之中。虽然人文主义地理学家们通过批判性的自我反思、感情相通、人际认知以及与研究对象的互动,声称这是"真正"的知识,但是最终还是得依靠研究中人际关系的质量以及研究者的正直和诚实。

对于人文主义地理学家们来说,知识不是被生产的,也不是依靠检验可重复现象可以获取或者了解的客体。它是一种过程,它通过参与来了解(或是逐渐了解)。它一直是并且已经是主观的、片面的和自然发生的。研究者必须对研究过程和他们在这其中的角色不断地批判性反思,不断地完善整个研究环境中某种特定的方法。

对研究发现进行详细描述也是很有问题的,因为它是一个使将要被"认识"到的事物客观化并赋予其固定性的过程,而且它与研究过程中所涉及的现象的流动(living flow)是相分离的、不连续的。人们已经找到了一些方法来避免这种情况出现。有一些研究者试图将他们的"发现"反馈给主体,使他们也参与到解释和对研究"报告"进行"鉴定"的完善过程中来(Rowles,1976;Roadway,1987)。其他一些研究者也尝试着来"鉴定"自己的研究发现,他们延伸自我反思,或者与读者交流,来继续反思并根据自己的体验来鉴定这个过程(Pocock,1988a;1996)。

人文主义地理学家所建立起来的以人为中心的方法因其明确的主观性而受到批判。然而,如一些人文主义地理学所提到的,重要的是"对论证的适当检验"(Pocock,1988a:6)被用于评价研究"成果"。因为它只是被定义为一种不断的、不完全的认识过程,并且存在于研究者和研究现象(包括研究主体和读者)的关系网络之中,任何对于"成果"的评价都是基于特定情境的、是片面的(或许可以叫作"阶段性"成果)。实证主义科学通过与事先形成的一套概念、理论和先前的研究结论(如在其他时间、地点,由其他人来实施)进行对比来检验结论,这对于评价感情相通、体验性的和人际间的认知这类证据是不适用的。对结果的评价必须考虑到研究者的特点和能力,研究者和研究现象(环境、主体等等)之间建立起来的关系属性以及得到这些"成果"所采取方法的详细设计和实施过程(也要考虑成果是如何整理和表达出来的)。

　　人文主义地理学家从现象学中也充分利用了"原真性"(authenticity)这个术语。在这里,"论证"或是真理的概念是在以生活世界中的主观的人类关系、在人际认知中的实践参与以及在日常生活实践中"创造意义"的连贯性这些方式中确立的。很难界定原真性,但是在生活的体验中,在感情相通或者了解现象本身的真实的意义中确立了原真性。波科克把它描述为"主体间的确立","最终的检验一方面要看成果是不是可信(对于那些符合常理的因素来说),另一方面要看它是不是能传授知识的、是不是确实的(对于那些出乎我们意料的因素来说),以及它是不是对读者做了什么"(Pocock,1988a:7)。换句话说,那些发现或者研究报告是把读者带入一种与人(性格)、空间(地方)和揭示的体验之间的情感的参与,还是一种对它们的认识? 类似于对美学的启迪一样,哪一个给"现实"带来了更深刻的涵义? 更技术性地来说,对于原真性的"检验"不是要对抽象事实或者因果关系的确认,而是一种证实(confirmation)和断言(assertion),最终是一种对于整体性——这个最重要的地方特质的分享,即对地方、地方的人以及地方的生活世界的分享。原真性的最终检验不在于抽象的研究结论(和特定的理论),而在于研究对象(是否反映了他们的生活和处境)和读者们(特别是那些同样对感情相通、体验和人际关系进行这种详细深入研究的科学家们)的回应。

　　对特殊性、独特性以及突发性事件的关注不可避免地会影响到对人类境况和地理学进行更广泛理解的概括及推断。然而,人文主义者恰恰尝试着对可能参照其他情况"鉴定"出来的内容提出更广泛的见解。比如,西蒙(Seamon,1979)识别出从深入式到脱离式环境参与的连续区,罗尔斯(Rowles,1976)将他的见解归纳为四种感觉形式;雷尔夫(Relph,1976)建立了一种地方体验的内部性/外部性的地志学。但是这些概括都不是试图去确定某种规则或者因果关系,它们也不是要被验证的理论,而是充当了总结的角色,来告知将来的批判性反思。这也许在表面上会冒为将来的研究预先设定框架的风险,但是每一个研究者都会热切地去强调得到那些见解的特定环境以及他们的"成果"的暂时性本质。以人文主义观点来看,所有对真理的断言都是主观的,都与他们认识的特定环境相关。实证主义者也许是从统计的推论,特别是从重复的现象中来推测"真理"。人文主义者更倾向于从案例研究中来传达一种"合乎逻辑的推理"。波科克认为:"这不是用个别来代表一般的问题,而是一般并不适用于个别的问题"(Pocock,1988a:6)。

人文主义地理学之外

　　人文主义地理学在当代的延续还是关注于以人为中心的方法论——自我反思和传记式策

略的运用(如 Kruse,2003),特别是参与式观察方法(如 Mabon,1998)、深度访谈和焦点群体访谈(各种方法详见 *Area*,1996)。

女性主义地理学家已经开始利用包括定量的和定性的多样化的方法,但是也会充分利用自我反思和感情相通等策略(如 Women and Geography Study Group,1997)。"激进主义"地理学家们投身于以人为中心的方法论,探索与人及地方的直接参与,把研究者看成是能够引发变化的政治角色(如 Ticknell,1995;Routledge,1997)。然而,这项工作根植于不同的多样化的哲学以及研究传统中,比如情境化知识(situated knowledge)(Rose,1997)、扎根理论(grounded theory)以及行动者—网络理论(actor-network theory)。

虽然这些"新兴的"地理学已经抛弃了对现象学和其他人文主义哲学的参考,但是在很多方面,人文主义地理学家打开了一扇门,引入了关注主观体验、感受和意义的重要性。某种程度上,通过这个早期的以人为中心的方法,一系列新方向变得合理了:

- 对研究者作为参与的能动体角色的批判性反思;
- 为了满足所设定的研究背景的具体需要,采取谨慎的折衷主义和对方法论进行修改;
- 将研究作为对主体授权过程的一种可能性;
- 把知识的参与作为一种过程(连带的、前后联系的、情境化的、政治的)。

重新回到罗尔斯的工作,维多菲尔德最近让地理学家们回想起反思和研究者及研究对象之间的情感关系的重要性。她认为:

> 尽管近来的趋势是偏重更加定性化和反思性的研究,但是对最近研究过程的讨论和批评几乎不涉及对于研究者的情感是如何影响这一过程的详尽的调查。好像我们已经变得太关注自己能多大限度或实际上是否能去代表和明确表达"他者"的体验和感情,以至于忘了或者根本不去考虑表达自己。(Widdoefield,2000:205)

以人为中心的方法论包括了实施研究中主观性的方面、人的参与的明确性以及研究是如何传播和共享的重要性。

注释

1. 在人文主义地理学中比较少见的是一种更加传记式的反思性文章,在这种文章里,地理学家们考虑的是他们自己的体验(如 Hart,1979;Tuan,1999)。

参考文献

Area(1996)'Focus Groups',*Special issue*,28(2):113—14. Introduction by J. Goss,with following articles by

Goss,Zeigler,Burgess,Jackson,Longhurst.

Harper,S. (1987)'A humanistic approach to the study of rural population',*Journal of Rural Studies*,5:161—84.

Hart, R. (1979)*Children's Experience of Place*. New York:lrvington.

Heidegger,M(1983)*Being and time*. Oxford:Blackwell.

Hubbard, P. ,Kitchin,R. ,Bartley,B. and Fuller,D. (2002)*Thinking Geographically:Space,Theory and Contemporary Human Geography*. London:Continuum.

Husserl,E. (1983)*Ideas Pertaining to Pure Phenomenology*,trans. E. Kersten. The Hague:Martinus Nijhoff.

Kruse,R. J. II(2003)'Imagining Strawberry Fields as a place of pilgrimage',*Area*,35:1 54_62.

Mabon,B. (1998)'Clubbing',in T-Skelton and G. Valentine(eds),*Cool Geographies: Youth Cultures*. London:Routledge,pp. 266—86.

Meth,P(2003)'Entries and omissions:using solicited diaries in geographical research',*Area*,35:195—205.

Monaghan,P(2001)'Lost in place',*The Chronicle*,1 6 March. www. chronicle. com/free/ v47/i27/27a01 401. htm.

Olsson,G. (1980)*Bird in Egg:Eggs in Bird*. London:Pion.

Pocock,D. (ed.)(1981)*Humanistic Geography and Literature*. London:Croom Helm.

Pocock,D. (1983)'Geographical fieldwork:an experiential perspective',*Geography*,68: 319—25.

Pocock,D. (1987)A Sound Portrait of a Cathedral City,tape recording. Presented to the Institute of British Geographers Annual Conference,1987,Department of Geography, University of Durham.

Pocock,D. (1988a)'Aspects of humanistic perspectives in geography',in D. Pocock (ed.),*Humanistic Approaches to Geography*. Occasional Paper(New Series)22, pp. 1—11. Department of Geography,University of Durham.

Pocock,D. (1988b)'The music of geography',in D. Pocock(ed.),*Humanistic Approaches to Geography*. Occasional Paper(New Series)22,pp. 62—71. Department of Geography, University of Durham.

Pocock,D. (1992)'Catherine Cookson Country:tourist expectation and experience' , *Geography*,77:236—43.

Pocock,D. (1996)'Place evocation:the Galilee Chapel in Durham Cathedral',*Transactions of the Institute of British Geographers*,21:379—86.

Relph,E. (1976)*Place and Placelessness*. London:Pion.

Relph,E. (1985)'Geographical experience and being-in-the-world: the phenomenological origins of geography',in D. Seamon and R. Mugerauer(eds),*Dwelling,Place and Environment*. Dordrecht:Nijhoff,pp. 15—32.

Rodaway,P. (1987)'Experience and the everyday environment:a group reflective strategy'. Unpublished PhD Thesis,University of Durham.

Rodaway,P. (1988)'Opening environmental experience',in D. Pocock(ed.),*Humanistic Approaches to Geography*. Occasional Paper(New Series)22,pp. 50—61. Department of Geography,University of Durham.

Rose, G. (1997)'Situating knowledges: positionality, reflexivity and other tactics', *Progress in Human Geography*, 21:305—20.

Routledge, P. (1997) 'The imagery of resistance', *Transactions of the Institute of British Geographers*, 22: 359—76.

Rowles, G. (1976) *Prisoners of Space: Exploring the Geographical Experience of Older People*. Boulder, CO: Westview.

Rowles, G. (1978)'Reflections on experiential fieldwork', in D. Ley and D. Samuels (eds), *Humanistic Geography: Problems and Prospects*. London: Croom Helm, Chapter 11.

Rowles, G. (1988)'What's rural about rural ageing? An Appalachian perspective', *Journal of Rural Studies*, 4:115—24.

Seamon, D. (1979) *A Geography of the Lifeworld*. London: Croom Helm.

Seamon, D. (1985) 'Reconciling old and new worlds: the dwelling-journey relationship as portrayed in Vilhelm Moberg's "Emigrant" novels', in D. Seamon and R. Mugerauer (eds), *Dwelling, Place and Environment*. Dordrecht: Nijhoff, pp. 227—46.

Seamon, D. and Mugerauer, R. (eds) (1985) *Dwelling, Place and Environment*. Dordrecht: Nijhoff.

Ticknell, A. (1995) 'Reflections on activism and the academy', *Environment and Planning D: Society and Space*, 13: 235—8.

Tuan, Yi-Fu (1971)'Geography, phenomenology and the study of human nature', *Canadian Geographer*, 15.

Tuan, Yi-Fu (1974) *Tophophilia*. Englewood Cliffs, N J: Prentice Hall.

Tuan, Yi Fu (1977) *Space and Place: The Perspective of Experience*. London: Arnold.

Tuan, Yi Fu (1979) *Landscapes of Fear*. Minneapolis, MN: University of Minneapolis Press.

Tuan, Yi-Fu (1993) 'Passing Strange and Wonderful'. *Aesthetics, Nature and Culture*. Washington, DC: Island/Shearwater.

Tuan, Yi Fu (1999) *Who Am I? An Autobiography of Emotion, Mind and Spirit*. Madison, WI: University of Wisconsin Press.

Widdowfield, R (2000)'The place of emotion in academic research', *Area*, 32(2): 199—208.

Women and Geography Study Group of the Institute of British Geographers (1997) *Feminist Geographies: Explorations in Diversity and Difference*. Harlow: Longman.

第二十五章　改变世界:地理学、政治行动主义和马克思主义

迈克尔·萨默斯(Michael Samers)

> 哲学家只是用不同的方式解释世界,但问题在于改变世界。
>
> ——马克思:《关于费尔巴哈的提纲》,第 6 页

引言

本章将阐述地理学、政治行动主义和马克思主义之间的关系。虽然当今极少地理学家认为自己是马克思主义者,但是不少地理学家认为自己是行动主义者,或者至少受到其他行动主义的影响。在这里,我的目的是显示马克思主义如何能够、如何从事、如何应该告诉大家现实世界里的实际干预活动。我并不是在给潜在的行动主义者提供"蓝图",也不是勾勒马克思主义的轮廓(这在本书的第 5 章已经完成了)。而且,从整体上论述行动主义的文献已经很多,我关注的只是按照马克思主义传统工作的地理学家的一些有限的贡献。因此,在本章第一部分,我将回顾对马克思主义常见的批评,并为之辩护。在接下来的部分,通过讨论大卫·哈维所称的"辩证的、时空的乌托邦主义",为马克思主义地理学的行动主义重新打下基础。紧接着我要探讨马克思主义地理学行动主义的定义,并讨论在学术工作与行动主义之间艰难前行中所遇到的一些闪光点和常见错误。

保卫马克思

地理学中的马克思主义和后马克思主义

这一部分我的目标是关注一些"后马克思主义者"或"后现代"左派对"老的"或者"现代"左

派的反对。后者对马克思主义的一些原理作出了一定的贡献,而且关注阶级不平等和政治经济学(Castree,1999a;Chouinard,1994;Corbridge,1993;Fraser,1995;Laclau and Mouffe,1987;Sayer,1995)。在回顾主题之后,我将为马克思主义进行一定的辩护。

首先,后马克思主义(或后现代左派)对老的(或现代)左派提出的批判认为,后者只通过阶级话语进行分析,抹去了"差异"(这个词一般指的是个人或人群之间的文化差异)。他们反对的不是阶级本身的重要性,但是反对阶级通常只代表白人男性、异性恋、身体健全的工人阶级(通常在工厂工作),排斥了其他类型的压迫,也排斥了基于种族、民族、性别、性征、年龄、能力等因素,及发生在不同地点(例如"家庭"而不单是工厂)的"认同政治"。实际上,在关注工厂这方面,后马克思主义/后现代左派同样批判马克思主义过于关注生产,而没有适当关注消费(消费和认同的问题紧密联系)。政治理论家南希·弗雷泽(Fraser,1995)解释说,社会理论通常痴迷于认知问题(就是认识到特定的"文化"身份或者文化利益)而非再分配中的利益损害问题(不平等和财富的重新分配,或用马克思主义的术语来说,就是剩余价值)。其次,在后现代环境思想中,很多人认为马克思主义没有主张与自然更"可持续的"对话,是一种导致了人类对非人类世界的统治地位并痴迷于"生产主义的(西方)哲学"。后者指的是一种工人赞同增产以为自己提供工作的政治哲学,而非一种更具革命性的姿态。第三,他们认为像马克思主义这样的理论是"上帝的把戏"[女性主义历史学家唐娜·哈拉维(Donna Haraway)的用语],即试图通过不确定的、分离的、不具形体的"科学对象"来了解这个世界。换句话说,许多地理学家不想再追求"大一统理论"(大一统理论就是试图通过一条原理来解释万物的"宏大的"或者"总体的"理论)。但是,为研究者的立场所情境化的知识(所谓的"情境化知识")应该是清晰的、"可定位的"。梅里菲尔德(Merrifield)认为:"在这样的环境下,知识总是嵌入特定的时间和空间中;知识不是观察来自虚无的万物而是观察源于某些地方的某些事物"(Merrifield,1995:51)。第四,马克思主义消极地与"实际存在的社会主义"联系在一起。后者就是曾经在东欧和1989年之前的苏联出现的政治经济系统,还有他们以社会主义的名义为象征的非民主的、独裁的、压迫的政权。如史密斯所写的那样,"许多人不再认为革命性的变革是可实现的、真实的甚至是必需的"(Smith,2000:1019)。

对批判的回应和对马克思主义的简短辩护

大部分非马克思主义的人文地理学家(当然还有其他领域的学者)指出的马克思主义的局限性是没有问题的,但是在这样做的同时,他们也抛弃了马克思主义对构建行动主义地理学仍然有用的那一部分。在下文讨论这一问题的时候,我会对前文讨论的对马克思主义的批评进行辩护。需要重申的是,对马克思主义分析的第一个批评是关于其"只有阶级"(class-alone)的解释,但与此同时,人文地理学家似乎越来越少论及阶级。经济地理学家雷·哈德森(Ray

Hudson)认为:"最重要的是要强调我们生活在一个资本主义社会关系占据统治地位的世界,生产是为了盈利,阶级与阶级不公平仍然存在,财富的分配仍然重要。"(Hudson,2001:2)哈德森对世界的状态没有疑问,但是他提及的"阶级"和"阶级不公平"至少值得注意。实际上,我们必须关注阶级这个概念,不仅因为"无阶级"社会的概念如此普遍深入人心,还因为这涉及前文讨论的对"只有阶级"话语的反对。

阶级和阶级斗争的问题

马克思没有提出任何关于阶级斗争的系统理论,也没有提出明确的阶级的概念,更没有如史密斯(Smith,2000)声称的,在其分析中特别重视阶级,尽管人们对于他著作的印象是"以阶级为中心的"。这些是留给马克思主义者,而不是马克思自己去详细说明的。在这方面,匈牙利的马克思主义者捷尔吉·卢卡奇[①]区分了"自在阶级"(class-in-itself)和"自为阶级"(class-for-itself)。自在阶级暗示人们通过与"生产工具"的关系、对劳动力过程的控制和在剩余价值提取中的位置组成了阶级(如工人阶级)(本书第 5 章)——这也被称为他们的"客观的阶级条件",与他们政治上是否在表现为一个"阶级"无关。自在阶级这个概念注定要饱受争议。首先,如我在前文已表明的那样,马克思主义的阶级分析一直是女性主义地理学家攻击的目标,因为其忽略了性别和性征。确实,在传统马克思主义范畴内,那些不领取工资的家庭女性劳动力无法组成一个阶级,因而在马克思主义的分析中也不占地位。

马克思的阶级分析还有其他的弱点和"沉默"之处。在这方面,地理学家理查德·沃克(Richard Walker)和社会学主义地理学家安德鲁·塞耶(Andrew Sayer)在他们的书《新社会经济学》(*The New Social Economy*)(Sayer and Walker,1992)中指出,阶级研究忽略了"劳动力的分工"。(所谓"劳动力的分工"也就是工种的专业化,既可以指不同家庭、公司、人群等等之间的分工,即"劳动力的社会分工",也可以指某个工厂之内的分工,即"劳动力的技术分工"。)塞耶和沃克坚持认为,劳动力分工以各种形式作用于阶级的形成,阶级在资本主义的历史中反过来也塑造了劳动力分工。因此,"人们不应该固步自封于一个僵化的阶级的定义,因为它会阻碍历史的发展"(Sayer and Walker,1992:22)。这必然对"自为阶级"产生一种暗示。因为总是变化的劳动力分工将工人通过年龄、性别、种族等等区分开来,这意味着他们有着极其不同的阶级利益——这一点马克思主义者们曾经忽略或者拒绝承认。今天,大部分马克思主义者大概都同意全球的工人阶级是多样的、破碎的,性别、种族等因素并非简单地与"阶级"叠加,他们认为阶级首先是通过这些不同维度构成(建构)的(Blunt and Wills,2000;Sayer and Walker,1992)。先不管那些尝试在分析上将阶级和其他维度分离开的工作,我们认为一个人

[①]　György Lukács(1885—1971),匈牙利著名理论家和社会活动家,西方马克思主义创始人之一。——译者注

处于不利地位的原因之一在于,其种族和性别的编码、国籍身份、地方口音和着装风格把他的身体标记出来了。

　　将这些铭记于心之后,我们下面将转向卢卡奇的第二个概念:"自为阶级"。这个概念的含义是,"工人阶级"据此认识到他们自己是政治性组织。在这一方面,许多人注意到"阶级"这个概念已经过时了,因为传统的工业(阶级)斗争已经减少了。有充分的证据可以认为,这种类型的工业政治活动(发动特定地点的工人),即在发达的经济体中时不时打断工业生产的活动,在1980年代末之前已经衰退了。但是不能说阶级斗争已经消失了(我写到这里的时候我所在的大学的学员正在计划一次罢工),简·威尔斯(Jane Wills)和安德鲁·赫罗德(Andrew Herod)这样的地理学家已经揭示了这样的斗争有多大的弹性(Wills and Waterman,2001;Herod,2001a)。还有其他的原因让我们怀疑阶级斗争是否已经终结。首先,虽然生产指令、生产控制、广告、市场还有大部分跨国产品仍然处于发达国家的经济中,但是许多反对跨国公司的(工业)罢工活动转移到了"全球化的南方"(即所谓的"第三世界"国家)。结果就是,对于发达国家经济的观察者来说,资本主义之下的工业阶级斗争(英国前首相托尼·布莱尔所说的"1970年代的坏日子")似乎已经消失了。其次,阶级斗争有许多形式,与我们那些和传统生产斗争联系在一起的形式有了区别。阶级斗争可以包括多议题、反全球化、反资本主义的抗议活动(如西雅图和热那亚所发生的事件,以及伦敦传统的"五一"劳动节的示威活动)。类似地,传统的阶级斗争渐渐难以同所谓的"社会运动"区分开来。社会运动指的是围绕着诸如环境退化、住房负担、男/女同性恋权力、国内流动工人抗议等一系列的政治利益的草根活动。但是,这些社会运动的兴起也影响了原本被认为是传统阶级斗争的策略——即跨国的工人行动主义。实际上,学院派的行动主义者金·穆迪(Moody,1997)已经称其为"社会运动联合主义",他认为行动主义应该朝着"更加宽松、更有包容性、更加草根的工作方式"发展(Castree et al.,2003:224-222)。

元理论与"上帝的把戏"问题

　　后现代和女性主义反对马克思主义的另一个问题集中于马克思主义的客观性的意识形态面纱,哈拉维称其为"上帝的把戏"。这一批评对马克思主义的复兴实际上非常重要,我会慢慢解释。哈拉维"情境化知识"的概念坚持的是了解世界的局部性("观察源于某些地方的某些事物",而非"来自虚无的万物"),这一概念是开放性的,而且不强调有至高无上的知识。如梅里菲尔德(Merrifield)所说,"总有不同的、可对比的了解世界的方式,它们同样是局部的、有争论的"(Merrifield,1995:51)。然而,这会引导我们走向无望的相对主义之路,哈拉维自己也承认这一点。实际上,对于哈拉维来说,相对主义和客观主义/绝对主义("上帝的把戏")都是水中之月。梅里菲尔德认为:

在某种程度上,为人们所承认的、情境化的知识对实证主义的上帝把戏和某些后现代主义进行了一些纠正:情境化暗示着,对实体的了解对一项能产生效应的政治实践来说是可以依赖的、可以负责的。最终,政治领域的知识可以算是真正的知识。(Merrifield,1995:51)

由此,梅里菲尔德揭示了(他在1960年代后期的,关于底特律地理学远征队的激进的讨论中,我在后面的章节都提及)行动主义地理学如何利用了情境化知识,能够"避免在现在'强大'的后现代批判下的颓势"(Merrifield,1995:52)——这里"强大"意味着后现代主义的一些版本把所有知识相对化了。

"实际存在的社会主义"之死和"批判地理学"的兴起

我讨论的最后一个关于马克思主义的批评包含着对苏联及其联盟国家的统治的诅咒似的评价。在这里,我没有空间仔细阐述这些政权的性质,但是我认为对于它们独裁和压迫的批评是相当公正的。不过,它们作为社会主义者的愿景是失败了,因此它们(以及被称为"新自由主义"的意识形态所作出的重大工作一起)使得人们对资本主义社会关系的前途更加缺乏政治想象,至少是对"新自由主义"的前途缺乏政治想象。结果,对作为分析透镜的马克思主义的兴趣和对作为实践运动的社会主义的兴趣都下降了。实际上,英国前首相马格利特·撒切尔曾经宣扬(资本主义社会是)"社会形态的终结",而且(对于资本主义来说)"没有其他的可能"。因而,在谈及西雅图反对WTO和全球化新自由主义时,梅里菲尔德悲叹:"人们谴责反对者白痴、不成熟、天真——反对者必须要听从更多的意见、更聪明、更成熟。没有其他的选择。"(Merrifield,2002:13)因此,马克思主义者大卫·哈维(Harvey,2000)认为,乌托邦主义有了坏名声。

对这些保守讥讽的回应是一件困难的事情,因为许多左派的学者不再指望资本主义社会关系会有所改变,而马克思主义(或者激进)地理学似乎处于所谓的批判地理学[①]的光芒之下。如此一来,我们可以说"现在所有的地理学家都是批判地理学家"("批判地理学"这个词甚至出现在哈维最近的著作《资本的空间》的副标题里)。令人好奇的是,马克思主义地理学和批判地理学的区别在地理学界缺乏充足讨论,这在某种程度上是一个问题(Catree,2000a;2000b),而且是否需要完全区分两者也是一个问题。如果我们不这么做,一些紧要的问题则仍然存在,例如:脱离阶级定义的斗争是否能够真正挑战作为一个系统的资本主义?换句话说,"新的"批判

---

① Critical Geography。维基百科认为它是地理学历史上的四大转折之一(其他三个是环境决定论、区域地理学和计量革命),其兴起主要是对实证主义的批判,主要包括三大学术流派:行为主义地理学、激进主义地理学、人文主义地理学甚至近期活跃的女性主义、后结构主义、后现代主义地理学等。参见 http://en.wikipedia.org/wiki/Critical_geography。激进主义地理学主要源于马克思主义理论,而前者是批判地理学的主要支撑。作者在这里讨论马克思主义地理学与批判地理学之间的关系。——译者注

地理学和之前明显地更具革命性的马克思主义只是更加自由和更具改革主义么？凯西·吉布森（Kathy Gibson）和朱莉·格雷厄母（Julie Graham）（Gibson-Graham，1996；社区经济共同体①，2001）已经在质疑资本主义是否是一个系统，而且强调必须将世界视为各种"经济体"的一个组合。如此一来，他们强调并且颂扬非资本主义的空间（集体企业、地方货币举措，等等）以建立一种从地方转移到全球的非资本主义的想象，而这种想象并不依赖于极其困难的社会主义蓝图。凯西·吉布森、朱莉·格拉汉姆和社区经济共同体用这种方式提出了一种反对资本主义的可能性，而不是让我们窒息于庞大的无法想象的社会主义之下。

不仅如此，激进杂志《对立面》于 1969 年为一群地理学家提供了共同发表意见的场所。他们不再将"马克思主义勋章"看得那么重要，但是他们的贡献仍然为社会变革提供了机会。例如，唐·米切尔（Don Mitchell）（现在是美国雪城大学的教授，他实际上并不愿意抛弃马克思主义的勋章）在 1999 年成立了"人民的地理学计划"（People's Geography Project），这是一个地理学家和其他学者参与的一项关于现存权力关系角逐的计划（http://www. peoplesgeography. org）。与此同时，反对派（oppositional）地理学家 1997 年在温哥华举行了首届"国际批判地理学大会"，作为对于学术现状的一种响应。大会的成果之一是，一些主要的组织者发起了免费的在线杂志 ACME：An International E-Jouranl for Critical Geographies in 2002（http://www. acme-journal. org）。显然，反对资本主义的星星之火并未熄灭。

辩证的、时空的乌托邦主义

我们从 1984 年哈维的"历史的地理学的声明"（"人民的地理学计划"源于它的启发）开始，就可以发现哈维最近所称的"一种辩证的、时空的乌托邦主义"的根源。换句话说，他在寻找一项乌托邦式的愿景——不基于"虔诚的普遍主义"，也不与社会世界的物质性相背离，而是一种由空间和时间的景象塑造的、源自于我们所处的物质环境的愿景。时空辩证的乌托邦主义呼吁将"特殊性"（特定空间里的、具临时性的兴趣意义）和"普遍性"（空间和时间产生的感知和想象的共同性）整合在一起。

一个简短的例子就足以阐述哈维的意思。当哈维在牛津大学担任哈尔福德·麦金德（Halford Mackinder）荣誉主席一职的时候，他和一位当地的行动主义者特雷撒·哈耶特（Teresa Hayter）一起，出版了《工厂与城市》（*The Factory and the City*）一书（Harvey and Hayter，1994）。在这本书里面，哈维历数了产生的问题，而且不同意工人们卷入拯救位于牛津附近的考利城市的罗孚工厂的运动。哈耶特质疑哈维的忠诚性——他是否真正支持考利的工

---

① Community Econouies Collective，如作者所介绍，这是基于社区研究非资本主义经济形式的学术团体，参见 http://www. communityeconomies. org/index. php。——译者注

人,或者他只是一位"自由漂浮的学者",只思考国际问题而忽略社会主义的成因？哈维回答,他支持考利的工人(这就是特殊性,如果你注意到的话),但是也关注欧洲汽车工业的生产能力过剩问题,及其对所有汽车工业工人最终意味着什么(普遍性)。

然而对哈维而言,他的乌托邦必须有特定的"封闭性"。这是反对后马克思主义和后现代左派的,他认为普遍的绝对性是必然的而且是必须的。但是哈维也要求他的乌托邦是开放性的——这种社会学和政治学家福柯所想象的"异质性"为后现代主义所颂扬。当然,哈维的乌托邦产生了关于"共性"或"普遍性"的问题,以及这两者如何通过时间和空间建构的问题,其中一些棘手的问题是我们现在要讨论的。

统一性的建立

正如在追求经济公平的斗争中,白人男性主导的联合主义无法包含(有时候是主动排斥)有色的工人阶层(例如移民)一样,一些基于所谓的"非阶级基础的"问题的批判或者反对运动(如富人的女性主义)也无法涵盖其他工人阶级的女性主义的斗争,因此无法促使更广泛的民众的联合。类似地,史密斯(Smith,2000)历数了纽约城以"行动起来"[①]的形式开展反艾滋病斗争运动的局限性。他认为,曾经富有创造力的、成功的"行动起来"(主要由富有的男同性恋者领导)运动最终解体是因为它没有包含更广泛的斗争,也就是没有包括那些工人阶级的行动主义者、静脉毒品注射者、有色人种和女同性恋者。也就是说,艾滋病病毒在白人男同性恋者中感染率的稳定意味着这群人没有什么理由继续投身于这一斗争,这就失去了组织更广泛的反对运动的机会。

如同哈维和史密斯所指出的,特定群体的利益(特殊性)必须与共同性(普遍性)的寻求联合起来。实际上,在宽泛的社会经济背景下,基于地方的斗争确实能够削弱行动主义的全球形式。"普遍性是社会建构而非给予的",是寻找共同性的前提(Harvey,2000:247),尽管我们"对于使人们分化的事物了解更多,但并不了解我们的共性"(Harvey,2000:245)。只有在观察共同性的时候——或者如卡斯特里等人所说的,在挣工资的工人所生存的环境里,"有条件的普遍性……也就是说,共同性对于所有领取工资的工人似乎是'内生的',但其实是实用的战略性策划"(Castree et al.,2003:242)——这样共同的斗争才能形成。许多马克思主义地理学家(尤其是 DeFilipis,2001;Merrifield,2002)都强调这样做对于马克思主义者或者社会斗争的重要性。但是,不是所有从事马克思主义研究或者反资本主义传统的地理学家都同意普遍性。比如我之前提及的社区经济共同体并没有建构普遍性,而是更关注从地方的反对运动转移到更大尺度的反资本主义的斗争。

---

① ACT UP,1987 年发生在纽约的"行动起来"大规模示威游行,主题是向艾滋病宣战。——译者注

面对不同尺度

马克思主义文化地理学家唐·米切尔(Mitchell,2000)写道,任何对于工人公平/不公平的强调都必须"完全以一定尺度的政治性为背景"。源于《共产主义宣言》的马克思的名言"全世界无产阶级联合起来!"已经默认,为了与全球性的资本主义斗争,传统的联合(以工人阶级的代表身份)必须是国际性的或者全球性的。可能与此不吻合的是,1980年代,在马克思主义逐渐不为人相信的年代,"全球性思考,地方性作为"的格言在美国的汽车保险杠上非常流行。换句话说,对不公平我们必须有一种世界性的、多元文化的、全球性的理解,但是任何的政治行动都不能真正在全球尺度展开(如汽车保险杠上所称的那样)。总之,要想取得任何有意义的成果,人必须在一个局地开展工作。到底谁是正确的,马克思还是那条无处不在的标语?

当然,并不是所有的地理学家都同意所谓的"马克思固有的尺度政治性"。我在这里要讨论两种反对意见。首先是赫罗德(Herod,2001b)提供了对在工人和管理者之间的两种争论的分析。第一个案例发生在西弗吉尼亚州的雷文斯伍德市,另一个发生在密歇根州弗林特市的通用汽车厂。哈罗德承认在雷文斯伍德的案例中,更跨地方的、全球性的策略在起作用;而后者,由于弗林特的工厂对于通用汽车全国生产系统的重要性,地方的策略是成功的。他写道,弗林特的成功罢工"证明了在逐渐融合的全球化经济中,集中于地方性的工人的工业活动的力量"(Herod,2001b:114)。但是,他的文章的结论是,不管工人采取的策略是"逐渐全球化"还是"逐渐地方化"都不会更成功。类似地,詹姆斯·德菲利浦(DeFilipis,2001)强调地方和社区在反对全球性的资本主义所起的作用。对于这一点,没有比重复他引自娜奥米·克莱因(Naomi Klein)的一段话更好的表达了:

> 有一些明确的时刻需要游行示威,但更重要的是,这些时刻也需要建立联系,让游行不仅仅是一出闹剧。有些时候行动主义显然意味着叫警察来处理问题,但是还有很多时候行动主义意味着你该和你的邻居谈谈。(DeFilipis,2001)

对于德菲利浦来说,他的反对只集中于全球尺度的一些干涉。这些干涉建立在特定的人们和地方如何被排除在备受争议的平衡之外。如他所注意到的,"需要对反全球化者提出的最关键的批评就是他们几乎都是白人中产阶级"(DeFilipis,2001:5)。例如,全球性的反对者并没有包括"南方"国家的穷人,也没有包括被剥夺公民权的非洲裔和拉丁裔美国人。但是,与赫罗德一样,他当然考虑了1999年11月西雅图反资本主义/反全球化的抗议表现出来的引人注目的盛大形式。也就是说,他不反对将资本主义视为整体来进行批判(有时候是在全球性尺度上)。然而,他赞同哈维所说的:"(关乎政治的或者抗议的)空间尺度的选择并不是'全球性的'或者'地方性的',而是'全球性的'并且'地方性的',尽管后者会面临更严重的矛盾。"(Harvey,2001:391)

转向马克思主义地理学的行动主义

定义马克思主义地理学的行动主义

行动主义并没有明确的公认的定义，更不要说马克思主义地理学的行动主义了。但是，我们暂时将后者定义为：积极参与通过集体斗争反对资本主义压迫的社会运动。"集体"意味着普遍主义而不忽视特殊的倾向。这意味着马克思主义行动主义者并不需要受限于严格定义在"阶级"意义上的压迫，而且行动主义者反对阶级压迫不应该排除其他反对或抗议活动。实际上，如史密斯之前所建议的那样，狭义地"回归阶级"就是走进弄巧成拙的"死胡同"（Smith，2000：1028）。

首先，我们要把马克思主义地理学的行动主义与参与性研究和现状的政策制定区别开来。让我仔细阐述这一点。首先，不应该将马克思主义地理学的行动主义与所有的"参与性行动研究"（PA）混淆。对蕾切尔·佩因（Rachel Pain）来说，参与性行动研究的共同的元素就是"研究是在个人、群体或者社区这些研究对象的合作下完成的。参与性研究的研究视角展现了一种有希望的方法，使批判地理学开始制定的目标和理想能够在实践中实现"（Pain，2003：653）。如果我们忽略她没有好好定义"批判地理学"这一失误（这是个关键性的疏忽），那么我们可以认为她注意到了参与性行动研究的增加，这部分是由于职业地理学家有对非学术性的研究基金的需求，或者是因为研究应该"与使用者相关"（Pain，2003：651）。一方面，这种参与性行动研究的野心家逻辑并不是关注政治的马克思主义地理学家卷入政治的主要原因（毕竟，"与使用者相关"也可以意味着发展 GIS 运用于军事压迫）。另一方面，参与性行动研究能够更多地依靠马克思主义的行为动机理论，而没有必要排除马克思主义的观点。

第二，行动主义确实能够参与政策制定。梅里菲尔德写道，经由行动主义，学院派的地理学者通过与权力精英的接触和对话，并在民众要求下提供证据等手段（Merrifield，1995：62），能够将人民的"集体意志"（Gramsci's phrase）清晰地表达出来。大卫·哈维（Harvey，2001）坚持，问题不在于马克思主义是否应该参与政策制定，而在于哪种公共政策是必需的。因此，不应该因为行动主义的研究是草根性的或者是自下而上的就认为其"很好"，也不应该因为它是自上而下的、源于国家的政策取向就认为其"不好"（Pain，2003）。行动主义和政府之间的关系问题有很长的历史沿革。在 19 世纪，令人苦闷的分歧就已经存在于比如彼得·克鲁泡特金马克思主义的无政府主义者和那些相信政府控制会给无产阶级一个更好未来的马克思主义者之间。

1990 年代，当尼克·布拉姆利（Nick Blomley）发表社论呼吁振兴行动主义的传统时，这样的争论或多或少地又重演了。亚当·蒂克尔（Tickell，1994）也发表了一个社论作为回应，认为要激进地参与政府决策(这在布拉姆利的社论中几乎没有提到)。蒂克尔声称这样的参与是责无旁贷,因为这意味着建立一种具有改革主义的"中观(meso-level)社会秩序"的方法,以应对新自由主义的蹂躏。还有,他认为,新自由主义已经在国家尺度和国际尺度上受到了批判,因此行动主义地理学家必须介入这些尺度,而不是布拉姆利所侧重的"地方社区"的尺度。布拉姆利对同一问题进行了回应,虽然倾向于同意蒂克尔的说法,但布拉姆利还是告诫他,政府和社区之间的界限不总是那么清晰,而且经由政府的行动主义,而不是经由布拉姆利自己经验的行动主义——也就是经由地方社区组织的行动主义——"很容易被削弱,甚至被重新定义或者流于保守"(Blomley,1994:240)。

第三,对于象牙塔里面的学者们来说,行动主义逐渐和"在外边"做事联系起来,但是大学也是受压迫的地方,因此(马克思主义地理学)行动主义也应该转向"内部",即学校本身。卡斯特里将其称为"内部批判地理学(domesticating critical geography)"(Castree,1999b)。这样的行动主义应该由学生和学者参与,从为清洁工和其他维护大学校园的工人、低收入的助教和临时工争取高工资的活动开始。

第四,马克塞(Maxey,1999)指出,在传媒中流行一种观点,即行动主义"强调戏剧性的、有形的、'有男子气概'的形式,强调短期的公众影响"。他使用女性主义的理论,认为行动主义"尽可能启发、鼓励更多的人,尽可能让更多的人参与"(Maxey,1999:200)。

第五,马克塞坚持行动主义的自省的价值,力图强调把理论和行动主义区分开是错误的[参见《区域(Area)杂志》1999年的增刊,另见"象牙塔之外:批判地理学在行动"(Beyond the Academy:Critical Geographies in Action)会议所发表的论文[1]]。我们现在就来讨论理论(和写作)与行动主义的问题。

理论、写作与行动主义

在地理学家采用马克思主义的观点进行理论总结或者写作的时候,他们就是马克思主义的行动主义者。换句话说,理论和写作也是行动主义的形式。实际上,弗兰克·伦特里夏(Frank Lentricchia)曾写道:"争夺霸权的斗争有时候是发生在大学之内的(当然也会在大学之间传播),是平淡无奇的斗争、是一城一地的斗争。而且,有时候如巴尔扎克所说:没有史诗似的英雄,就没有史诗似的作为"(Barnes,2002:9)。

但是还有两个问题。一个是理论与行动主义的关系,另一个是写作的问题。首先,学术理论与实践的界限是流动的、模糊的,这也是许多行动主义者所坚持的。例如,询问行动主义者詹姆斯·德菲利浦:如果"社区"是错的,那么会发生什么?[2] 实际上,"社区"会是错的吗? 总的来说,保罗·劳特里奇(Rountledge,1996)认为在学院内和"外界"之间摇摆是"批判性的投入"。

早期地理学界的"批判性的战斗"的案例为威廉·邦奇(William Bunge)著名(在当时并不出名)的底特律地理学远征队。在 1960 年代,邦奇仍然是一位关注抽象数学模型的理论地理学家。但是,他在 1967 年被底特律的韦恩州立大学除名,之后创立了"底特律地理学远征队"和相应的公共团体(后者即人文探险学会)。这是因为他对底特律白人郊区与黑人"内城"之间巨大的社区差别感到愤怒。黑人孩子们的文化程度很低,在自己的家门口被汽车追得到处跑,未成年人死亡率已经到了警戒线。人文探险学会力图招募当地的学生和教授加入内城底特律的"远征"(邦奇使用"远征"这个词显然是一种推翻更传统的地理学远征的方式,在底特律远征的任何一个起点都会成为"大本营")。到了 1970 年,学会的教育分部通过密歇根的教育机构给南部的黑人学生提供了 11 门可选课程——学费基本上来自于教授们的捐助。1972 年,在搬到多伦多之后,邦奇建立了加拿大—美国地理学远征队(CAGE,Canadian-American Geographical Expedition),包括多伦多和温哥华两个地方。但是,邦奇认为多伦多的远征失败了,因为它"缺乏真正的社区基础,而且从未对其民主式的失败作自我批判"(引自 Merrifield,1995:63)。在 1973 年,由于主张行动主义的学生们毕业,底特律的机构也解体了。邦奇自己也动身前往多伦多,部分是因为地方大学无法再忍受项目的"随意性"和志愿性。(关于邦奇和底特律地理学远征队更多的讨论,可以参见 Bunge,1977;Harvath,1971;Merrifield,1995;Peet,1977。)然而,皮特历数了邦奇努力的重要性:

> 通过自己的努力,探险队为低收入的社区提供了可选择的信息资源和规划方案,以帮助他们争取切身的权利。相应地,地理学家和规划者们将其专业的经验提供给丧失了公民权的人群,帮助他们应对权力机构,最终将权力转移到失去权力的人们身上。(Peet,1997:15)

类似地,梅里菲尔德也声称:

> 探险队更多地去尝试了解贫困人口:努力向他们了解普通人在日常生活中面对的被压迫的事实。(Merrifield,1995:63)

在这样的背景之下,写作的工作面临着无法回避的困难。但写作有两个相互关联的时刻。第一种情况是写给学者或者学生读者看,经常是在"远征之后"(我建议所有的抨击类写作都是某种程度的行动主义,不一定要产生于某个所谓的"领域")。给这样的读者写作,如何表现"压迫"是一个非常关键的问题。一方面,理查德·皮特声明:"我们必须战胜'无法向其他人讲述'这一行动障碍。"(Peet,2000:953)这一点促使我们在自己的行动中进一步反思,但是表达的问题似乎不太容易克服。另一方面,梅里菲尔德(Merrifield,1995)(在保罗·弗莱雷之后)试图寻找一种"受压迫者的教育法",即与"受压迫者"一起写作。不管在什么情况下,只写给学者或者学生看由于读者群的有限因而总是有局限的。这并非是要诋毁学术写作(包括这一章节)的严肃性、目的性和作用。但是如邦奇所说，我们必须少"引用他人的立场"，多"阐述自己的立场"（Merrifield，1995）。

　　第二种情况，邦奇可能遇到得更多，就是以报告、请愿书等形式为学术界之外的读者写作（普通大众或者政府官员、律师，等等）。在这样的情形下，表达的问题仍然存在。甚至和其他非学术的社区行动主义者共同写作也会产生问题，因为他们可能不表达整个"社区"的意见。还有，虽然学术论文常常要讲求理论的妙处，还有独有的学术性词汇，但是这样错综复杂的事物和"行话"通常不会出现在诸如要提交给政府的反对性报告这种文章里。

　　总之，马克思主义的行动主义地理学不仅仅是关注穷人的民族志（这是通过与被压迫者的密切对话产生的），也不仅仅是参与性的研究，而是以平等的方式帮助（而非指挥）人们组织起来反对压迫。这可能包括在启发性的想象下写作和仔细地规划（如德菲利浦提醒我们的那样），包括像网上抗议、收集请愿书、游行、联合抵制之类的非暴力的工作，或者如我们在西雅图、热亚那、魁北克市所见的自发的暴力抗议（尽管马克塞表示反对）。最后一点，学者和行动主义者的区别确实已经变得非常模糊。

结论

　　虽然现在鲜有地理学家自称为马克思主义者，但是这并不能削弱马克思主义遗产的价值。看起来马克思主义地理学家们需要改变的是"只有阶级"的观点，这既是理论也是行动的基础。为了形成更广泛的、反对资本主义（capitalist）社会关系的抗争联盟，现在这一观点已经被放弃了。（我跟着吉布森-格拉汉姆用 capitalist 这个词，替代更系统性的资本主义 capitalism 一词。）这并不意味着阶级作为社会关系（而不是一类人）对于马克思主义已经变得不太重要了。实际上，在马克思主义分支工作下的地理学家可能更关注阶级剥削和经济公平的问题，而不是那些看起来是非经济（文化）形式的公正性问题。

　　尽管如此，马克思主义的地理学家未必会将地方斗争、排他主义的或者文化的斗争视为对资本主义压迫的斗争中不值一提的任务（虽然哈维指出，地方斗争可能削弱更具全球形式的行动主义）。他们发现了特殊性和普遍性之间的矛盾，以及在某种程度上调和这种矛盾的必要性。也就是说，马克思主义地理学的行动主义者走出了一条艰难的道路，这条道路就在可期待的未来（你也可以说是共同愿景）与世界是复杂的现实情况之间。

　　但是在严格定义的阶级之外构建共同性或者普遍性，其复杂性和困难不该使我们陷入无望的相对主义之中，或者对行动主义的必要性、社会主义或其他一些解放性社会的可能性持一种悲观的怀疑主义（Corbridge，1993）。还有，谈及邦奇的底特律地理学远征队，梅里菲尔德指出："通过远征队，地理学家义不容辞地成为一位行动者，一位激进的问题提出者，一位与被压迫者并肩的、负责任的、批判性的分析者。这意味着地理学家的责任领域总是模糊的。"（Mer-rifield,1995:63)

　　毫无疑问,在这种模棱两可之间,大部分的地理学家还有很长的路要走。一个人的行动主义或许注定过于"激进"。还有,投身于这些反资本主义的活动需要花时间,可能会与诸如在学术刊物上发表文章的职业期望相冲突(Castree,2000a;Routledge,1996)。尽管如此,马克思主义的地理学家似乎不该太过于看重职业生涯,从某种程度上说,活跃的反抗活动可能对个人职业生涯造成损害,但也可能带来丰盛的成果和奖励。无论怎样,在地理学家职业生活(教学、发表文章、获取研究基金)空间的某处,留给行动主义的空间是有限的。职业责任不是全部但也不是什么都不是。

　　实际上,不采取行动意味着资本主义的社会关系将会永远存在不公平,全球的大部分地区都将因此而受苦。在太多的不公平面前,我们只好成为相对主义者。在一个一些人生活得很舒服、甚至是浪费的,而其他人死于劳作、饥饿和贫困的世界,我们应该如何面对? 这正是马克思主义者对资本主义社会关系的批判对于人们了解这个世界、在这个世界行动为何如此重要的原因,同时也是它对于我们分享一项为现在的生活世界减少压迫的地理愿景为何如此重要的原因。

注释

1. http://online. northumbria. ac. uk/faculties/ss/gem/confeirence/timetable. html.

2. 2004 年 2 月的个人通讯。

参考文献

Area (1999)'Research, Action and "Critical Geographies"', theme issue, 31: 195—246.

Barnes, T. J. (2002)'Critical notes on economic geography from an aging radical: or, radical notes on economic geography from a critical age', *ACME: An International E-Journal for Critical Geographies*, 1: 8—14.

Blomley, N. (1994) 'Activism and the academy', *Environment and Planning D: Society and Space*, 12: 383—5.

Blunt, A. and Wills, J. (2000) *Dissident Geographies*. Harlow: Prentice Hall.

Bunge, W. (1977) 'The first years of the Detroit Geographical Expedition: a personal report', in R. Peet (ed.), *Radical Geography: Alternative Viewpoints on Contemporary Social Issues*. Chicago, IL: Maaroufa.

Castree, N. (1999a) 'Envisioning capitalism: geography and the renewal of Marxist political economy',

Transactions of the Institute of British Geographers, 24:137—58.

Castree, N. (1999b)'"Out there"? "In here"? Domesticating critical geography', *Area*, 31: 81—6.

Castree, N. (2000a)'Professionalisation, activism, and the university: whither "critical geography"', *Environment and Planning A*, 32: 955—70.

Castree, N. (2000b) 'What kind of critical geography for what kind of politics?', *Environment and Planning A*, 32: 2091—270.

Castree, N. , Coe, N. , Ward, K. and Samers, M. (2003) *Spaces of Work: Global Capitalism and Geographies of Labour*. London: Sage.

Chouinard, V. (1994)'Reinventing radical geography: is all that's Left Right?', *Environment and Planning D: Society and Space*, 12: 2—6.

Community Economies Collective (2001) 'Imagining and enacting noncapitalist futures', *Socialist Review*, 28: 93—135.

Corbridge, S. (1993) 'Marxisms, modernities, and moralities: development praxis and the claims of distant strangers', *Environment and Planning D: Society and Space*, 11: 449—72.

DeFilippis, J. (2001) http://comm-org. utoledo. edu/papers 2001/defilippis. htm, accessed 26 December 2003.

Fraser, N. (1995)'From redistribution to recognition? Dilemmas of justice in a "postsocialist" age', *New Left Review*, 212: 68—93.

Gibson-Graham, J. K. (1996) *The End of Capitalism (As We Knew It)*. Oxford: Blackwell.

Harvey, D. (2000) *Spaces of Hope*. Edinburgh: University of Edinburgh Press.

Harvey, D. (2001) *Spaces of Capital: Towards a Critical Geography*. Edinburgh: University of Edinburgh Press.

Harvey, D. and Hayter, T. (1994) *The Factory and the City: The Story of the Cowley Automobile Workers in Oxford*. London: Mansell.

Herod, A. (2001a) *Labor Geographies: Workers and the Landscapes of Capitalism*. New York: Guilford.

Herod, A. (2001b) 'Labor internationalisms and the contradictions of globalization: or, why the local is sometimes still important in the global economy', in P. Waterman and J. Wills (eds), *Place, Space and the New Labour Internationalisms*. Oxford: Blackwell.

Horvath, R. (1971)'"The Detroit Geographical Expedition and Institute" experience', *Antipode*, 3: 73—85.

Hudson, R. (2001) *Producing Places*. New York: Guilford Press.

Laclau, E. and Mouffe, C. (1987) 'Post-Marxism without apologies', *New Left Review*, 166:79—106.

Maxey, I. (1999)'Beyond boundaries? Activism, academia, reflexivity and research', *Area*, 31(3): 199—208.

Merrifield, A. (1993)'The Canary Wharf debacle:From TINA there is no alternative to THEMBA there must be an alternative', *Environment and Planning A*, 25:1247—65.

Merrifield, A. (1995) 'Situated knowledge through exploration: reflections on Bunge's geographical expeditions', *Antipode*, 27:49—70.

Merrifield, A. (2002)'Guest editorial:Seattle,Quebec,Genoa:*Apres le Déluge*…Henri Lefebvre'. *Environment and Planning D:Society and Space*, 20:127—34.

Mitchell, D. (2000)*Cultural Geography:A Critical Introduction*. Oxford:Blackwell.

Moody, K. (1997)*Workers in a Lean World*. London:Verso.

Pain, R. (2003) 'Social geography:on action—oriented research', *Progress in Human Geography*, 27:649—57.

Peet, R. (1977)'The development of radical geography in the United States', in R. Peet (ed.), *Radical Geog-*

raphy：Alternative Viewpoints on Contemporary Social Issues. Chicago. IL：Maaroufa.

Peet，R. (2000)'Celebrating thirty years of radical geography'，*Environment and Planning A*.

Routledge，P(1996)'The third space as critical engagement'，*Antipode*，28：398—419.

Sayer，A. (1995)*Radical Political Economy*. Oxford：Blackwell.

Sayer，A. and Walker，R. (1992)*The New Social Economy：Reworking the Social Division of Labour*. Oxford：Blackwell.

Smith，N. (2000)'What happened to class?'，*Environment and Planning A*，32：1011—32.

Tickel l，A. (1994)'Reflections on"Activism and the academy"'，*Environment and Planning D：Society and Space*. 13：235—7.

Wills，J. and Waterman，P(2001) *Place，Space，and the New Labour Internationalisms*. Oxford：Blackwell.

第二十六章　女性主义地理学：
理论、方法论与研究策略

金·英格兰(Kim England)

　　女性主义地理学家一直都在参与关于研究方法与方法论的争论。这些争论是知识生产的重要部分,但女性主义地理学家并没有就什么是最好的认识世界的女性主义方法达成共识。这在某种程度上是因为并不存在唯一的女性主义地理学,而是好几种女性主义地理学流派同时存在。因此,女性主义地理学包括多种观点,甚至是相互竞争的观点,它们在女性主义地理学的研究取向上存在争议、谈判和妥协。也就是说,女性主义地理学的不同分支之间也存在共同性。其核心在于对权力、特权、压迫和代表性(representation)的复杂性的研究,并且将性别作为最基本的社会关系(尽管性别越来越多地被认为是建构于关于差异的社会关系多元性上)。女性主义地理学家将(所谓"自然存在的"、"天赋的")权力关系暴露在性别的历史与当代的建构中。并且,女性主义地理学家拥有共同的政治与学术目标,即力求在社会和政治层面改变他们想要理解的这个世界。

　　女性主义研究挑战并重新定义了学科的假设和方法,并且发展起了对于"何为知识"的新的理解。本章将讨论"女性主义挑战"中的重要方面之一,即我们对于方法(关于收集和分析"数据"的技术)和方法论(关于某一特定研究问题的认识论和理论取向)的争论。对第一批女性主义地理学家来说,其使命在于发现人文地理学研究中的女性命题,反思地理学家对性别差异的长期抹杀。因此,早期的女性主义研究极其重视挑战男性统治,揭示女性的生活,记录并描绘性别的不平等。关于方法和方法论的争论,则集中于现有研究方法(往往是无视性别差异的、性别主义的或男性中心主义的)是否适用于女性主义研究,特别是定量方法、标准化问卷和"客观地"进行的"传统式"访谈。这些争论的核心是"是否存在女性主义研究方法"以及"哪些方法是最女性主义的"。这里,女性主义是一个描述性词汇(形容词),或者说,某些研究方法被定义为"女性主义的",是基于它们是否是"定量的"或者"定性的"。定性研究方法,特别是互动式访谈,通常被认为是最适合女性主义的研究目标和政治态度(Reinharz, 1979;Oakley, 1981;Stanley and Wise, 1993)。在回顾早期女性主义争论时,利兹·斯坦利和休·怀斯

(Stanley and Wise,1993)认为,这些争论并不是关于方法本身的,而是关于性别主义的方法论和与之相竞争的认识论。事实上,他们和其他学者都宣称,无论是定量方法还是定性方法,其本身并不必然是女性主义的。相反,区别女性主义研究的是其方法及其应用的认识论立场。不存在某种方法是最接近"真理"的,而且,当方法不再被强制性地与特定的认识论联系起来时,就出现了根据所提出的研究问题来选择适宜研究方法这一趋势。

本章的基本观点就是,女性主义对人文地理学研究的贡献,更多地在于认识论(即认识世界的方式)、方法论和研究的政治性,而不在于发明了新的研究方法。第一部分将讨论女性主义对于研究方法和方法论的认识论观点。第二部分将关注女性主义地理学家在生产和表述对世界的女性主义认识时所采用的研究方法。

女性主义地理学的方法和方法论

自 1970 年代诞生以来,女性主义地理学对人文地理学的"想当然的"传统概念和分类进行了解构,并进行了深刻且影响深远的批判(第 4 章)。在整个学术界,女性主义学者挑战"好的研究"要求中立性和"科学的"客观性这一传统观点。自此以来,女性主义学者持续着这一批判,并发展出知识生产的女性主义取向。女性主义学者已经提供了大量关于女性主义方法和方法论的文献,并且,在过去的几年间,地理学家也就这一课题发表了许多著述与期刊论文,例如:麦克道尔(McDowell)于 1992 年发表的文章《加拿大地理学家》(*Canadian Geographers*)杂志 1993 年的专刊、《职业地理学家》(*The Professional Geographer*)杂志 1994 年和 1995 年发表的文章,以及吉布森-格雷厄姆(Gibson-Graham,1994)、琼斯等(Jones et al. ,1997)、莫斯(Moss,2001;2002)和 ACME (ACME ,2003)等。在这一部分中,我将就这些论述中的主要方面进行阐述,特别是女性主义研究中的认识论观点及其政治性问题,这些问题深刻地根植于女性主义知识创造的持续过程及其对激进的研究实践的推崇中。(本部分中我的讨论和描述主要是关于面对面的研究实践,但对于其他研究方法亦有类似论述,如吉利恩·罗斯(Rose,2001)对视觉文化和方法论的讨论,以及蒙娜·多姆斯(Domosh,1997)对女性主义历史地理学的讨论)

实证主义批判与情境化知识(situated knowledge)

"西方工业化背景下的科学研究推崇有序的、理性的、可定量的、可预测的、抽象的和理论的研究:女性主义则对此嗤之以鼻"(Stanley and Wise, 1993: 66)。从最早开始,女性主义者就对"好的研究"只能由无偏见的"专家"开展,并且是利用"不带价值立场"的数据以保证"事实本身能够说话"产生怀疑。这种"西方工业化背景下的科学研究方式"的关键是追求客观性的实证主义认识论。实证主义,及其所推崇的价值观(如理性等)和对普遍真理和包罗万象的知识的追求,构成了唐娜·哈拉维(Donna Haraway)所描述的无所不知的"上帝的游戏……从无尽虚空中看尽万物"(Haraway,1991:189)。无论是实证主义的还是人本主义或女性主义的,没有任何研究探索能够独立于意识形态和政治的领域存在,研究从来就不是脱离价值观念的(即便是"硬的科学"研究)。相反,女性主义者认为研究就是在人们(包括研究者自身)生存并解读的世界中进行的。作为"研究者",无论是物理学家或是女性主义学者,我们不可能抛弃对于世界的普遍认识。女性主义者辩称,"好的研究"必须敏感地认识到价值观、权力和政治是如何影响我们接受怎样的"事实",我们如何发展出一个特定的研究思路,提出特定的研究问题,以及在研究过程中如何发现结论的。

从1990年代早期以来,女性主义对"客观性"的批判经由科学和技术研究领域的女性主义学者得到丰富(如:Fox-Keller,1985;Harding, 1986;Haraway, 1991)。伊夫林·福克斯-凯勒(Evelyn Fox-Keller)认为,传统的西方思想建立在基于自身—他者、(男性)客观性和(女性)主观性的二元对立的本体论之上。她提出基于自身—他者互通性和持续过程(而非静态)的女性主义相对本体论(feminist relational ontology)。哈拉维则要求具体化的女性主义客观性(embodied feminist objectivity),研究者和参与者都注意到双方的情境化知识和片面的视角。情境化知识的含义在于,不存在一个真理等待被发现。相反,这些知识是基于特定情境的,带有生产这些知识的背景以及特定性、有限区位和片面性的烙印。

研究者—研究对象的关系与权力结构

对权力关系的敏感性在女性主义对方法/方法论的探索中处于核心地位。传统的客观主义社会科学方法(定量的或定性的),都将研究者视为与世隔绝、无所不知的专家,控制着研究过程、(被动的)研究对象和研究者自身(以保持脱离、不介入、距离性和无偏见)。女性主义相对本体论和具体化的女性主义客观性对这种研究对象和研究者的严格二元分割提出了挑战。在女性主义研究中,特别是面对面的实地研究中,被研究者不是被动的,他们是有知识的行为主体,且被认为是掌握它们自身经历的"专家"。与尽可能减少互动(从而将观察者偏见最小化)不同,女性主义者有意识地寻求互动。女性主义研究者试图通过建立共同性、相互合作和共享知识,来缩短自身与研究对象的距离。通过寻求基于共鸣、共同性和尊重的研究关系,女性主义研究者关注被研究者对自身情况及其所处社会结构的理解,而非强加我们的解释。在实践中,这通常意味着提问的灵活性,并且根据访谈对象的意愿和能力调整访谈的方向。作为一种研究策略,这或许会提供对于组成并影响了被研究者日常生活的微妙含义的更深理解,并且,这将女性主义的知识和政治建立在女性的日常生活经验的基础上。

更近的后结构女性主义理论则将研究者和研究对象看作被包围在权力和特权的复杂网络

中。许多女性主义研究关注边缘群体,而成为一个学者本身就拥有许多社会权力。因此,基于具体化(embodied)女性主义客观性的研究策略,能够尽可能地降低研究者和访谈对象之间的等级关系,能够避免将没有权力的人仅仅作为数据来源对待和剥削。同时,研究过程被视为是研究者和研究对象共同建构的。后结构主义认为,研究者—研究对象的关系应当被看作双方离散化地构建"一个研究领域"并共同创造"一个研究课题"。这一观点在考察女性主义地理学家对精英者的访谈研究中的权力关系和研究关系时同样适用(如 McDowell,1998;England,2002)。在此情形下,相对于研究对象,研究者处于权力更低的地位,而研究对象更习惯于掌控他人和对他人展示权威,但无论如何,研究者和研究对象共同参与了这一"共同课题"。

立场性(Positionality)和反思性(Reflexivity)

女性主义对研究过程的理论化,其最有影响的观点就是立场性和反思性(England,1994;Rose,1997;Falconer Al-Hindi and Kawabata,2002)。这些概念涉及研究的政治性和伦理道德问题,并对女性主义地理学及其他学科产生了重要影响。立场性是指人们如何基于不同的具体区位(embodied locations)来观察世界。知识的情境性(situatedness)意味着无论作为研究者还是参与者,我们都身处不同的社会背景、知识背景和空间区位,具有不同的学习历史和生活经历,这些都会影响我们理解世界和创造关于世界的知识。立场性也指代我们在关于差异(如性别、阶级、种族/民族、年龄、性取向等)的多元、相关联的社会过程中的位置,这也意味着我们处于权力和特权等级的不同位置。立场性影响我们的研究,可能阻碍或推动某些研究发现(Moss,2001。其中地理学家从自己研究经历的角度讨论自己的传记)。进一步延伸,立场性概念也强调应当考虑其他人对作为研究者的我们的反应。作为研究者,我们是研究过程中可见的,也的确是被包含的和不可或缺的部分(而不是外在的、脱离的观察者)。因此,我们作为研究者的具体存在和参与者对我们的反应,都影响着研究交流中收集到的信息。

反思性意味着在研究环境中,研究者有意识地对自身进行分析审视。女性主义方法论中,反思性也意味着在研究关系中考虑权力及其影响后果。吉利恩·罗斯(Rose,1997)就关注可能出现的关于反思性的女性主义正统学说。她辩称,自我反思并不能使所有事物完全透明化,我们也不可能完全明确自身在研究中的位置,因为我们不可能完全理解(或认识到)自己在权力网中的位置。她的观点提醒我们,应当不断地审视我们的假设,并谨记知识总是片面的,包括对我们自己的认识。尽管如此,反思性也让我们思考与研究对象的交流可能带来的后果。例如,为了可能得到的发现而闯入他人的生活是否值得? 我们是不是在强求甚至窃取他人的知识? 当然,尽管自反性能够让我们意识到权力关系,以及研究中的不对等甚至剥削关系,但并不能消除这些关系的存在,因此我们自身必须对研究负有责任。

政治性与责任

女性主义地理学家认为,我们必须对自己的研究、研究中对他人生活的干扰,以及在最终成果中记录他们的生活负有责任。我们也需要承认在特权和压迫的习题中我们自身的立场性和自己的位置,并确保将其记录到自己的论文中。正如劳伦斯·伯格和朱莉安娜·曼斯维尔特(Berg and Mansvelt,2000:173)强调的,"写作的过程建构了我们对研究的认识,也充分说明了我们是谁和我们发表观点的立场"。我们需要对我们与被研究者的互动产生的后果负责(许多大学的伦理道德审查委员会也对此有所要求)。当我们的研究目的是向被压迫者揭示压迫现象时,我们的研究可能揭示一些隐性实践方式,而有人能够将这些实践应用于压迫,我们确保记录这种立场性就更为重要(Katz,1994;Kobayashi,1994)。例如,一些关于女同性恋者社区的研究者就没有透露实地考察的地点(如 Valentine,1993),这正是基于参与者不希望被"透露出去"的意愿,以及他/她们对报复的担忧。

女性主义地理学家还共享我们力图理解的世界的社会性或政治性变革的政治和学术目标。研究中反思性和立场性日渐增加的受欢迎程度也带来了相当的政治和道德困境(甚至是一种危机),特别是关于是否应当研究我们并不属于的群体。这带来了关于区位的政治性的困难问题(包括社会的和地理的两方面,例如来自北半球发达国家的白人女性是否应当研究南半球国家的女性)。这在学界内外的女性主义者中都引起了激烈甚至是痛苦的争论。一些女性主义学者已经放弃了研究其不属于的群体的研究项目,将其留给具有"局内人地位"的学者。随着女性主义地理学家越来越致力于考虑广泛不同的社会和空间背景下的女性(以及男性和孩子)的立场性差异,这一争论更加激烈。

这种热情对于那些希望分析特权者和受压迫者的多元和相互交错的立场的女性主义带来更大困扰。但是,奥德丽·小林(Audrey Kobayashi)辩称,"共同性总是片面的……(也因此,)实地研究和理论分析更能够通过构建共同性而非将差异本质化来获益"(Kobayashi,1994:76)。这并不是说质疑本质论(将类型具体化并将差异自然化)就会忽视差异,或者忽略边缘群体的经验。恰恰相反,它是建立在这样的认知上:每个人都处在特权和压迫的多元网络中。因此,实际上很少有纯粹的剥削者或者纯粹的被剥削者。接受特权来自于历史的或当代的压迫条件,以及人们处在作为结果的权力网的不同位置上,可能导致基于物质的变型性政治(materially engaged transformative politics)。例如,这意味着无论我承认与否,作为白人女性我必然参与了白人特权并从中获益。对于那些更具有社会特权的人(包括学者),与其为我们的罪责而苦恼,倒不如承认我们的复杂性,努力抵制或忘掉这种特权,这样做不失为有效的办法(Peake and Kobayashi,2002)。女性主义者认为,我们所致力的政治和学术目标,不只是揭示权力和特权,也是改变它们。其中重要的部分则是理解世界是如何运作的,并将权力运作的方式理论化并揭示出来,因为这意味着我们更能够评估转变的可能性,并为最有效的推动变革提供知识。

创造女性主义认识

在这一部分,我将讨论方法是如何被女性主义地理学家用于形成并阐述对世界的女性主义认识的。通常来说,方法被描述为定性的或定量的,因此我将从二者的一般定义开始。然后我们提供一些方法在女性主义研究中的应用实例(见专栏 26.1)。最后我将讨论所谓的"定量—定性论之争"。

定量、定性与混合方法

定量研究关注诸如"多少"和"多大频率"等问题,并试图测度关于总体的代表性抽样的一般模式。统计技术用于分析数据,如描述性统计、空间统计和地理信息系统(GIS)。数据则通常是二手数据(通常是通过官方渠道获得,如普查数据),而且是基于标准化的测度。一手数据也可能被使用,研究者通常通过基于大样本抽样调查的结构化问卷收集数据,这其中包含易于定量化的信息。见专栏 26.1。定性研究关注诸如"为什么"这样的问题,并试图在更广泛的意义网络以及社会结构和过程中解读经验。分析方法则是以解释为中心,包括口述方法(如半结构式访谈、焦点小组访谈和口述史),参与式观察和文本分析(如日记、历史文献、地图、景观、电影、照片和印刷媒体)。样本量通常很小,而且是(基于研究课题的)目的性抽样。并且,如果采用口述方法,研究者常常向被访谈者寻求帮助以便寻找其他参与者(即"滚雪球式"抽样)。见专栏 26.1。

专栏 26.1　女性主义地理学定性和定量研究的一些范例

一个女性主义定性研究的例子就是里沙·纳格(Richa Nagar)对后殖民时期达累斯萨拉姆的南亚人社区的性别化和阶层化以及种族政治的研究。里沙在坦桑尼亚的实地考察包括分析来自北印度、世袭阶层组织和坦桑尼亚政府的文件;收集 36 个人的生命史和 98 个来自北印度和十二伊玛目派(穆斯林)男性和女性的访谈;开展对公共地点、家庭和邻里的参与式观察。在她的文章("I'd rather be rude than ruled")中,里沙(Nagar,2000)讲述了四个具有经济特权的女性的故事,关注她们对抗性别化统治实践的空间策略和行为规范。另一个女性主义定性研究的例子是吉利恩·罗斯(Gillian Rose)对景观和视觉表达的意义解释的研究。吉利恩最近的研究考察了视觉文化,特别是当代的和历史的照片(参见她于 2001年出版的专著)。在近期的一篇关于家庭照片的论文中,吉利恩(Rose,2003)探讨了这样一种观点,即照片的含义是通过它们的使用建立起来的,例如要成为"称职的母亲",以及延伸到亲属的家庭空间的创造等。她对 14 名白人中产阶级母亲进行了半结构化访谈。这些女性展示了家庭照片,吉利恩则记录了这些照片是在哪里和怎样被母亲们保管或展示的。

里沙和吉利恩都试图回答"为什么"这样的问题,并寻求在更广泛的社会过程和结构中来理解含义。里沙关注在快速的政治和经济变化背景下社会身份认同的创造和改变,而吉利恩则探讨母亲、"家庭和家庭空间"的多重涵义。在各自的研究中,样本是很小的(里沙的研究中是 4 位女性,吉利恩的研究中是 14 位),研究策略也是基于参与者对其境遇的理解,里沙和吉利恩则将其与更广泛的社会结构和过程联系起来解释。并且,与其他定性研究类似,她们大量采用了来自参与者的引文,以及对文化符号、意义网络的文本描述。

在女性主义地理学中,定量方法常常用于可达性研究(如儿童保育服务、工作和社会服务的可达性)。例如,在一系列论文中,奥娜·布吕芒(Orna Blumen)利用来自以色列城市的普查数据,定量测度了城市内部劳动市场的性别化状况(如通勤距离)。在与艾里斯·扎米尔(Iris Zamir)合作的论文中(Blumen and Zamir, 2001),奥娜利用普查数据中的职业分类,分析了有偿工作和居住空间的社会分异。他们采用加权相异性指数(weighted index of dissimilarity,一种常用的职业隔离的测度指标,反映一个群体相对于另一群体的隔离程度)和最小空间分析(smallest space analysis,测度相对职业隔离的一种图式表达),对数据进行了分析。

女性主义地理学的另一定量研究范例是萨拉·麦克拉弗蒂(Sara McLafferty)对美国城市间健康和社会福利的地理不平等的研究。在与琳达·泰芒德(Linda Timander)的合作论文中(MaLafferty and Timander, 1998),萨拉探讨了纽约西伊斯利普乳腺癌发病率提高的现象,利用对 816 位女性(39 位有乳腺癌患病史,777 位没有)的问卷调查中的个人-地址层面的数据进行分析。问卷数据由西伊斯利普的一个女性群体收集。萨拉和琳达采用了统计方法(卡方检验和逻辑斯蒂回归),分析了乳腺癌和"已知风险因素"(如家族患病史)之间的关系。然后,对那些"已知风险因素"不能解释其患病的女性,琳达和萨拉采用 GIS 分析了其空间集聚状况(spatial clustering),以观察地方环境是否是因素之一。

在这两个例子中,作者问的是"多少"的问题。奥娜计算了在特拉维夫(Tel Aviv)有多少人在特定的就业空间和家庭空间中;萨拉问的是有多少女性在长岛(Long Island)的特定区位患上乳腺癌。她们也展示了定量技术如何能够应用于一手数据(个人层面的大规模问卷)或二手数据(标准化普查)。每项研究都进行定量化测度(如职业隔离、乳腺癌发病率),并采用了空间统计和制图方法。

在一些情形下,对世界的女性主义理解够能通过研究方法的混合使用而更好地体现,这即是混合研究方法、多元研究方法或三角验证(triangulation)。在人文地理学中,我们通常将混合研究方法视为定量和定性方法的混合补充策略。例如,在对马萨诸塞州伍斯特市性别、工作和空间的广泛研究中,苏珊·汉森和杰拉尔丁·普拉特(Hanson and Pratt,1995)试图充分理解家庭责任、职业隔离、求职和居住选择的关系。他们的研究采用了对普查数据的统计分析和制图,以及对半结构式问卷的定量和定性分析,这种问卷数据是通过对伍斯特市700名工作年龄的男性和女性,以及伍斯特市四个不同社区的150名雇主和200名雇员的访谈获得的。

"混合研究"同样也指代在定性或者定量研究中采用混合的方法或者数据类型。例如在专栏26.1的例子中,里沙·格尔(Richa Nagar)的达累斯萨拉姆项目包含了口述史、访谈和参与者观察。而萨拉·麦克拉弗蒂(Sara McLafferty)的乳腺癌研究项目,采用了统计分析和GIS方法。混合方法也包括在研究设计中,不同的研究者从不同研究领域或认识论立场考虑同一个研究问题。例如,苏珊·汉森和杰拉尔丁·普拉特描述了他们的合作不仅基于"她们对于女性主义和城市社会地理的共同兴趣,也基于其差异:其中一位长于交通研究和定量地理学;另一位长于住房和文化地理学"(Hanson and Pratt,1995:xiv)。混合方法能够将各种差异纳入一种积极的紧张关系(productive tension),并使得我们的研究对不同问题和争论保持敏感。

定量、定性的区分

我在前文描述的诸多认识论观点表明,女性主义者的确更倾向于采用定性而非定量的方法。但是,利兹·斯坦利和休·怀斯(Stanley and Wise,1993:188)指出,即使在1980年代早期,也很少有女性主义学者倡导全面抵制定量方法。并且,他们鼓励女性主义者采用任何可能的方法来构建关于世界的批判性女性主义认识。自1990年代中期以来,女性主义地理学家之间就定量方法的适当运用进行了热烈的讨论(*Professional Geographer*, 1995; *Gender, Place, and Culture*, 2002)。维基·劳森(Vicky Lawson)认为,"女性主义学者能够也应当在回答特定问题时,在相对本体论的视角下采用定量方法"(Lawson,1995:453,强调系原文)。一些女性主义地理学家认为需要重新思考长期以来对定量方法的女性主义批判。例如,一种批判认为,定量研究能够分析特定的时间截面(如普查数据),而定性方法能够捕捉变化的历史和社会背景。达马里斯·罗斯(Rose,2001)指出,定量方法的近期创新已经使这种区别模糊化了。例如,事件史分析(event history analysis)就包含了纵向研究,并记录了事件的历史顺序,从而能够预测产生特定行动的特定事件发生的统计概率。其他学者也宣称,批判性的定量方法论是可能的。例如,萨拉·麦克拉弗蒂(McLafferty,2002)描述了她如何在纽约州的西伊斯利普,遇到一些寻求帮助的女性,她们希望能够对她们的乳腺癌问卷调查进行深入的统计分析(专栏26.1)。因此,萨拉认为,GIS能够成为女性主义倡导者和女性赋权的工具。此外,关美宝(Kwan,2002a；2002b)则讨论了女性主义 GIS(特别是 3D 视觉化技术)，指出将定量数据转化为视觉表达"能够在某种程度上形成解释性的分析模式，这是传统的定量方法所不允许的"(Kwan,2002b:271)。

本节刚开始对定性和定量方法的讨论可以被表述为二元论，这也是在方法/方法论的争论中经常见到的表述方式。潜在的二元论影响了我们关于研究本身的概念(如客观/主观、研究者/研究对象)，女性主义地理学家长期面对的二元性就是这种定量—定性区分。但是，关于方法的争议本质上常常是关于认识论和方法论的争议，以及方法应该如何应用的问题。定量和定性方法的确存在不同的优势和劣势，但二者之间并不存在方法论上的明确区分，相反，二者之间存在本质的联系。例如，一种方法可能包含了另一种方法的某些要素。比如，访谈数据能够利用定性和定量的方式进行编码，通常的数据集也可以用定性和定量方法来分析(如上述苏珊·汉森和杰拉尔丁·普拉特的研究)。与其假设定性和定量方法是相互排斥的，不如将方法看作是一个连续体，我们基于我们的研究目的来选择最适用的方法。因此，尽管定性方法仍然为女性主义学者所青睐，但从 1990 年代早期以来，女性主义地理学家也已经采用越来越多的方法，包括定量方法和一些"更新的"定性分析技术(如文本和视觉分析)。

结论

今天，女性主义地理学已自信地存在于人文地理学领域中。由于女性主义理论的出现，人文地理学家越来越普遍地考察自己在研究过程中的社会、政治和学术位置。现在，人文地理学家越来越可能把自己看成是创造局部的、具体的、情境化的知识，而非固定的、普遍的真理。女性主义地理学已经改变了人文地理学。女性主义的再概念化(reconceptualizations)也改变了我们了解和看待世界的方式。因此，女性主义地理学不仅扩展了人文地理学的研究议程，也重新定义了人文地理学家的使命以及他们实现使命的方式。未来，女性主义地理学家将继续创造新的认识，并且参与到研究应用的政治日程中。但是，我们的确需要对于与我们观点相反的"负面"发现和证据保有更为开放的态度。与苏珊·汉森一样，我希望"看到我们利用各种方法和方法论，来最大可能地提高我们发现不曾预料的事情的机会，并保持对意外事件的开放而非抵制的态度"(Hanson,1997:125)。通过批判性地考察认识论、方法论和方法，女性主义地理学家已经创造了更为丰富而复杂的人文地理学，女性主义对研究过程的关注也改变了人文地理学研究实践的开展和教学方式。通过提出尖锐的问题，探索知识生产的最佳方式，女性主义地理学的解释力将在未来变得更强大和有说服力。

注释

1. 我选择采用"我们"一词,但并非因为我代表所有女性主义地理学家发言。作者也认识到,在全球南部/第三世界国家的女性认为她们被许多女性主义的"我们"所排斥(见 Mohanty et al. , 1991)。我避免采用第三人称的原因,只是因为这样将我和我所要论述的观点隔离开,而我自然是无法与女性主义认识创造隔离开的 (Berg and Mansvelt, 2000)。

参考文献

ACME:*An International E-Journal for Critical Geographies* (2003)'Practices in Feminist Research',collection,2(1):57—111.

Berg,L. and Mansvelt,J. (2000)'Writing in,speaking out:communicating qualitative research findings',in I. Hay(ed.),*Quafitative Research Methods of Human Geography*. Oxford:Oxford University Press.

Blumen,O. and Zamir,I. (2001)'TWo social environments in a working day:occupation and spatial segregation in metropolitan Tel Aviv',*Environment and Planning A*, 33:1 765—84.

Canadian Geographer(1993)'Feminism as method',collection,37:48—61.

Domosh,M. (1997)"Without boots and a stout heart":historical methodology and feminist geography',in Jump Jones III,H. Nast and S. M. Roberts(eds),*Thresholds in Feminist Geography:Difference,Methodology,Representation*. Lanham,MD:Rowman and Littlefield.

England,K. (1994)'Getting personal:reflexivity,positionality and feminist research',*The Professional Geographer*,46:80—9.

England,K. (2002)'Interviewing elites:cautionary tales about researching women managers in Canada's banking industry',in P Moss(ed.),*Placing Autobiography in Geography*. Syracuse,NY:Syracuse University Press.

Falconer AI-Hindi,K. and Kawabata,H. (2002)'Toward a more fully reflexive feminist geography',in P Moss (ed.),*Placing Autobiography in Geography*. Syracuse NY:Syracuse University Press.

Fox-Keller,E. (1985)*Reflections on Gender and Science*. New Haven,CT:Yale University Press.

Gender,Place and Culture(2002)'Feminist geography and GIS',collection,9(3): 261—303.

Gibson-Graham,J. K. (1994)'"Stuffed if I know":reflections on postmodern feminist social research',*Gender,Place and Culture*,1:205—24.

Hanson,S. and Pratt,G. (1995)*Gender,Work and Space*. London:Routledge.

Hanson,S. (1997)'As the world turns:new horizons in feminist geographic methodologies',in J. P. Jones,H. Nast and S. M. Roberts(eds),*Thresholds in Feminist Geography:Difference,Methodology,Representation*. Lanham,MD:Rowman and Littlefield.

Haraway,D. J. (1991)*Simians,Cyborgs,and Women:The Reinvention of Nature*. New York: Routledge, Chapman and Hall.

Harding,S. (1986)*The Science Question in Feminhsm. Bloomington*,IN:Indiana University Press.

Jones,J. P. ,Nast,H. J. and Roberts,S. M. (eds)(1997)*Thresholds in Feminist Geography:Difference,Methodology,Representation.* Lanham,MD:Rowman and Littlefield.

Katz,C. (1994)'Playing the field-questions of fieldwork in geography',*Professional Geographer*,46:67—72.

Kobayashi,A. (1994)'Coloring the field-gender,"race",and the politics of fieldwork', *Professional Geographer*,46:73—80.

Kwan,M. -P(2002a)'Feminist visualization:re-envisioning GIS as a method in feminist geographic research', *Annals of the Association of American Geographers*,92 645—61.

Kwan,M. -P(2002b)'Is GIS for women? Reflections on the critical discourse in the 1990s',*Gender,Place and Culture*,9:271—9.

Lawson,V: A. (1995)'The politics of difference:examining the qualitative/qualitative dualism in post-structural feminist research'. *Professional Geographer*,47:449—57.

McDowell,L. (1992)'Doing gender:feminism,feminists and research methods in human geography',*Transactions of the Institute of British Geographers*,17:399—416.

McDowell,L. (1998)'Elites in the City of London some methodoloqical considerations', *Environment and Planning A*,30:2133—44.

McLafferty,S. and Timander,L. (1998)'Breast cancer in West Islip,NY:a spatial clustering analysis with covariates',*Socia/Science and Medicine*,46:1623—35.

McLafferty,S. (2002)'Mapping women's worlds:knowledge,power and the bounds of GIS',*Gender,Place and Culture*,9:263—9.

Mohanty,C. ,Russo,A. and *Torres*,L. (eds)(1991)*Third World Feminism and the Politics of Feminism.* Bloomington. IN:Indiana University Press.

Moss,P(ed.)(2001)*Placing Autobiography in Geography.* Syracuse,NY:Syracuse University Press.

Moss,P(ed.)(2002)*Feminist Geography Practice:Research and Methods.* Oxford: Blackwell.

Nagar,R. (2000)'I'd rather be rude than ruled gender,place and communal politics in Dar es Salaam', Women's Studies International Forum,5:571—85.

Oakley,A. (1981)'Interviewing women a contradiction in terms?',in H. Roberts(ed.), *Doin Feminisf Research.* London:Routledge and Kegan Paul,pp. 30—61.

Peake,L. and Kobayashi,A. (2002)'Policies and practices for an antiracist geography at the millennium'. *Professional Geography*,54:50—61.

Professional Geographer(1994)'Women in the Field:Critical Feminist Methodologies and Theoretical Perspectives',collection,46:426—66.

Professional Geographer(1995)'Should Women Count? The Role of Quantitative Methodology in Feminist Geographic Research',collection,47:427—58.

Reinharz,S. (1979)*On Becomina a Socia Scientist.* San Francisco,CA:Jossey. Bass.

Rose,D. (2001)*Revisiting Feminist Research Methodologies.* Ottawa:Status of Women Canada,Research Division.

Rose,G. (1997)'Situating knowledge,positionality,reflexivities and other tactics',*Progress in Human Geography*,21:305—20.

Rose,G. (2003)'Family photographs and domestic spacings"a case study',*Transactions of the Institute of British Geographers*,28:5—18.

Rose. G. (2001)*Visual Methodoloqies*. London:Sage.

Stanley,L. and Wise,S. (1993)*Breaking Out Again*:*Feminist Ontology and Epistemology* (1st edn 1983). London:Routledge.

Valentine,G. (1993)'(Hetero)sexing space:lesbians'perceptions and experiences of everyday spaces', *Environment and Planning of Society and Space*,11:395—413.

第二十七章　后结构主义者的理论、批判方法和实验方法

约翰·W. 怀利(John W. Wylie)

引言

后结构主义者的研究方法要优于所有的批判方法。这是因为,它开启了一种视角,使我们可以批判性地评价现存的社会制度、文化信仰和政治手段,等等。

但是当我们这样直截了当地说的时候我们可要小心。首先,后结构主义者的思想、著作和实践的标志在于它们从根本上怀疑对事物的直白陈述和简单解释。后结构主义从根本上是一种怀疑,认为任何事情都不可能只是陈述简单的事实,或者只是陈述那些冠以"显然的"、"自然的"或是"常识"之类的东西。作为一种哲学和一系列研究方法,后结构主义认为这些论调都是偶然的、临时的、主观的,值得仔细审视和辩论(第 10 章)。

第二,我们需要小心谨慎,因为尽管后结构主义也算得上是一种"批判哲学",但是它相比于那些从根本上源于马克思主义哲学(第 5 章)的批判的或激进的地理学、社会学和历史学等等,还是有很大的不同。实际上,后结构主义比那些思想表现得更加具有激进性和批判性,因为它既不基于某种特定的评判来评判世界是如何组织起来的(如马克思主义),也不提供一种系统化的解决方案(马克思主义就致力于此)。作家米歇尔·福柯(Michel Foucault)在后结构主义的研究中很好地捕捉到了这一点,他指出:"没有什么是最基本的,这就是为什么社会分析如此有趣。"(Rabinow,1984:247)如这句引文所言,既然后结构主义基于多数性和复杂性,它就在某种程度上告诉我们要永远保持批判性。后结构主义的激进方式敦促我们逐渐深入地怀疑我们的那些根深蒂固的假设条件,比如我们是谁、这世界是什么样的,等等,这样做的结果之一就是它必然推动我们采用一种更具开创性和实验性的研究和写作方法。

后结构主义者尤其倾向于质疑的东西是,在具体的学术机构(例如大学)里和更广泛的教育系统里,学术派或者学院派通过创造、组织和沟通产生研究方法。这种被创造出来,或者是被学生们所期待,在那些系统中被普遍接受的东西,是一种结构化了的知识,可以被归结为"本

质"、关键点、一系列"核心思想"和清晰论述的东西,是一种已经定了基调的结论。学术研究的目的就是要澄清混沌、让复杂的世界更容易被我们捕捉,这种观点深深地根植在西方文化之中。但是后结构主义却怀疑这种理念,而且更怀疑产生这种理念的系统。比如说,一本想要卖给大学生的教科书,它的编写要按照一定的系统,使一门学科(例如人文地理学)可以被分为若干相互独立的成就、话题和方法,然后将它们囊括在合理的文字块内(例如一章),使得关键思想可以被识别并总结出来。但是按照后结构主义的想法,这种简化了的、系统化了的程序正是那些阻碍我们进行批判的、激进的思考的东西。当然,这意味着我在这章里的论述从某种程度上来说是颇具讽刺性、矛盾性和模糊性的。不过,参看本书的其他章节可以知道,我的目的不是就"怎样做"给出指导,也不是提供一种规范,只要照着做就能神奇般地搞出一项"后结构主义的"研究或者一篇论文。我的目的是揭示出后结构主义的两条主要的发展途径,即解构和话语分析,并由此告诉大家后结构主义者发掘并论述的一些关键性的话题。

解构,或者说,发生的事

解构,这个在法籍阿尔及利亚哲学家雅克·德里达(Jacques Derrida)著作中反复出现的词汇,一开始只在技术人员、专家和学术圈中使用。而如今,它已经扩展到为我们日常所用。比如说,现在我们可以偶尔在书籍、电影和报纸上的音乐评点栏目里看到它。在上述情境下,"解构"似乎经常等同于"分析"或"仔细查看",并不带有任何特殊的或技术上的意味。比如说"如果我们解构一下某某的专辑,我们可以看到它们的影响在于……"。另一些时候,"解构"用来描述一本书、一部电影或一张专辑的风格或者标志性的感受。如果这本书、这部电影、这张专辑的风格被认为是模糊的、混杂的,更多情况下是富有野心的、复杂的或难以理解的,那么这个词汇就更容易被接受。例如"这部电影解构了我们对牛仔的一贯印象",或者"这本书的关键点在于它完美地解构了标准的记叙文写作方式"。

这种半流行的用法仅仅触及了解构的深邃性和复杂性的皮毛。不过它们却向我们表明,解构一词可以因其两种互补的用法而为我们所重视(并被用于研究活动中)。首先,就"分析"或"仔细查看"的意思来说,解构是一种独到的方法,可以用来研究一切话题。更具体地说,结构是对事物进行解读和记录的一种方法,这种方法的基础是对语言的著作如何传达意义和信息的理解。第二,对于事物自身(无论是物体、艺术品、交通工具,等等)的特点来说,解构不仅仅是一种研究方法,也是发生在现实世界中的一种现实的方法,因而也就会被人目睹和记录。换句话说,解构是正在"发生的事"(Royle,2003)。对德里达的著作(Derrida,1976;1978)的一种解读认为解构"正在那里"进行着。它是一种"内化"(或许这个词不太恰当)于语言中的过程,蕴含在人们相互交流、思考自己和他人的过程中,蕴含在文化和物质世界的普遍运行中。

不过这样说也需要小心一些。解构从来——也永远不是方法论上的诀窍,能够解开事物"究竟是什么"的唯一真理。这是因为它的目的在于站在这种论断的对立面,来攻击真理、确定性和权威性。为了解释这一点,我们可以跟随德里达看一看幽灵的语言。尽管绝大多数的方法都致力于本体论(即对事物究竟是什么的信仰或假设,可以认为是不言自明的),但是解构可以被看做一种"虚体论"(Hauntology)(Derrida,1994;Royle,2003)。解构是一种离奇的、幽灵般的过程。它永远处于一种展示的过程,但是"永远不同于它所展示出的"(Derrida,1994;xviii)。它经常是既在那里又不在那里。在某种程度上,解构的这种"存在的理由",就是要对关于真理的论述进行干扰、寄生和反驳。解构对真理、明确性和确定性的颠覆是基于其鬼魅般的逻辑:它分异、扰动、不确定。

既然我们搞清楚了理论与方法之间的关系的重要性,那么本节余下的部分就主要关注于解构如何作为一种阅读、分析和写作的方法。我们已经列出了解构的一些基本方针,即以一种怪诞的方式提供了空间存在的基础,因而我下面要讨论人文地理学采用了解构方法的主要领域。

解构的基本原则在于语言是一种差异化的系统。就拿"猫"这个字来举个例子(这里我沿用了伊格尔顿(Eagleton,1983)的例子)。起先,我们迈出走向解构的一小步,即"猫"之所以是"猫",因为它不是"喵"、"苗"或者"狗",等等。同理,"喵"是"喵"因为它不是"吃";"苗"是"苗"因为它不是"草";"狗"是"狗"因为它不是"猪";等等,等等,无穷无尽。词语的重要性不仅仅能传达意思,更在于它们能够指代实物或头脑中的意象(比方说一只小的、毛茸茸的、四条腿的动物)。人们在一系列无穷尽的、相互区别的关系之中捕捉到词汇,词汇由此才能获得其含义。这一点很关键,不仅仅对致力于研究语言特质的学术专家而言如此。这是一个在现实中正起着作用的过程。它最光辉的成就在于一种事物的定义可以用"它不是什么"的方式来做出。意义并不内化于一个词汇,或者一个物体、一件事、一个过程,也不依附于它,为它所独有。反之,事物的意义在于它"不是"什么东西。换句话说,事物的出现、存在、本体和确定性等,存在的基础是不属于这个事物的东西,或者是被排除在这个事物之外的东西。

让我们来看看"男"和"女"这一组词汇。"常理"似乎告诉我们"男"和"女"所指称的性质是真实的、不变的。于是,我们就觉得,无论人类、动物还是其他事物,一定有"男性化"和"女性化"的特点、属性和倾向。但是,解构的阅读法认为,把"男"和"女"写成"非女"和"女"基本上也是一样的。也就是说,"男"这个词的定义可以通过定义"女"来明确。同理,一系列"女性化"的特质也可以通过"男性化"的特质来定义。换一种说法,也就是在某种特定的时间空间里,关于"男人"的一切东西都可以通过排除掉那些赋予"女人"的东西来获得。但是,在类似的解构过程中不断上演的一幕是,追寻"女性化"的踪迹总是回来从内部干扰对"男性化"的定义。因此"男"和"女"的定义也就永远处于不稳定之中。它们永远都不能自我获得出现、存在和确定性。

"男性化"和"女性化"这样的概念只能用来描述一组意义,一组不断漂移、不断自我否定的意义。

我们的文化充斥着男和女、心理和身体、我和你、我们和他们、自然和人工、西方和东方等等这样的二元结构。这种理念对我们如何思考、如何与他人产生联系、社会和政治大体上如何运作,产生了不可估量的影响。解构分析法所要说明的并不在于这种二元结构是不真实的,而在于它们不是纯粹的、无缝衔接的,硬币的两面不是独立铸造出来的,而是纠缠在一起的。德里达把这种二元论称为"暴力体系",因为基本上这两者之一总会被理解为地位高于另一边,是源流,或者是常态。异性恋和同性恋就是这样一个例子。在过去和现在的诸多社会中,异性恋被认为是主流的、正常的,这就把异性恋置于了次一等的、离经叛道的地位。然而,只要我们从解构的角度去看,在异性恋这个词的意义核心自然能产生出同性恋一词,并不与常态相背离。

写了这么多之后,但愿我已经把解构的精髓解释清楚了。我们讨论过的二元分异总是与现实的和符号上的暴力相联系,我们可以在各种尺度的社会、政治、经济的不公平和不公正中见到它们,它们根植于普通百姓和学术界的信仰和基本思想中。我们能举出很多当前的例子,比如西方与伊斯兰的所谓的"文明撞击","真正的"和"虚伪的"庇护地寻求者,"有机的"和转基因的食品,全球化和反全球化,等等。这些都是两极分化很明显的例子,很容易想到。但解构是一种批判方法,在所有试图展现、集中、澄清、分化、分类和排除的活动中都能用得到。它体现出了这些活动的易碎性、傲慢性和最终的不可实现性。另外,尽管我们在这里没有明确提出什么政治立场,但解构还是要引导我们去认识我们执着于存在与缺失、共同点与不同点所带来的差异化的影响和结果。

最后,我认为有必要再次强调,"解构"既指一种分析方法,也指一种现实存在的过程,它真实地发生在学术著作、画作、音乐、对话、政府政策和科学报告等等事物中。解构并不是要表达那些事物"其实不在那儿",也不是要从中解读出一种与之格格不入的立场。人们有这样的误解,是因为解构常常绕过或者忽视那些看起来是"显然"的东西或者意义,那些"常识"会告诉我们的东西。其实,解构需要我们在解读文字、事件、情景和过程的时候有一种极其细致认真的态度,尽可能地去用心。它的目的是追求最大限度的精确。同时我们又不得不承认,关于解构的著作,以德里达的书为典范,都是复杂而难懂的,而且时常会把文字以一种令人吃惊甚至错愕的方式扭曲变形。这种看似矛盾的、既全心投入地展现某物又改变其认知的做法,被罗伊尔(Royle,2003:21)很好地捕捉到。他写道,解构既"描述一个事物,同时又改变其外观"。他继续写道:"在某种程度上,(德里达)读过东西——比如说一段莎士比亚或者一篇柏拉图的对话——之后,他所做的只不过就是把大意转述一遍"(Royle,2003:26)。但是关键问题在于,既然解构是这样一种过程,那么这种转述必然会改变原有的外观。解构,为了忠实于它自己的名号,必然要实现它自身混杂的解构的本质,即一种转移性的、鬼魅般的、补偿性的、不稳定的本质。

　　在人文地理学界,运用这类分析方法的例子可以说汗牛充栋,因为它们跨越了社会科学和人文科学。随着时间推移,德里达哲学的原理几乎变成了学术主流,解构的语言如今已经很平常、很自然地被人文地理研究所采用。另外要提到的一点是,解构经常与一系列已经迅速过时的词汇和主题联系在一起,例如"文化转向"、后现代主义、身份政治学、"对差异的欢迎",等等。但是,在看过了这些理念的潮起潮落之后,解构还是留存了下来,因为德里达分析的深度和严谨程度越来越被英语国家的学术圈所认可。甚至可以说(而且不夸张地说),解构正在人文地理学中兴起,其复杂性和可能带来的东西如今刚刚被人们所发现(Rose,2004)。

　　抛去上面的口号式的表述不谈,解构进入人文地理学是在1980年代末和90年代初。一开始,它与地理学文本和实践产生联系是对地理学研究兴趣的关注,尤其是关注于地理学的认识论和语言(Doel,1992;Olsson,1991;Barnes,1994)。后来,解构分析与女性主义,以及对性别认同的建构的激进主义分析联系在了一起(较早的例子参见 Domosh,1991;McDowell,1991)。这是一个内容广泛并且正在施行中的研究项目,其眼界已经超过了本章能够涵盖的范围(第10章)。不过,最近多数对性别、身份和行为表现的研究(Bell and Valentine,1995;Gregson and Rose,2000),基本上都是受到朱迪斯·巴特勒(Judith Butler,1990;1993)的启发,而后者的理念又主要是拜德里达的著作所赐。尽管如此,作为宽泛的后结构主义,更准确地说是解构,这样一种对地理学知识和本体的批判分析方法,在1990年代迅速传播开来,而后解构的理念就广泛出现在地理学的各个分支当中。

　　我要郑重指出的一点是,这不仅仅意味着传统的课题引入了一种"新"方法,也意味着在很多情况下,开辟了新的研究领域。更重要的是,在很多情况下,解构的深入分析含蓄而不张扬地对研究和解读施加了影响,这就是解构方法用批判分析所达到的作用范围。例如在政治地理学中,解构就从某种意义上启发并推动了新的批判地缘政治学的发展。其基本关注点在于地缘理念建构在多个层次之上,从政府的对外政策与对策的演变(O'Tuathail,2000;Dalby,1991)到新闻媒体(O'Tuathail,1996)和报业(Sharp,1993;Dodds,1996)对全球政治军事事件的报道。当对地缘政治的理念和宣传进行批判分析的时候,解构方法可能会变得特别有倾向性,因为那些东西经常想把世界的利益和关系描绘成一幅分裂的、两极分化的图景。

　　就地理知识在不同时间和空间里的建构和运用,有诸多讨论。在这个问题上,由于解构的普遍参与,历史地理学发生了革命性的变化。这种批判性的途径的建立部分要归因于一类研究,即用解构方法来讨论知识生产如何导致了对地理学多变的历史的不断审视。这种历史是一种根深蒂固的学术传统,在殖民地和帝国的历史中,通过制图、调查和野外探究等等方式建立起来。例如,在经典的就"解构地图"而展开的讨论中,哈利(Harley,1989)就描述了对制图工艺进行德里达式的分析,是如何通过展示出实质上组成了地图含义的修辞的和隐喻的元素,说明了制图过程中表现出的客观性、透明性和单纯性。普拉特(Pratt,1992)、巴内特(Barnett,1998)和瑞恩(Ryan,1996)进一步解构了 19 世纪在南美、非洲和澳大利亚的欧洲探险家所写的书,指出存在于这些人骨子里的、在他们文字里表达出的对天生的声音的"压抑",是建立欧洲地理学知识的中心和权威地位的关键性因素。同样地,布伦特(Blunt,1994)和克雷顿(Clayton,2000)采用了一种将档案学和相应的解构方法相结合的方式,研究了玛丽·金斯利(Mary Kingsley)在 19 世纪的非洲之行,以及库克和温哥华(Cook and Vancouver)18 世纪在太平洋上的考察,指出了富有帝国色彩的旅行的内在追求是纯洁性、统一性和明确性,但表现出来的却是纠结、混乱和矛盾。在德里达式思维启发下涌现出的一代后殖民主义理论家觉醒之后(Spivak,1988;Bhabha,1994),在那些本着帝国和探险理念的历史地理学家和同时代的欠发达地区的地理学家的思想发生叠加之后,"后殖民主义地理学"(Sidaway,2000;Crush,1995;Blunt and McEwan,2002)就产生了,它是一系列对语言、文本,以及从过去到现在的殖民主义消失过程的批判性分析。

但愿这样简明扼要的论述能够表明,解构的理念已经成为人文地理学混合语中的一部分,我也可以继续讨论解构在社会地理学、文化地理学等等中的应用。但是作为小结,我想重申,解构像地理学这样的学科的实践工作,其本意是十分激进的。解构不仅仅是我们可以采用的"有用的"方法,它也要求我们对常规的假设条件和工作程序提出质疑,说不定还要使我们重新考虑,像地理学家这样的学术工作者是怎样把思想写出来的。马库斯·杜尔(Doel,1992,1994,1999)坚持要就此去研究解构的潜能,但目前还没有什么其他人想要应对这样的挑战。

话语分析

像解构一样,我们也要仔细地定义"话语"(discourse)这个词。这一节主要讲的是,作为后结构主义的一种方法,话语分析主要是与法国历史学家、哲学家米歇尔·福柯的工作有关。德里达算得上是福柯在接近现代的、一段时间内的学生。和这位学生一样,福柯的著作内容遍及认识论、癫狂、刑罚、权力、科学史、性史,在整个社会科学界和人文科学界拥有巨大的影响力。它们不仅启发了新的研究,而且开创了新的研究领域。事实上,德里达和福柯的著作经常被同时提到,至少是在修辞上,被多如牛毛的书籍和论文所提到,那些论文都是意在"解构"种族、自然性别、社会性别、国家、自然界、景观等等诸多领域的"话语"。

"话语"一词在英语词典里的解释是:"名词。1. 对话。2.(与 on 连用)详细的演说或者论作。"(《柯林斯英文小词典》,1996。)作为诸多理念的核心,福柯对"话语"一词的理解可要比这复杂多了。福柯认为,一种话语,虽然还保留着对话、讲话的意思,但指的是构成一个领域或话题的表达、行动和事件的集合体。为了进一步说明这一点,我们来看看地理学家给出的话语的两个定义。

　　格雷戈里(Gregory)认为,话语"指的是我们互相之间交流的一切方式,是由信号、符号和实践组成的使我们的世界产生意义的庞大网络。"(Gregory,1994:11)这个定义提醒了我们两点。首先,一种话语并不只是一系列写就的文本。话语包括文本、语言、对话、思考和行动的方式、切身实践、行为习惯以及姿势,等等。第二,话语不是某些预先存在的特质——比如说性别,所包括的语言和行为。一种性别的话语不是描述这个性别本身,而是造就了这个性别,使它变得真实,能在现实中存在,成为一种结果性的、有意义的、囊括了信仰、态度及日常行为和实践活动的集合。进一步说,如巴恩斯(Barnes)和邓肯(Duncan)所指出的,"话语既是开放性的又是封闭性的……它们把界限划在问题恰当甚至于清晰明了之处"(Barnes and Duncan,1992:8)。换句话说,话语界定了什么能说、什么能做,也界定了什么不能说、什么不能做,什么是真的、合法的或有意义的,什么是假的、出格的或荒谬的。再拿性别举个例子。作为一种话语,它同时开启了"男性的"和"女性的"思考和行为方式,以及对彼此的限制和禁锢。通过这种方式,话语对政治和伦理的介入就变得清晰起来:话语使得一些行为和认同成为正常的、自然的,同时也把其他的行为或认同界定为异常的、边缘化的和非自然的。

　　话语必须被当做一种权力来看待。为了全面把握福柯的理论和方法,我们必须先来看看他对权力运作的富有创建性的理解。一般认为,权力的行使是一个自上而下的过程。换句话说,一些人、组织或国家"享有"权力,他们占有它、运用它,来对另外一些人施加统治和影响;而后者就是所谓的没有权力的人。这样看来,权力:1. 掌握在少数人手里;2. 其运行跨越了生命而不是生命的一部分;3. 就其效果而言,消极意义大于创造性意义——权力就是要压迫、限制、禁止、阻拦,等等。但是福柯并不同意这种观点,他认为"我们应该马上抛弃那些把权力带来的后果描绘得很消极的说法……实际上,权力也创造东西,它创造的是真实"(Foucault,1977:155)。换句话说,权力创造了新的认同,创造了新的社会、经济和政治体系,并没有扼杀变化或者"进步"。另外,这种富有创造力的权力行使的方式是多种多样的,它并不是由单独一个源放射出去。如福柯所写:"权力无处不在,不是因为它附在所有东西上,而是因为它产生于每一处。"(Foucault,1981:93)这句话说明权力是被创生出来的,在很多不同源的地方,权力的效果都能被感知、被完成和被改观。

　　在讨论过权力与话语之后,我们要注意话语分析用作批判方法的两个关键点。首先,福柯绝对不是想要抹去我们这个社会中的显然存在的不公正、不平等和压迫。他实际上是想通过他对权力运作的理解,建立独特的、精巧的方法,来分析为什么不平等的坚冰如此难以打破。福柯认为,像把我们的生活方式分成男性和女性这样的想法是正常的也是正当的,并不是因为有某种神秘的"权力"把我们对号入座地安放进某个类别里,而是因为我们自己对自己行使了权力,我们不断地自我约束和自我监督,同时也在约束和监督身边的其他人。通过大量的微小的、地方性的、具体的实践活动,性别的范式被建立起来。话语就是日常的实践活动,不是被一张由"权力"构成的看不见的大网自上而下地笼络起来的。

第二个关键点是第一点所造成的结果,即我们自身也体现出了话语所产生的影响。很多种话语(例如男子汉的、爱尔兰的或者父权的),并不是由外在意义层次包含的一个内在的、独特的本我。反之,如福柯所言,每个人都是独特的,我们都是拥有内在思维、感受和态度的个体,这一理念其实是不久以前才创立的。他认为现代社会的特征是人们个体化的过程,无论他们是作为像人文地理学这样的学科的研究客体,还是作为自我(主体)逐渐富有经验并变得成熟。换句话说,我们了解自己和他人所用的各种知识和范畴,都是具有文化和历史的具体性和独特性的。福柯或许最值得关注的论点在于,他认为那些经常被人们认为是普遍的、自然的、可以确定的范畴,比如说合理与疯狂、健康与病态、正常与失常,等等,实际上是特定的话语实践所塑造出来的,或者说实际上是"社会地建构出来的"。这不意味着它们是错误的或者不真实的。在特定的文化和历史背景下,它们会变得真实而有意义。

希望我说的这两点能够说清楚福柯对话语和权力所下的定义的批判性本质。也希望福柯的解构和德里达的解构之间的类似之处能够一目了然。话语分析是一种批判性的方法,目的是要描述人们如何创造出特定的本体和记叙、把它们当做先决条件或是很自然的前提,同时又宣称另一些本体和记叙是相对边缘化的、被排除的或被否定的。话语分析旨在仔细关注特定的事件、阶段和行动,从细节上描述这些特定的行为、态度和信仰如何通过不断地重复而被积淀下来并重新创造出来。就语言和解构来说,福柯的成果和方法已经渗透到过去 15 年的地理学研究当中,我下面也要简单地回顾一下那些主要的研究方向。

福柯自己对观察、刑罚和边界化的兴趣极大地促进了人文地理学中新的研究方向的开创。比如说,受到他的经典著作《疯狂与文明》(*Madness and Civilization*)(Foucault,1967)和《规训与惩罚》(*Discipline and Punish*)(Foucault,1977)的启发,新的研究庇护所、监狱和其他各种安置点的地理学开始兴起(Driver,1985,1993;Philo,1995;Philo and Parr,1995)。同样地,福柯关于凝视将被凝视之物孤立化、客体化和分异化的分析拥有重大意义,这已经被人文地理学界所广泛认可。比如说,它就启发了对城市内部监控系统和闭路电视的研究(Davis,1990)。就与以艺术、自然界和视觉为研究对象的文化地理学的关系而言,福柯关于凝视的概念进一步影响到了对景观、窥阴症以及把女性作为"自然"的客观化的研究(Rose,1993;Plumwood,1993;Nash,1996;Pollock,1988)。

"话语转向"所带来的影响也在医药地理学中表现得很明显,它使后者从单一研究人口中疾病的数量和分布,部分地转向了研究公共卫生和疾病领域的话语如何建构了身心和认同(Kearns,1993;Dorn and Laws,1994;Butler and Parr,1999)。更具体地说,我们在这里可以点出研究残障人士的地理学(Chouinard,1997),它不仅保留了对可进入性和可移动性的关注,还关注于不同类型"残障人士"是如何被定义和自我定义的,这两种定义的细微差别在哪里。这种趋势进一步发展到精神疾病地理学,探索"精神病"的产生和发展所依存的制度上的、治疗学上的和政治上的空间。

福柯的方法论明确强调了知识、权力,以及理论与实践的关系,特别是对历史和档案的偏好。因此它与德里达的思想一样,对文化和历史地理学产生了特别重大的影响。赛义德的《东方主义》就是一个绝佳的例子。尽管赛义德本人不是地理学家,但是这本书唤起了一大群人对"地理想象"的研究,特别是那些对殖民主义和帝国主义的研究,以及对相比于欧洲"自己人"的非欧洲"那些人"的研究(赛义德主要关注历史上欧洲人迁移到的近东和中东的地方)。很多地理学家进一步追寻,发现赛义德认为福柯作为历史学家,批判了西方的思想和实践,尤其是详细探讨了探险(Driver,2001)、旅行(Duncan and Gregory,1999)以及地理学自身学术传统(Gregory,1994)等方面的话语实践。

我还可以继续详细列出话语分析在塑造和启发文化地理学家的一系列工作中的作用,例如对"异国"食品消费的研究(May,1996),以及对当代"女性杂志"中对男子汉气概的展现的研究(Jackson et al.,1999)。不过在本节的结尾我要提醒大家,尽管"话语"的语言像"解构"的语言一样已经被广泛接受,但是它的概念经常被用得像是"结构"。我有必要再次强调话语不是"有权力"的结构,不是凌驾于个体之上的某种影响力十足的思想,也不像国际象棋盘一样让每个个体都事先选好自己的角色和位置。话语明确地存在于编织出生活的经纬线的庞杂的、日常的、重复的、有时候还"习惯性的"实践和行为中,并为它们所塑造。在地理学中这个理念的一个极好例证,同时也尤其切合福柯的概念的一个例子,是大卫·马特莱斯(David Matless)的《景观与英文》,这本书细致讲述了20世纪中叶英格兰的公民精英主义、区域规划政策和方兴未艾的生态观念,即乡间生活方式的兴起和逐渐增多的愿意享受田园休闲方式的人数,借此来创造一种复杂的话语来表达自我、社会与景观之间的关系。

小结:实验方法

在上面两节的结尾,作为总结,我都列举了一些针对德里达和福柯把后结构主义的成果应用于人文地理学的批评言论,有些批评还是相当温和的。在那两种情况下,我都觉得地理学者(还有或许大多数的英语国家的社会学者)与后结构主义方法合作的步伐有点迈得太快了。其结果是,后结构主义已经嫁接到前者身上。更普遍的是,嫁接到了"结构主义者"和经验主义者对诸如权力、语言、认同和意义等概念的理解上。严格地讲,它应该是拒绝这些东西的,并且向着一套全新的东西发展着。相比来说,后结构主义研究成果中隐含的质疑和破坏,对学术论文和书刊的写作方法影响倒是不大,因为这些东西一贯认为自己是在已经存在、已经建立起的知识上添砖加瓦,是从外部、客观的角度作出评论(Law and Benchop,1997)。

　　书归正传。在这简短的一章里,我主要谈到了解构和话语分析,又转到德里达与福柯,因为他们二人显然是过去 15 年里对人文地理学影响最大的两位作家。这意味着我忽略了后结构主义旗下的一些名人,例如茱莉亚·克里斯特瓦(Julia Kristeva)、简-弗朗索瓦·利奥塔(Jean-Francois Lyotard)和简·鲍德里亚(Jean Baudrillard)。这同时意味着我忽略了第三位学者,他的著作经常与德里达和福柯的相提并论,随着时间推移必将被证明是极端重要的,他就是吉尔·德勒兹(Gilles Deleuze)。

　　我想来评论一下德勒兹以及人文地理学最近出现的一些苗头,来作为这一章的小结。在本章开始我曾经提到,后结构主义哲学内在的激进和不稳定必然会导致对学术思想和实践的质疑,至少会暗示学术写作需要更多的实验性、创造性的工作,学术上的表达方式也需要逐渐朝这个方向转变。这就是德勒兹的思想天生吸引人之处。德勒兹的哲学强调创造性、生命力和变换,这并不是因为它们是宝贵的,而是因为它们是普遍生命所固有的、本体性的。尽管德勒兹的后结构主义思想典型地表现在他对"大一统"理论的反对,以及不承认有唯一的一种解释能够解开生命的奥秘(比如诉诸于上帝、"社会结构"、自由市场、本我或者通灵),但是他所作出的反应与德里达和福柯不同,不是要承担起艰苦而严肃的批判主义任务来展示事物的纯粹性和复杂性。他看起来反而像是要提倡建立关于写作和行动的实验方法。他尤其反对很多学术著作把自身定位在"重现"世界上。德勒兹(Deleuze,1994;1990)认为,重现实质上是一种消极的做法,因为:1. 试图准确地描述事物必然会干扰和简化它们;2. 所谓"准确"重现会把重现变成对事物的一种论断。德勒兹并不想要描述或是论断,他认为批判的或者哲学的作品应该致力于为世界做加法,带给世界一些东西而不是删减东西。

　　这种加法带来的表现力和创造力在最近一些地理学作品中得到了反映。思里夫特号召地理学者们"把塑造了人民、自我和世界的基本实践和技能用诗一般的语言写出来"(Thrift,2001:216),而迪尤斯伯里(Dewsbury)等人声称学术作品应该致力于"帮助表现力在世界中延伸"(Dewsbury et al.,2002:439)。上面这些引文都出自于一伙被粗鄙地称为"非表象性理论"的支持者们。这项方兴未艾的运动的一个信条就是后结构主义理论在地理学里面被滥用了。首先,有些人坚持认为后结构主义只是为结构主义者和马克思主义者对权力、社会和认同的观点的"补充",这在把"话语"理解成对压迫与反抗的叙述上表现得很突出(如 Pile and Keith,1998)。其次,存在一种"理想主义者"的倾向,要把话语分析和解构等方法用于一种运动,来把特定的有血有肉的现实抽象成常用符号、文本和表象等东西,在此过程中那些现实的"意义"可以被内化。

　　我对这些批评都持肯定态度。在这一章里,我的目的就是要列举出德里达和福柯的方法论中关键性的原则和程序,并简要地叙述它们在人文地理学研究中的最关键的用途。无论是实现哪个目的,我都能感到事实带来的压力,因为解构和话语分析的确是极端重要的方法,可以用于对社会制度、文化信仰、施政方针等等进行批判性的评价。不过，我必须要强调它们都是后结构主义的方法，即它们已经超越了结构主义对权力如何运行、认同如何塑造的"自上而下"的理解。我同样强调了解构和话语已经存在于实践和行动的现实当中。尽管批判性地理学的关键部分由于文化、政治和经济思想体系的运行而强调有意识的活动，但是对解构和话语分析作用范围和用法的误读产生了无意识的结果。就这两种方法，我认为它们不是我们用来"阅读"世界所用的方法，也不意味着我们必须先把世界分解成诸多程序和事件，而后再去寻求其"内在的"或"广阔的"意义。反之，解构就是正在发生的事，话语就是日常的实践活动。使用这些方法不在于要从被研究的文本、图景和环境中提炼出主题，而是要通过实验方法富有表现力的工作对研究对象实施"描述和改观"。

参考文献

Barnes, T. J. and Duncan, J. S. (1992) 'Introduction: writing worlds', jn T. J. Barnes and J. S. Duncan (eds), *Writing Worlds*. London: Routledge.

Barnes, T-(1994) 'Probable writing: Derrida, deconstruction and the quantitative revolution in human geography', *Environment and Planning* A, 26: 1021—40.

Barnett, C. (1998) 'Impure and worldly geography: the Africanist discourse of the Royal Geographical Society, 1831—73, *Transactions of the Institute of British Geographers*, 23: 239—51.

Bell, D. and Valentine, G. (1995) 'The sexed self: strategies of performance, sites of resistance', in S. Pile and N. Thrift(eds), *Mapping the Subject: Geographies of Cultural Transformation*. London Routledge.

Bhabha, H. (1994) *The Location of Culture*. London Routledge.

Blunt, A. and McEwan, C. (eds) (2002) *Postcolonial Geographies*. Edinburgh: Cassell. Butler, J. (1990) *Gender Trouble: Feminism and the Subversion of I dentity*. London: Routledge.

Blunt, A. (1994) *Travel, Gender and Imperialism*. New York: Guilford.

Butler, J. (1990) Gender Trouble: Feminism and the Subversion of Identity. London: Rontledge.

Butler, R and Parr, H. (1999) Mind and Body Spaces. London: Routledge.

Butler, J. (1993) *Bodies that Matter: On the Discursive Limits of 'Sex'*. London: Routledge.

Butler, R. and Parr, H. (1999) *Mind and Body Spaces*. London: Routledge.

Chouinard, V. (1997) 'Making space for disabling differences: challenging ableist geographies'. *Environment and Planning D: Society and Space*, 51—379—87.

Clayton, D. (2000) *Islands of Truth*. Vancouver: University of British Columbia Press.

Crush, J. (1995) 'Introduction: imagining development', in J. Crush(ed.), *Power of Development*. London: Routledge.

Dalby, S. (1991) 'Critical geopolitics: discourse, difference, and dissent', *Environment and Planning D: Society and Space*, 9: 261—83.

Davis, M. (1990) *City of Quartz*. London: Verso.

Deleuze, G. (1990) *The Logic of Sense*. London: Athlone.

Deleuze,G. (1994)*Difference and Repetition*. London:Athlone.

Derrida,J. (1994)*Spectres of Marx*. London:Routledge.

Derrida,J. (1976)*Of Grammatology*. Baltimore,MD Johns Hopkins University Press.

Derrida,J. (1978)*Writing and Difference*. Chicago,IL"University of Chicago Press.

Derrida, J. (1994)*Spectres of Marx*. London:Routledge.

Dewsbury,J. D. ,Wylie,J. ,Harrison,P. and Rose,M. (2002)'*Enacting geographies*', *Geoforum*. 32: 437—41.

Dodds,K. (1996)'The 1982 Falklands War and a critical geopolitical eye:Steve Bell and the If···cartoons'. *Political Geography*,15:571—92.

Doel,M. (1992)'Installing deconstruction:striking out the postmodern',*Environment and Planning D:Society and Space*,10:163—80.

Doel,M. (1994)'Deconstruction on the move"from libidinal economy to liminal materialism',*Environment and Planning A*,26:1041—59.

Doel,M. (1999)*Poststructuralist Geographies*. Edinburgh University Press.

Domosh,M. (1991)'Towards a feminist historiography of geography',*Transactions of the Institute of British Geographers*,16:95—104.

Dorn,M. and Laws,G. (1994)'Social theory, body politics and medical geography', *Professiona/Geographer*,46:106—10.

Driver,E(1985)'Power,space and the body:a critical assessment of Foucault's *Discipline and Punish*. *Environment and Planning D:Society and Space*,3:425—47.

Driver,F(1993)*Power and Pauperism:The Workhouse System*, 1834—1884. *Cambridge:Cambridge University Press*.

Driver,F(2001)*Geography Militant*. Oxford:Blackwell.

Duncan,J. and Gregory,D. (eds)(1999)*Writes of Passage:Reading Travel Writing*. London:Routledge.

Eagleton,T. (1983)*Literary Theory:An Introduction*. Oxford:Blackwell.

Foucault,M. (1967)*Madness and Civilization:A History of Insanity in the Age of Reason*. London:Routledge.

Foucault,M. (1977)*Discipline and Punish:The Birth of the Prison*. London:Penguin.

Foucault,M. (1981)*The History of Sexuafity*,Vol. 1:*An Introduction*. London:Allen Lane.

Gregory,D. (1994)*Geographical Imaginations*. Oxford:Blackwell.

Gregson,N. and Rose,G. (2000)'Taking Butler elsewhere:performativities, spatialities and subjectivities', *Environment and Planning D:Society and Space*,18: 433—52.

Harley,J. B. (1989)'Deconstructing the map',*Cartographica*,26:1—20.

Jackson,P. ,Stevenson,N. and Brooks,K. (1999)'Making sense of men's lifestyle magazines',*Environment and Planning D:Society and Space*,17: 353—68.

Kearns,R. A. (1993)'Place and health:towards a reformed medical geography', *Professional Geographer*, 45:139—47.

Law,J. and Benchop,R. (1997)'Resisting narrative Euclideanism:representation,distribution and ontological politics',in K. Hetherington and R. Munro(eds), *Ideas of Difference:Social Spaces and the Labour of Division*. Oxford:Blackwell.

Matless,D. (1998)*Landscape and Englishness*. London:Reaktion.

May,J. (1996)'A little taste of something more exotic',*Geography*,81:57—64.

McDowell,L. (1991)'The baby and the bathwater:diversity,deconstruction and feminist theory in geography',*Geoforum*,23:123—33.

Nash,C. (1996)'Reclaiming vision" looking at landscape and the body',*Gender*,*Place and Culture*,3:149—69.

Olsson,G. (1991)*Lines of Power/Limits of Language*. Minneapolis:University of Minnesota Press.

O'Tuathail,G. (1996)'An anti-geopolitical eye:Maggie O'Kane in Bosnia',*Gender*,*Place and Culture*,3:171—85.

O'Tuathail,G. (2000)'Dis/placing the geo-politics which one cannot want',*Pofitical Geography*,19:385—96.

Parr,H. (1999)'Bodies and psychiatric medicine:interpreting different geographies of mental health',In R. Butler and H. Parr(eds),*Mind and Body Spaces*. London:Routledge.

Philo,C. and Parr,H. (1995)'Mapping"mad"identities',in S. Pile and N. Thrift(eds),*Mapping the Subject:Geographies of Cultural Transformation*. London:Routledge.

Philo,C. (1995)'The chaotic spaces of medieval madness',in M. Teich,R. Porter and B. Gustafson(eds),*Nature and Society in Historical Context*. Cambridge:Cambridge University Press.

Pile,S. and Keith,M. (eds)(1998),*Geographies of Resistance*. London:Routledge.

Plumwood,V. (1993)*Feminism and the Mastery of Nature*. London:Routledge.

Pollock,G. (1988)*Visions of Difference:Feminism, and the Histories of Art*. London:Routledge.

Pratt,M. L. (1992)*Imperial Eyes:Travel Writing and Transculturation*. London:Routledge.

Rabinow,P(ed.)(1984)*A Foucault Reader*. London Penguin.

Rabinow, P. (ed)(1984) *A Foucault Reader*. London:Penguin.

Rose,G. (1993)*Feminism and Geography*. Cambridge-Polity.

Rose,G. (2004)'Re-embracing metaphysics',*Environment and Planning A*,36:461—68.

Royle,N. (2003)*Derrida*. London:Routledge.

Ryan,S. (1996) *The Cartographic Eye:How Explorers Saw Australia*. Cambridge: Cambridge University Press.

Said,E. (1978)*Orientalism:Western Conceptions of the Orient*. London:Penguin.

Sharp,JIP(1993)'Publishing American identity:popular geopolitics,myth and the *Reader's Digest*',*Pofitical Geography*,12:491—503.

Sidaway,J. (2000) 'Postcolonial geographies:an exploratory essay',*Progress in Human Geography*,24:591—612.

Spivak,G. C. (1988)'Can the subaltern speak?',in C. Nelson,and L. Grossberg(eds),*Marxism and the Interpretation of Culture*. London:Macmillan.

Thrift,N. (2001)'Afterwords',*Environment and Planning*,18:213—55.

第二十八章　研究等于盗窃：
在后殖民世界里的环境调查

保罗·罗宾斯(Paul Robbins)

一天下午,正当我在印度农村的一个野生动物保护地作森林覆盖研究的时候,一个老妇人在她家后院隔着篱笆冲我大嚷:"你在写关于森林的东西,(然后)方便其他人过来夺走它吧!"

记录、解释和分析是侵占并控制这个世界的一种途径。人们用术语和叙述描述社会和环境情况,界定争论的范围,限制争论的可能性。如果由享有制度特权和权力的人们(如国外的研究者)来从事这些事务的话,那么这些描述很可能变成政策的素材,并对当地的生计造成显著的冲击。对食物的研究经常使得人们更饥饿,对森林的研究已经破坏了生物多样性,对贫穷的研究使得更多的人陷入贫穷。因此,无论多么深入的研究,只要是被非原住民所完成的,就都变成了正在进行的剥削系统中的一个组织严密的部分。同样地,一个具备明确学术规范且带着远大目标的研究者——研究如何公平分配资源,减弱劳动剥削关系、保护濒危物种——他的工作将不仅仅是记录森林是什么样的,而且包括想象森林会变成什么样的,这是一种无法否认的权力。最终,依靠其他人的故事和其他地方的环境状况,研究成果被"明确地"地提炼出来了。而研究者仅需要支付关于其他民族历史的文本手稿和他们的农作物、知识、科技、生活和土地状况的记录。通过所有这些步骤,研究就等同于盗窃。

老妇人所指的那片森林最近被封闭成为更为严格的野生动物保护区。这种转变使得居住在附近的以此谋生的人更难进入森林,但是为此地创制了新管制的外国赞助机构的某些人却能进入这个地区。记录这些事实并且列举出它对附近居民的负面影响,对这种管制是一种挑战,并且明确地表现出一种努力,不是为了夺走森林,而是要把它拿回来。同样地,那天我所进行的研究是与一个草根组织合作的,这个组织显然试图控制那片森林,不过也希望其理论依据能建立在以科学方法记录的现象之上。因此,这个研究着眼于那些需要由当地人民来回答的问题上(森林覆盖率达到多少? 牧场的作用是什么?)。但是国家没有钱作这些调查,私人公司也没有钱,在这里首先建立起野生动物保护区的赞助机构也没有钱。如果研究等同于盗窃的话,那么这种盗窃是很多人都愿意参与的,包括当地的和周边的人群。

在这个章节,我试图阐释这个必然的后殖民主义矛盾(也可以参见第 12 章),并描述正在进行的各种有殖民意味的研究项目和各种有反殖民倾向的科学所作的巨大努力。在这个过程中,我希望去说明基于环境演变和可持续性所作的实地调查的局限性和潜力,从而对这类研究的进行方式有个大概的感觉。但是在做这些之前需要先回答一个问题:我们到底为什么要做研究?

作为掠夺的研究

环境研究本应是是客观的、非政治的并追求真相的,但它却成为一种掠夺,经常导致人们不愿意看到的结果——这是基于全球殖民经验得出的。欧洲扩张和对直属地的统治不仅仅表现在军事力量的展示上,也表现在专业技术知识的普及过程中。殖民国家的活动,正如科恩(Cohn)观察到的,"培育了某些事物是怎样的,以及它们应该是怎样的官方信仰",这是依赖于文档记录系统的。

> (文档记录系统)为他们的统治能力奠定了基础。会议报告和调查,包括财政、健康、人口、犯罪、教育、运输、农业和工业等统计数据的编辑、存储和出版——解释这些创造出来的数据需要如同破解神秘的梵文文本一样的评释和解读能力。(Cohn,1996:3)

在实践方面,这意味着收集一大堆数据,并按照殖民者制定的分类进行排列和定义。但是它也使得一个精英阶层的产生成为必需(如统计学家、地理学家、植物学家、人口学家等),他们接受特别训练来解释这些数据,并代表统治者作出明智的决定。这些人的社会权力、酬劳和政治地位都决定于殖民区域所不断面对的问题和其出现后的解决方法。这些解决方法通常导致禁止性和指令性的政策产生,并带来广泛的损害。照这样的方式,环境理论就不可避免地与政治统治理论联系在一起。这正如环境历史学家大卫·吉尔马丁(David Gilmartin)在讨论英国殖民科学的案例中提到的一样:

> 把环境定义为用于生产的自然土地,和把英国人定义为统治外国人的阶级,这两种想法可以算是异曲同工。(Gilmartin,1995:211)

下面谈到的一个努力保护西非森林的例子,是这类问题的一个代表。法国殖民统治者和科学家在 19 世纪进入了几内亚的大草原,见到了复杂的轮作制耕作景观与当地保护的森林及空旷的牧草地相混合的景象。但正如研究者詹姆斯·费尔黑德和梅丽莎·莱克(Fairhead and Leach,1994)记录的,这种系统的生态复杂性,以及当地原住民为维护这种生态所付出的努力,完全被殖民观察者忽视。殖民者和科学家却认为他们观察到了一个非常干旱并且干旱日渐严重的地区,并认为当地粗放的土地利用方式导致了森林减少。通过对航片的检验和对当地记录的仔细检查,事实上的结果完全相反:在殖民时期和殖民时期之后,森林能够贯穿整个几内亚,完全是当地土地利用实践的结果。

这些法国科学家所犯的不是简单的经验错误,在看到森林砍伐的同时没有看到实际上造林活动也在发生。更主要的是,他们被自己的观察方式所误导,至少在部分程度上,这种错误是他们与当地居民的殖民关系造成的。他们预先认为当地的报道和实践是有问题的,因此不可避免地将森林的历史进行倒退的解读(Fairhead and Leach,1995)。同样地,他们的结论是当地居民正在破坏生态系统,从而作出了某种权力暗示,需要对资源的产生进行控制。需要国家的保护性干预的设想要求束缚当地人的行为,这必然会导致传统资源控制的空缺。这种监视的空缺意味着不仅仅排斥了拿着枪的人们,也排斥了那些拿着笔记本、写生板、卷了边的植物记录本等其他工具的环境专家们。

所以,至少从回顾来看,保护的努力是作为一种控制活动出现的。在当时看起来是为保护当地生态和经济作出的巨大努力,实际上是一种掠夺。在这个过程中,当地民众失去了他们对于土地的权利、财产的权利和自治的权利。这些殖民主义的社会和环境科学实践者们受过良好的训练,意图明确,且经常对被殖民的状况非常同情(很多时候他们也不同情),但对这样做的结果关注很少,从某种程度上来说,这是殖民科学自负和狂热的先决条件。

这种现象不仅仅在法国(或者德国、英国和美国,等等)发生。这个关于国家霸权在研究和抽象形式上的概括表达,毫无疑问是国家知识权威的必然产品——詹姆斯·斯科特(Scott,1998)称之为"高度专制的现代主义"(authoritarian high modernism),他用这个词概括那些需要被管制的生态、经济和社会以及必然带来的负面影响。

因此,从两方面看,这些研究传统成为了盗窃活动。首先,它们实际上推动了对其他民族物质资源的占用,包括森林、牧场、水系、矿产和知识。但更主要的是,它们剥夺了其他民族的话语权。

殖民主义的现在:环境科学

这些研究传统的遗产是双重的。首先,他们给这世界留下了一系列错误的经验性历史术语,但是对整个世界图景依然保持着巨大的影响。例如,关于西非森林在当地无知的原住民破坏下逐渐消失的想法,在现在仍旧同一个世纪前一样流行,尽管当地数据和不断增加的历史证据都证实了相反的结论。

但不只是这些。在当代环境中,殖民知识的传统在对不发达国家进行的研究中留下了一笔遗产,或者说一种产业。大笔大笔的国际基金和国家基金正在支持着对广阔范围内环境"问题"的调查、分析和检验。大学教授、美国国际发展机构员工甚至是新闻工作者，穿行于世界最贫穷的地区，采访当地居民，记录他们的意见、谋略和想法，然后再用这些东西换来自己的薪酬和声望。总之，上述这些研究对当地的经验提供了"可靠"的解释。

这最后一个危机，即当地的想法重构成为只有在专家眼中的世界里才有意义的概念，或许是最有害的，因为它暗示着利于人类解放的社会科学和环境科学是有局限性的。正如加亚特里·斯皮瓦克(Spivak,1990)解释的，"拯救穷人"的冲动，一般而言包括着"替他们说话"，所以无可避免地要用到殖民专家的语言，这是一种自我拆台、自相矛盾的做法。而且，斯皮瓦克认为学者需要的不是学习更多的东西，而是扬弃：

> 在文学批判和其他种类的作品中包含着一种拯救大众的冲动……为什么不去学学正确的说话方式，让大众不觉得我们是在胡扯？当我从大众的角度考虑，我认为自己也属于印度 84％ 的工作女性中的一员，是不从属于任何组织的农民工。现在如果我能用某一种方式说话，使得人们会听我说话，不会像对待那些殖民传教士一样驱逐我，那么就算是进行了扬弃。(Spivak,1990:56)

顺着这条批判主义的线延伸开去，延伸到当代理论和研究工作当中殖民主义思维方式占据主流的问题，就已经走到了后殖民主义理论。这个词是相当有争议的，因为它可以被这样理解：

> 1. 在正式的殖民主义"之后"的一个历史时期，以及正在经历和跨过"去殖民主义"的地理空间，两者相结合，并一直处于不平等的权力关系中，如此产生的理论化的产物。
> 2. 从历史和当代角度审问殖民逻辑和欧美文化及科学的霸权实践的方法论。
> (Said,1978;1994;Mongia,1997)

后殖民理论者们的分化现象尽管极为严重，但是他们往往共同关注全球南北关系的去殖民化过程，展示在全球不平等和研究的权力关系上的贡献，并由第一世界学者撰写并思考"第三世界"（因为没有找到更好的表达方式）。在这个过程中，研究以被殖民的口吻，重新编写历史和生态学，因此不再把乐趣建立在对世界大多数边缘民族行使特权的基础上。

当代环境科学研究的主持者不仅仅是国外的研究者，而且也有得到国家组织和私人公司赞助的本土学者。在探求如何运作才能重塑殖民主义关系时，这些科学也时常讽刺性地号称自己是替边缘人物说话的。这类实践在占用当地资源的同时也剥夺了当地的话语权：研究成为了盗窃。

前进的道路

所有这些,表明了在有志于环境演变和权力关系(从管理资源到控制资源)研究的人们面前,有一堵难以逾越的高墙。严肃地对待这种批判或许意味着,合规的工作方式并不会像人们所想的那么有进步性。如果研究者们在寻求有力的社会和环境过程分析的同时,承认关于社会和自然的任何结论都会混入政治因素,那么他们怎样才能寻找到这种研究的前进方向呢?

忽视批判?

一个显而易见的建议是忽略这种批判。毕竟,这些后殖民主义的观点仅仅是把一系列复杂的研究工作搞得更加混乱。由于落后的研究技术和研究观念,殖民主义观点可能是不正确的,而这种失败对于当代研究来说未必是内生的、不可避免的。实际上,政治研究在殖民主义的遗产中可能恰恰是一个问题,解决它关键在于创造一个政治意味更少的生态学。从实证科学的角度上讲,有的人可能会建议通过参与性的规划工作,从当地居民那里得到"反馈"。

这当然是世界上绝大多数研究者们的首选,但是如果一个人认真对待科学史,那么严谨地从事任何规范的研究都是很困难的(尤其是寻求更平等和开放的研究方法,而不仅仅是更为准确的)。尝试从科学中去除"政治"因素完全是殖民主义科学的失败,因为那相当于把严格的道德责任从承载着严格的政治立场和政治含义的实践中去除掉。正如赛义德所说的:

> 人们普遍认为"真"知识('true'knowledge)从根本上是非政治的(相反的,显性的政治知识不是"真"知识),这种想法掩盖了当知识被生产出来的时候其所处的有高度组织性(或许也有隐性)的政治环境。今天没有人能够理解这一点,因为"政治性的"这个形容词成为了一个标签,用来诋毁那些勇于撕去政治客观性伪装的一切研究工作。(Said,1978:10)

只要参与性的工作仍然在继续,虽然"专家"们已经用心地记录了当地人对问题的看法,当地人自己也会干出事实上符合科学的事情。即使当地人的意见被允许进入环境规划过程(这种事例越来越多了),在讨论当地的情况之前,都会有符合"科学"的切实的实践活动发生,这些活动仍然是专家们未触及的领域。

留守本土?

另一种对后殖民主义批判的可能回应,至少对特权阶层和第一世界研究者而言,就是留守本土。由于国际性研究的恶劣本质,由于研究者和"被研究对象"间完全不平等的权力关系,反殖民主义实践的道德标准要求那些殖民主义的地理学不能再出现。

而且，在本土工作亦可以从事很多重要的领域。可以从历史的角度探究科学的殖民本质，审视精英阶层以及他们与"南方国家"（第三世界国家）的关系。本土的政治经济学实践，尤其是当它与"远离本土的"过程相关时，可以让研究者在自己的后院进行无休止的研究。对当代世界殖民起源进行深刻的历史解读之后我们发现，它的不平衡的概念结构和它的当代涵义，是一个有足够挑战性的和重要的项目，并可以为在本土的研究正名。

这看起来是一种必要而不充分的努力。首先，反殖民主义行动与身体"留守本土"没有必然的联系，哪怕是文献研究工作，因为后殖民主义批判理论认为，所有的写作和翻译都是政治行为。同样地，本土的景观，无论是克利夫兰的城市还是西弗吉尼亚的农村，它们毫无疑问都是后殖民景观。它们被不平等的权力关系填充，融入了阶层、种族和性别的历史政治，所有这些都对研究者和被研究者的概念世界产生冲击。

当然，除此之外，一个不可避免的事实是尽管批判的研究者可能会选择留在本土，但世界其他地方绝大多数人肯定不会这么做。日益增长的国际贸易和外商直接投资意味着跨国公司不可能留守本土。世界对环保的努力意味着强大的的环保组织不可能留守本土。美国的军事力量也不可能留守。国际货币基金组织不可能，世界银行不可能，更不用说那些国际劳动力，他们的迁移更是代表着一系列无止境的、具有环境意义的复杂运动。实际上，如果说对后殖民主义的解读（误读）导致了批判性的环境研究者们留守本土，那么真正会这样做的人也是极少数。

从事批判：方法论的加入

显然，仔细阅读后殖民主义的著作意味着一种与众不同的环境研究，这种研究同时也包含着一些殖民主义色彩。在这个过程中，研究的中心是展示和问诘那些重视殖民权力关系的科学研究与规划。这样做意味着从根本层面、以经验为依据，探究那些系统是如何运转的，尤其是那些科学的和官方的系统。这种研究方法也会关注地方人群如何在权力不平等的环境中与动因和知识相互作用，展现其联盟关系、政治立场和实践活动。这种工作的目的不仅在于理解当地的知识政治，也在于用我们掌握的一切可能方法，揭示这些联盟从事着什么样的社会、文化和生态工作，并以标准的、解放的方式对它们进行评价。换句话说，后殖民研究的路径也许是去探究和解释景观以及景观知识是如何通过殖民主义的实践生产出来的。

这样的努力要求认真关注方法论，因为有殖民主义色彩的科学必须要考虑研究工作如何开展，而不仅仅是通过简单的质询和回答进行动机探寻。研究必须保留测量、描述和解释等方法，并将它们与寻求解释、分析背景、展示现象的各种方法论相联系。其关键在于把探寻与科学统一起来，把环境研究中的问题与对科学权力的探寻统一起来。换句话说，把重要的、有意义的事实和问题（例如土壤是不是正在被侵蚀、地下水是不是正在改变、碳元素是不是处于螯合过程），与对事实产生过程的探索（例如什么人在从事土壤学研究、地下水如何来定义和分类、全球变暖由谁来买单）结合起来，批判性的研究才能取得进步。

下文关于印度乡村的案例研究，是我自己沿这个研究路径努力的成果。我希望一边能够寻求不同的森林覆盖率数据，一边能够探求森林科学政治；也就是能在从事森林覆盖率变化解释这样的经验工作的同时，也能够批判性地评价知识的产生过程。这些目标是否已经达成，最好是留给读者自己判断。

这儿有多少森林？ 一个后殖民调查

全球的森林覆盖率正在减少。一个经常被引用的估计表明，在 1700—1980 年，林地减少了大约 19％。在这不到 300 年的时间里减少了 50 亿公顷的森林。当然，森林覆盖率改变的程度是区域各异的，从数据记录中反映出，拉丁美洲、热带非洲和南亚的数字下降最为严重 (Richards, 1990)。

当然，关于这些不同区域不同的下降趋势线，有很多需要说明的，特别是根据殖民科学的观点，以及这些地区现代化的发展和繁衍方式。许多可信的批判性研究已经把当前的趋势与殖民历史联系起来，对这些变化的驱动力进行分析。例如，在拉丁美洲，城市作为核心，把周边的森林当作用于攫取资源的殖民地，这表明森林采伐是在国家政令之下从本土社区和边缘群体手中掠夺土地的结果 (Hecht and Cockburn, 1989)。而亚洲许多大大小小的国家的森林开发，反映出它们对那些工业化邻邦的殖民依赖关系，而后者又得益于第一世界国家为这些林业和采掘业加工产品的附加值所付的费用 (Kummer, 1992)。简单地说，森林砍伐可以看做是权力关系的一种表达。

戈德瓦尔的森林覆盖变化

费尔黑德费尔和利奇 (Fairhead and Leach) 已经阐明（参见前面的内容），任何对森林覆盖变化的测量，自身都具有内在的政治性。因此，批判性的环境科学的第一个目标就是将这些统计数据置于批判审查之下，并且从一开始测算森林覆盖就挖掘其中的政治利益关系。森林是什么？谁有权力发表意见？在预设的概念环境下，他们被问到这些问题，会给出什么样的答案？而且，两种概念之下（一种是官方要求使用的），另一种是当地劳动者使用的，森林变化率的测量会得出不同结果吗？换句话说，当我们仔细审视环境知识的殖民主义特征之后，对森林覆盖变化的探究看起来又有什么不同？

为了探究这些情形，我把自己的研究集中在印度南部中心拉贾斯坦邦 (Rajasthan) 的热带稀树草原和草原区域。戈德瓦尔区域沿着侵蚀严重的阿拉瓦利山(Aravalli)山脊分布，将印度分为干燥的西北地区和湿润的东南地区(Lodrick，1994)。这个区域有相对充足的降水，每年大概有500毫米。森林覆盖整个山岭并且拥有不少树种，包括榆绿木、紫矿树和印度枣(Jain，1992；Robbins，2001a)(图28.1)。在1996至2000年间，我花了几个月的时间在这个区域旅行，验证卫星图像，并且与这个地区的森林管理员、农民和牧民进行了长时间的讨论，试图去回答一个简单的问题：森林是扩张还是收缩了？为什么？谁付出了代价？

这个区域中森林的扩张或收缩是意见分歧的结果，并且具有相当大的政治重要性。1986年，山上562平方公里的土地被圈定为贡珀尔格尔(Kumbhalgarh)自然保护区，这是一个为保护黑豹、鬣狗和长毛熊等物种建立的野生动物园(Chief Wildlife Warden，1996)。与这种区域的很多强制措施一样，这种封闭管理基于一个明确的假定，即印度境内的森林面积在减少，需要立即保护。政府的目标是在世界银行支持下，让印度次大陆三分之一的土地被森林覆盖。即"为了达成既定的33.33％国土森林覆盖目标，我们在原有森林以外，还需要大约3500万公顷的土地用于造林"(Maithani，1988：v)。

在这样的大背景下，政府要求融入全球森林环境改善运动(Global Environmental Crusade for Forestry)，而区域土地覆盖的政府统计数据也由此产生。这些统计数据讲述了一个十分乐观的故事(图8.2)。于是，在拉贾斯坦邦，这个贫穷干燥、处于印度工业化边缘、人口增长率高于全国平均水平的州，从1965年开始，森林覆盖率增加了一倍还多。

当代的伊甸园图景(Edenic imaginaries)

对林业事务的探究以及与森林管理员的探讨，为我的研究打开了一个窗口。这个针对土地覆盖变化过程的研究是复杂的，而不是简单的、价值中立的。具体地说，一般认为森林扩张的合理性在于其能够抑制沙漠入侵。州政府官员坚持认为森林覆盖率的危机可能引发巨大灾难。一般而言，种植和保护林木的活动都应该是被颂扬的，因为这是为还原一个被沙漠侵占的花园而努力。每一棵树都象征着"将沙漠地区转变为充满绿色植被和肥沃土地的区域"过程中的重要一步(Bhalla，1992：284)。

这个不切实际的概念系统，暗示着这种土地管理的论述绝不仅仅是针对印度的林地，而且象征着一种"伊甸园图景"普遍存在于现代的植树活动中。正如肖尔·科恩(Cohen，1999)解释的，森林和树木作为富有力量的常用比喻，驱动着对原始自然的回归。这样一种叙事方式支撑着林业机构、私人公司和非政府组织的权力。他们的努力弥漫在柔软的绿色中，伴随着他们的树木种植而绽放出光芒。我们都迫切地想要追寻逝去的日子，哪怕是缺少或根本没有特别的生态理由。这推动着一大群掌握权力的人制定相应的政治和经济日程。

因此，这个关于树木的研究方法暗藏着两个相关的论述。正如科恩所观察的：

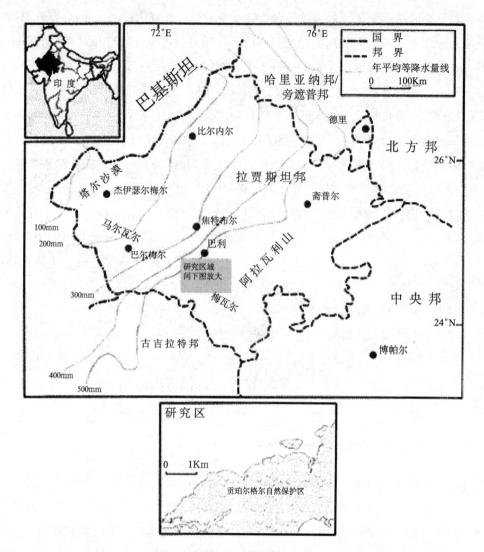

图 28.1　印度拉贾斯坦邦被森林覆盖的贡珀尔格尔自然保护区

　　第一，无论什么思想意识形态影响下的树木种植者，都持树木种得越多越好的想法，并认为每多一棵树，公园就能多发展一步。第二，树木和植树（更进一步说，还有树木种植者们）都完全是于我们有益的。（Cohen，1999：429）

　　这些导致了一个定量的道德运动，去种植尽可能多的树木，并且根据地面上树木的数量来评判土地管理者。拉贾斯坦邦的例子清晰地反映出这一点。工作目标被设置为树木种植和存活量，国家林业部门也被量化的成绩评价标准束缚住了。所以，只要是种树，就都被认定是好事，哪怕许多树种是从其他国家和生态区引入这个区域的。因为曾经"失去"，所以任何努力无论在生态上多么让人质疑，都代表着一种"获得"。

这个失去和获得的比喻明显已经相当老套，它源于犹太-基督教伊甸园的世界观，人们或许已经烂熟于心了。在这里，到底是森林、草地还是沥青能代表马尔瓦尔人（Marwari）的伊甸园观已经不重要了。使用这样的比喻暗示着当地人的活动已经把过去的世界抹去了，只有专家的干预才可能把它再恢复回来。一个由专业人士掌握景观控制权的行动，淹没于凡是植树就是好的论调（但是这种说法也从未被证明）之中。在以野外工作为基础的调研中揭示了林业的文本和话语，表明了拉贾斯坦邦的伊甸园图景正在形成并处于它自己的殖民性之中。

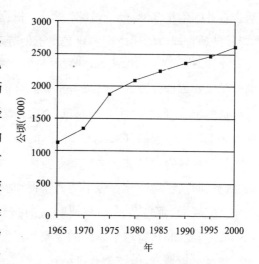

图 28.2　拉贾斯坦邦的森林覆盖

一贯的殖民霸权

马尔瓦尔人森林的历史表明，对树木砍伐的恐慌显然不如圣经来得久远，反而是源于一个关键的历史时刻——英国霸权的进入。查阅了从 19 世纪初（殖民时期）开始的贡珀尔格尔森林带管理报告之后，我们可以看出林地与殖民管制之间的清晰关系。随着这个时期殖民者权力在整个次大陆的扩张，并且在许多地方都面临着抵抗，对于半独立区域及其统治者的控制成为了亟待解决的问题，同时也要避免大范围侵占带来的财政和军事负担——在这种情势下，专家就应运而生了。

特别地，拉杰普塔纳邦①的诸多王侯邦，后来归入拉贾斯坦邦的地域，在 19 世纪被半自治的王侯们所统治。杰伊瑟尔梅尔（Jaisalmer）、马尔瓦尔（Marwar）和锡罗希（Sirohi）等邦的统治者们，都绝不是"自由"的代理人。这些州都与英国政府通过由专家组成的机构发生着联系。这些专家的专业性在现代国家管理中是必不可少的。

1887 年，第一份马尔瓦尔的林地调查发表。它是在阿杰梅尔市（Ajmer）的森林助理管理员劳里（Lowrie）先生的指导下完成的。阿杰梅尔市是英国乐于直接管辖的城市，它因此被"租借"给英国。劳里在 1884 年花了将近一个月的时间走完了这片区域（它有数万平方英里大）。这个调查的结论认为"马尔瓦尔的土壤大多数都是贫瘠的，夹杂着大量的岩石和沙砾，不

---

① Rajputana，印度一古老地区，包括许多王侯邦；1947 印度独立后，这些王侯邦合并建立拉贾斯坦邦，部分并入古吉拉特邦和中央邦。——译者注

适合森林的生长"(Marwar,1887:26)。根据早期如 1871 年当地的地方索引对区域的记录："森林助理管理员的任命更多地是出于创造森林而不是保护森林的目的。"(Ajmeer,1875:9)

在这个从 1887 至 1894 年跨越近两个十年的管理报告里,关于森林控制的内容,语气和范围发生了戏剧性的改变。是否有足够的有价值的原始森林被用来评价保护活动的水平。森林边界钉满了木桩,森林法开始起草,众多传统的生存活动被冠以罪名,包括"割草罪"、"未经允许放牧罪"和"纵火罪"(Marwar,1893:19)。随着林业收益中的一部分流入州政府,第一批能说英语的森林管理员被送去接受专业培训,林业被职业化了。最后,邻近森林的地理区域被根据"权利拥有者"对森林资源不同的获得和控制程度而进行划分。所有这些是通过一系列复杂的协商完成的,那些贵族森林所有者通过封闭土地得到了殖民统治者的"补偿"(Marwar,1894)。与此同时,有越来越多的专家和报告对区域的资源进行编目。这种典型的殖民主义林业变得越来越普遍,但拉杰普塔纳邦是一个清晰的标志,代表了殖民主义力量通过专业化的建立所进行的扩张。

这种控制建立的同时,一些人开始把当地森林的退化称为"去自然化",矛头直指当地人,尤其是非殖民者和印度原住民,对森林退化所造成的影响。"人类造成的粗暴破坏"成为行动的合理理由(Marwar,1887)。尤其是马拉塔斯(Marattas)这个早期曾经对抗英国皇权的人,被加上了曾经与当地人一起破坏植被的罪名(Marwar,1886)。

回想起伊甸园的故事在当时的宣传可以感到,当地林业的兴起同样标志着一个危机重生的故事。殖民主义的技术专家治国制度的兴起、给穷人的日常生活定罪,与那个故事的流传都是同时发生的。

居住在他人的森林里

这个包括民主化、制度化和种植在内的森林活动的结局,是贡珀尔格尔地区森林覆盖率的快速上升。这种能量和动力从殖民时期直到现在一直被描述,已经导致了戏剧性的景观变化(已经在上面的图 28.2 中表明)。那么,那里到底有多少森林?

为了回答这个问题,我与森林管理员讨论、研究了殖民文档,外加对卫星图像的分析,以及与居住在保护区内或者周边的人进行了大量访谈。两种不同的探究方式产生了让人好奇的关于植被覆盖变化的矛盾图景,揭示了当地森林的后殖民情形。

卫星图像无疑是明白的,可参见表 28.1。贡珀尔格尔 900 平方公里的受保护区域,森林树冠覆盖度在 1986 年至 1999 年这段不长的时间里就增加了 50%。但是实地调查了这些新出现的森林之后,新的问题出现了。这些新生森林的树木表现出相对狭窄的树种范围,包括来自美洲的角豆树和近东的旋扭相思树树种。因为它们生长迅速,容易形成浓密的树冠,所以经常排斥重要的当地树种。

生活在他人森林图景的巨大阴影下，人们每天遇到的问题是多方面的。新生的荆棘灌木丛阻止了牧草的生长。这些新生树木的叶子是质量很差的草料。新生树木作为薪柴还是不错的，但是不能为当地建设提供合格的材料。尽管新生树木确切来说并不是那么令人讨厌，但是对当地大多数人而言，根本不具有"森林"回归的任何实质性意义。不过，护林员们和国家统计部门的报告（图 28.2）可不是这么说的。他们把所有在林业部门管辖下的土地都定义为林地。他们坚持认为上述的土地覆盖变化是林业的成功案例。

表 28.1　1986 年和 1999 年戈德瓦尔地区土地覆盖的净变化

土地覆盖	1986 年（km²）	1999 年（km²）	土地覆盖面积的变化（km²）	相对于 1986 年的土地覆盖变化率（%）
水面/阴影	3.85	0.57	−3.27	−88.11
城市/岩石	74.48	81.80	7.32	9.83
牧草地/荒草地	336.50	185.29	−151.21	−44.94
灌木丛	161.69	161.20	−0.49	−0.41
树冠	183.82	274.47	90.65	49.31
农用地/耕地	18.12	75.39	57.27	315.95

注：这里的数据不包括研究区域内未分类的大约 775 km² 土地覆盖区。
资料来源：Robbins，2001a。

为了验证这个想法，接下来的研究用地图描绘出当地农民、牧民和护林员对森林覆盖率的不同估测值。研究在技术上使用照片辨识和卫星图片，揭示出与非政府部门的参与者相比，护林员们认为更大范围的土地覆盖是"森林"（Robbins，2001b）。与之相对的是，牧民心目中的森林，包括萨瓦那灌木丛和饲料树种生长的土地，正在减少。

这些结论在对当地土地利用和地图记录的调查中得到了进一步证实。这个调查被叫做"詹姆邦迪"（Jamabandi），存在于各个村落，并根据当地的分类标准记录不同的土地利用状况。这些记录经过长时期的存档，包括大幅的地籍地图和每个村子经过地理编码后的土地利用记录。由于管理不善，这些记录处在高度损毁状态，让人十分惋惜（图 28.3）。这些记录中的一个样本证实了当地农民和牧民对森林减少的描述。从 1965 年到 1992 年间，该区域的"森林"覆盖确实以每个村子年均 39 公顷的速度扩张，但是在这些记录中，被称为"奥兰"的土地面积却随之减少。在拉贾斯坦邦西部被调查的村子中，这种土地的平均减少量是 219 公顷（Robbins，1998）。印度教教徒和穆斯林都认为奥兰土地神圣的。这种土地是由树木、特别是重要的本土物种所覆盖（Gold，1989）。所以，这个区域森林的扩张伴随着的是（也必然地联系着）森林的破坏。

总之,当地森林被破坏的事实被殖民者的造林实践活动所抹杀。这些活动不仅使外来物种入侵当地,而且也让代表了殖民主义历史传统的"重归伊甸园"话语占了上风。并且,有越多的树出现在地面上,就有越多的人为专家权力机制进行辩护。树木已经成为了殖民主义的既成事实,对森林恢复的研究和规划的努力无疑表明了对当地资源的盗窃。

研究的殖民两面性

目前有越来越多的研究对这样的有害过程进行展示和解释。这些经验性的调查,指导着从科技图景中产生的实践和转型,因此,它本身代表着一种掠夺。它不仅不来源于当地人民自己,也没有(或许是根本不能)传达殖民对象的心声,更不是一种可以理解的、与殖民对象直接相关的方法。

图28.3　捆绑在一起的关于马尔瓦尔人村子的调查记录,包含分散的土地记录和高度地方化的分类表。尽管这些调查记录是重要的文献资源并对卫星照片等科技记录是有重要参考,却大多处在腐烂的状态。

更直接地说,那个隔着后院栅栏对我大喊的老妇人,是"对"还是"错"? 是什么给了权力者说话的权利? 我可能在某种条件下为她讲话吗,因为确切地说,任何这样的表述只是重申这类研究试图扭转曾经的恶劣关系。

因此,为了对抗殖民主义林业而采用的技术手段,包括卫星图片和其他设备,实际上被用来服务于科技知识系统权力的加强,并已经在很长时期内阻碍了当地人发表意见和获取知识。表28.1中明确表现出来的事实,作为一个具体的例子,对那些使用殖民国科学技术的人来说是一种荣耀,虽然其结果对霸权提出了挑战。它支持了"抽象"方法这一被詹姆斯·斯科特正确地批判过的方法(见前文)。反殖民科学至少在一定程度上也是一种殖民。

这个关键的两面性是如此麻烦,表明了在后殖民世界里环境研究的方法论应用的复杂性。但是它的确指明了一个可能的前进方向,在批判性地检验权力在环境知识产生过程中的角色的同时,严谨地生产着新的知识。

但是,这些问题的调和需要的不仅仅是文中提到的措施。此类研究的一个必要步骤,是与其他战友建立可靠的政治同盟（这种同盟有可能阻止有害的政策和实践），无论这些战友是农民、牧民或者森林管理员。通过分享结果，允许在询问中对研究问题进行修改甚至转向，并对研究中政策的应用进行讨论，研究行为会变得更加复杂，而且政治色彩没有增加或减少。参与者们，包括地理学家、森林方面的官员和莱卡（raika）田园诗人，他们的利益并没有或者不可能完全一致。承认了这一点，我们就能知道，这些同盟必然是不稳定的、临时的、策略性的。虽然如此，如果所生产的研究想要被用来帮助改造世界，那么就需要在复杂的政治网络中进行有活力的、外展性的研究——互惠互利，相互认可。这样就不会再有更多的盗窃行为。

注释

本文中的这个研究是在美国印度研究所、俄亥俄州立大学和国家科学基金的支持下才完成的。特别感谢洛克·西特·帕苏·帕拉克·讪森（Lok Hit Pashu Palak Sansthan）的汉沃特·辛格·拉森（Hanwant Singh Rathore）、田园牧歌联盟（League for Pastoral Peoples）和沙漠科学系的莫诺特（S. M. Mohnot）。同样要感谢萨德里（Sadri）和门德格尔（Mandigarh）的森林管理员、居民，以及安努普·巴纳吉（Anoop Banarjee）和萨卡·拉姆·迪瓦斯（Sakka Ram Divasi）。本人深深受惠于乔尔·温莱特（Joel Wainwright）对论文初稿的评论意见。

参考文献

Ajmeer, State of (1875) *Gazetteer of Ajmeer-Merwara in Rajputana*. Calcutta: Office of the Superintendent Of Government Printing.

Bhalla, L. R. (1992) 'Development of desert and waste land', in H. S. Sharma and M. L. Sharma (eds), *Geographical Facets of Rajasthan*. Ajmeer: Kuldeep, PP. 283—7.

Chief Wildlife Warden, FD. (1996) *Management Plan: Kumbhalgarh Wildlife Sanctuary 1997 — 1998 to 2000 — 2001*. Udaipur: Rajasthan Forest Service.

Cohen, S. (1999) 'Promoting Eden: tree planting as the environmental panacea', *Ecumene*, 6: 424—46.

Cohn, B. (1996) *Colonialism and Its Forms of Knowledge*. Princeton, NJ: Princeton University Press.

Fairhead, J. and Leach, M. (1994) 'Contested forests', *African Affairs*, 93: 481—512.

Fairhead, J. and Leach, M. (1995) 'False forest history, complicit social analysis: rethinking some West African environmental narratives', *World Development*, 23: 1023—35.

Fairhead, J. and Leach, M. (1998) *Reframing Deforestation: Global/Analysis and Local Realities: Studies in West Africa*. New York: Routledge.

Gilmartin, D. (1995) 'Models Of the hydraulic environment: colonial irrigation, state power and community in the lndus Basin', In D. Arnold and R. Guha (eds), *Nature Culture Imperialism: Essays on the Enviornmental History of South Asia*. Bombay: Oxford University Press, PP. 210—36.

Gold, A. (1989) 'Of gods, trees, and boundaries: divine conservation in Rajasthan', *Asian Folklore Studies*. 48:

211—29.

Hecht, S. and Cockbu rn, A. (1989) *The Fate Forest : Developers, Destroyers and Defenders Of the Amazon*. London: Verso.

Jain, R. R. (1992) 'Botanical and phytogenic resources of Rajasthan', in H. S. Sharma and M. L. Sharma(eds), *Geographical Facets of Rajasthan*. Chandranagar: Kuldeep, pp. 68—75.

Kummer, D. M. (1992) *Deforestation in the Postwar Philippines*. Chicago, IL: University of Chicago Press.

Lodrick, D. O. (1994) 'Rajasthan as a region: myth or reality', in K. Schomer, J mL. Erdman, D. O. Lodrick and L. I. Rudolph(eds), *The Idea of Rajasthan : Explorations in Regional Identity*. New Delhi: Manohar and the American Institute of Indian Studies, vol. I, pp. 1—44.

Maithani, G. P (1988) 'Preface', *Wasteland Development and Fodder Production (A Compilation)*. Dehra Dun: Government of India, pp. v—vii.

Marwar, State of(1886) *Report of the Administration of the Marwar State for the Year* 1885—86. Jodhpur: Marwar State Press.

Marwar, State of(1887) *Report of the Administration of the Marwar State for the Year* 1886—87. Jodhpur: Marwar State Press.

Marwar, State of(1893) *Report of the Administration of the Marwar State for the Year* 1891—92. Jodhpur: Marwar State Press.

Marwar, State of(1894) *Report of the Administration of the Marwar State for the Year* 1893—94. Jodhpur: Marwar State Press.

Mongia, P(1997) 'Introduction', in P Mongia(ed.), *Contemporary Postcolonial Theory*. London: Arnold.

Richards, J. E(1990) 'Land transformation', in B. L. T-Turner, W. C. Clark, R. W. Kates et al. (eds), *The Earth as Transformed by Human Action*. Cambridge: Cambridge University Press. pp. 163—78.

Robbins, P. (1998) 'Paper forests: imagining and deploying exogenous ecologies in Arid India', *Geofo Ⅲm*, 29: 69—86.

Robbins, P. (2001a) 'Tracking invasive land covers in India: or, why our landscapes have never been modern', *Annals of the Association of American Geographers*, 91: 637—59.

Robbins, P(2001b) 'Fixed categories in a portable landscape: the causes and consequences of land cover classification', *Environment and Planning A*, 33: 161—79.

Said, E. (1978) *Orientalism*. New York: Random House.

Said, E. (1994) *Culture and Imperialism*. London: Vintage.

Scott, J. (1998) *Seeing Like a State? How Certain Schemes to Improve the Human Condition Have Falled*. New Haven, CT: Yale University Press.

Spivak, G. C. (1990) *The Post-Colonial Critic : Interviews, Strategies, Dialogues*, (ed.)in Sarah Harasym. New York: Routledge.

第二十九章　斗争着的地理学：
文化战争、个人冲突和争论参与

吉尔·瓦伦丁　斯图尔特·艾特肯(Gill Valentine and Stuart Aitken)

"地理是一种社会组织，由处于不同社会背景的人组成，因此它的本质总是充满争议"(Taylor and Overton, 1991:1089)。在本书中，前面各个章节的作者勾勒出了认识地理知识各种构成要素的方法(这些方法应该可以用于收集数据)，以及运用这些方法的策略和意图是什么。无论是明说还是暗指，上述章节都根据地理学的思考和实践，触及到了它们之间的矛盾冲突，也触及到了学科规律的发展方向和本质。正如尼尔·史密斯所说的那样：

> 地理学的历史并不是随着时间的流逝而简单发生的，而是一个主动的创造，是奋斗的结果。这些奋斗包括如何最好地解释过去，为当前的研究寻找恰当的概念，因为人们对目前的科学研究的社会重要性寄予厚望；还包括解释当代的景观所用的历史悠久的地理学方法如何进行更新。(Smith, 1988:160)

本章要给大家提供一些反映地理学本质充满争议的例子。亨利·基辛格(Herry Kissinger)曾说过的一番话令人称颂，他说学术界的争论是火药味最浓的，因为讨论不到什么生死攸关的问题。这种观点和这位美国前国务卿自己一样备受争议——他既被一些人推崇为和平使者，又被另一些人控告为战犯。当然，地理学争论可以是激烈的，但是这种利害关系的本质是最重要的，因为它们不可忽略。

在本章中我将选取三个例子，包括哲学与实用性的论战，制度、人与学科之间的论战，哲学和方法论的论战。我用这些例子去展示目前地理学的主要争论方式。地理学者们观察世界和实践研究的途径对于我们来说是休戚相关的大事。

哲学与实用性的论战

地理学论战的第一个例子，发生在《人文地理学进展》杂志中。2001年，当英国公共政策议程正在进行积极的修编与重审的时候，地理学家罗恩·马丁（Ron Martin）批评英国地理学在这件事上毫无作为。他对比了地理学与其他学科在这件事上的不同作用，例如社会学的代表人物安东尼·吉登斯就经常被首相邀请参与政策制定。

马丁谴责说，地理学没有能够弥补英语母语国家中的后现代主义和文化转向产生的腐蚀性影响。马丁借用了大卫·哈维在1973年的著作《社会公正与城市》中的思想，阐述了事情的发展过程。他认为这位批判的马克思主义者对资本主义的批评虽然大体上还停留在理论阶段，但已经在学科内唤起了社会责任感和政治参与感。1970年代晚期，随着战后凯恩斯主义经济和国家福利模式的瓦解，地理学家曾经有机会作为政治辩论中的一方来参与讨论前进的新方向，或者英国的对撒切尔主义、美国的里根主义等新自由主义下的自由市场政策提出挑战。

但是，只有少数一些地理学家坚持着为政府献言献策的工作。马丁（Martin，2001：192）认为地理学没有能够产生"政策转向"，而是失去了自己的实用性，分裂成一系列他所谓的"后激进主义和后马克思主义运动"，包括批判的人文地理学、女性主义和后现代主义，等等。他指出当代地理学强调的重点在于差异性和特殊性（见第10章和第12章），从而导致地理学政治愿景的破碎化，也很难再对诸如社会公平等更宏大的议题保持关注。马丁认为，"后激进主义和后马克思主义运动"的特点是根子里的理论性和语义性，失去了它批判的尖锐性。他同样为地理学不再作严格的经验工作而感到难过。他认为地理学当前的重点集中在编纂晦涩的理论而不是用大家可以理解的话语与政府沟通。马丁指出，人文地理学者开始变得轻视政策方面的工作，觉得这些工作是非理论的、描述性的，并质疑这个领域学者的独立和正直。

为了在学科中呼吁"政策转向"，马丁谈道：

> 我们需要调节我们的热情去寻找近来哲学的、理论的或方法论上的热点，并在实践性社会研究中培养更为广泛的兴趣；而且，作为这种转向的一部分，要把恰当的学术立场与政策研究相结合……我们需要更加严肃地对待细致的经验性工作：需要扭转"经验贫乏者"变化的倾向，要将更多的注意力转向方法论和论据的质量。人文地理学者需要决定他们以及他们所承担的研究应该起到什么作用：没有绝对中立的研究，我们需要更清楚地表达我们的政治立场，并忠诚于我们的政治立场。无论是哪种立场，都展示出了我们工作的内容和外观。（Martin，2001：202）

事实上，他不断地呼吁地理学家有这样的道德责任，使得自己的研究为更广泛的社会大众服务（如曝光并解释不平等），而不仅仅是为了自己的前途。

马丁的文章在《人文地理学进展》引起了激烈的辩论。在马丁批判地理学没能对政府政策施加影响的同时，玛西（Massey，2001）认为目前地理学获取政治影响力的困境，至少部分是由于政府不愿意听取地理学家所发表的激进建议。玛西警告说，抛弃理论去迎合决策者，将理论从实践中剥离，没有根据地理学家的需求把理论观点通过更便捷的方式传达给更广泛的受众，这是非常危险的。她还建议地理学在讨论中作出自己独特的理论贡献，而不是从其他学科快速地"进口"观点，并呼吁在人文地理学和自然地理学之间展开更具建设性的对话。同时，她认为地理学需要摆脱给人留下的只关注"海角和海湾"之类问题的呆板印象（Massey，2001：13）。

玛西从平民的角度回应了马丁的观点，而多林和肖（Dorlin and Shaw，2002）则采用了一个更为激进的方法，用直率的语言挑战了马丁和玛西两个人的言论。他们指责马丁和玛西满脑子只有地理学，而区域不平衡在25年后仍然处于政策研究阶段的原因，在于地理学家花费了太多时间在学术期刊上彼此讨论，而没有真正参与到学科以外的实践中。他们指出大多数地理学家专注于思考（还有理解和解释）空间关系，而不是去改变它们，这就准确地解释了他们为什么是地理学家（Dorling and Shaw，2002：632）。

多林和肖接着讨论了如果地理学家试图对政策产生影响，而不是等待着学科内部的"政策转向"，那么他们就必须重新思考怎样跨学科获取信息。在文章中，他们批判了地理学家将区域间不平衡及南北差异等概念抽象化，而建立在具体案例和统计证据上的研究会更加可信。多林和肖强调了计量方法对"展示事物相关程度"的重要性，认为批判性地理学没有对"数量化力量"予以应有的重视。

像马丁一样，他们也反对像后现代主义那样使用让人难以理解的术语，并要求地理学家更有效地表达他们的观点。作为贫穷、不平等和健康问题的关注者，他们发现在30个最有影响力的评论中，没有一个是由地理学家撰写的。相反地，他们建议，假如地理学者们愿意在政策方面有任何影响力，他们最好去搞其他学科。他们认为地理学可能不太容易造成政治影响力，并把地理学称为"学术避难所——一个学者可以随心所欲地工作的地方，并且没有与其他学科传统对接的困扰"（Dorling and Show，2002：638）。多林和肖认为，如果地理学家真的想认真对待学术界以外的事物，那么他们需要尊重那些在政策讨论中真正起作用的人，而不是因为他们理论水平不高或者不是地理学家而轻视他们。

《人文地理学进展》给了马丁和玛西回应多林和肖的攻击的权利。马丁（Martin，2002）利用这个机会对多林和肖质疑玛西（Massey，2001）的观点表示赞同——他认为，地理学缺乏实用性的原因不在于政治家们是否愿意聆听，而在于地理学家们是否愿意从事为政策服务的工作，或是否有独特的值得参考的东西可以提供。紧接着，他利用了多林和肖文章中隐含着的观点，声称地理学在更广泛的教育和公共领域中地位太低，需要利用机会对后结构主义理论再度挖掘，并且涉足文化和传媒等方面的研究。

玛西也加入到这场争论中来维护自己的观点。她把多林和肖的观点视作"持续存在的误解（难道是故意的？）和一连串的侮辱（毫无理由的）"（Massey，2002：645）。她指出她自己亲身参与到学术以外的政治领域,而为政治服务并不需要牺牲学科理论。她认为关键是对恰当的观众使用恰当的语言,并认为自己的角色不是想出方法然后试图将它们强加给政治家们,而是在参与讨论时"不停地游走于"政策制定者和社会团体之间,并"在参与中反思、表达、写出自己的观点"(Massey,2002:645)。由此,玛西批评多林和肖把政策概念化,认为学者的工作不只是为了获得政府大量研究合同,并在技术上正确解答政府预先设定的问题。她还指出政策工作需要与选民群体合作或尝试影响更广范围的公众意见,而学者有这样的学术责任,去从事一个更深入、更复杂的政治参与活动,并讨论对世界的不同见解。

除了《人文地理学进展》的论战以外,关于地理学实用性和它与不同哲学传统关系的争论遍地开花。如诺埃尔·卡斯特里(Castree,2002)认为,地理学家如果想超越学术并有所作为,那么他们首先需要更多地关注的学术制度,也就是威尔斯(Wills,1996)所谓的"学术血汗工厂"或史密斯(Smith,2000)所说的企业化和商品化的大学。卡斯特里致力于高等教育的政治经济学研究,他认为在大学内需要更多的行动主义去挑战和改变所谓有价值的学术活动(Castree,2002)。同样地,米切尔也提到"为了超越学术,我们需要在学术范围内做一些有益的、重要的且需要全身心投入的工作"(Mitchell,2004:23)。他援引了马克思的例子,马克思能获得学位是由他对一项革命性计划(去学习和解释资本运动的方式并试图加以改变)的忠诚所驱动的。他认为正是因为这种忠诚度,才使得马克思的工作被应用于学术以外的世界,并在一个半世纪里产生影响。

制度、人与学科之间的论战

第一个例子的主题是当代集中于英国的围绕地理学性质的争论。与之不同的是,第二个例子审视了北美最负盛名的大学地理系关闭的历史。

哈佛大学的地理学项目在战后小幅扩张后于1948年突然终止,这引发了一场关于地理学学科性质和前途的争论。这次关闭具有标志性意义,原因在于哈佛大学在北美教育系统的显著地位。由哈佛大学负责人作出的这个决策更具有重大意义,他认为地理学不是一个合适的大学科目。

在对事件发生的历史追踪之后,尼尔·史密斯(Smith,1987)认为哈佛地理系的消亡是与特殊的人物相关的。事件的起因是乐观的:一份战时关于哈佛地理学的报道(那时哈佛的地球科学学院下辖地质学和地理学两个系)强调了缺乏适应战时需要的训练有素的地理学者,因此建议扩张地理系。为此,哈佛大学招聘了一些有发展前途的年轻地理学家。1947年,这些人当中一位叫阿克曼(Ackerman)的地理学家,被当时直接管理地理系的艺术与科学学部主任保罗·巴克(Paul Buck)推荐晋升为高级教员。但是地理学系所在的地球科学学院主席,地质学教授马兰德·比林斯(Marland Billings)对此并不高兴,因为阿克曼本来是受地质学和地理学双聘的。如果阿克曼被推荐为地理学副教授,那么地质学就少了半个职位。比林斯担心地理学的扩展会威胁到地质学,于是就借阿克曼晋升的事发起了对地理学的攻击。

根据史密斯的记录,比林斯游说保罗·巴克将地理学和地质学分开管理,因为这两个学科非常不同。他的举动实际上得到了地理系主任德温特·惠特尔西(Derwent Whittlesey)的支持,由于地理系的上升势头,他欢迎这个自治的建议。

完成这件事之后,比林斯写信给巴克,说以前地质学系在支持阿克曼的晋升问题上存在一些误解,也就是如果他的申请通过的话,他就变成全职的地理学者,地质学系会获得半个职位。比林斯声称,对于整所大学而言,半个地质学的职位比地理学的一个新人更有价值,并质疑人文地理学的重要性。于是双方各自撰文大打口水仗。惠特尔西和一批以外部独立裁判身份参与的著名学者,都维护阿克曼的晋升。此外,包括一部分外部人士的地理学特别委员会(Ad Hoc Committee on Geography)也维护阿克曼的晋升。

但是受到游说的巴克已经确信地理学系应该被关闭。他拒绝重新任命一个在院里承担一系列核心课程的教学指导。并且,大学二年级学生被告知没有足够的课程供他们获取地理学学位。除惠特尔西外,地理学系的成员们都面临被解雇的命运。尽管执行延缓,而且全校发起过支持地理系的动员,但地理系还是被关闭了。

尼尔·史密斯在讲述这个故事的时候指出,有三个公共要素决定了地理系的关闭:1. 不利的大学财政情况;2. 哈佛大学地理学的效率;3. 地理学是否可以成为大学学科。在表象背后,性格也扮演了关键的角色。这件事里一个关键的人物是杰出的地理学家、时任约翰·霍普金斯大学校长的依赛亚·鲍曼(Isaiah Bowman),他被史密斯认为对哈佛大学地理系的覆灭起到了推波助澜的作用。史密斯认为,虽然鲍曼支持地理学成为一个独立的学科,但是他并不支持哈佛地理系,出于一些个人原因,他对哈佛地理系的一些教职工持否定的态度。他对惠特尔西的同性恋取向不认可。特别地,鲍曼对惠特尔西任命与他有过同性恋关系的肯普(Kemp)做地理系讲师表示强烈不满。他认为肯普不过是个普通的学者,离开惠特尔西的庇护就无法在哈佛生存。他对管理哈佛大学地理学研究院的亚历山大·汉密尔顿·莱斯(Alexander Hamilton Rice)也颇有微辞。根据史密斯的描述,鲍曼认为莱斯是个学术骗子,他的学术地位是花钱买到的,只不过因为他妻子是个富有的社会名流。

不过根据史密斯(Smith,1987)的分析,鲍曼不愿支持哈佛地理学的关键因素在于他将个人的反感与对惠特尔西的学术反感联系在一起。鲍曼是在戴维斯的范式下成长起来的,将自然地理学视为学科基础,并基于此将地理学视为科学。他对人文地理学持怀疑态度,认为它是描述性的、肤浅的,并缺乏科学品质。他对社会科学的印象又因为它们与左翼激进组织的关联而进一步恶化。而来自于芝加哥学派的惠特尔西,则坚信存在一系列学术理论支撑人文地理学成为一门学科,并包容鲍曼对这个学科的偏见。史密斯认为鲍曼根据他的个人感觉作出了哈佛地理系未来将被乌云笼罩的判断,甚至学科内其他著名学者劝说他为地理系提供支持的时候,他还是拒绝了。史密斯还提到,鲍曼对哈佛地理系的不友善,还因为他认为哈佛的财富和精英主义盛气凌人,而他自己却来自于一个更普通的背景。

史密斯(Smith,1987)就此总结道,在哈佛地理系制度存在缺陷的背景下(它是由地质学系派生出来的),地理学自身的计量能力薄弱,而且缺乏对学术领域的清晰的认同以及与其他学科的界定,这使得它很容易受到比林斯的攻击。惠特尔西在政治上较为弱势,并在管理层和核心教员中缺乏可靠的盟友来抵挡这场攻击。

史密斯对哈佛地理系消亡的解释引发了其他地理学家的论战,从而为了解当时的状况提供了许多可供选择的材料。马丁(Martin,1988)就曾对史密斯的观点提出过不同意见。他对惠特尔西所扮演的角色提出了更为尖锐的批评,认为他当时没有在哈佛为地理系提出一个有意义的纲领(包括任命肯普更多地是根据他们的关系而不是他的能力),从而错过了在更大范围内获得支持的机会。此外,马丁更多地原谅了鲍曼,他认为鲍曼没有成功地进行干预,原因在于他对学部主任权力的尊重,因此一旦主任决定关闭地理学,鲍曼对此也毫无办法,并且他也不想参与到关于学科的公众争论中(马丁表示鲍曼私下里也为维护地理学作为一门学科的地位而做过努力)。在马丁看来,鲍曼并没有把惠特尔西和莱斯放在眼里,把他们看作地理学的绊脚石,这种行为恰恰反映出鲍曼是地理学的好朋友。

科恩(Cohen,1988)则给出了另一种说法——从一个部门的失败,能够认识到地理学的脆弱性,这有助于在危机的苗头刚刚出现时闯出一条新道路。他观察到任何一个学科的部门形象大部分来自于其教员的名誉,因此,哈佛地理系的脆弱性来源于它是由无能的老师(如肯普)组成的。他同时指出地理系没有有效的团队合作。作为一个小的社会团体,地理学在大学内部并没有形成核心团队,或是在这个领域提供有意义的支持网络,从而使个人的缺点很容易被放大。

伯格哈特(Burghardt,1988)同样涉足于这场争论,他同时站在惠特尔西和鲍曼双方的立场上,对史密斯提出质疑。他说:“毫无疑问,惠特尔西和鲍曼对学科的维护工作没有做好。但是那时人文地理学刚从自然地理学的束缚中解脱。当代的地理学者一面谴责学科的先行者缺乏远见,一面又享受着过去30年里密集的讨论所取得的丰硕成果,我对这种行径多少感到有些不齿。”

其他的评论者同样维护了故事中的各方而指责史密斯(Smith,1987)将地理学的家丑外扬。作为对评论者的回应,史密斯(Smith,1988)回击了那些认为地理学者不应该在公开场合互相攻击的人们。他认为学科中那段“沉重的历史”并没有否认塑造它的人在学术上的和个人的努力,他声称“任何表面的团结和稳定,愚弄的只是地理学家自己而已”(Smith,1988:60)。

哲学与方法论之间的论战

我们的第三个例子是正在进行的地理学界从哲学和方法论层面对学科优势的论战，主要围绕着地理信息系统（以下简称 GIS）的实践者们以及他们对人文地理学的批判。

GIS（第 23 章）产生于实证主义传统（第 2 章），是一系列定量数据分析工具。早在 1990 年代初，它就受到基于内在的实证主义传统的充满敌意的批判的影响（Lake，1993）。彼得·泰勒（Peter Taylor）将 GIS 的发展过程描述为"技术转向"，并将其归纳为一种"从想法到事实的倒退"、"价值追求低俗的地理学"和"向一种最糟糕的实证主义和幼稚的经验主义的回归"。

特别地，批判者们认为 GIS 的研究者没有带着问题意识而是利用科学的方法去研究社会现象，GIS"不适用于那些需要较少理性分析而需要更多直觉感悟的研究主题，因此从它的定义来看，它的方法论排除掉了一些研究方法。"（Schuurman，2000：577）此外，更强烈的指责指出，GIS 研究者认为所有数据都是客观给定的（Taylor and Overton，1991）而没有认识到这些数据往往是主观设计出的，而且数据的生产本身就包含着社会关系（例如大部分数据来源于国家，但贫富国家之间获取信息的能力相差巨大）。

对于 GIS 的批判还包括 GIS 更多地要求它的用户们不偏不倚地解释数据，而缺少对其应用给予伦理关注。例如，尼尔·史密斯（Smith，1992：257）指出，1990 年至 1991 年之间爆发的伊拉克战争是"第一场全方位的 GIS 战争"，它推动了 GIS 相关技术在飞行员、坦克指挥员和精确制导炸弹中的应用，并改变了现代作战方式。他观察到，在美国，相当比例学习完 GIS 的地理学毕业生选择了与军队相关的工作——其中美国国防部制图中心（US Defense Mapping Agency）是地理学毕业生最大的雇主。丹尼斯·伍德（Wood，1989）认为电脑系统的应用导致人类死亡率提高，不仅仅由于军方的使用，还由于它们在汽车制造业中扮演的角色，毕竟，在美国因车祸丧生的人数要高于因其他事故而丧生的人数的总和。

其他的批判集中于以下几个话题：科技时代边缘群体的话语权受到忽视；隐藏在 GIS 发展背后的商业动机；对它的伦理性质疑，认为这种可以用于监视的科技可能会侵犯个人的隐私和自由；呼吁地理学家在 GIS 的发展和应用的过程中负起责任（Pickles，1993；Sheppard，1993）。

GIS 的拥护者们则在不同的场合进行反击，声称 GIS 是一个有力的工具，它增加了地理学家的分析能力从而满足了学科需要（Goodchild，1991）。多布森（Dobson，1993）则指责文化地理学者忽视了对 GIS 的应用，并将学科外对 GIS 积极的接受程度与学科内对它的敌视态度作对比。奥彭肖（Openshaw，1991：621）认为地理学科内部存在着对 GIS"真正的无知和固执的偏见"。在他看来,GIS 代表着地理学的精髓,是维持学科统一的基础。他认为 GIS 提供了"一个正在形成的、包容一切的明确框架,有能力把过去的、现在的和未来可能出现的地理学整合和连结在一起"。他还写道:"一个熟悉 GIS 工作方式的地理学家可以在周一的时候分析火星上的河道网,周二在布里斯托尔研究癌症,周三绘制伦敦的下层社会人群分布,周四在亚马逊河谷分析地下径流,并在周五对洛杉矶零售商进行建模,结束这一周的工作。"

与许多学科内的学术争论一样,这个论战可以看做是 GIS 的拥护者和批判者双方对他们各自的学科地位进行过分宣扬,并用贬损的词语来描述对方(Schuurman,2000)。在大力宣传 GIS 重要性的过程中,奥彭肖(Openshaw,1991)对批评他的人表现得尤为针锋相对。他指责批判者"污染"更年轻的一代,谴责他们的"恐惧和焦虑",控诉他们的"嫉妒",把他们标榜为"可怜的傻子",在这其中最具攻击性的词语是称他们为"技术瘸腿者"(Openshaw, 1991:621-624)。

在奥彭肖看来,对 GIS 批判的驱动不仅仅来源于对认识论的关注,还来源于批判者对自身学科地位保护的诉求。他指出,伴随着 GIS 的成长,"那些软性的与那些所谓强势但一压就垮的定性研究范式都将逐渐势微力薄"(Openshaw,1991:622)。史密斯(Smith,1992:258)则予以反击,嘲笑 GIS 使用者们有"痴人说梦般的学科抱负",对技术手段过于偏执,缺乏学术上的以及其他方面的长远眼光。

在 1990 年代上半期,这种密集的、针锋相对的论战体现了 GIS 在地理学中扮演的角色,但在那以后,它转向了一个更为温和讨论,主题是关于技术的社会效应以及它对学科的影响(Schuurman,2000)。如今,对 GIS 的学术需求逐渐增加(伴随着文化地理学学科地位的下降),同时它的技术手段也正在逐渐深入到其他学科中,包括商业和公共部门。由此,舒尔曼认为 GIS 已经变成一个正统而永久的地理学要素,它的批判者们开始认识到技术的作用是不可动摇的,因而将关注点转移到将 GIS 与后实证主义路线结合的工作。这标志着 GIS 使用者们和社会理论家在一段时期内的妥协,但是舒尔曼认为这个过程因为沟通双方彼此忽略对方的工作领域而被削弱。由于不熟悉科技语言,GIS 的批判者们不是针对 GIS 的可用性作出评论,而是使用社会理论的语言来介绍 GIS 在认识论和伦理上的短处。同样地,GIS 研究者们不使用社会理论的言语,而是借助于计算代数和物理学法则,也即用科技专业词汇来颂扬 GIS 的优点。舒尔曼认为如果社会理论家试图影响 GIS 的使用,他们就必须学会使用该专业的语言来进行交流。

为了响应把 GIS 批判为实证主义的责难,一些 GIS 研究者开始关注技术开发者和用户都不是内在的实证主义者的事实。GIS 应该可以与更大范围内的各个哲学立场相兼容(Schuurman and Pratt,2002)。事实上,舒尔曼和普拉特(Schuurman and Pratt,2002)认为,来自 GIS 研究团体内部的批判与社会理论家们从学科外的批判相比,能够更为有效地完善它的使用,因为后者与 GIS 的未来没有利害关系。

以一个女性主义的 GIS 研究者关美宝(Kwan,2002)为例,她认为关于 GIS 的粗暴的、相互对立的争论,也即实证主义/定量方法与批判的/定性的方法的对立、GIS/空间分析与社会/批判理论的对立,它们将女性主义 GIS 研究者的贡献边缘化了,漠视了女性主义的 GIS 实践的潜力。

她提出 GIS 可以打破地理学中的定量/定性研究的二分法,因为像视频、音频剪辑,以及照片、手绘地图、草图等定性数据,可以被划入技术的范畴,而且 GIS/空间分析也可以通过访谈等定性手段把所得到的数据进行定性表达或情境化。此外,她还展示了 GIS 颠覆其主流应用领域的研究实践,以及与女性主义的认识论及政策的相互适应。例如关美宝(Kwan,1999a;1999b;2000;2002)曾利用 GIS 跟踪并显示妇女的生活路径和时空约束条件对她们的流动性及就业的影响。她还研究了非裔美国人在空间条件约束下的生活场所。GIS 软件和数据并没有预先决定技术的使用途径,而是产生了更多不同种类的产品。正如另外一位女性主义地理学家萨拉·埃尔伍德(Elwood,2000)所说的,GIS 的结果较少由技术本身决定,而更多地是由它的用户本身的批判性动因所决定。在她的研究中,通过将一个邻里组织合法化,她用 GIS 技术改变了社区团体和国家之间的权力机制。

在反思 GIS 如何被应用于女性主义研究时,舒尔曼和普拉特(Schuurman and Pratt,2002)评论说,女性主义地理学家能够通过创造、利用并解释可视化数据给 GIS 带来自我修正,并纠正传统意义上的 GIS 给人留下的与事实相违背的印象。他们认为,女性主义地理学家需要思考哪些知识被排除在了 GIS 的表述之外,需要思考由技术本身产生的知识与参与到研究中的知识的相关性,需要辨识哪些群体因 GIS 而获利、哪些受到损失,并对 GIS 对弱势群体生活产生的影响保持敏感。作为总结,他们认为女性主义地理学家需要动摇男权主义的计算机文化和 GIS 实践,并寻求通过使用 GIS 科技提高社会公正性的途径。

小结和个人观点

正如上述的全部论战(包括哲学与实用性、人与制度、哲学与方法论)所示,地理学争论很少被限定在学术范围内。专业差异可能会演化成个人好恶,同时,个人的好恶也可能被映射到职业立场上。整个过程不是一个从意见交换到协商妥协的平缓进程,而是更多地表现为个体付诸于不同程度的煽动、讽刺甚至侮辱的趋势。

1990 年代中期,《加拿大地理学家》发表了一篇彼得·古尔德(Peter Gould)所作的主题会议演讲。在演讲中,他激烈地抨击了激进女性主义地理学,称它"已经快速地上升到由信仰和信念支配的神圣的高度,但是却毫无理性可言"(Gould,1994:10)。他抨击了激进女性主义者过于关注所谓男性至上的语言（sexist language），指出他们无视单词和语言结构的历史根源。古尔德话中有话地批评女性主义地理学将男性构造成"他者"（Peake，1994）。同时，为了维护自己的观点，古尔德把自己比作地理的情人，这让人想起他的一本书《工作中的地理学家》（The Geographer at Work）中的形象，在书中地理学科被描绘成一个全裸的妇人。在后来发表的演讲词中，古尔德同样拿后殖民主义开刀，重新评价殖民主义者对优势文化诸如"对待一切事情都要讲良心和诚实……还有奉献精神"（Gould，1994：14）的传播，同时批判那些成为腐败暴君的非洲黑人首领。古尔德同时也试图模糊他观点中潜在的批判主义，声称他最好的朋友中就有一些是黑人。

女性主义地理学家琳达·皮克（Peake，1994）和珍妮特·莫姆森（Momsen，1994）对此做了回应。皮克质疑古尔德（Gould，1994）对女性的表述和他所使用的符号带来的政治效应。同样地，皮克指出古尔德所谓的对殖民主义的重新评价可以有完全不同的解读方式，如英政府统治下英属圭亚那就是不诚实的殖民王国，该国家操纵选举长达 29 年，是全世界人均国民生产总值最低的国家之一。皮克批评古尔德将自己构建成一个客观的中立的观察者，认为这不过是她所说的"危险的、怀旧的、男性主义理性情结"（Peake，1994：203）。她总结道：

> 古尔德教授认为我们到了该成长起来的时候了……问题在于年轻的激进分子——也就是古尔德教授多次提到的那些学院派地理学先锋（无一例外都是男性），也会变成老年的激进分子。或许时间不仅仅会带来成长，也会使得老年的激进分子自食恶果。而那样正合我意。（Peake，1994：206）

《加拿大地理学家》上的论战可以更多地被看成是在学术话语框架下进行的个人争斗。而在其他，冲突也会超越这种粗鲁的、无规则的学术争论。迈克尔·迪尔（Michael Dear）认为地理学家之间的冲突可以退化为"恨"。他指出字典中"恨"的定义是"由敌对和反感而生的情绪"（Dear，2001：2）。利用这个定义，他详细叙述了自己如何成为了地理学中"恨"的主体，被贴上很多贬义的标签，诸如自由主义者、马克思主义者和后现代主义者，也包括如"怪物"、"狂热者"、"反美国的垃圾"和"颠覆性的败类"等更为世俗的侮辱。在谈到别人对他关于后现代主义和城市主义论述的回应时（Dear and Flusty，1998），他回忆道，他对后现代主义的推介被一个评论者认为是一种"学术艾滋"（Dear，2001：4）。另一些评论者则经常使用情色性的和侮辱性的引文来描述他的著作，同时也发出"将会采取……"对他的"不友好行为"进行威胁（Dear，2001：5）。

迪尔认为这些被他戏称为"疯狂的裁判"和"文化战争的斗士"的经历，外加由迈克尔·斯托弗（Michael Storper）和吉尔·瓦伦丁导演的各种充满仇恨和恐吓的公共事件，都使他意识到人格在学科政治中扮演的角色。迪尔指出个人仇恨经常是职业竞争的产物，如对荣誉差别或资源、责任和权力的支配权，甚至是在部门或者学科内受学生欢迎的程度的嫉妒。他质疑地理学界内部面对周围这些事而保持沉默，而职业关系网成为了仇恨发生器。对此，迪尔认为地理学家们需要教导学生在学术语境之下礼貌的价值，并发展出一种相互尊重的批判文化。他建议学者们少花时间寻找他人的短处，而多花些时间挖掘他人的长处，并且相互包容而不是相互攻击（无论是在学术项目上还是在对个人的认识上）。迪尔在文章的结尾呼吁地理学家要以平等的理念对同事们负起道德责任。

作为回应，纳特（Natter,2001）为这个目标的达成提供了三点具有操作性的建议。第一，他建议如果地理学家无意中听到同事被不公正地批判，那么他们应该对这种人格中伤持零容忍态度，对背后中伤他人这种不可接受的行径予以反击。第二，作为裁判者和编者的地理学家们应该鼓励学术探讨并提升讨论的品格。第三，学科需要建立、扩展并编制职业守则。

通过这些方法，地理学家们在日常对学科内容、边界和发展方向的论战中应该能够保持一定的礼貌，而又不会丢掉争论中的激情和兴奋。

参考文献

Burghardt, A. F. (1988) 'On "academic war over the field of geography": the elimination of geography at Harvard, 1947—51', *Annals of the Association of American Geographers*, 78:144.

Castree, N. (2002) 'Border geography', *Area*, 34:103—12.

Cohen, S. (1988) 'Reflections on the elimination of geography at Harvard, 1947—51', *Annals of the Association of American Geographers*, 78:385:148—51.

Davey Smith, G. , Dorling, D. and Shaw, M. (2001) *Poverty, Inequality and Health 1800—2000: A Reader*. Bristol: Policy.

Dear, M. (2001) 'The politics of geography: hate mail, rabid referees, and culture wars' *Political Geography*, 20:1—12.

Dear, M. and Flusty, S. (1998) 'Postmodernism urbanism', *Annals of the Association of American Geographers*, 88:50—72.

Dobson, M. (1993) 'Automated geography', *Professional Geographer*, 35:135—43.

Dorling, D. and Shaw, M. (2002) 'Geographies of the agenda: public policy, the discipline and its (re) turns', *Progress in Human Geography*, 26:629—46.

Elwood, S. (2000) 'Information for change: the social and political implications of geographic information technologies'. Unpublished PhD dissertation, University of Minnesota, Minneapolis.

Goodchild, M. (1991) 'Just the facts', *Political Geography Quarterly*, 10:335—7.

Gould, P (1985) *The Geographer at Work*. London: Routledge, Kegan Paul.

Gould, P (1994) 'Sharing a tradition geographies from the enlightenment', *The Canadian Geographer*, 38:

194—202.

Harvey,D. (1973)*Socia Justice and the City*. London Arnold.

Kwan,M. P(1999a)'Gender,the home-work Iink,and space—time patterns of nonemployment activities'. *Economic Geography*,75:370—94.

Kwan,M. P:(1999b)'Gender and individual access to urban opportunities:a study using space-time measu res'. *Professiona Geographer*,51:210—27.

Kwan,M. P. (2002)'Is GIS for women? Reflections on the critical discourse in the 1990s', *Gender,Place and Culture.* 9:271—9.

Lake,R. W. (1993)'Planning and applied geography:positivism,ethics and geographic information systems'. *Progress in Human Geography*,17:404—13.

Martin,G. J. (1988)'On Whittlesey,Bowman and Harvard',*Annals of the Association of American Geographers.* 78:152—8.

Martin,R. (2001)'Geography and public policy:the case of the missing agenda', *Progress in Human Geography*,25:189—210.

Martin,R. (2002)'A geography for policy,or a policy for geography? A response to Dorling and Shaw',*Progress in Human Geography*,26:642—4.

Massey,D. (2001)'Geography on the agenda',*Progress in Human Geography*,25:5—17.

Massey,D. (2002)'Geography,policy and politics:a response to Dorling and Shaw', *Progress in Human Geography*,26:645—6.

Momsen,J. (1994)'Response to Peter Gould',*The Canadian Geographer*,38:202—4.

Natter,W. (2001)'From hate to antagonism"toward an ethics of emotion,discussion and the political'. *Politica/Geography*,20:25—34.

Openshaw,S. (1991)'A view on the GIS crisis in geography:or,using GIS to put Humpty-Dumpty back together again',*Environment and Planning A*,23:621—8.

Peake,L. (1994)"'Proper words in proper places…"or,of young Turks and old turkeys', *The Canadian Geographer*,38:204—6.

Pickles,J. (1993)'Discourse on methods and the history of the discipline"reflections on Jerome Dobsongs 1993 "Automated geography"'*Professional Geographer*,45:451—5.

Schuurman,N. (2000)'Trouble in the heartland:GIS and its critics in the 1990s', *Progress in Human Geography*,24:569—90.

Schuurman,N. and Pratt,G. (2002)'Care of the subject:feminism and critiques of GIS', *Gender,Place and Culture.* 9:291—9.

Sheppard,E. (1993)'Automated geography:what kind of geography for what kind of society?',*Professional Geographer*,45:457—60.

Smith,N. (1987)'Academic war over the field of geography:the elimination of geography at Harvard,1947—51',*Annals of the Association of American Geographers*,77:155—72.

Smith,N. (1988)'For a history of geography:a response to comments',*Annals of the Association of American Geographers*,78:159—63.

Smith,N. (1992)'History and philosophy of geography:real wars and theory wars', *Progress in Human Geography*,16:257—71.

Smith,N. (2000)'Who rules this sausage factory?',*Antipode*,32:330—9.

Taylor,PJ. (1990)'GKS', *Political Geography Quarterly*,9:211—12.

Taylor,P. J. and Overton,M. (1991)'Further thoughts on geography and GIS', *Environment and Planning A*,23:1087—94.

Wills,J. (1996)'Labouring for love?', *Antipode*,28:292—303.

Wood,D. (1989)'Commentary', *Cartographica*,26:117—19.

词　汇　表

行动者—网络理论　Actor-Network Theory

一种理论取向，坚持人类与非人类行动者的不可分割性，探索不同物质要素如何在网络中发挥作用。行动者—网络理论（或缩写为 ANT）最初发源于对科学知识生产的争辩，并打开了行动的"黑匣子"，从而探索多元因素如何持续性地组合起来从而导致行动的发生。

能动力/能动性　Agency

顾名思义，指行动的能力。通常用来指代人作出影响自身生活的选择或决定的能力。这种自我决定的理念构成了对结构主义地理学理论取向的人文主义批判的重要部分。

行为主义　Behaviouralism

作为一种思想观念或系统，相信能够通过研究影响活动的决策过程来获得对人类活动最好的解释。行为主义最早发源于心理学，作为对实验心理学的过度机械性的一种回应。行为主义——或更确切地，认知行为主义——于 1960 年代和 1970 年代在人文地理学领域兴起。行为地理学主要是基于定量方法，尽管依旧影响着众多研究课题，尤其是基于问卷调查的研究，但也被批判为过于坚持实证主义原则，以及不愿意探讨无意识思维的作用。

资本积累　Capital Accumulation

对资本的使用或投资从而生产更多的资本。这是资本主义社会的目标和动力。资本积累导致了不均衡发展。

资本主义　Capitalism

在这一政治经济系统中，社会组织的结构基础是优先为生产资料占有者创造利润的生产方式。这种结构导致了生产资料占有者（即资产阶级）和为其服务的无产阶级之间在身份、财富和生活状况上的严重分化。

公民权/市民身份　Citizenship

个人与某种政治体（如民族—国家）之间的关系。公民权通常被理解为个人在完成对国家的某种职责的同时享有的权利或特权。

阶级　Class

基于人们的经济地位（特别是财产和工作的社会关系）形成的社会分层系统。对阶级的理念和定义存在巨大的争议。

商品化 Commodification

人、观点或事物被转换为可供购买和出售的商品的过程。因此,商品化是资本主义的特征。一些作者认为,正是广泛的商品化导致了全球文化的出现。

批判(的)地理学 Critical Geography

尽管在认识论、本体论和方法论上存在多元性,因而缺乏明晰的理论认同,但是,批判地理学基于对生产(再生产)人群和地方之间不公平的社会—空间过程的共同关注,将不同理论取向(如马克思主义、女性主义、后殖民主义、后结构主义)聚集到了一起。换句话说,批判地理学家因其共同的意识形态立场和研究,以及推动更公平世界的愿望而站在了一起。这种对产生了不平等、不均等、不公平和剥削性地理现象的社会、文化、经济或政治关系的研究和改造的兴趣,明确体现在批判地理学对道德哲学问题、社会和环境公平问题的关注,以及研究和实践相结合的努力上。

文化转向 Cultural Turn

20世纪末和21世纪初出现的一种趋势,体现为社会科学和人文科学对文化(尤其是意义的建构、谈判和论证)的兴趣。与后现代主义哲学相联系。

解构 Deconstruction

一种分析方法,试图通过揭示话语的矛盾、悖论和暂时性,来批判和动摇话语中明确的、稳定的意义体系。

辩证法 Dialectics

一种强调解决二元对立的解释和表达方式。辩证思维不是将两种元素之间的关系理解为单向因果,而是认为二者互为对方的内在组成部分。辩证性思维方式是结构主义对个体与社会互动关系阐述的重要部分。

差异 Difference

后结构主义理论强调,需要认识到与性别、种族、性取向、年龄、残疾等文化性建构的观念相联系的人类社会差异的复杂性。这意味着研究应当关注个体之间的差异而避免过度概括化的分析。

话语 Discourse

我们用以讨论或表达世界的相互联系的观点、含义和实践的集合。

二元论 Dualism

假设两个因素(如:家/工作;身体/思想;自然/文化;私人/公共)相互区别、相互排斥并且具有不可调和的特点。

经验主义　Empiricism

作为一种科学哲学,强调经验观察而非理论。换句话说,经验主义认为"事实胜于雄辩"。

本质主义　Essentialism

一种信念,认为社会差异(如性别、种族等)是由生物特征决定的,因而身体具有固定的特点或"特质"。

女性主义　Feminism

包括一系列理论视角,试图探讨性别关系的作用如何有利于男性而非女性。在人文地理学中,女性主义理论视角认为,空间在维护父权制上至关重要——即导致女性在私人和公共领域被剥削的结构。

人文主义　Humanistic

作为一种地理学理论取向,强调人的能动力、意识、意义和价值观。人文主义地理学最初作为对实证主义的空间科学的批判而发端于 1970 年代。

价值观　Ideology

一系列的涵义、观点和价值理念,生产(再生产)统治和被统治的关系。

马克思主义　Marxism

从卡尔·马克思(19 世纪德国哲学家)著作中发展出来的理论体系,地理学中的马克思主义理论应用这些观点来研究资本主义的地理学,从而挑战导致不均衡发展模式的过程。

生产方式　Mode of Production

马克思主义中衍生出的概念,指代生产关系在不同特定阶段的组织方式。当今世界的组织被认为是再生产和维护资本主义的生产方式,而封建制、社会主义和共产主义生产方式曾经或仍然主导着一些国家。

非再现性理论/非表征性理论　Non-representational Theory

作为一种理论,寻求将分析重点由再现(表征)和解读转向实践和推动变革。其研究重点是形成过程,并认识到世界总是处在制造的过程中,而这种形成过程并不总是自由形成的,而是形成或产生于话语中。因此,社会由一系列异质性的行动者组成,行动者则通过常常缺乏理由和目的的具象行为来作用于空间和时间。要理解世界是如何形成的就必须进行参与式观察——自我引导地分析人们是如何互动并通过他们的移动和事件制造空间的。

客观性　Objectivity

一种假设,认为制造知识的个体能够将自己与其自身经历、立场和价值观隔离开,从而以中立或不带利益倾向的方式研究事物。

他者/异化　Others/Othering

"他者"指代与自我不同或对立的人。"异化"是以相对于自我的负面形式来定义他人的过程。例如,女性通常被建构为男性的"他者";黑人是白人的"他者",等等。

范式　Paradigm

作为假设或观点,决定了思考和开展研究的特定方式,在一段时期内一种范式主导学科的理论建构,直到被新的范式挑战和替代。

政治经济学　Political Economy

作为一种理论取向,强调在社会、经济和政治生活结构中,经济再生产的政治组织的重要性。政治经济学与人文地理学的关联受到马克思主义思想的影响,但实际上,政治经济学包括探讨市场经济运行的多种理论取向。

立场性　Positionality

指自身经验、信念和社会地位影响我们理解和研究世界的方式。

实证主义　Positivism

人文地理学中的一种理论取向,其特点是科学方法的应用,从观察中推出理论或模型,并经由科学方法加以经验验证,从而得出空间规则。实证主义在 1950 年代和 1960 年代因"计量革命"而流行。

后殖民主义　Postcolonialism

作为一类理论取向,寻求揭示殖民时期对曾遭到欧洲白人殖民者占领的国家的持续性影响。后殖民主义视角强调殖民主义的物质性和符号性作用,尤其关注"北半球"如何用"劣等性"和"异化"等观念描绘南半球。当然,后殖民主义视角还被用于探讨种族和民族关系在不同空间尺度上的作用。

后现代主义　Postmodernism

作为人文地理学的一种理论取向,拒绝宏大理论或宏大叙事。相反,后现代主义认识到所有知识都是片面的、流动的和暂时性的,强调对差异的敏感性和对不同声音的开放性。解构就是一种后现代研究方法。后现代主义同时是一种风格,与特定的建筑和美学形式相联系。

后结构主义　Post-structuralism

包含一系列理论立场,质疑知识建构中语言的作用。结构主义取向认为世界在固定的语言形式中建构;与此相反,后结构主义强调语言的含糊性和文本的不稳定性。从这一核心观点延伸出大量的论断,包括:主体由语言组成,生命本质上是不稳定的而只有通过语言稳定下来,现实与表达之间的区别是无足轻重的,以及最终没有什么超越文本等论断。在人文地理学中,后结构主义思想激发了解构各类文本(包括地图)的尝试,并鼓励地理学家拒绝那些(尤其是与结构马克思主义相联系的)全面的和正统的话语。

定性方法   Qualitative Methods

在人文地理学中,定性方法指那些认同文字和文本是合理数据形式的一系列方法,包括话语分析、人种学、访谈,以及大量的视觉分析方法。这些方法主要源于艺术和人文科学,通常被认为是"软"方法,并因此具有"女性主义"倾向。但是近年来,这种简单化的论断已经被抛弃,定性方法也逐渐扩散到诸如经济地理学和政治地理学等领域。

定量方法   Quantitative Methods

在人文地理学中,定量方法指推崇量化数据的研究方法,包括问卷调查技术、应用二手统计数据、定量化的社会实验方法,以及各种形式的文本分析法。定量方法主要源于自然科学,被认为是"硬"方法,通过与科学和探索的男性化方式相关联,而确立其研究的严谨性和效用。但是,大量批判已经揭示出定量方法的主观性,指出这些方法不是看待和理解世界的客观方式。这也导致了社会和文化地理学领域对定量方法的重新评估,这些领域向来视定量方法为异端。

实在论   Realism

一种理论视角,试图通过分离出在特定情形下导致其他事情发生的某事物的因果属性,从而克服实证主义和结构主义的诸多问题。实在论取向基于广泛研究和深入研究的方法论分野,于 1980 年代被人文地理学广泛采用,作为区别虚假关联和有意义关系的方法。

反思性   Reflexivity

指反思我们是谁、知道什么和如何获取这些知识的过程。

情境化知识   Situated Knowledge

在对客观性的挑战中,情境化知识认为,理论化和实证研究是在它们形成的语境中被界定的。因此,可以说知识不是简单地"存在于那里"等待我们去收集,而是被特定语境中的行动者创造的。研究并不是中立或客观的行动,而是被一系列因素所影响,这些因素包括个人信仰、学术界的文化、资助条件、研究者与被研究者的个人关系,等等。这种知识生产的情境性需要被反思性地记录下来,从而使其他研究者能够了解研究者和研究发现的立场。

社会公正   Social Justice

指代社会中收入和其他物质收益的分配。

空间科学   Spatial Science

人文地理学的一种研究取向,坚持认为能够寻找到关于地表人类活动分布的一般法则。空间科学与实证主义方式相联系,主要依赖定量方法,并代表了地理学从一个非理论化领域向强调解释而非描述的领域的转型。空间科学于 1950 年代出现,经由 1960 年代的计量革命而发展,在地理学的许多领域仍然占有统治地位,但在其他一些领域,其哲学基础和理论幻想已经受到质疑。

结构主义　Structuralism

人文地理学的一种理论取向，其特点是认为要了解人类行为的表层模式必须要了解产生和改变人类行动的结构因素。

主体/主观的　Subject/Subjective

主体指代个体行动者（包括物质具象和思想/情感维度）。主观性研究则认识到研究者的个人判断、经验、品位和价值观等等的影响。

图书在版编目(CIP)数据

人文地理学方法/(美)艾特肯,(英)瓦伦丁主编;柴
彦威等译.—北京:商务印书馆,2016
(当代地理科学译丛·大学教材系列)
ISBN 978-7-100-08751-3

Ⅰ.①人… Ⅱ.①艾…②瓦…③柴… Ⅲ.①人文
地理学-高等学校-研究Ⅳ.①K901

中国版本图书馆 CIP 数据核字(2011)第 239082 号

所有权利保留。

未经许可,不得以任何方式使用。

人文地理学方法

〔美〕斯图尔特·艾特肯　〔英〕吉尔·瓦伦丁　主编
柴彦威　周尚意　等译

商 务 印 书 馆 出 版
(北京王府井大街36号　邮政编码100710)
商 务 印 书 馆 发 行
北京市松源印刷有限公司印刷
ISBN 978-7-100-08751-3

2016 年 3 月第 1 版　　开本 787×1092　1/16
2016 年 3 月北京第 1 次印刷　印张 23¼
定价:65.00 元